Peter Lintl

Fundamentalismus – Messianismus – Nationalismus

Ein Theorievergleich am Beispiel der jüdischen Siedler des Westjordanlandes

Diplomica® Verlag GmbH

Lintl, Peter: Fundamentalismus - Messianismus - Nationalismus: Ein Theorievergleich am Beispiel der jüdischen Siedler des Westjordanlandes.
Hamburg, Diplomica Verlag GmbH 2012

ISBN: 978-3-8428-8663-6
Druck: Diplomica® Verlag GmbH, Hamburg, 2012

Bibliografische Information der Deutschen Nationalbibliothek:
Die Deutsche Nationalbibliothek verzeichnet diese Publikation in der Deutschen Nationalbibliografie; detaillierte bibliografische Daten sind im Internet über http://dnb.d-nb.de abrufbar.

Die digitale Ausgabe (eBook-Ausgabe) dieses Titels trägt die ISBN 978-3-8428-3663-1 und kann über den Handel oder den Verlag bezogen werden.

Inhaltsverzeichnis

A.Vorwort

Die vorliegende Studie ist eine überarbeitete Version meiner Magisterarbeit. Die vorliegende Publikation geht auf das maßgebliche Drängen einiger Kollegen, insbesondere Christan Wolffs zurück, dem hier gedankt sein soll.

Obwohl die Studie bereits knapp vier Jahre alt ist, hat sie kaum an Aktualität verloren. Bis heute gibt es keine neueren Arbeiten zu den behandelten Theorien, noch gibt es intra-theoretische Vergleichsstudien zum Fundamentalismus, oder Studien die komparativ die Theorien Fundamentalismus, Messianismus oder Nationalismus miteinander in Beziehung setzen. Wenn ich auch in meiner derzeitigen Forschung von den Fundamentalismustheorien abgerückt bin, verleiht gerade dieser theoretisch-komparative Charakter dem Buch dennoch seine Berechtigung. Darüber hinaus scheint die deutliche Mehrheit der Wissenschaftler, die sich mit religiösen Bewegungen beschäftigen, dem Fundamentalismustheorien treu zu bleiben.

Was den empirischen Teil anbelangt, die Untersuchung der religiösen Siedler, so sind seitdem zumindest zwei Bücher in deutscher Sprache nach der Fertigstellung der Arbeit veröffentlicht worden.[1] Beide Bücher bieten wertvolle und umfangreiche Informationen zur Siedlern und Siedlungspolitik in Israel. Dabei sei aber die Randbemerkung erlaubt, dass von beiden Büchern der in dieser Arbeit zusätzlich thematisierte moderate Flügel der Siedlerbewegung in ihren Besprechungen ignoriert wird – was insbesondere theoretische Implikationen hat.

Gedankt soll an dieser Stelle einer Reihe von Personen werden. Die erste Danksagung muss an Professor Thomas Philipp gehen. Thomas Philipp hat mit seiner Begeisterung für den Nahen Osten, mit seinem Gespür für Studenten und mit seinem rigorosen ‚Fördern und Fordern' eine ganze Generation Erlanger Nahostwissenschaftler geprägt, in deren Reihe ich mich – wenn auch als Quereinsteiger – einreihen darf. Ohne seinen Ratschlag und insbesondere den gedanklichen Freiraum, den er gewährte und die Neugier, die er weckte wäre weder das Buch zustande gekommen, noch hätte ich meinen derzeitigen Weg in die Welt der Akademie eingeschlagen.

Weiterhin muss an dieser Stelle meinen Mitstreitern und Leidensgenossen gedankt werden: Dem feinen Herr Münch, Affenbutler Neumeier, Köppi Köpplinger und Johanna, deren

[1] Zertal, Idith. Eldar, Akiva. Die Herren des Landes: Israel und die Siedlerbewegung seit 1967. DVA, 2008. Hagemann, Steffen. Die Siedlerbewegung. Fundamentalismus in Israel. Schwalbach am Taunus 2010. Siehe dazu meine Rezension: Lintl, Peter Review of Hagemann, Steffen. Die Siedlerbewegung: Fundamentalismus in Israel. H-Soz-u-Kult, H-Net Reviews. June, 2011. http://www.h-net.org/reviews/showrev.php?id=33504.

Spitzname hier verschwiegen wird. Ohne Euch wäre dieses intensive Arbeiten sicher nicht möglich gewesen.

Schließlich danke ich gerne auch noch all den Freunden, die ich bei meinen ersten Israeljahr 2005/6 kennen lernen durfte, die mich so herzlich empfangen und auch in die Komplexitäten israelischer Politik einweihten. Von ihnen sei nur Oren Goldberg hier erwähnt, dem sicherlich besonderer Dank gebührt. Ansonsten sind natürlich alle Fehler die meinen – wer welche findet darf sie trotzdem gern behalten.

Erlangen, im Juni 2012.

Peter Lintl

B. Einleitung

1. Begründung des Themas

Die „Rückkehr der Religion“ ist ein Thema, das in den letzten Jahren nicht nur in den Wissenschaften, sondern auch in den Medien und damit im öffentlichen Bewusstsein an Bedeutung gewonnen hat. Der Spiegel widmet sich in einer Spezialausgabe der „Weltmacht Religion“[2]; manche Autoren rufen zu einer Rückkehr zu religiösen Werten auf[3], andere hingegen wollen in einer Gegenreaktion auf dieses Phänomen den Menschen vom Glauben befreien.[4] Auch in wissenschaftlichen Publikationen mehren sich Titel, die sich mit dem Thema Religion beschäftigen[5] und kürzlich wurde sogar ein „Verlag der Weltreligionen“[6] gegründet. Aus wissenschaftlicher Sicht hätte dies Entwicklung lange Zeit für Überraschung gesorgt, da man bis ca. Mitte der 1970er davon ausging, dass Religion sukzessive im Zuge eines Modernisierungsprozesses verschwinden oder zumindest privatisiert werden würde.[7] Aber vor allem durch das Auftreten einer politisierten und/oder radikalisierten Religion – ein Phänomen das den Namen Fundamentalismus bekommen sollte – im Iran, den USA oder Israel, wurde Religion wieder Thema einer öffentlichen Debatte. „Kaum jemand hatte mit einer solchen Erneuerung der Religionen gerechnet, denn der westliche Modernisierungsmythos hatte uns einen unumkehrbaren Trend zur Säkularisierung und Privatisierung von Religion erwarten lassen.“[8]

Die Gründe für das neuerliche Interesse an Religionen sind vornehmlich, wenn auch nicht nur, in den über den ganzen Globus verteilten, und unter religiösen Vorzeichen stattfindenden Konflikten zu suchen. Die Konfliktherde sind zahlreich: Nahost, Indien, Pakistan, Sri Lanka oder die Philippinen, um einige zu nennen, sind Schauplätze blutiger Auseinandersetzung, bei denen Glaube als Motivation angegeben wird.

---

[2] Spiegel Spezial. Weltmacht Religion. 9/2006.
[3] Z.B.: Hahne, Peter. Schluss mit lustig. Lahr, 2004.
[4] Z.B.: Dawkins, Richard. The God Delusion. London, 2006.
[5] Z.B.: Graf, Friedrich Wilhelm. Die Wiederkehr der Götter. Religion in der modernen Kultur. Bonn, 2004. (Lizenzausgabe für die Bundeszentrale für politische Bildung.)
Tworuschka, Udo. Die Welt der Religionen. Geschichte, Glaubenssätze, Gegenwart. München, 2006.
Riesebrodt, Martin. Die Rückkehr der Religionen. Fundamentalismus und der Kampf der Kulturen. München 2000.
[6] Erster Band: Simm, Hans Joachim (Hg.). Die Religionen der Welt. Ein Almanach zur Eröffnung des Verlags der Weltreligionen. Frankfurt a.M., 2007.
[7] Eine kurze Diskussion dazu findet sich bei:
Riesebrodt, Martin. Die Wiederkehr der Religionen. S. 9ff. In: Welttrends 31. Frühjahr 2001. S. 9 – 28.
Fortan: Riesebrodt. Die Wiederkehr der Religionen. 2001.
[8] Riesebrodt. Die Wiederkehr der Religionen. 2001. S. 9.

In der vorliegenden Arbeit soll ein Akteur dieser religiösen Konflikte betrachtet werden: Die jüdischen Siedler im Westjordanland. Diese Bewegung, die unter den Namen „Gush Emunim“ (Block der Getreuen)[9] oder „Kookisten“ (nach den geistigen Vater der Bewegung Abraham Isaak Kook und seinem Sohn Zvi Yehuda Kook) bekannt ist, besitzt die Überzeugung, dass sie das in der Bibel verheißene Land Israel (hebr.: „Eretz Israel“) besiedeln müssen, um die Erlösung herbeizuführen. Größtenteils liegen die biblischen Gebiete im Westjordanland und damit das Gebiet eines potentiellen palästinensischen Nationalstaats. Die Siedler beharren darauf, dass Gott ihnen dieses Land zuerkannt hat und verweigern den Palästinensern jegliches Recht darauf. Dass dies zu blutigen Auseinandersetzungen führte, ist bekannt.
Dabei soll in dieser Arbeit der Schwerpunkt jedoch nicht auf den Konflikt selbst gelegt werden. Vielmehr wird versucht, eine theoretische Einordnung für den Gush zu finden, die es ermöglicht dessen Verhaltensmuster zu erklären. Gestützt wird dieses Vorhaben dadurch, dass in der Fachliteratur zu Gush Emunim keine einheitliche Meinung herrscht, wie man die Bewegung um besten charakterisieren kann.
Im Gegenteil werden die Siedler oft mit einem bestimmten Theorieansatz (zumeist Fundamentalismus, Messianismus oder Nationalismus) charakterisiert, ohne eine Definition oder gar Diskussion über die Theorien zu finden. Häufig werden auch zwei (manchmal auch alle drei) Theorieansätze gleichzeitig benutzt, wobei dann aber einer Theorie Dominanz zugesprochen wird.
Am klarsten unter allen Autoren drückt sich diesbezüglich noch **Gideon Aran** aus. Aran definiert sein Verständnis von Fundamentalismus[10] und widmet sich in einem Artikel[11] ausführlich dem Verhältnis der kookschen Variante des Messianismus zum jüdischen Nationalismus (Zionismus), welches er als genuin paradox charakterisiert. Er bindet diese Beobach-

---

[9] Häufig findet man die Übersetzung “Block der Gläubigen” oder im Englischen „Bloc of the Faithful“.
Einige Autoren haben jedoch darauf hingewiesen, dass die hebräische Wortwurzel des Wortes Emunim, „lehaamin“ (להאמין), besser als „treu“ übersetzt werden sollte, da es das „Glaubens“-verständnis im Judentum besser ausdrückt.
Assmann, Jan. Monotheismus und die Sprache der Gewalt. Wien, 2007. S. 36.
Fortan: Assmann. Monotheismus. 2007.
Gießdorf, Jens. Fundamentalismus als soziale Bewegung. Eine analytische Reflexion am Beispiel des nationalreligiösen Siedlerfundamentalismus in Israel/Palästina. Berlin, 2002. S. 152.
Fortan: Gießdorf. Fundamentalismus als soziale Bewegung. 2002.
[10] Fundamentalismus befindet sich nach Aran in einem religiös-säkularem Kontinuum ganz am religiösen Ende. Die Fundamentalisten sind in der Regel noch religiöser als diejenigen, die bisher als orthodox in ihrer Religion galten, deswegen kann man sie als ultratraditionell betrachten. Gleichzeitig sind sie aber auch revolutionärtraditionell, da sie neue Aspekte in die Religion einbringen, die bisher nicht Teil der Tradition waren. Schließlich bezeichnet Aran sie aber auch noch als neotraditionell, da die Hinwendung zum Fundamentalismus ein bewusster Prozess ist, der eine Intensivierung der Religiosität mit sich bringt.
Aran, Gideon. Jewish Zionist Fundamentalism: The Bloc of the Faithful in Israel (Gush Emunim) S. 312ff. . In: Marty, Martin. E.; Appleby, R. Scott (Hg.) Fundamentalisms Observed. Chicago, 1991 S. 265 – 344
[11] Aran, Gideon. Redemption as a Catastrophe: The Gospel of Gush Emunim. In: Sivan, Emmanuel; Friedman, Menachem. Religious Radicalism and Politics in the Middle East. Albany, 1990. S. 157 – 176.

tung aber nicht in einem theoretischen Rahmen ein, sondern stellt lediglich fest, dass die beiden Ausprägungen bestimmte Züge haben, die unvereinbar sind. Einen Zusammenhang zwischen Fundamentalismus und Messianismus, respektive Nationalismus untersucht er – wie auch alle weiteren Autoren –nicht.

Eliezer Don Yehiya erläutert, dass er unter Fundamentalismus primär einen religiösen Literalismus versteht, der „westliche Werte" ablehnt.[12] Weiterhin bespricht er wesentliche Aspekte des kookschen Messianismus[13], den er in der Interpretation von Zvi Yehuda Kook als politischen bzw. radikalen Messianismus bezeichnet, und führt aus, dass dieser essentiell undemokratisch sei.

Der Autor, der die meisten Publikationen zu Gush Emunim vorweisen kann, ist **Ehud Sprinzak**. Er behandelt in zwei Büchern[14] (die sich nicht ausschließlich, aber intensiv mit dem Gush beschäftigen) und mehreren Artikeln ausführlich Geschichte und Ausprägungen dieser Bewegung. Allerdings besitzt er keine einheitliche theoretische Charakterisierung. Zumeist sieht er den Gush als fundamentalistische Bewegung (manchmal auch neo-fundamentalistisch[15]), bezeichnet ihn aber auch als messianisch und nationalistisch (oder ultranationalistisch)[16] ohne weitere Ausführungen zu diesen Begriffen zu machen. In „*The Ascendance of Israel's Radical Right*" führt Sprinzak den theoretischen Rahmen des Rechtsextremismus[17] ein, den er auch in seinem späteren Schreiben beibehalten sollte. Unabhängig davon führt er Gush Emunim weiterhin unter obigen Kategorien.

Anders geht **Ian Lustick** in „*The Land and the Lord*"[18] vor. Lustick definiert eingangs sein Verständnis von Fundamentalismus[19], dennoch bleibt auch er einen theoretischen Rahmen für

---

[12] Don Yehiya, Eliezer. The Book and the Sword: The Nationalist Yeshivot and Political Radicalism in Israel. S. 291f. In: Marty, Martin E. und Appleby, R. Scott (Hg.). Accounting for Fundamentalisms. Chicago, 1994.

[13] Siehe dazu Ebd. und:
Don Yehiya, Eliezer. Jewish Messianism, Religious Zionism and Israeli Politics: The Impact and Origins of Gush Emunim. In: Middle Eastern Studies Vol. 23. April 1987 Nr.2 S. 215 - 234

[14] Sprinzak, Ehud. The Ascendance of Israel's Radical Right. Oxford, 1991.
Fortan: Sprinzak. Israel's Radical Right. 1991.
Sprinzak, Ehud. Brother against Brother. Violence and Extremism in Israeli Politics from Altalena to the Rabin Assassination. New York, 1999.
Fortan: Sprinzak. Brother against Brother. 1999.

[15] Sprinzak, Ehud. The Politics, Institutions, and Culture of Gush Emunim. S. 123. In: Silberstein, Laurence J. [Hg.] Jewish fundamentalism in comparative perspective: religion, ideology, and the crisis of modernity. New York, 1993. S. 117 – 147.

[16] In den meisten Artikeln benutzt er alle drei Schlagworte. Exemplarisch:
Sprinzak, Ehud. Gush Emunim: Zionist Fundamentalism in Israel. New York, 1986.
Sprinzak Ehud. Fundamentalism, Terrorism and Democracy: The Case of Gush Emunim. In: New Outlook. October 1988. S. 8 – 14.
Sprinzak, Ehud. The Tip of the Iceberg. In: The Jerusalem Quarterly. Nr. 21, Fall 1981. S. 28 – 54.

[17] Sprinzak. Israel's Radical Right. 1991. S. 9 – 22.

[18] Lustick, Ian. For the Land and the Lord: Jewish Fundamentalism in Israel. New York, 1988.

die Begriffe Nationalismus und Messianismus schuldig, obwohl er die Siedler auch unter diesen Kategorien führt.

Jens Gießdorf schließlich setzt sich in seiner Dissertation ausführlich mit Fundamentalismustheorien auseinander.[20] Allerdings finden bei ihm „adäquate Begriffe wie „Political or Religious Radicalism", „Religious Nationalism or Extremism" und „Israel's Radical Right" [...] selbstverständlich Berücksichtigung."[21] Wie sich in diesem Zitat schon andeutet, geht er weder auf potentielle Unterschiede zwischen Nationalismus und Fundamentalismus ein, noch erläutert er, was er unter Nationalismus versteht. Selbiges gilt für Messianismus.

Konträr zu diesen Ausführungen gibt es auch einige Autoren, die behaupten, dass der Gush keine fundamentalistische Bewegung sei, sondern eine nationalistische. Die beiden explizitesten Veröffentlichungen hierzu stammen von **Mark Juergensmeyer** und **Shlomo Fischer**.

Letzterer fragt in einem Essay[22], ob man Gush Emunim nicht besser als romantische Nationalisten bezeichnen sollte, statt als Fundamentalisten. Fischer wendet sich explizit gegen die Sichtweise von Gideon Aran und Eliezer Don Yeyhiya, die den Gush als fundamentalistisch kategorisieren. Ohne den Begriff Fundamentalismus näher zu erläutern, lehnt er den Terminus ab, und erklärt, dass seiner Meinung nach „romantischer Nationalismus" besser geeignet wäre, um den Gush zu beschreiben. Unter Berufung auf Herder erläutert er, dass der romantische Nationalismus die Realisierung des authentischen Ichs (sowohl im individuellen, als auch im nationalen Sinn) erreicht. Dies sieht Fischer auch als Ziel der Lehre Rabbi Kooks d. Ä. an, wenn auch natürlich aus einer religiösen Perspektive. Neben diesen knappen theoretischen Bemerkungen gibt er keine weitere Erläuterung.

Juergensmeyers Ansatz ist wiederum ein anderer. Er argumentiert in *„The New Cold War? Religious Nationalism Confronts the Secular State"*[23] und *„Why Religious Nationalists are not Fundamentalists"*[24] gegen die Verwendung des Begriffs Fundamentalismus als solchen, und plädiert ihn durch "religiöse Nationalisten" zu ersetzen. Dabei geht er nicht von einer bestimmten Bewegung aus, sondern zeigt Argumente auf, warum er diese Position bezieht.

---

[19] 1) Die Aktivitäten von Fundamentalisten basieren auf nicht verhandelbaren Verfügungen. 2) Fundamentalisten sehen ihr Verhalten direkt beeinflusst durch eine transzendentale Autorität. 3) Fundamentalisten sind engagiert in Versuchen, raschen politischen und gesellschaftlichen Wandel herbeizuführen.
Ebd. S. 6 – 8.

[20] Gießdorf. Fundamentalismus als soziale Bewegung. 2002. S. 75 – 114.

[21] Ebd. S. 19f.

[22] Fischer, Shlomo. Fundamentalist or Romantic Nationalist?: Israeli Modern Orthodoxy. Druck einer Rede bei der "Conference on Dynamic Jewish Belonging" am van Leer Instituts in Jerusalem, 17.06. 2004. S. 1 – 19. . http://www.vanleer.org.il/Data/UploadedFiles/Files/fundamentalis.doc (27.09.2007)

[23] Juergensmeyer, Mark. The new cold war? Religious Nationalism confronts the Secular State. Berkeley, 1993

[24] Juergensmeyer, Mark. Why Religious Nationalists are not Fundamentalists. In: Religion. Volume. 23. 1993 S. 85 – 92.

Juergensmeyer braucht an dieser Stelle nicht weiter ausgeführt zu werden, da auf seine Position ausführlich im Fundamentalismuskapitel zurückgekommen wird.

Neben den bisher besprochenen Theorieverständnissen muss noch erwähnt werden, dass es einige Autoren gibt, die Gush Emunim ausschließlich als messianische Bewegung sehen, und nur diese Aspekte betrachten. Die wichtigsten beiden hier zu nennenden Titel sind *Messianism, Zionism, and Jewish Religious Radicalism*"[25] von **Aviezer Ravitzky** und „*The politics of redemption: Rabbi Tzvi Yehuda ha-Kohen Kook and the origins of Gush Emunim*"[26] von **Richard Hoch**. Daneben gibt es noch zahlreiche Artikel zu der Siedlerbewegung, die in der Regel keine theoretische Erörterung besitzen, aber der Bewegung oben genannte Theorien attributiv Gush Emunim zuordnen.[27]

Es ergeben sich zwei zentrale Probleme beim Lesen dieser Theorien. Das erste ist in der Verwendung des jeweiligen Theoriebegriffs selbst zu finden. Einige Autoren charakterisieren die Bewegung mit einem jeweiligen Begriff, definieren diesen Begriff aber selten näher, oder verweisen lediglich auf einen Autor, der den Begriff definiert hat und gehen nicht näher darauf ein. Andere benutzen zwar eine Definition eines Begriffs, wobei die Begriffsbestimmungen selten übereinstimmen. Beispielsweise beruft sich *jeder* der hier zitierten Autoren, welche die religiösen Siedler als fundamentalistisch charakterisieren, auf verschiedene Theorien bzw. Definitionen von Fundamentalismus (auch wenn diese sich durchaus ähneln können).

Das zweite Problem betrifft das Verhältnis der Theorien zueinander. Die meisten Autoren beschreiben die Siedler als fundamentalistisch, teilweise aber auch gleichzeitig als nationalistisch und messianisch. Andere grenzen bestimmte Ansätze aus und erklären warum sie gegen die eine Theorie argumentieren und eine andere für besser geeignet finden die Siedler zu charakterisieren. Dritte schließlich analysieren die Bewegung nur anhand eines Theorieschemas und lassen die anderen gänzlich außen vor. Inwiefern ein Zusammenhang zwischen den einzelnen Theorien besteht, analysiert kaum jemand.

---

[25] Ravitzky Avierzer. Messianism, Zionism, and Jewish Religious Radicalism. Chicago University Press. 1996.

[26] Hoch, Richard Lawrence. The politics of redemption: Rabbi Tzvi Yehuda ha-Kohen Kook and the origins of Gush Emunim. Santa Barbara, 1994.

[27] Siehe z.B.:
Feige Michael. Do Not Weep Rachel: Fundamentalism, Commemoration and Gender in a West Bank Settlement. In: The Journal of Israeli History. Vol. 21. Nr. 1 Frühling 2002. S. 119 – 138.
O'Dea, Janet (später Aviad). Gush Emunim: Roots and Ambiguities. Forum on the Jewish People. Zionism and Israel. Vol. 25, Nr. 2 1976 S. 39 – 50.
Heilman, Samuel C. Guides of the Faithful. In:Appleby, R. Scott. Spokesman for the Despised. Fundamentalist Leaders in the Middle East. Chicago, 1997. S. 328 – 362.

Zusammengefasst lesen sich die beiden Probleme also wie folgt: Die verwendeten Theoriebegriffe von Fundamentalismus, Nationalismus oder Messianismus werden von den Autoren oft nicht definiert bzw. falls doch, liegen den Veröffentlichungen unterschiedliche Definitionen zu Grunde. Das zweite Problem betrifft das Verhältnis der Theorien untereinander: Verhalten sie sich exklusiv zueinander, oder können mit allen Theorien die Siedler charakterisieren?

Auf Grund dieser Problemstellung verfolgt diese Arbeit das Ziel, drei Fragen zu beantworten. Dabei sind die ersten beiden rein theoretischer Natur sind, und erst die dritte bezieht sich auf die Siedler. Wie oben erläutert wurde, berufen sich die Mehrzahl der Autoren auf Fundamentalismustheorien, ohne eine ausreichende Klärung des Begriffs oder einen gemeinsamen Standpunkt zu besitzen. Deswegen wird **erstens** gefragt: *Wie kann man eine fundamentalistische Bewegung charakterisieren?* Da weiterhin auf die Theorien von Nationalismus und Messianismus verwiesen wurde, ohne dass einer der Autoren einen Bezug zu Fundamentalismustheorien herstellt, wird **zweitens** gefragt: *Wie verhalten sich Messianismus- bzw. Nationalismustheorien zu Fundamentalismustheorien?* **Drittens** soll schließlich der theoretische Rahmen auf die Siedler selbst bezogen werden: *Welche der Theorien zu Fundamentalismus, Messianismus und Nationalismus ist auf die religiösen Siedler anwendbar?*

B.) Theoretischer Rahmen: Fundamentalismus, Nationalismus und Messianismus

1. Fundamentalismustheorien

Das Fundamentalismuskapitel selbst ist in mehrere Abschnitte unterteilt. *Zuerst* soll ein Überblick über die verschiedenen Theorien geboten werden, weiterhin werden Vor- und Nachteile des Begriffs Fundamentalismus diskutiert. Dabei kann man trotz aller Unterschiede in den Ansätzen eine Gemeinsamkeit feststellen: Alle Autoren nennen als zentrale Eigenschaft fundamentalistischer Bewegungen die Verteidigung der Religion gegen bestimmte Aspekte der westlichen Moderne, weshalb sie auch von verschiedenen Wissenschaftlern als antisäkular oder antimodernistisch (o.ä.) bezeichnet werden.
Anschließend werden *zweitens* anhand der Modelle von Almond et al. und Martin Riesebrodt strukturelle Eigenschaften fundamentalistischer Bewegungen betrachtet. Während Almond et al. ein sehr breites Spektrum an strukturellen Eigenschaften besprechen, versucht Riesebrodt diese Eigenschaften in einem knappen Schema zu erläutern. Hiernach folgt *drittens* als Exkurs eine Besprechung der Entwicklung der Moderne, deren wesentliche Eigenschaften, als auch der Unterschied zur Vormoderne. Dies ist notwendig, um den *vierten* Teil der hier besprochenen Fundamentalismustheorien zu verstehen, die sich mit der Frage beschäftigen, warum entsprechende Bewegungen antimodernistisch, bzw. antisäkular sind. Dabei werden drei verschiedene Autoren vorgestellt. Erstens wird Shmuel Eisenstadt besprochen, der erläutert, dass Fundamentalisten modern und antimodern zugleich sind. Modern sind sie deswegen, da sie die modernen Rahmenbedingungen der Politik benutzen, um ihre Ziele in jakobinischer Art und Weise durchzusetzen. Vormodern sind sie in seinem Verständnis, da sie zwar den Rahmen benutzen, aber Versuchen eine utopische Gesellschaftsordnung zu erschaffen, die einem religiösen Verständnis anhängen, das Eisenstadt als vormodern charakterisiert. Zweitens wird die Theorie von Bruce Lawrence betrachtet. Nach Lawrence Argumentation wenden sich Fundamentalisten nicht gegen die Moderne an sich, sondern nur gegen modernistische Denkstrukturen, in denen ein antireligiöses Denken implizit ist. Deswegen argumentiert er, dass Fundamentalismus eine religiöse Ideologie ist, die sich gegen diesen Aspekt der Moderne wendet. Als dritter und letzter Autor wird Thomas Meyer diskutiert. Meyer besitzt einen anderen Zugang zu diesem Thema, da er unter Fundamentalismus nicht nur religiöse Phänomene subsumiert, sondern alle Phänomene die antimoderne (und nicht nur antimodernistische) Tendenzen zeigen. Kennzeichen dafür ist für ihn die Flucht in eine Glaubensgewissheit jedweder Art, die seiner Meinung nach die Moderne nicht bietet. Als Abschluss des Funda-

mentalismuskapitels wird *fünftens* kurz auf die Frage eingegangen, inwiefern die politische Aktivität ein Merkmal fundamentalistischer Bewegungen sein muss.

2. Messianismustheorien

Wie in den Fundamentalismustheorien, soll *zuerst* ein kurzer Forschungsüberblick geboten werden, in dem sowohl Forschungsprobleme angesprochen werden, sowie hinsichtlich dieser Arbeit zwischen relevanten und nicht relevanten Forschungsgebieten unterschieden wird. Dabei können sowohl mehrere Forschungsgebiete als auch zwei Ebenen identifiziert werden. Die drei Gebiete sind monotheistische, nicht-monotheistische, sowie säkulare Erlösungsvorstellungen. Gleichzeitig existieren in diesen Gebieten zwei Ebenen: Einmal die allgemeine Besprechung der Bewegung unter erlösungsthematischen Aspekten, sowie weiterhin die Problematisierung der Rolle der Messiasfigur innerhalb der Bewegungen. Diese Rolle, ist wie noch gezeigt wird, keineswegs unumstritten.

Im *zweiten* Teil der Arbeit wird auf die Genese des jüdischen Messianismus eingegangen. Es wird gezeigt werden, dass man schon im frühesten Stadium des Judentums ansetzen muss, da sich hier die Erlösungslehre an sich entwickelt, wenngleich die Figur des Messias erst später in dieses Schema eingepasst wurde. Weiterhin werden danach die wesentlichen Grundzüge des jüdischen Messianismus – apokalyptische, restaurative und utopische – betrachtet und erläutert, welche bedeutende Transformation diese Konzepte in der lurianischen Kabbala erfahren. Insbesondere wird deren revolutionäres Verständnis der Erlösung als Prozess betrachtet.

Der *dritte* Abschnitt dieses Kapitels stellt schließlich einen Vergleich zwischen Fundamentalismustheorien und Messianismustheorien dar. Aufbauend auf den Ausführungen des zweiten Teilabschnitts wird hier das Zusammenspiel von prozessualer Zeitvorstellung und Erlösungshoffnung erklärt. Dadurch wird erläutert werden, wie sich in diesem Zusammenhang das moderne Phänomen der Ideologie entwickelt. Weiterhin wird der Zusammenhang von Ideologie und Utopie aufgezeigt, wodurch die Parallelen zwischen Messianismus und Fundamentalismus untersucht werden können. Dies ist besonders im Hinblick auf die Fundamentalismustheorien von Eisenstadt und Lawrence in ihren interessant, da diese argumentieren, dass Utopie und Ideologie Kernmerkmale fundamentalistischer Bewegungen sind.

3. Nationalismustheorien

Wie in den anderen beiden Theorien auch, wird in den Nationalismustheorien *zuerst* ein Überblick über das Forschungsgebiet geboten. Dieser wird allerdings ob der Breite und Mannigfaltigkeit der Theorien eingeschränkt. Es werden nur diejenigen Theorien näher betrachtet, welche im Vergleich mit Fundamentalismustheorien einen Erkenntnisgewinn versprechen. Deswegen werden diejenigen Theorien vorgestellt, die versuchen zu erklären, warum Nationalismus ein Phänomen der Moderne ist. Aus diesen werden zwei ausgewählt – nämlich jene von Ernest Gellner und Benedict Anderson – da diese eine doppelte Funktion erfüllen: Sie integrieren verschiedene Aspekte der Forschung, aber sie (vor allem Andersons Theorie) ermöglichen es auch, auf die eigentlich Fragestellung dieses Kapitels einzugehen: Sind Fundamentalismus und Nationalismus vereinbar?
Diese Frage wird im *zweiten* Teil des Kapitels besprochen, wobei dieser wiederum in vier verschiedene Unterabschnitte eingeteilt ist. Zuerst werden allgemeine Überlegungen zum Religionsbegriff getroffen und versucht diesen zu definieren, ein- und abzugrenzen. Danach werden Aspekte besprochen die bereits im Grundsatz einen Widerspruch zwischen Nationalismus und Fundamentalismus darzustellen scheinen: Universalismus einer Religion gegen den Partikularismus einer Nation; Loyalitätsstreit zwischen Nation und Religion; sowie die Problematik, dass in einer Nation mehrere Religionen integriert sein können.
Als nächstes wird darauf eingegangen, dass verschiedene Autoren darauf hinweisen, dass Nationalismus untrennbar mit dem politischen Programm der Moderne verbunden ist. Dazu werden die philosophischen Grundlagen dieses Konzepts kurz betrachtet und erörtert, inwiefern diese kontradiktorisch zu einem fundamentalistischen Religionsverständnis sind. Schließlich wird sowohl auf die moderne, differenzierte Gesellschaftsstruktur eingegangen, als auch auf das Zeitverständnis der Gesellschaft der Moderne.
Abschließend wird *drittens* in einem Exkurs auf die nationale Identität selbst am Beispiel Israel eingegangen. Dazu werden anfänglich kurz theoretische Anmerkungen zur Identitätskonstruktion von Kollektiven und deren kontradiktorischen Elementen gemacht, um diese am Beispiel des israelischen Nationalismus auszuführen. Dieser dritte Teil dient sowohl als Abschluss des Nationalismuskapitels, als auch als Übergang zur Besprechung der religiösen Siedler des Westjordanlandes.

C.) Besprechung der religiösen Siedler der Westbank

Um die Genese der Siedlerbewegung zu erläutern wird insgesamt in sechs Schritten vorgegangen. *Zuerst* wird die Theologie des geistigen Vaters der Bewegung, Abraham Isaak Kook, betrachtet. *Zweitens* wird die die Transformation dieser Theologie durch seinen Sohn Zvi Yehuda Kook erläutert, der diese radikalisierte und deren politisches Element betonte. Dabei wird gezeigt werden, dass in der Lehre des Sohnes ein grundsätzliches Paradox inhärent ist. *Drittens* wird auf den Kontext der Gründung der Bewegung näher eingegangen.
Anschließend werden *viertens* die ersten neun Jahre (1973 – 1982) ihrer Existenz betrachtet. Dieser Zeitraum ist aus zwei miteinander verbundenen Gründen gewählt. Erstens konnte sie bis dahin jenes System aufbauen, was Ehud Sprinzak als das „unsichtbare Reich" (invisible realm) bezeichnet. Zweitens hängt dies mit der Machtergreifung des Likuds 1978 zusammen, in dessen erster Legislaturperiode dafür gelegt wurden. Nachfolgend wird *fünftens* jenes „unsichtbare Reich" und dessen verschiedene Facetten besprochen. Dazu gehören Siedlungsbaum, Erziehungswesen, Lobbyarbeit, Institutionalisierung im Westjordanland und andere Aspekte. *Sechstens* wird die Ideologie von Gush Emunim besprochen. Aspekte davon sind u.a. die Heiligkeit des Landes, das Verhältnis zu den Palästinensern, oder die Beziehung zum Staat Israel. *Siebtens* soll abschließend betrachtet werden, wie sich die religiösen Siedler selbst in verschiedene Lager spalteten. Dazu werden einige Krisen analysiert und die unterschiedlichen Reaktionen innerhalb des religiösen Siedlerlagers analysiert.

D.) Einordnung und Schlussbetrachtung.

Im letzten Abschnitt sollen die Ergebnisse der Arbeit präsentiert werden. Dazu wird in der Reihenfolge der Fragestellungen zuerst darauf eingegangen, wie man fundamentalistische Bewegungen charakterisieren kann; wie sich Messianismus- und Nationalismustheorien zu Fundamentalismustheorien verhalten und schließlich wird überprüft welche der behandelten Theorien auf die religiösen Siedler anwendbar ist.

C.Theoretischer Rahmen: Fundamentalismus, Messianismus und Nationalismus

I. Fundamentalismustheorien

1. Forschungsüberblick und Problemstellung

Wie mittlerweile ausreichend bekannt ist, entstand der Begriff Fundamentalismus aus einer Selbstbezeichnung amerikanischer Protestanten, die in ihrer Schriftenreihe *„The Fundamentals: A Testimony to the truth"* diesen Begriff prägten.[28] In dieser Selbstbeschreibung benannten die amerikanischen Fundamentalisten jene Charakteristiken, die für sie die Fundamente des Glaubens waren: (1) Der Glaube an die Unfehlbarkeit der heiligen Schrift, (2) die Jungfrauengeburt, (3) das stellvertretende Sühneopfer und (4) die leibliche Wiederauferstehung Christi zur (5) Errichtung seines tausendjährigen Reiches vor dem jüngsten Gericht. Bevor Fundamentalismus als Begriff eines globalen Phänomens in die wissenschaftliche Literatur Einzug hielt dauerte es jedoch bis Ende 1970er, als sich die Forschung mit der Re-Islamisierung vor allem im Iran, mit der Moral Majority Bewegung in den USA, mit Gush Emunim in Israel und weiteren beschäftigte.[29] Seitdem wurde viel über Fundamentalismus veröffentlicht und versucht ein Begriffsverständnis von Fundamentalismus zu gewinnen, sowie Charakteristiken herauszuarbeiten, die diesen Bewegungen gemein sind. Das Begriffsverständnis ist allerdings unterschiedlich breit. Das weiteste reicht von dem Versuch alle Bewegungen und Strömungen, die jemals mit dem Begriff in Verbindung gebracht wurden unter einer Theorie zu vereinen, wie es Thomas Meyer macht. Er versteht unter Fundamentalismus nicht nur religiöse Bewegungen, sondern auch philosophische Strömungen, die einen Wahrheitsanspruch für ihre Thesen in Anspruch nehmen, ökologische Bewegungen, welche die Industriegesellschaft rigoros ablehnen, aber auch faschistische und kommunistische

[28] Vgl. u.a. Riesebrodt, Martin Fundamentalismus als patriarchalische Protestbewegung. Tübingen, 1990. S. 12
Maul, Stephan. Israel auf Friedenskurs? Politischer und religiöser Fundamentalismus in Israel. Wirkungen auf den Friedensprozess im Nahen Osten. Münster, 2000. S. 13.
Fortan: Riesebrodt. Fundamentalismus. 1990.
Mittleman, Alan L. Fundamentalism and Political Development: The Case of Agudat Israel. In: Silberstein, Laurence I. (Hg.) Jewish Fundamentalism in Comperative Perspective. Religion, Ideology and the Crisis of Modernity. New York, 1993. S. 216.
[29] Kienzler, Klaus. Der religiöse Fundamentalismus. Christentum, Judentum, Islam. München, 1996. 4. Auflage 2002. S. 9 -11. Fortan. Kienzler. Der religiöse Fundamentalismus. 1996.

Bewegungen.[30] Für ihn ist das Hauptcharakteristikum die Flucht aus der Ungewissheit der Moderne. Diese Position beziehen neben Meyer aber nur wenige. Die meisten Autoren, die sich mit dem Thema beschäftigen verstehen unter Fundamentalismus religiöse Bewegungen. Unter diesen gibt es einige, die Fundamentalismus als religiöse Politik[31] begreifen, die Mehrheit sieht darin jedoch religiöses Phänomen, mit einer unterschiedlichen großen politischen Tragweite.[32] Da sich die Charakteristiken der ursprünglichen Fundamentalisten auch ihren spezifischen christlichen Kontext bezogen, versuchten diese Autoren, allgemeine Prinzipien zu finden, die auf vergleichbare Bewegungen anwendbar sind. Beispielsweise sind Bewegungen nach Lustick fundamentalistisch, wenn sie drei Merkmale erfüllen: (1) Ihre Aktivitäten fußen auf nicht verhandelbaren Positionen, (2) sie sehen ihr Verhalten direkt von einer transzendentalen Autorität geführt und (3) sie versuchen einen raschen politischen und gesellschaftlichen Wandel herbeizuführen.[33]

Für Christian Jäggi richten sich (1) Fundamentalisten gegen den von der Moderne verursachten Werteverlust der Religion und (2) gegen eine auf politischen Konsens beruhende, von Menschen geschaffene Ordnung. (3) Demgegenüber besitzen sie die Überzeugung, die wahre gottgewollte Ordnung zu kennen und (4) versuchen diese Ordnung mit allen Mitteln durchsetzen.[34]

Martin Marty und R. Scott Appleby führen als Vorwort zu „*Fundamentalisms Observed*"[35], dem ersten Band des mehrbändigen „*Fundamentalism Project*", fünf Merkmale an, die Fundamentalisten erstens gemein haben, die sie aber zweitens auch von anderen Religiösen unterscheiden sollen. Diese Merkmale haben alle mit Kampf zu tun: (1) „fighting back": sie fühlen sich in ihrer Grundfesten bedroht und wehren sich deswegen militant (in Form von Worten oder auch Waffen); (2) „fighting for": Sie kämpfen für ihre Wertvorstellung; (3) „fighting with": sie sind selektiv in den Elementen der Tradition, die ihre Weltsicht begrün-

[30] Meyer, Thomas. Fundamentalismus. Aufstand gegen die Moderne. Reinbek bei Hamburg, 1989.
Fortan: Meyer. Aufstand gegen die Moderne. 1989. diese These legt er kurz auf den Seiten 15 – 20 dar, aber erwähnt es durch das ganze Buch.

[31] Vertreter der Sichtweise, dass Fundamentalismus hauptsächlich politische Bewegungen sind, sind beispielsweise:
Lustick, Ian. For the Land and the Lord: Jewish Fundamentalism in Israel. Council of Foreign Relations. New York. 1988. S. 4-8.
Fortan: Lustick. For the Land and the Lord. 1988.
Tibi, Bassam. Der religiöse Fundamentalismus in Übergang zum 21. Jahrhundert. Mannheim, 1995. S. 15ff.

[32] Die Frage, inwiefern Fundamentalisten politisch aktiv sind, wird weiter unten in der Theoriediskussion erörtert werden.

[33] Lustick. For the Land and the Lord. 1988. S. 4 – 8.

[34] Jäggi, Christian J, Krieger, David J. Fundamentalismus. Ein Phänomen der Gegenwart. Zürich 1991. S. 15 – 20

[35] Marty. E. Marty, R. Scott Appleby. Introduction: the fundamentalism project: a user´s guide. S. ixf. In: Marty. E. Marty, R. Scott Appleby (Hg.) fundamentalisms observed. Chicago 1991. S. vii- xiv.
Fortan: Marty, Appleby. A user's guide. 1991.

det, diese Auswahl wird von ihnen als ‚Waffe', als Kampfargument gegen Andere benutzt; (4) „fighting against": sie kämpfen gegen Modernisten, andere Religionen, moderatere Mitglieder ihrer Religion und jeden anderen, von dem sie ihre Weltsicht bedroht sehen; (5) „fighting under": sie kämpfen im Namen Gottes, oder vergleichbaren Entitäten, da sie überzeugt sind, dass sie deren Absichten kennen und ihre Erfüllungsgehilfen sind.

Schließlich soll noch Martin Riesebrodt genannt werden, der in *„Fundamentalismus als patriarchalische Protestbewegung"*[36] sieben Merkmale schildert: (1) Ein Krisenbewusstsein, dass die eigene Gruppenidentität bedroht ist; (2) Fundamentalisten befinden sich im Kampf gegen verschiedene andere: Säkularisten, Modernisten, oder die gemäßigte Führung der eigenen Religion; (3) Darstellung der Gegner als mythisches/religiöses Feindbild; (4) Historische Ereignisse werden als Teil eines kosmischen, meist eschatologischen Plans betrachtet; (5) Fehlen eines Geschichtsbewusstseins; (6) Die Gruppe grenzt sich gesellschaftlich und spirituell von Außenstehenden ab; (7) Es gibt meistens einen männlichen, charismatischen Führer, der als einziger die Befähigung hat traditionelle heilige Texte zu interpretieren und somit als einziger die Wahrheit erkennen kann.

Man könnte noch weitere Autoren wie Hava Lazarus Yaveh nennen, die sogar 10 Eigenschaften von Fundamentalisten erläutert[37], oder auch Bruce Lawrence[38], Lionel Caplan[39], Klaus Kienzler[40] und andere, die aber alle ähnliche Merkmale wie die oben aufgeführten nennen und keine essentiell neuen Punkte hinzufügen können.

In Anbetracht der Vielzahl der Autoren und der Vielzahl der von ihnen erläuterten Merkmale von Fundamentalisten, mussten die weiter unten besprochenen Theorien mit Bedacht ausgewählt werden. Ein Werk, das zentral ist, wenn man fundamentalistische Bewegungen bespricht, stellt *„Strong Religion"*[41] von Almond, Appleby und Sivan dar. Dieses Buch präsen-

---

[36] Riesebrodt. Fundamentalismus. 1990. S. 11 – 18.

[37](1) Gegenbewegung zur westlichen Moderne (2) Ablehnung westlicher Staatsinstitutionen zugunsten eines religiösen Staates (3) Ablehnung des religiösen Mainstreams (4) selektive Benutzung moderner Technologien (5) buchstabentreuer Glauben (6) Ablehnung von Auslegungen der Schrift (mit teilweiser Ausnahme des Judentums) (7) Bewusstsein, Kenntnis von Gottes Plan zu besitzen (8) apokalyptische Wahrnehmung (9) traditionelles Frauenbild (10) radikale Ablehnung anderer Religionen
Lazarus Yafeh, Hava. Contemporary Fundamentalism: Judaism, Christianity, Islam. In: Silberstein, Laurence J. Jewish Fundamentalism in Comperative Perspective. Religion, Ideology and the Crisis of Modernity. New York, 1993. S. 42 – 55.

[38] Lawrence, Bruce. Defenders of God. The Fundamentalist Revolt against the Modern Age. London 1990.
Fortan: Lawrence. Defenders of God. 1990.

[39] Caplan, Lionel. Introduction. In: Caplan, Lionel (Hg.). Studies in Religious Fundamentalism. New York, 1987. S. 1 – 24.

[40] Kienzler. Der religiöse Fundamentalismus. 1996. S. 21 – 28.

[41] Almond, Gabriel A., Appleby, R. Scott, Sivan, Emmanuel. Strong Religion. The Rise of Fundamentalisms around the World. Chicago 2003. Überwiegend wurde der Inhalt von 'Strong Religion' erstmals veröffentlich in mehreren Kapitel in Marty, Martin. E und Appleby R. Scott. Fundamentalisms Comprehended. Chicago 1995. S. 399 – 504. In ‚Strong Religion wurden allerdings noch einige Ergänzungen vorgenommen, weshalb in dieser Arbeit auf das Buch Bezug genommen wird.

tiert die Synthese des *„Fundamentalism Projects“* und der darin untersuchten Bewegungen. Die Autoren beschreiben die wesentlichen Merkmale und die strukturellen Ausprägungen dieser Bewegungen. Außerdem untersuchen sie Fundamentalisten in ihrem jeweiligen sozialen, sowie in ihrem politischen Umfeld und erläutern welche Entwicklungsmöglichkeiten die Bewegungen haben. Weiterhin Typologisieren sie die Arten der Reaktion auf das jeweilige Umfeld. In dieser Breite ist dieses Buch bisher das umfangreichste seiner Art.
Martin Riesebrodt legt dazu den Gegenentwurf dar. Sein Ziel ist es nicht, alle Bewegungen zu kategorisieren wie es oben genannte Autoren machen, sondern ein abstrahierendes Schema zu finden, dass kurz und allgemeingültig ist. Ihm gelingt es, Merkmale fundamentalistischer Bewegungen in einen Zusammenhang zu setzen, womit er eine gute Ausgangsbasis für das Verständnis solcher Bewegungen liefert.
Almond, Appleby und Sivan wurden deshalb ausgewählt, weil deren Buch einen ausgezeichneten und umfassenden Überblick über Charakteristiken fundamentalistischer Bewegungen bietet. Die Autoren von *„Strong Religion“* legen eine detaillierte Beschreibung dar, welche Eigenschaften Fundamentalisten besitzen, wie eine fundamentalistische Gruppe aufgebaut ist und welche Unterschiede existieren, wie jene Gruppen mit der Außenwelt interagieren. Riesebrodt bietet im Gegensatz dazu ein abstrahierendes Schema, welches den logischen Aufbau des fundamentalistischen Denkens und Verhaltens beschreibt.
Die beiden oben genannten Bücher sind sehr hilfreich, wenn es darum geht die Ausprägungen von Fundamentalismus zu beschreiben. Andere Autoren haben allerdings einen anderen Zugang zu diesem Thema. Sie fragen, was der ausschlaggebende Grund für die Existenz von Fundamentalismus sei und suchen nach Erklärungen dafür. Die genannte Antwort bewegt sich immer um das Thema Moderne: Fundamentalisten sind antimodern, antimodernistisch, antisäkular oder antiaufklärerisch. Obwohl die Antworten ähnlich sind, sind die Begründungen doch verschieden. Es wurden drei Autoren ausgewählt, die unterschiedliche Erklärungen dafür besitzen, warum Fundamentalisten eine Gegenbewegung zu Teilen der Moderne sind, aber auch inwiefern sie selbst Teil der Moderne sind. Zu diesem Punkt werden die Theorien von Thomas Meyer, Bruce Lawrence und Shmuel Eisenstadt genauer betrachtet.
Im Verständnis von Thomas Meyer bietet die Moderne zwar vielfältige Chancen, aber sie bedeutet auch den Verlust jeglicher Gewissheit und Orientierung. Fundamentalisten sind Menschen, die die Moderne ablehnen, um stattdessen durch Wahrheiten Sicherheit zu gewinnen. Durch die Breite seiner Erklärung findet er Fundamentalismus nicht nur in der Religion, sondern auch auf kultureller, politischer und intellektueller Ebene.

Fortan: Almond et al. Strong Religion. 2003.

Bruce Lawrence versteht unter Fundamentalismus hingegen ein rein religiöses Phänomen. Für ihn ist Fundamentalismus keine Ablehnung der Moderne, sondern Gegenbewegung zum modernistischen Denken wie es im Westen entstanden ist. Modernismus ist eine Denkweise, die aus dem rationalistischen Denken der Aufklärung hervor ging und die Religion aus dem öffentlichen Leben ins Private zwang. Fundamentalismus ist für Lawrence eine Erscheinung, die Versucht gegen die Privatisierung der Religion vorzugehen. Dabei sieht er bei Fundamentalisten strukturelle Parallelen zu modernen Ideologien.
Die dritte besprochene Theorie zur Genese von Fundamentalismus kommt von Shmuel Eisenstadt.[42] Eisenstadt beschreibt Fundamentalisten als modern und vormodern zugleich. Das Moderne Element findet er in der Art und Weise, wie sie versuchen ihre ideale Gesellschaftsordnung jakobinisch durchzusetzen. Jakobinismus ist für ihn der Versuch, die eigene ideale Ordnung (Utopie) als den allgemeinen Willen zu verstehen, und den Willen aller darunter mit allen Mitteln zu subsumieren. Vormodern sind sie nach Eisenstadt nicht nur da sie Grundprämissen der Aufklärung ablehnen, sondern da ihre Utopie noch transzendental- religiös geprägt ist.

Argumente wider und für den Begriff Fundamentalismus

Wider dem Begriff Fundamentalismus

Es gibt einige besser, andere weniger gut begründete Argumente, warum Wissenschaftler den Begriff Fundamentalismus als unzutreffend hinsichtlich der Charakterisierung solcher Gruppen ablehnen. Ein Autor, der umfassend Gegenargumente nennt ist Mark Juergensmeyer. Er legt diese Gegenargumente in dem Buch *„The new Cold War"*[43] und dem Artikel *„Why Religious Nationalists are not Fundamentalists"*[44] dar und elaboriert weitere Aspekte in *„Antifundamentalism"*[45]
Juergensmeyer nennt sechs Gründe, warum er den Begriff Fundamentalismus ablehnt:

---

[42] Eisenstadt, Shmuel N. Die Antinomien der Moderne. Die jakobinischen Grundzüge der Moderne und des Fundamentalismus. Heterodoxien, Utopismus und Jakobinismus in der Konstitution fundamentalistischer Bewegungen. Frankfurt a.M. 1998.
Fortan: Eisenstadt. Antinomien der Moderne. 1998.
[43] Juergensmeyer, Mark. The new cold war? Religious Nationalism confronts the secular state. University of California Press. Berkeley and Los Angeles. 1993. Zur Kritik an Fundamentalismus: S. 4 – 8.
Fortan: Juergensmeyer. The new cold war? 1993.
[44] Juergensmeyer, Mark. Why Religious Nationalists are not Fundamentalists. In: Religion, Vol. 23. 1993 S. 85 – 92.
[45] Juergensmeyer, Mark. Antifundamentalism. In: Marty, E. Martin, Appleby, R. Scott. Fundamentalisms Comprehended. Chicago 1995. S. 353 – 366.

1) Der Begriff ist pejorativ. Unter Fundamentalisten versteht die Öffentlichkeit intolerante, selbstgerechte Menschen mit einem engstirnigen religiösen Literalismus. Sie besitzen keinen Anspruch darauf, dass ihre Meinungen Ernst genommen werden.
2) Der Begriff ist weniger beschreibend als beschuldigend und reflektiert mehr das Verhältnis von anderen Menschen zu Fundamentalisten, als dass er diese charakterisiert. Implizit in diesem Begriff sieht Juergensmeyer die Ablehnung des Religiösen durch die westliche säkulare Wissenschaft.
3) Der Begriff wird gebraucht um Menschen zu brandmarken. Fundamentalismus hat sich, ähnlich wie Kommunismus oder Faschismus, zu einem Schlagwort entwickelt, das zur Delegitimierung und Stigmatisierung religiöser Bewegungen dient.
4) Der Begriff trägt keine politische Bedeutung, sondern lediglich eine religiöse. Für Juergensmeyer ist die Veränderung der Gesellschaft ein zentrales Motiv für diese Bewegungen. Sie wollen das nationale Schicksal im Sinne der Religion ändern, weswegen er sie für unabdingbar politisch hält. Deswegen bevorzugt er auch den Terminus „religiöse Nationalisten".
5) Der Begriff verwischt das Hauptmerkmal: die antisäkulare Haltung. Juergensmeyer beruft sich auf Bruce Lawrence, der Fundamentalisten als Antimodernisten bezeichnet und zwischen modern und modernistisch unterscheidet[46]. Während viele religiöse Nationalisten moderne, materielle Dinge schätzen, lehnen sie säkulare (modernistische)Werte ab.
6) Der Begriff ist ungenau, da er sich eigentlich auf ein christliches Phänomen bezieht. Das einzige was christliche und islamische Fundamentalisten gemeinsam haben ist ihre Ablehnung gegenüber dem Säkularismus der Moderne.

Viele Autoren, die sich mit Fundamentalismus beschäftigen, sind auf obige, von Juergensmeyer oder anderen vorgebrachte Gründe eingegangen. Die ersten drei genannten Punkte sind ähnlich. Nicht nur Juergensmeyer weist darauf hin, auch andere Autoren wie Riesebrodt[47] oder Almond[48] bemerken, dass der Begriff tatsächlich oft eine pejorative und beschuldigende Funktion in der Öffentlichkeit und vor allem in den Medien hat. Beispielsweise werden bärtige Muslime vielfach in der Öffentlichkeit mit islamischem Fundamentalismus gleichgesetzt.[49] Deshalb ist die Behauptung sicher zutreffend, dass der Begriff negativ besetzt ist. Allerdings muss es Aufgabe einer wissenschaftlichen Analyse sein, sich dem Begriff ohne Ressentiments zu nähern und vielmehr zu versuchen Merkmale und Definitionen auszuarbei-

[46] „The only thing that most religious activists around the world have in common, aside from their fervor, is their rejection of Westerners and those like us who subscribe to modern secularism. For that reason, a better comparative category would be antimodernism, the term Bruce Lawrence uses to define fundamentalism as a global concept." (Juergensmeyer. The new cold war. 1993. S. 5.) Bruce Lawrence sieht jedoch im Gegensatz zu Juergensmeyer kein Problem darin, dass der Begriff Fundamentalismus nicht aussagekräftig genug ist. Im Gegenteil erklärt er Antimodernismus zum Hauptmerkmal von Fundamentalisten. Ferner benutzt Lawrence den Begriff nicht global, sondern nur auf die abrahamitischen Traditionen bezogen.
[47] Riesebrodt, Martin. Was ist religiöser Fundamentalismus? In: Six, Clemens; Riesebrodt, Martin; Haas Siedfried. Religiöser Fundamentalismus. Innsbruck 2004. abgedruckt auf: http://vgs.univie.ac.at/VGS_alt/qs16lp.html (08.12.2006)
[48] Almond et al. Strong Religion. 2003 S. 14 – 17.
[49] http://www.berlinonline.de/berliner-zeitung/archiv/.bin/dump.fcgi/2006/1030/medien/0033/index.html (08.12.2006)

ten. Auch wenn diese letztlich unterschiedlich sein mögen, müssen sie doch auf einen Erkenntnisgewinn der Forschung beruhen. Es bleibt die Aufgabe, einen möglichst funktionellen Begriff zu finden, und da kann es kein Argument sein, dass der Begriff in der Öffentlichkeit negativ besetzt ist. Darüber hinaus hat sich der Begriff bereits in der Öffentlichkeit festgesetzt, und es sollte Aufgabe der Wissenschaft sein, zu einer Aufklärung des Phänomens beizutragen (auch wenn dies gegen gewollte Polemik nur begrenzt möglich ist). Statt im Elfenbeinturm einen neuen Begriff zu definieren, von dem mit einiger Wahrscheinlichkeit angenommen werden kann, dass er sich nicht mehr gegen den bereits bekannten Terminus durchsetzen kann, sollte man bei Fundamentalismus bleiben, solange nicht ernsthafte wissenschaftliche Gründe dagegen sprechen.

Die ersten drei oben aufgeführten Argumente qualifizieren sich nicht dafür, Argumente vier bis sechs haben hingegen mehr inhaltlichen Gehalt.

Zu Punkt vier ist zu sagen, dass Juergensmeyer Recht hat. Der Begriff trägt in sich keine politische Bedeutung. Wenn Juergensmeyer dies als Kriterium heranzieht, klammert er jedoch bereits Bewegungen aus, die unter dem Begriff Fundamentalismus geführt werden, aber kaum politisch aktiv sind. Daher kann Juergensmeyer den Begriff Fundamentalismus nur in Bezug auf jene Bewegungen attackieren, die politische Aktivität vorweisen. Dieser Kritikpunkt wird noch zweimal in dieser Arbeit eine Rolle spielen. Erstens, wenn weiter unten im Fundamentalismuskapitel erläutert wird, inwiefern diese Bewegungen politisch aktiv sind oder nicht und zweitens wenn im dritten Kapitel auf das Verhältnis zwischen Fundamentalisten und Nationalisten eingegangen wird. Aber es ist kein Argument den Begriff Fundamentalismus als solchen nur ob eines fehlenden Bezugs des Wortes hinsichtlich politischer Aktivität zu diskreditieren. Allein schon auf Grund der Tatsache, dass es weitgehend unpolitische Bewegungen wie die Neturei Karta in Israel, oder die Samawiya Bewegung in Ägypten gibt, die von vielen Autoren als fundamentalistisch eingestuft werden.

Auch das Argument, dass Fundamentalismus das Hauptmerkmal Antisäkularismus verwische, ist keine triftige Begründung gegen die Begriffsverwendung. Es erklären fast alle Theoretiker, dass das wesentliche Charakteristikum Antisäkularismus, Antimodernismus o.ä. ist. Auch wenn Fundamentalismus nicht direkt auf die Ablehnung von Säkularismus verweist, so ist, wie Juergensmeyer sogar selbst feststellt, der Begriff im öffentlichen Bewusstsein mit religiösen Bewegungen verbunden. Folglich ist es nicht einsichtig, inwiefern er mit der Bezeichnung ‚religiöser Nationalismus' einen aussagekräftigeren Term gefunden hat.

Sein letztes Gegenargument hat mehr Gehalt. Kann man die Selbstbezeichnung einer religiösen Gruppe ausweiten auf andere Gruppierungen? Man kann natürlich argumentieren, dass nur jene Protestanten Fundamentalisten sein können, wenn man den Begriff wirklich auf die genannten *„five fundamentals"* einengt. Es ist aber im Gegensatz dazu genauso legitim, den Begriff auszuweiten, wenn es Vorteile in der Analyse von Phänomenen bringt, bei denen Gemeinsamkeiten festgestellt wurden. Martin Riesebrodt bemerkt dazu treffend:

„Da alle Begriffe in partikularistischen historischen und linguistischen Kontexten entstehen und aus diesen abstrahiert werden, ist auch der Fundamentalismusbegriff nicht notwendigerweise von seiner protestantischen Herkunft geprägt oder mit ihr unauflöslich verbunden. Will man ihn in ein universal anwendbares soziologisches Konzept transformieren, muss man sich freilich der Mühe unterziehen, ihn von protestantischen oder christlichen Besonderheiten zu befreien."[50]

Riesebrodts leitet seinen Fundamentalismusbegriff aber aus einem soziologischen Blickwinkel her. Andere Autoren nennen religionsspezifische Einwände, warum der Begriff Fundamentalismus über die abrahamitischen Traditionen hinaus nur eingeschränkt zu verwenden ist. Die Autoren von *„Strong Religion"* merken an, dass asiatische Religionen keine Schriftreligionen sind. Eine heilige Schrift stellt für Fundamentalisten das Wort Gottes dar und somit Grundlage ihrer Wahrheit. Religionen, wie der Hinduismus oder Buddhismus haben keine singuläre autoritative Quelle. Die Autoren bezeichnen sie aber als „synkretische Fundamentalisten", da sie dazu tendieren „to select and canonize a corpus of sacred texts, transforming epics and poems and other open - ended genres into the stuff of „fundamental", „inerrant" scriptures."[51]

Auch Bruce Lawrence sieht fundamentalistische Merkmale in nicht-abrahamitischen Traditionen. Allerdings schränkt auch er ein, dass reiner Fundamentalismus nur im Judentum, Christentum und dem Islam existiert, da nur diese Bewegungen explizit gegen den westlichen Modernismus vorgehen, der für ihn die notwendige Bedingung ihrer Genese ist.[52]

Shmuel Eisenstadt unterscheidet schließlich unter Berufung auf Max Weber zwischen rein innerweltlichen, rein außerweltlichen und vermischten Erlösungsvorstellungen, die sich nach Eisenstadt in der Achsenzeit[53] entwickelten.[54] Die rein innerweltliche spielt keine Rolle in dieser Arbeit, da sich daraus Erlösungsvorstellungen bei den Griechen, Römern bzw. Chinesen entwickelten. Die beiden anderen Erlösungsvorstellungen sind identifizierbar mit Buddhismus und Hinduismus (außerweltliche Erlösungsvorstellung) und den monotheistischen Religionen (vermischte Erlösungsvorstellung). Wie später noch genauer erläutert wird, besitzen monotheistische Religionen die Vorstellung, dass man die ideale, transzendentale Ord-

[50] Riesebrodt, Martin. Die fundamentalistische Erneuerung der Religionen. S. 13. In: Welt Trends 30, Frühling 2001, pp. 9-27. Fortan: Riesebrodt. Fundamentalistische Erneuerung. 2001.
[51] Almond et al. Strong Religion. 2003. S. 16.
[52] Lawrence. Defenders of God. 1989. S. 6.
[53] Zur Achsenzeit siehe unten den entsprechenden Abschnitt in der Besprechung von Eisenstadts Theorie.
[54] Eisenstadt. Antinomien der Moderne. 1998. S. 90ff.

nung auch in der diesseitigen Gesellschaft anstreben sollte, um die Erlösung zu erreichen bzw. vorzubereiten. Diese Religionen versuchen im Diesseits politische und kulturelle Gesellschaftsordnungen zu bestimmen. Buddhismus und Hinduismus hingegen besitzen eine außerweltliche, weltabgewandte Erlösungsvorstellung, die rein spirituelle Züge besitzt und keine menschlichen Ordnungen voraussetzt: „Die wichtigsten dieser Sekten [...] waren eng mit den Traditionen und Orientierungen eines weltabgewandten Asketentums verknüpft. [...] Die außerweltlichen Erlösungsvorstellungen, die sich hier entfalteten, zielten nicht auf die Entwicklung gewichtiger alternativer Ideen der sozialen und besonders der politischen Ordnung."[55] Eisenstadt sieht in diesen Religionen implizit nur die Möglichkeiten eines synkretischen Fundamentalismus, wenn Strömungen innerweltliche Züge annehmen.

In dieser Arbeit wird sich auf Grund der unten folgenden theoretischen Erörterungen auf die abrahamitischen Traditionen konzentriert, da diese noch unter einheitlichen theoretischen Gesichtspunkten betrachtet werden können. Alles andere würde den Rahmen dieser Arbeit sprengen. Um den Fundamentalismus der südostasiatischen Religionen zu thematisieren, müsste nicht nur eine völlig neue Komponente in der Entwicklung der weiter unten besprochenen Achsenzeit hinzugenommen werden. Vor allem Messianismustheorien müssten in Bezug auf diese Religionen unter anderen Gesichtspunkten betrachtet werden, da das Konzept der Erlösung in abrahamitischen Traditionen ein grundlegend anderes ist.

Argumente für den Begriff Fundamentalismus

Als Argumente für den Fundamentalismusbegriff kann man kurz Appleby und Marty zusammenfassen, die für die Beibehaltung des Terminus in der Einleitung des *„Fundamentalism Projects"* folgende Gründe anführen: Für den Fundamentalismusbegriff spricht, dass er sich für die Mehrheit der Wissenschaftler als funktional erwiesen hat und dass er, trotz Gegenstimmen, als überkultureller Begriff akzeptiert werden kann. Außerdem drückt sich durch Fundamentalismus eine Unterscheidung zum traditionellen Religionsverständnis aus, was zum Beispiel in dem Term ‚religiöser Nationalismus' kaum gegeben ist.

Schließlich ist er funktionaler, sowohl bezüglich der Unterscheidung mit nicht-fundamentalistischen Bewegungen, wie auch hinsichtlich der Charakterisierung solcher Bewegungen mit alternativen Begriffe, die vor allem mit dem Präfix „ultra-" oder den Worten „radikal" oder „extrem" ausgedrückt werden. „When scholars made suggestions for replacements such as 'revolutionary neotraditionalist Islamic radicalism' and were then asked to

[55] Eisenstadt. Antinomien der Moderne. 1998. S. 21f.

define these alternatives, they came to describe pretty much what the authors were calling 'fundamentalism'."[56]

2.Strukturen des Fundamentalismus

2.1 Almond, Appleby, Sivan: Strong Religion

Almond, Appleby und Sivan präsentieren in *„Strong Religion"* die Ergebnisse des sechsbändigen Mammutwerks *„Fundamentalism Project"*, das mehrere tausend Seiten umfasst und alle bekannteren Bewegungen (über 80) bespricht, von denen die Möglichkeit besteht, dass sie als fundamentalistisch einzustufen sind. Die Autoren liefern eine detailreiche Aufarbeitung des Projekts, indem sie Eigenschaften, Einflüsse, Entwicklungsmöglichkeiten und Interaktion mit der Außenwelt herausarbeiten. Im ersten Kapitel erläutern sie, dass alle Fundamentalisten in einer Enklavenkultur leben, im zweiten betrachten sie Eigenschaften, die Fundamentalisten gemein sind. Im dritten Kapitel werden strukturelle Variablen des Umfelds analysiert (z.B. kulturelle oder ökonomische), sowie nicht alltägliche Ereignisse, welche die Entwicklung der Bewegung beeinflussen können („chance factors", z.B. Tod des Führers, Kriegsausbruch) und interne Entwicklungsmöglichkeiten („choice variables", z.B. die Fähigkeiten der Führungselite) betrachtet. Das vierte Kapitel beinhaltet die Reaktionen und Reaktionsmöglichkeiten, welche fundamentalistische Bewegungen auf Grund ihres Umfelds haben. Es wird unterschieden zwischen Welteroberer, -veränderer, -erschaffer und -entsager (conqueror, transformer, creator, renouncer). Im fünften Kapitel wird untersucht, in welchen Ausmaß sich das Verhalten dieser Bewegungen unterscheidet, wenn sie in demokratischen, bzw. nicht demokratischen Strukturen auftreten, beziehungsweise, wenn sie in einem ethnoreligiösen Konflikt verwickelt sind.

Im Gegensatz zu dem weiter unten besprochenen Modell von Riesebrodt wollen die Autoren kein abstrahierendes Modell zur Erklärung von Fundamentalismus entwickeln. Dadurch, dass die Bewegungen so mannigfaltige Erscheinungsformen und Kontexte besitzen, müsse man sehr detailliert vorgehen, argumentieren die Autoren. Man kann das Buch vielleicht am besten als eine kategorisierende ‚Bestandsaufnahme' des Fundamentalismusprojekts verstehen. Durch diesen Hintergrund vermag „Strong Religion" eine empirische Basis für die ausgearbeiteten theoretischen Cluster zu bieten, welche dem Buch quasi ein Alleinstellungsmerkmal

---

[56] Marty, Appleby. A user's guide. 1991. S. xiiff.

zukommen lässt. Man kann natürlich darüber streiten, ob einzelne Merkmale hinzu genommen oder weg gelassen werden sollten, aber dennoch ist *„Strong Religion"* auf Grund des komparativen Überbaus des *„Fundamentalism Projects"* das autoritativste Werk des momentanen Forschungsstands. Diese Aussage besitzt auch Gültigkeit in Hinsicht auf die eingangs besprochenen Merkmale fundamentalistischer Bewegungen die von verschiedenen Autoren herausgearbeitet wurden. Dementsprechend findet man in der neueren Literatur statt eigenen Aufzählungen von Aspekten fundamentalistischer Bewegungen oft Hinweise auf entsprechende Passagen der Arbeit von Almond, Appleby und Sivan.[57]

Kritische Anmerkungen, die man zu *„Strong Religion"* machen kann, liegen in den vielen Wiederholungen begründet, die in den einzelnen Kapiteln existieren, vor allem bei den Ausführungen zu den Eigenschaften fundamentalistischer Bewegungen und der fundamentalistischen Enklavenkultur, die stellenweise inhaltlich fast identisch sind. Ein Kritikpunkt, der von vielen vertreten wird, ist weiterhin, dass die „theoretische Synthese freilich enttäuschend geblieben ist"[58], wie es der stets scharfzüngige Martin Riesebrodt formuliert. Auch David Rapoport moniert: „Although the analysis is more systematic, those of us who are familiar with the Fundamentalism Project's achievements will find little that is new here."[59] Diese Kritik ist richtig. Dabei muss aber angemerkt werden, dass es durchaus angebracht erscheint, die Erkenntnisse des *„Fundamentalism Project's"* systematisiert und verknappt zu veröffentlichen – schon allein auf Grund der Tatsache, dass alle Bände des Projekts zusammen knapp 4000 Seiten umfassen. Dies ist auch die Intention der Autoren. Sie wollen keinen theoretischen Zugang auf die Frage der Entstehung von Fundamentalismen (Theorien dieser Art werden weiter unten besprochen) bieten, sondern eine systematische Analyse der Bewegungen. Almond et al. erkennen durchaus an, dass *„Strong Religion"* auch abstrahierend ist, was aber freilich in der Natur des Buches liegt, wenn man die etwas über 250 Seiten zu den knapp 4000 des Projekts vergleicht. Deswegen erläutern sie auch, dass die von ihnen beschriebenen Merkmale bei den verschiedenen Bewegungen je nach Kontext unterschiedlich stark ausgeprägt sein können und nicht in gleichen Umfang auf jede einzelne Bewegung zutreffen.

---

[57] Beispielsweise: Riesebrodt, Martin. Fundamentalismus, Säkularisierung und die Risiken der Moderne. In: Bielefeldt, Heiner und Heitmeyer, Wilhelm. Politisierte Religion. Ursachen und Erscheinungsformen des modernen Fundamentalismus. Frankfurt a. M. 1998. S. 78. Fortan: Riesebrodt. Risiken der Moderne. 1998.
Eisenstadt, Shmuel N. Die Vielfalt der Moderne. Weilerswist, 2000. S.202. Fortan: Eisenstadt. Vielfalt der Moderne. 2000.
Emerson, Michael; Hartmann, David. The Rise of Religious Fundamentalism. S. 134 Annual Review of Sociology. Volume 32, 2006. S. 127 – 144.

[58] Riesebrodt. Riskien der Moderne. 1998. S. 78.

[59] Rapoport, David C. Review of Strong Religion. In: Perspectives on Politics. Volume 2. Issue 2, June 2004. S. 390 – 391.

Allerdings halten sie fest, dass eine Charakterisierung allen zu Grunde liegt. Dies stellt auch ihre Definition von Fundamentalismus dar:
"Fundamentalism, in this usage, refers to a discernable pattern of religious militancy by which self-styled „true believers" attempt to arrest the erosion of religious identity, fortify the borders of the religious community, and create viable alternatives to secular institutions and behaviours."[60]
Im Folgenden sollen drei wesentliche Aspekte des Fundamentalismus widergegeben werden. Der erste Abschnitt behandelt die Eigenschaften der Bewegungen, der zweite konzentriert sich auf die Enklavenstruktur fundamentalistischer Bewegungen, deren Aufbau und die Weltsicht innerhalb der Enklave. Der dritte Abschnitt behandelt schließlich Bedingungen, Möglichkeiten und Ausprägungen fundamentalistischer Interaktion mit der Welt außerhalb ihrer Enklave.

a. Eigenschaften fundamentalistischer Bewegungen

Almond, Appleby und Sivan unterscheiden neun Merkmale fundamentalistischer Bewegungen, welche in fünf ideologische und vier strukturelle Merkmale eingeteilt werden.

.

Ideologische Merkmale[61]

Fundamentalismus ist eine *Reaktion gegen die Marginalisierung der Religion*, welche auf die Prozesse der Modernisierung zurückgeht. Fundamentalisten wenden sich zwar gegen mehrere Aspekte dieser Modernisierung, allerdings muss eine Bewegung, um als fundamentalistisch charakterisiert zu werden, in erster Linie mit der Erosion der Religion und ihrem gesellschaftlichen Niedergang beschäftigt sein: *„This defense of religion is the sine qua non of fundamentalism; without it, a movement may not properly labeled fundamentalist."*[62]
Dies ist für Almond, Appleby und Sivan das dominante Charakteristikum von Fundamentalismus, was sie durch das ganze Buch hinweg betonen.
Man kann drei Gegner unterscheiden, welche Fundamentalisten als verantwortliche Akteure für den Niedergang der traditionellen Religion identifizieren.[63] Erstens das religiöse Establishment, das zu viele Kompromisse mit der säkularen Welt eingeht. Zweitens ist der Staat,

[60] Almond et al. Strong Religion. 2003. S. 17.
[61] Almond et al. Strong Religion. 2003. S. 93 – 97.
[62] Almond et al. Strong Religion. 2003. S. 94. Hervorhebung im Original.
[63] Die Gegner sind auf den Seiten 99 – 101. besprochen.

der die Säkularisierung vorantreibt oft ein Feindbild für Fundamentalisten, wenn er z.B. säkulare Schulen einführt, religiöse Symbole in der Öffentlichkeit verbietet, oder Scheidung, Abtreibung oder Homosexualität legalisiert. Drittens sehen sie traditionelle Werte von der Zivilgesellschaft und deren Institutionen bedroht, wie deren (in den Augen der Fundamentalisten) „corrupting media, including television, cinema, secular literature [and] secular assocations and political parties."[64] Unter gewissen Umständen kommen zwei weitere Gesichtspunkte hinzu, die allerdings nicht auf alle Bewegungen verallgemeinert werden können. Ein vierter Gegner kann im ethno-religiösen Konflikt gefunden werden, wie es bei der Hizbollah, den jüdischen Siedlern und den Ulster Protestanten der Fall ist. Ein fünfter Aspekt ist der Kampf gegen imperialistische Kräfte, was fast alle islamischen Fundamentalisten betrifft, sowie einige hinduistische Gruppen.

Das nächste Merkmal ist die *Selektivität.* Fundamentalisten sind in dreifacher Hinsicht selektiv. Erstens ziehen sie bestimmte religiöse Traditionen anderen vor. Typischerweise unterscheiden sie sich in den von ihnen betonten Aspekten der Religion vom religiösen Establishment. Zweitens sind Fundamentalisten in der Auswahl der Aspekte der Moderne, die sie übernehmen (vor allem technische Errungenschaften), selektiv. Drittens werden aber auch einige Aspekte der Moderne kategorisch abgelehnt. Die Ablehnung dieser Aspekte nimmt oft zentralen Stellenwert in der Ideologie der Fundamentalisten ein. Beispiele dafür führen sind die Ablehnung von Abtreibung von Fundamentalisten in den USA, oder der Widerstand gegen die „Land for Peace" Politik durch die religiösen Siedler in Israel an.

Weiterhin ist für Fundamentalisten ein *moralischer Manichäismus* charakteristisch. Für sie teilt sich die Welt in Licht und Schatten, gut und böse auf. In ihrem Glauben dominiert das Böse derzeit die Welt, aber sie sind vom Sieg des Guten überzeugt. Die Gemeinschaft der Fundamentalisten betrachtet sich selbst als die letzte Bastion des Guten gegen die überwiegend von Sünden beladene Welt außerhalb. Allerdings realisieren Fundamentalisten durchaus, dass weder ihre Bewegung absolut vollkommen ist, noch die Außenwelt absolut verdorben. Dennoch nehmen sie die Außenwelt als falsch und gefährlich war: Sie ist oft ein Wolf im Schafspelz – aber den Mitgliedern der Bewegung wird die Fähigkeit vermittelt hinter diese Fassade sehen zu können. „For [fundamentalists], nothing is ever as it appears."[65]

Deswegen kann nur innerhalb der Bewegung garantiert werden, dass man vor der Verdorbenheit der Außenwelt geschützt wird.

Mit diesem Merkmal verbunden ist der Anspruch von Fundamentalisten, dass sie auf *absolute und unfehlbare Quellen* zurückgreifen können. Die Traditionsüberlieferung, auf die sich

[64] Almond et al. Strong Religion. 2003. S. 101.
[65] Almond et al. Strong Religion. 2003. S. 36.

Fundamentalisten stützen sind göttlichen Ursprungs oder zumindest durch göttliche Inspiration entstanden und daher in jeder Lebenslage anwendbar. Sie sind deswegen *absolut und unfehlbar.* Allerdings variiert zwischen den verschiedenen Religionen das Gewicht von Quelle und dem Ausleger der Quelle. Die abrahamitischen Traditionen kennen einen heiligen Text, der von der ganzen religiösen Gemeinschaft akzeptiert wird und der als unfehlbar angesehen wird. Es ist die Offenbarung eines heiligen Gesetzes durch Gott selbst und folglich auch die einzige Quelle, in der wahres Wissen zu finden ist. Auch wenn es Interpretationen gibt, der Text bleibt immer zentral. Dagegen besitzen ostasiatische Religionen nur eine Sammlung von Texten, welche keinen heiligen Status besitzen und somit weniger normativ sind. In letzteren Religionen ist die Auslegung durch den Guru, Mönch, Priester usw. wichtiger als der Text selbst.

Schließlich ist *Messianismus* bzw. *Millennialismus* ein Charakteristikum für Fundamentalismus. Im Messianismus wird die Sichtweise vertreten, dass Geschichte in einem wunderbaren Ereignis (im tatsächlichen Sinne des Wortes) gipfelt. Darin wird das Gute über das Böse triumphieren und ewige Gerechtigkeit wird herrschen. Davor wird ein letztes Gericht stattfinden, „that will be ushered by the Messiah, the Savior, the Hidden Imam.“[66] In diesem Gericht wird zwischen ‚Gerechten' und ‚Ungerechten' unterschieden. Die Rolle, welche die Erwartung des kommenden Messias in fundamentalistischen Ideologien spielt, ist jedoch stark unterschiedlich. Beispielweise fällt eine solche Erwartung bei den Charedim oder bei den Sunniten kaum ins Gewicht, während sie bei christlichen Protestanten oder Gush Emunim eine zentrale Rolle spielt. Allgemein gibt es in den monotheistischen Religionen sehr klar Vorstellungen und Interpretationen vom Kommen des Messias. Die nicht abrahamitischen Traditionen besitzen keine Erlösungsvorstellungen, in der die Wiederkehr eines Messias eine Rolle spielen würde. Sie entwickeln aber manchmal synkretische Vorstellungen davon, die mit nationalistischen Zielen kombiniert werden. „The promised outcomes for the Hindu movements, the radical Sikhs, and the Sinhala Buddhists are nations safeguarded from threatening alien penetrations.“[67]

[66] Almond et al. S. 96f.
[67] Almond et al. S. 97.

Organisatorische Charakteristika des Fundamentalismus[68]

Was kann eine Gemeinschaft ihren Mitgliedern bieten, um sie zusammenzuhalten? Die fundamentalistische Enklave mag nicht in der Lage sein finanzielle Anreize zu bieten, aber der Glaube an die Erwähltheit und an ein göttliches Mandat versorgen den inneren Zirkel mit einer psychologischen und spirituellen Entschädigung. Dementsprechend fühlen sich *die Mitglieder als Auserwählte Gottes.* Um dies zu gewährleisten, wird enorme Energie darauf verwandt, den Unterschied zwischen der fundamentalistischen Enklave und der Außenwelt hervorzuheben. Erkennbar ist dies an Selbsttitulierungen, wie zum Beispiel Neturei Karta (Wächter der Stadt, gemeint ist Jerusalem) der Gush Emunim (Block der Gläubigen).

Mit der Vorstellung der Auserwähltheit geht oftmals auch eine *scharfe Abgrenzung nach außen* hin einher. Dies kann durch eine audiovisuelle Abgrenzung (z.B. eigene Stadtviertel), unterschiedliches Vokabular, Kleidung, Beschränkung des Zugangs zu Medien erreicht werden.

Ein weiteres strukturelles Merkmal ist die *autoritäre Organisation* fundamentalistischer Bewegungen. Obwohl eigentlich innerhalb der Gemeinschaft alle Mitglieder gleichgestellt sind, gibt es einen oder mehrere charismatische Führer, die über außerordentliche Gnadengaben verfügen, wie z.B. einen speziellen Zugang zu Gott, oder ein herausragendes, monopolartiges Verständnis der heiligen Texte. Eine sehr wichtige Feststellung der Autoren diesbezüglich ist, dass durch die Spannung zwischen der Gleichheit aller und der Autorität einzelner Mitglieder Brüche in der Bewegung entstehen können. Da aber fundamentalistisches Wissen absolut ist und da es keine ‚loyale Opposition' geben kann, besteht oft eine Tendenz zur Fragmentierung.

Das letzte strukturelle Merkmal ist der strenge und detaillierte *Verhaltenscode.* Almond, Appleby und Sivan stellen fest, dass Lebensraum, Zeitplanung und Aktivitäten nicht vom Individuum abhängen, sondern durch einen strikten Verhaltenscode der Gruppe festgelegt werden. Weitere Merkmale des Verhaltenscodes, der auch sehr stark mit der Abgrenzung der Gruppe verbunden ist, liegen in der Betonung und zur Schaustellung der Andersartigkeit gegenüber anderen gesellschaftlichen Gruppen. Man verfügt über eigene Gebete und singt unterschiedliche Gesänge wie andere religiöse Gruppen. Auch das Verhalten in Bezug auf Kleidung und sozialen Ge- und Verboten unterscheidet sich.

[68] Almond et al. S. 97 – 99.

b. Die Enklavenkultur des Fundamentalismus

Exil und Enklave[69]

Dieses Kapitel über die Enklavenkultur des Fundamentalismus behandelt die Gemeinsamkeit von Gruppierungen, die sich im (meist nur gesellschaftlichen) Exil fühlen, obwohl sie eigentlich in der ihnen vertrauten Umgebung sind: Juden in Israel, Protestanten in Amerika, Muslime in arabischen Ländern. Sie vertreten einhellig die These, dass ihre Umwelt ihnen fremd geworden ist, dass ihre Umwelt vom Glauben abgefallen ist und sie die letzten Vertreter der Wahrheit sind. Häufig träumen sie davon die Mehrheit in ihrem Staat zu erringen („wieder zu erringen"). Von allen wird der Verlust der kulturellen Hegemonie der Religion in der Gesellschaft kombiniert mit dem massenhaften Abfall der Menschen vom wahren Glauben und die Hinwendung zum Säkularismus als das zentrale Problem wahrgenommen. Exil wird deswegen als eine Metapher für fundamentalistische Gruppen verwandt, die sich in Industriegesellschaften marginalisiert und ausgeschlossen fühlen.

Aber wie ‚funktioniert' eine fundamentalistische Gruppe? Almond et al. benutzen die grid/group Theorie von Mary Douglas um diese Frage zu beantworten.[70]

Diese Theorie besagt, dass in jedem beliebigen sozialen Kontext kulturelle Ideen (über Zeit und Raum, menschliche und physische Natur, Ethik usw.) so strukturiert werden, dass es ihnen möglich ist, Herausforderungen zu meistern und Zwänge zu akzeptieren und dennoch Sinn hinter diesen zu sehen. Um eine soziale Gruppe zusammen zu halten, müssen Ideologie, Verhalten und Organisation ständig aufeinander abgestimmt bleiben, und Verschiebungen in einem Teil rufen Veränderungen in einem anderen hervor.

Der Aufbau und die Erhaltung des Gruppenalltags wird nach Douglas durch zwei Dinge gestaltet: Gitternetz- und Gruppenbeschränkungen (grid and group constraints).

Gitternetzbeschränkungen regeln die Art des Umgangs mit Menschen nach Kategorien wie Geschlecht, Rasse, Alter usw. Gruppenbeschränkungen bestimmen den Umfang in welchem Menschen soziale Kontakte außerhalb ihrer Gruppe haben. Es gibt nach Douglas drei verschiedene Modelle von sozialen Kontexten in denen Gruppen agieren: Die Hierarchie, den Markt und die Enklave.

[69] Almond et al. Strong Religion. 2003. S. 23 -33.

[70] Als Literatur dazu führen die Autoren an:
Douglas, Mary: Cultural Bias. London, 1978; Essays in the Sociology of Perception. London, 1982. Douglas, Mary und Wildavsky, Aron. Risk and Culture. Berkely 1982; Douglas, Mary. How Instutions Think. Syracus, 1986. Vgl. Almond et al. Strong Religion. 2003. Fußnote 22, Seite 258.

Die *hierarchische Gruppe* besitzt mehr oder weniger feste Gruppengrenzen und ist hauptsächlich darum bemüht die hierarchische Ordnung innerhalb der Gruppe aufrecht zu erhalten. Es gibt oft auch gespaltene Hierarchien bzw. verschiedene Stufen der Hierarchie. (Bsp. Alte Monarchien, traditionelle Gemeinschaften, kleine Gruppen, Familien).
Der *Markt* ist ein nur leicht verwobenes Netz von Individuen. Weder sind die Gruppenbeschränkungen hoch, noch die Gitternetzbeschränkungen.
Die *Enklave* hat wenige Beschränkungen in Bezug auf das Gitternetz, dafür viele Beschränkungen auf der Gruppenebene. Die Mitglieder der Enklave müssen immer davon abgehalten werden, dass sie sie verlassen. Dies ist ein Problem für die Enklave, da sie nur die moralische Überzeugung hat, um ihre Mitglieder an sich zu binden. Die Beziehungen, die eine Enklave charakterisieren sind durch das Verhältnis „innerhalb – außerhalb" (im Gegensatz zu oben – unten in der Hierarchie) dargestellt.

Eigenschaften der fundamentalistischen Enklavenkultur

Bei der Charakterisierung der Enklavenkultur nehmen die Autoren einige Merkmale wieder auf, die schon in den in den Eigenschaften fundamentalistischer Bewegungen besprochen wurden, wie zum Beispiel Autorität, Abgrenzung, Verhaltenscode, oder das manichäische Weltbild. Zusätzlich beschreiben sie noch einige weitere erwähnenswerte Merkmale: Die Enklave als Barriere der Tugendhaftigkeit, die Kosmologie innerhalb der Enklave und die Grautöne in der Außenwahrnehmung.
Die Enklave dient in doppelter Hinsicht als *Barriere der Tugendhaftigkeit*[71] (wall of virtue). Einerseits unterstützt sie die Absonderung nach außen hin, fördert jedoch andererseits die (vor allem moralische) Integrität innerhalb der Gruppe. Es gibt zwar in einigen Fällen Enklaven die ihre Mitglieder mit Geldern versorgen können, aber eine Eigenheit der Enklavenkultur ist, dass sich Strafen bei einem Verstoß gegen die kulturellen Regeln immer auf der moralischen Ebene abspielen. Die Begründung hierfür liefert die Theorie von Mary Douglas, welche die Bedeutung der Freiwilligkeit, kombiniert mit Bewusstsein der Auserwähltheit für Mitglieder der Enklave erläutert. Jedes Mitglied hat besonderen Wert, aber es gibt keine oder nur wenige Unterschiede zwischen ihnen. Außerdem fällt die Rolle des moralisch Schlechten allen außerhalb der Gemeinschaft zu. Sie sehen sich als letzter Außenposten, der die alten, ‚echten' Traditionen hoch hält und beschützt. Eine Mischung aus Furcht, dass die alten Traditionen

[71] Almond et al. Strong Religion. 2003. S. 33 – 37.

verschwinden kombiniert mit Stolz, diese aufrecht zu erhalten, charakterisiert die religiösen Enklaven weiterhin.

Bei der Wahrnehmung des äußeren Feindes sehen Fundamentalisten, obwohl sie prinzipiell eigentlich ein manichäisches Weltbild haben, nicht alles nur in schwarz und weiß, sondern sie besitzen *Grautöne in der Wahrnehmung*[72] Die Gemeinsamkeit, welche die Außenwelt für die Fundamentalisten vereint ist Modernität. Modernität bedeutet Säkularisierung und Abfall von den wahren Werten. Diese sind zuallererst im nächsten Umfeld der Enklave zu suchen: säkulare/linke Juden für Gush Emunim, liberale Muslime für die Hamas usw. In zweiter Linie können auch andere Feinde auftreten (z.B. Hamas und Gush Emunim als gegenseitige Feindbilder), die in bestimmten Situationen sogar in den Vordergrund treten können, wenn durch sie eine entsprechende Bedrohung ausgeht. Es gibt aber Unterschiede in der Wahrnehmung des Feindes. Oft wird anerkannt, dass es verschiedene Stufen innerhalb der eigenen Tradition gibt. Weniger Gläubige werden eher in Grautönen waren genommen, komplett säkulare meist in Schwarz. Extrem separatistische Gruppierungen wie Neturei Karta, Edah Haredit, oder Jama'at al Takfit wal Hijra sind Ausnahmen, da sie der kompletten eigenen Tradition feindlich gegenüber stehen oder nichts mehr mit ihr zu tun haben wollen.

Auch die Basis der Denkstrukturen, die *Kosmologie*[73], ist eigentümlich für fundamentalistische Enklaven. Fundamentalisten sehen sich selbst als vernünftige Leute. Sie sind zwar „zealots, but not extremists" (Charedim) oder „devoted to it, but not to extremism" (muslimische Fundamentalisten, Scheich Kishk).[74] Vernünftiges Verhalten beruht auf geteilten Denk- und Verhaltensmustern von Kulturen, Gruppen, Familien und die zu Grunde gelegte Vernünftigkeit braucht kognitive Wurzeln, wie feste Vorstellungen von Zeit und Raum, Natur und dem Menschen. Ob das Verhalten von Personen als vernünftig bezeichnet wird, hängt deswegen davon ab, auf welchen Axiomen bzw. kognitiven Wurzeln dies beruht. In fundamentalistischen Enklaven werden die Wurzeln auf einige Schlüsselzeiträume begrenzt, und ihre Kosmologie beruht auf den Lehren die sie in diesen Zeitaltern finden – auch wenn sie natürlich nicht umhin kommen, andere Einflüsse, bewusst oder unbewusst, aufzunehmen.

Diese Zeiträume stehen für ein goldenes Zeitalter und auch dessen Niedergang. Dieses goldene Zeitalter variiert für jede Gruppierung. Es ist in der Regel die Phase der Blütezeit der Religion, die oft mit der Gründungszeit zusammenfällt. Das goldene Zeitalter ist in der Konstruktion der Fundamentalisten eine Phase, in welcher die von Ihnen propagierten Werte von ihrer Religionsgemeinschaft (angeblich) erfüllt wurden. Exemplarische Zeiträume wären

---

72 Almond et al. S. 37 – 46.
73 Almond et al. S. 56 – 75.
74 Almond et al. S. 56.

allgemein gesprochen für Muslime die Zeit der Religionsstiftung durch Mohammed, für Juden die beiden jüdischen Reiche, und für Christen die erste Phase nach dem Tod Jesu, wobei natürlich für einzelne Bewegungen differenziert werden müsste. Diese Zeiträume haben Relevanz für die Gegenwart, da sich die Enklave in einer Phase sieht, in dem die Ordnung des goldenen Zeitalters wiederhergestellt und der Niedergang umgekehrt werden kann. Die Zukunftsvorstellung hängt von der Art ihrer Erlösungserwartung ab. Generell kann man sagen, je kürzer die Zukunftsvorstellung ist, desto radikaler ist die Bewegung.

c. Vier Formen des Fundamentalismus[75]

Per Definition des Buches stehen alle fundamentalistischen Bewegungen, obwohl separatistisch, in Interaktion mit der Welt außerhalb ihrer Enklave.
Dies ist für die Autoren in doppelter Hinsicht gegeben:[76]

1) Religiöse Fundamentalisten sind religiöse Sekten, die ihre Enklave immer im Hinblick auf den Feind außerhalb der Enklave aufbauen. Kinder werden aufgezogen, um den äußeren Feinden zu widerstehen und die Unterscheidung wir und sie prägt das Bewusstsein der Mitglieder.
2) Fundamentalisten sehen in die Zukunft, nicht in die Vergangenheit. Sie erwarten, dass die Sünden beladene Welt außerhalb der Enklave aufhört zu existieren.

Allerdings hängt die Entwicklung fundamentalistischer Bewegungen von einer ganzen Reihe von Faktoren ab. Langzeitbedingungen bestimmen dabei das grundsätzliche Verhältnis zur Welt außerhalb der Enklave. Für die Entstehung von Fundamentalismus ist, wie schon erwähnt, die Aufklärung zentral, da sie dieser unumschränkt opponieren.[77] Die weiteren Faktoren sind abhängig vom Umfeld, aus dem eine fundamentalistische Bewegung hervor geht und zu welchem Zeitpunkt sie entsteht. Während für viele islamische Fundamentalisten eine antiimperialistische Weltsicht eine große Rolle spielt, bleiben für die Charedim die Anhänger der Aufklärung immer noch der zentrale Feind, da sie sich in Gegnerschaft zu ihnen heraus-

[75] Almond et al. Strong Religion. 2003. S. 145 – 190.
[76] Almond et al. Strong Religion. 2003. S. 146ff.
[77] Eine hervorragende Schilderung der religiösen Entwicklungen von Christentum, Judentum und Islam (hier auf Ägypten und den Iran beschränkt) seit den Anfängen des Modernisierungsprozesses, die zur Herausbildung von fundamentalistischen Bewegungen führten, liefert Karen Armstrong im ersten Teil ihres Buches *„The Battle for God"*.
Armstrong, Karen. The Battle for God. Fundamentalism in Judaism, Christianity and Islam. London, 2000. S. 1 – 134.
Fortan: Armstrong. The Battle for God. 2000.

gebildet haben. Für Gush Emunim ist die Besiedlung des Landes Israel von größter Wichtigkeit, während für die Neturei Karta die Ablehnung des Staates Israel die entscheidende Rolle spielt, aber beide haben ihre Wurzeln in den Anfängen des Zionismus (jedoch eine unterschiedliche theologische Lehre).

Die weiteren strategisch-politischen Ausrichtungen bestimmen zu großen Teilen das Umfeld in welchem sich die jeweilige Bewegung agiert, sowie die Religion selbst. Beispielweise ist der Islam von Natur aus expansiver als das Judentum, aber auch Kongregationen innerhalb einer Religion können unterschiedliche Positionen vertreten, wie mit der Außenwelt interagiert wird. Neben diesen elementaren Voraussetzungen gibt es aber noch weitere Faktoren, die vom direkten Umfeld der jeweiligen Bewegung abhängen.

Von großer Bedeutung für die Entfaltungsmöglichkeiten der Fundamentalisten ist dabei die Struktur des Staates (demokratisch, säkular, undemokratisch, repressiv, usw.), in dem sie sich befinden. In religiös repressiven Staaten oder undemokratischen Staaten agieren Fundamentalisten zumeist gegen die Herrschaft und auch ihre Entfaltungsmöglichkeiten sind begrenzter. In vielen demokratischen Staaten (mit größerer Beschränkung bei laizistischen Staaten) haben Fundamentalisten bessere Entfaltungsmöglichkeiten und es besteht auch die Möglichkeit bis zu einem gewissen Level mit der politischen Führung zusammenzuarbeiten, wenn die jeweiligen Bewegungen der vorherrschenden Religion angehören. Allerdings besteht nur die Möglichkeit einer begrenzten Zusammenarbeit, da Fundamentalisten grundsätzlich (wenn auch manchmal nur auf lange Sicht) gegen säkulare Systeme sind.

Ferner üben strukturelle Merkmale wie die Gestaltung des Bildungssystems, Medien, Zivilgesellschaft und die wirtschaftlichen Verhältnisse eines Landes Einfluss auf die Entwicklungsmöglichkeiten von Fundamentalisten aus. Dabei gilt wieder, je säkularer die Struktur des Staates, desto geringer sind die Entfaltungsmöglichkeiten. Auch spielen internationale Faktoren, wie ethno-religiöse Konflikte oder imperialistische Einflüsse eine Rolle in der strategischen Ausrichtung.

Die oben erwähnten Rahmenbedingungen sind allerdings nur die notwendige Bedingung für die Entwicklung von Fundamentalisten. Die hinreichende Bedingung ist für die Autoren in der Kombination von zwei Elementen gegeben. Zum einen muss das, was sie als „Chance Factor“[78] bezeichnen für die Entwicklung von fundamentalistischen Gruppen gegeben sein. Dies kann ein Prozess sein, der irgendwann seinen Höhepunkt erreicht, wie zum Beispiel ein Aufstand einer unterdrückten Bevölkerung. Aber es kann auch ein unmittelbares Ereignis sein, welches Fundamentalisten neue Chancen eröffnet, wie zum Beispiel Krieg, oder der Tod

---

[78] Almond et al. Strong Religion. 2003. 133f.

eines politischen Führers. Zum anderen nennen die Autoren den „Choice Factor“[79]. Darunter verstehen sie Fähigkeit von Führungspersönlichkeiten, die Möglichkeiten die sich aus den oben erwähnten Chancen bieten, zu nutzen.

Wie man der Außenwelt begegnet hängt weiterhin auch vom Verständnis von Raum und Zeit ab. Für Khomeini war der Raum 1978 der Iran und die Interaktion mit der Außenwelt war begrenzt durch staatliche Grenzen. Er besaß eine aggressive, expansive Strategie um die Ziele der Bewegung durchzusetzen, was unten als „Welteroberer“ kategorisiert wird.

Nachdem dieses Ziel erreicht war wurde der Raum durch die Idee des Revolutionsexports erweitert. Allerdings verfolgte er dieses Ziel nicht mehr nach dem Schema des Eroberers, sondern er wollte im Revolutionsexport durch Unterstützung verbündeter Gruppen die Ziele seiner Bewegung erreichen, was von den Autoren als „Weltveränderer“ kategorisiert wird.

In Bezug auf das Zeitverständnis muss man zwischen historischer und messianischer Zeitrechung unterscheiden. Ob man sich in ersteren oder zweiten Phase der Zeitrechnung befindet, bedeutet einen großen Unterschied. Eine historische Zeitrechnung ist „open ended“ und bietet genug Zeit um die Welt zu verändern. Folglich ist die Bewegung keinem Druck ausgesetzt.

Eine messianische Zeitrechung hingegen ist komplizierter: Das Ende Der Welt naht und es bleibt nur ein bestimmtes Zeitfenster um die Feinde der Bewegungen zu besiegen. Die Vorstellung, wie die Feinde besiegt werden ist unterschiedlich und hängt von der jeweiligen Glaubensvorstellung ab. Die Vorstellungen können im Rückzug aus der Welt resultieren (wenn der Glauben vorherrscht, Gott wird die Erlösung ohne menschliches Handeln vollbringen – Weltentsager); oder in Versuchen die Außenwelt zu missionieren (man muss Gott den Weg eben – Weltveränderer); oder im Glauben man muss die Außenwelt dominieren (Gott errichtet sein Königreich durch die Hand der Gläubigen – Welteroberer).

Die Autoren haben vier verschiedene Wege identifiziert, wie Fundamentalisten mit der Außenwelt agieren: Welteroberer, Weltveränderer, Welterschaffer, Weltentsager. Die Interaktion mit der Außenwelt ist auch ein Indikator für politische Tätigkeit. Dabei machen die Autoren darauf aufmerksam, dass fundamentalistische Bewegungen während ihrer Existenz mehrere dieser Phasen durchleben können, manchmal sogar alle vier. Außerdem zeigen sie manchmal Anzeichen von zwei Schemata gleichzeitig.

Die *Welteroberer*[80] streben nach kultureller, politischer und religiöser Hegemonie. Das Ziel der Hegemonie ist unterschiedlich breit: Die Umma, Israel, Nordirland, usw.

Sie besitzen starke nationalistische und/oder theokratische Elemente und die Führung liegt in der Regel bei nur einer Autoritätsperson. Für sie ist die Außenwelt ist ein ‚Reich des Bösen‘,

---

[79] Almond et al. Strong Religion. 2003. 134f.

[80] Almond et al. Strong Religion. 2003. S. 151 – 168.

das sie eigenständig im Auftrag Gottes besiegen müssen, um ein Reich nach seinen Prinzipien zu erschaffen, besiegen müssen. Deswegen muss man die Strukturen und Institutionen des Staates unter Kontrolle bringen und versuchen sie nach den eigenen Idealen zu verändern. Die Eroberer sind die politisch aktivsten unter den Fundamentalisten, da sie es als ihren Auftrag betrachten, die Umwelt nach ihrem Vorbild zu gestalten. Beispiele dafür sind (auf bestimmte Zeiträume begrenzt) die Muslim Brüder in Ägypten, Ulster Protestanten in Nordirland, die Sikh Bewegung unter Bhindranwale oder auch Gush Emunim.

Weltveränderer[81] belegen zwar nur eine Nische in der Gesellschaft, aber dennoch wollen sie auf ihre Umwelt einwirken. Charakteristisch für sie sind eher Führungszirkel, als einzelne Führungspersonen. Weiterhin versuchen sie ihre direkte Außenwelt zu verändern, indem sie in politischen Institutionen mitwirken und dort versuchen Einfluss zu gewinnen, politische Lobbyarbeit verrichten oder wohltätige Organisationen betreiben. Dabei muss man im Hinterkopf behalten, dass auch sie, wie alle Fundamentalisten, ein manichäisches Weltbild haben und deswegen kaum kompromissfähig sind. Ihre politische Aktivität ist daher sehr einschlägig. Sie versuchen für sie zentrale Punkte durchzusetzen, aber ansonsten halten sie sich aus der Politik fern. Bewegungen die Zeitweise diesen Typus entsprachen, sind die Pentecostalisten in Guatemala, die ersten US Protestanten 1875 – 1925 oder sunnitische Bewegungen in Ägypten in den späten 1920igern bis in die 1940iger.

Beim Typ des *Welterschaffers*[82] ist wie bei dem des Welteroberers die Führung zentralisiert, charismatisch und autoritär. Aber sie wenden sich an einen wesentlich engeren Teil der Gesellschaft, den sie für ihre Ideologie geeignet halten. Die Führung ruft dazu auf eine religiöse Tradition zu erhalten, indem man zu einem Zustand der religiösen Reinheit zurückkehrt oder einen solchen Zustand erschafft. Im Kontakt mit der Außenwelt wird die Bewegung versuchen Zugeständnisse zu erhalten, um ihre Welt erschaffen und erhalten zu können. Dies ist auch ihr einzige Motivation, politisch aktiv zu werden. Beispiele hierfür sind die Charedim, Christen in Südindien, oder Sikhs in den 1960igern.

Die *Weltentsager*[83] kommen oft aus einer sehr alten religiösen Tradition, die plötzlich mit der Moderne konfrontiert wurde. Die Führung ist charismatisch, autoritär und prophetisch. Die Selbstdefinition ist meist bestimmt durch die Abgrenzung zum religiösen Establishment und ihre Ideologie betont sehr stark eine Gegenkultur zum Mainstream und besonders zur Moderne. Sie schotten sich komplett ab, da ihre Umwelt ihnen meist sehr negativ gegenübersteht und/oder strukturelle Entwicklungsmöglichkeiten für diese Bewegungen nicht bestehen. Sie

[81] Almond et al. Strong Religion. 2003. S. 168 – 179.
[82] Almond et al. Strong Religion. 2003. S. 179 – 185.
[83] Almond et al. Strong Religion. 2003. S. 185 – 187.

sehen ihr Heil im Rückzug und warten dort auf das Erscheinen eines Erlösers. Diese Bewegung ist selten unter den Fundamentalisten, gerade weil sie im Gegensatz zu anderen kaum adaptiv ist.

Die weitestgehend unpolitischen Akteure der Kategorie Weltentsager sind unter den Fundamentalisten jene, welche die am schwächsten Ausgeprägten fundamentalistischen Eigenschaften haben: „Pure world renouncers are rare among fundamentalisms; the Neturei Karta [...] qualify, as do Islamic sects like the Samawiya of Egypt. Fundamentalism, however, includes a dynamic engagement with the outside world."[84]

2.2 Martin Riesebrodt

Martin Riesebrodt, ein deutscher Soziologe, der mittlerweile im Department für Religionssoziologie in Chicago unterrichtet, hat seit 1990 zwei Bücher und mehrere Artikel zum Thema Fundamentalismus veröffentlicht. Neben soziologischen Studien, welchen Klassen bzw. Milieus Fundamentalisten entstammen, hat er ein Modell fundamentalistischer Bewegungen entwickelt. Auf Riesebrodts Klassenuntersuchungen wird an dieser Stelle nur kurz im Rahmen der Mobilisierung von Fundamentalisten eingegangen.[85] Auch werden Riesebrodts Studien über das Verhältnis von Patriarchat, Feminismus und Geschlechterrollen im Fundamentalismus nicht in diese Arbeit einfließen.[86]

---

[84] Almond et al. Strong Religion. 2003. S. 187.

[85] Siehe dazu vor allem: Riesebrodt, Martin. Die Rückkehr der Religionen. Fundamentalismus und der Kampf der Kulturen. München 2000. S. 59 – 91. Fortan: Riesebrodt. Rückkehr der Religion. 2000.

[86] Dazu: Riesebrodt. Rückkehr der Religion. 2000. S. 95 – 137. und Riesebrodt. Fundamentalismus. 1990. S. 238 – 252.

Riesebrodts Genderforschungen bzgl. des Fundamentalismus werden nicht aufgenommen, da dies eine einen Vergleich zwischen patriarchalischen Strukturen und nicht-patriarchalischen Strukturen erfordern würde. Weiterhin müsste man den Einfluss von modernen Phänomenen, hauptsächlich des Feminismus, auf diese Strukturen erörtern, was im Zuge dieser Arbeit zu umfangreich werden würde. Trotzdem eine kurze Einführung in seine Argumentation:

Nach Riesebrodt richtet sich die Gesellschaftskritik der Fundamentalisten primär gegen den moralischen Verfall der Gesellschaft als „Folge des Abfalls vom göttlichen Gesetz" (Riesebrodt. Fundamentalismus. 1990. 217) Dies äußert sich für Fundamentalisten in Materialismus, Drogensucht, Ehebruch, freizügiger Sexualmoral, Musik, Tanz usw. Viele dieser Merkmale sind nach Riesebrodt mit der veränderten Rolle der Frau in der Gesellschaft verknüpft, bzw. genauer gesagt „auf die sexuellen Aspekte des weiblichen Körpers" [Riesebrodt. Fundamentalismus. 1990. 219.] konzentriert Deswegen fordern Fundamentalisten oft eine Bedeckung großer Teile des weiblichen Körpers. Dahinter steht dem Autor zufolge die Weltsicht, dass die Frau als potentielles Instrument des Satans den Mann zur Sünde verführen soll. Deswegen muss diese Gefahr in einer untergeordneten Rolle der Frau in patriarchalischen Familienstrukturen gebändigt werden.

Riesebrodt dehnt allerdings die patriarchalischen Vorstellungen des Fundamentalismus noch auf Politik und Wirtschaft aus. „Die modernen Großbetriebe und die Gewerkschaften [...], wie die moderne staatliche Bürokratie werden als religiös moralisch verwerflich angesehen. Das ökonomische Ideal des Fundamentalismus ist der personalistisch – patriarchalisch organisierte Kleinbetrieb als Grundbaustein einer religiös – moralischen regulierten Wirtschaft." (Riesebrodt. Fundamentalismus. 1990. S. 218.)

Eine Besprechung zum Einfluss des Feminismus bei den religiösen Siedlern der Westbank findet man bei

In dieser Arbeit wird sich stattdessen auf sein interessantes Modell zur Entwicklung fundamentalistischer Bewegungen konzentriert, das einen Kontrast zu der relativ breiten Besprechung in *„Strong Religion"* darstellt und eine noch sehr viel weitergehende abstrahierende Typologisierung verfolgt. Er erarbeitet aus den für ihn wichtigsten Merkmalen ein knappes Modell, das die Entwicklung fundamentalistischer Bewegungen erklären soll.

Riesebrodt definiert Fundamentalismus anhand von drei Charakteristiken. *Erstens* handelt es sich beim Fundamentalismus um ein religiöses Phänomen, da Religion die entscheidende Rolle bei Selektionskriterien für führende Positionen, Ideologie, Ethos, Ziele, sowie Beziehungen zu anderen sozialen Gruppen spielt. *Zweitens* sind Fundamentalisten nicht nur Traditionalisten, sondern Menschen, die ihre Religion aus einer Krise mit der Moderne heraus neu interpretieren. Schließlich ist der Fundamentalismus *drittens* eine defensive Reaktion auf Veränderung, die darauf abzielt eine *idealisierte* frühere Sozialordnung („wieder") herzustellen.[87]

Ausgangspunkt ist für Martin Riesebrodt eine Reaktion sozialer Gruppen oder Milieus auf spezifische Krisenerfahrungen. Diese Gruppen reagieren nicht mit Anpassung, sondern durch Schaffen eines „religiösen Milieus, das auf spezifischen, religiös-moralisch definierten, patriarchalisch organisierten Ordnungsprinzipien [aufbaut]."[88] Die Verwirklichung der Ordnungsprinzipien verfolgen Fundamentalisten durch die Rückkehr zu einem ‚goldenen Zeitalter', in dem die ideale Gemeinschaft bereits verwirklicht war.[89] Das goldene Zeitalter beruht allerdings auf einer Vorstellung, welche in der Ideologie der Fundamentalisten idealisiert wird und von dem sie annehmen, dass ein gottesgefälliges Leben gemäß ihrer Vorstellung geführt wurde. Diese Ideologie folgt einem religiösen Literalismus, der die buchstabengetreue Einhaltung eines heiligen Textes fordert, um den authentischen Glauben zu erreichen.[90] Dies kontrastiert Riesebrodt zu einem traditionellen Religionsverständnis, welches ebenfalls für sich beansprucht einem gottgefälligen Leben zu folgen. Der Glaube der Traditionalisten beruht aber auf einer Authentizität des Geistes und nicht des Buchstabens. Sie versuchen den heili-

---

Feige, Michael. Do not weep Rachel. Fundamentalism, commemoration and gender in a west bank settlement. In: The Journal of Israeli History. Volume 21, Numbers 1-2 / March-October 2002. S. 119 – 138.
Allgemeiner zu Feminismus und Fundamentalismus:
Stratton Hawley, John (Hg). Fundamentalism&Gender. New York 1994.

[87] Riesebrodt, Martin. Die fundamentalistische Erneuerung der Religionen. S. 13ff.

[88] Riesebrodt, Martin. Fundamentalismus, Säkularisierung und die Risiken der Moderne. S. 86 In: Bielefeldt, Heiner und Heitmeyer, Wilhelm. Politisierte Religion. Ursachen und Erscheinungsformen des modernen Fundamentalismus. Frankfurt a. M. 1998. S. 67 – 90. Fortan: Riesebrodt. Risiken der Moderne. 1998.
Riesebrodt versteht unter Milieus klassenheterogene Gruppen, die eine gemeinsame Ideologie und eine vereinheitlichte Praxis der Lebensführung teilen.

[89] Zur Darstellung des Modells : Riesebrodt. Fundamentalismus. 1990. S. 18 – 24.

[90] Wie Almond et al. gezeigt haben, handelt es sich eigentlich um einen selektiven Literalismus, da nur bestimmte Aspekte der heiligen Schrift buchstabengetreu eingehalten werden.

gen Text nicht wörtlich, sondern sinngemäß zu verstehen. Deswegen sieht Riesebrodt im Fundamentalismus einen radikalisierten Traditionalismus, der einen Kulturkampf gegen jene führt, die ihre auf Literalismus beruhende Lebensweise ablehnen.
Außerdem unterscheidet der Autor zwischen einer utopischen und einer mythischen Form von Zukunftsentwürfen, die sich beide auf ein göttliches Gesetz berufen können. Die Unterscheidung ist für Riesebrodt darin zu finden, dass der Mythos restaurativ ist, die Utopie reformistisch. Der Mythos will das goldene Zeitalter gemäß „wörtlich tradierter Ordnungsprinzipien“[91] rekonstruieren, während die Utopie lediglich den Geist der idealen Ordnung in angepasster Form wiederherstellen will[92].
Die Konsequenz daraus ist, dass der Fundamentalismus einer Gesetzesethik anhängt, der Traditionalismus hingegen einer Gesinnungsethik. Riesebrodt unterscheidet weiterhin zwei Gruppen von Fundamentalisten. Erstens sieht er jene, die einem legalistischen Fundamentalismus anhängen. Bei ihnen steht die wortwörtliche Ausführung ritueller Pflichten und die Ausrichtung des ganzen Lebens nach einer heiligen Schrift im Mittelpunkt. Die andere Gruppe nennt er charismatische Fundamentalisten. Diese besitzen zwar durchaus auch eine heilige Schrift, nach der sie ihr Leben ausrichten, folgen aber meist noch einem Führer, der ‚Gnadengaben' besitzt. Dies kann besondere Erleuchtung, eine prophetische Gabe oder die Fähigkeit Wunder zu wirken sein. Diese Merkmale, wie andere von ihm beschriebene auch, so Riesebrodt, sind idealtypisch. Es gibt immer Mischformen und verschiedene Grade der einzelnen Typen.

[91] Riesebrodt. Fundamentalismus. 1990. S. 20.
[92] Riesebrodts Verwendung von Utopie unterscheidet sich von der Eisenstadts, wie unten zu sehen ist. Eisenstadt benutzt Utopie schlicht als ideale Weltordnung und unterscheidet dabei nicht begrifflich zwischen sinngemäßer und literalistischer Vorstellung.

Typen religiöser Erneuerungsbewegungen
▼
rapider sozialer Wandel
▼
Krisenbewusstsein
▼
Reinterpretation der Vergangenheit als Versuch der Krisenbewältigung:
Suche nach „authentischen“ sozialen Ordnungsprinzipien in einem goldenen Zeitalter

▼
utopische Deutung der Vergangenheit
▼
„Autentizität“ des „Geistes“

▼
historisch-evolutionistisches Denken
sozialer Fortschritt
▼
soziale Reform/Revolution
Gesinnungsethik

▼
mythische Deutung der Vergangenheit
▼
„Authentizität“ des „Buchstabens“ + „Gnadengaben“
▼ ▼
„legalistisch-literalistischer“ „charismatischer“

Fundamentalismus
▼
eschatologisches Denken
sozialer Niedergang
▼
soziale Restauration
Gesetzesethik

Quelle: Riesebrodt. 1990. S. 21

Außerdem unterscheidet Riesebrodt zwischen Weltbejahung und Weltablehnung und zwischen Weltbeherrschung und Weltflucht. Er geht davon aus, dass Fundamentalisten immer weltablehnend sind, da sie die gegenwärtige Gesellschaft ablehnen. Folglich kann diese Weltablehnung Weltbeherrschung oder Weltflucht zur Konsequenz haben. Letztere Einstellung versucht ihre Ideale durch den Rückzug aus der Welt zu erreichen, während die Vorhergehende versucht, der Welt ihre Gesellschaftsordnung aufzuzwingen. Dabei kann der weltbeherrschende Fundamentalismus entweder reformistisch oder revolutionär sein. In seiner reformistischen Variante respektiert er nach Riesebrodt die Verfassung und die politischen Institutionen und er versucht nur Druck durch Protest und andere legale Mittel auszuüben, um Änderungen zu erreichen. Der revolutionäre Fundamentalismus will einen institutionellen Wandel, sieht die bisherige Regierung als illegitim und will selbst die Macht ergreifen.

Quelle: Riesebrodt. 1990. S. 23

Ursachen des Fundamentalismus und politische Aktivität

„Generell kann man sagen, dass die überragende Mehrheit der Trägerschaft des Fundamentalismus sich aus sozialen Klassen rekrutiert, die sich entweder in besonderem Maße von sozialem Abstieg bedroht fühlen oder deren Erwartungen sozialen Aufstiegs besonders drastisch enttäuscht wurden.“[93] Erstere fühlen sich durch kulturelle, wirtschaftliche und politische Marginalisierung durch aufstrebende moderne Klassen bedroht. Sie fühlen sich als Hauptverlierer eines neuen Prozesses. „Nachdem sie noch vor kurzem eine moralische Lebensführung verkörperten, werden die Traditionalisten auf einmal als rückständig angesehen. Sie haben ihre kulturelle Dominanz und [...] fühlen sich an den Rand gedrängt, missachtet und von moralischen Niedergang bedroht.“[94] Daraus entwickelt sich nach Riesebrodt aus einem Traditionalismus ein radikaler Traditionalismus, für ihn ein synonym von Fundamentalismus. Als zweite Gruppe sieht Riesebrodt noch jene, deren Aufstiegserwartungen enttäuscht wurden und die sich deswegen gegen den Staat wenden, und eine „imaginierte gerechte Sozialordnung“[95] anstreben.

Die Antwort, warum sich viele der Religion zuwenden liegt für Riesebrodt in der Identitätskrise, die vom raschen sozialen Wandel ausgelöst wird. Der Fundamentalismus hat eine umfassende Antwort parat, da er eine Sozialkritik, die Ideale einer gerechten Ordnung und ein Geschichtsbild liefert, das „die historischen Umbruchserfahrungen verschiedener Trägergruppen anspricht und in einem geordneten Erklärungszusammenhang bringt“.[96]

[93] Riesebrodt. Fundamentalistische Erneuerung. 2001. S. 23.
[94] Riesebrodt. Fundamentalistische Erneuerung. 2001. S. 24.
[95] Riesebrodt. Fundamentalistische Erneuerung. 2001. S. 24.
[96] Riesebrodt. Fundamentalistische Erneuerung. 2001. S. 27.

Mit anderen Worten kann man sagen, dass Riesebrodt als Ausgangspunkt für Fundamentalismus die Modernisierung der Gesellschaft betrachtet. Sie bedeutet einen Umbruch für die Traditionalisten die bisher die kulturelle Hegemonie in der Gesellschaft besaßen.

Damit verbunden sieht Riesebrodt die Frage, ob Fundamentalisten politisch aktiv werden oder nicht.[97] Dies ist für Riesebrodt eine Frage der klassenspezifischen Zusammensetzung der Bewegung oder zumindest deren Führung. Er veranschaulicht dies an drei Beispielen: die marginalisierte Mitte, proletarisierte Intellektuelle und die städtische Unterschicht. Der Fundamentalismus der *städtischen Unterschicht* ist nach Riesebrodt durch „den tagtäglichen ökonomischen Überlebenskampf gekennzeichnet“[98]. Dieser schränkt sie in ihren politischen Ambitionen ein, da sie sich in erster Linie auf ihr eigenes Auskommen konzentrieren müssen. Folglich entwickelt die städtische Unterschicht einen Fundamentalismus, der „eher auf eine Bewältigung der Alltagsprobleme gerichteten Binnenkultur“[99] fixiert ist und damit nicht nach außen hin politisch aktiv wird. Dennoch besitzen sie dahingehend politisches Potential, da sie durch besser gestellte Gruppen mobilisierbar sind. Die *marginalisierte Mitte* zählt zu den Verlierern der Modernisierung und wird durch eine neue aufstrebende Mitte an den Rand gedrängt. Deswegen versuchen sie „den politischen, ökonomischen, kulturellen und familialen Erosionsprozess zumindest aufzuhalten und die Reproduktion ihrer kulturellen Vorstellungen und Werte zu sichern.“[100] Fundamentalistische Akteure die diesem Feld zuzurechnen sind, reagieren nach Riesebrodt mit Rückzug, um ein Milieu zu erschaffen, in welchem sie ihre traditionellen Werte verwirklichen können. „Dennoch bleibt dieser Fundamentalismus der marginalisierten Mitte aufgrund seiner Markt- und Besitzinteressen sowie seiner Aufstiegsorientiertheit relativ offen gegenüber der Welt“[101], um die eigenen Interessen nach außen hin auch politisch vertreten zu können. Wenn sie allerdings politisch aktiv werden wollen, brauchen sie genauso wie die proletarisierten Intellektuellen als Basis die städtische Unterschicht. Den Fundamentalismus der *proletarisierten Intellektuellen* beschreibt Riesebrodt als den politisch radikalsten. Dieser Typ hat seinen Ursprung in den enttäuschten Aufstiegshoffnungen von Universitätsabsolventen, z.B. wenn der Arbeitsmarkt für Akademiker gesättigt ist und diese ins Proletariat abgleiten. Im Bemühen diese Situation zu ändern, wenden sich diese Akademiker Ideologien zu, die das politische System ändern wollen. Riesebrodt betrachtet Fundamentalismus ebenfalls als eine solche Protestideologie. Der Fundamentalismus von Intellektuellen ist deswegen radikaler als jener der marginalisierten

[97] Riesebrodt. Risiken der Moderne. 1998. S. 75 – 83.
[98] Riesebrodt. Risiken der Moderne. 1998. S. 83.
[99] Riesebrodt. Risiken der Moderne. 1998. S. 83.
[100] Riesebrodt. Risiken der Moderne. 1998. S. 80.
[101] Riesebrodt. Risiken der Moderne. 1998. S. 80.

Mitte, da er „weniger von pragmatischen Rücksichten auf bestehendes Eigentum und Familie eingeengt [wird]. Die Kritik an dem bestehenden System ist prinzipieller Natur, die Verwirklichung der neuen Ordnung trägt stark utopische Züge."[102]
Dazu kann man sagen, dass Riesebrodt sicher einen richtigen Punkt macht, wenn er einen Bezug zwischen klassenspezifischen Merkmalen und politischen Aktivitäten herstellt. Allerdings gibt es noch weitere Punkte, die bei der Frage nach der politischen Aktivität von Fundamentalisten berücksichtigt werden müssen, wie wir unten sehen werden.

3. Exkurs: Die Entwicklung der Moderne

Da viele Autoren der Fundamentalismusforschung zu dem Ergebnis gekommen sind, dass Fundamentalismus, je nach Autor verschieden begründet, eine Bewegung ist, die auf die Moderne reagiert, muss man zuerst eine Annäherung daran finden, was man unter dem Begriff Moderne versteht. Es wird hier deswegen von Annäherung gesprochen, da es kaum einen Begriff gibt der sich weniger leicht definieren lässt. Auch die Herausgeber des „*Fundamentalism Project*" mussten schon konstatieren, dass „modernity resists easy definition."[103] Man kann allerdings gemeinsame Nenner finden, wenn man sich auf die grundsätzlichen Prozesse konzentriert, welche so tiefe Einschnitte mit sich brachten, dass man vom Ende der traditionellen Gesellschaft und vom Beginn einer modernen Gesellschaft sprechen kann. Es soll hier kurz skizziert werden, wie eine traditionelle Gesellschaft beschaffen war, welche Prozesse zu einem Umbruch führten und welche Änderungen in der Gesellschaft dieser Bruch mit sich brachte. Dazu wird hauptsächlich auf Eisenstadts Buch „*Tradition, Wandel und Modernität*"[104] und auf das diesbezügliche Kapitel von Hodgson in „*The Venture of Islam*"[105] zurückgegriffen.

[102] Riesebrodt. 1998. S. 82.
[103] Marty, Appleby. A user's guide. 1991. S. vii.
[104] Eisenstadt, Shmuel N. Tradition, Wandel und Modernität. Frankfurt a.M. 1979.
[105] Hodgson, Marshall G.S. The Venture of Islam. Volume III: The Gunpowder Empires and Modern Times. Chicago 1974. S. 176 – 248. Fortan: Hodgson. Venture of Islam. 1974.

Tradition als System der Wirklichkeitskonstruktion

Eingangs zu diesem Exkurs müssen die Begriffe Tradition, traditionelle Gesellschaft und moderne Gesellschaft unterschieden werden. Tradition ist nach Eisenstadt „die soziale oder kulturelle Konstruktion der Wirklichkeit“[106], d.h. Tradition kann durchaus auch eine moderne, etablierte Konstruktion einer Gesellschaft sein. Warum unterscheiden dann viele Autoren zwischen Tradition und Moderne? War die Tradition ein starres System, welches mit dem Beginn der Moderne plötzlich aufgebrochen wurde? Wie Hodgson feststellt müssen „even in a very ‚primitive' society cultural traditions [] be in constant development to remain viable, for they must effectively meet some current need."[107] Demnach gab es auch schon vor dem Beginn der Moderne Veränderungen in traditionellen Systemen. Der Grund warum eine Unterscheidung zwischen moderner und traditioneller Gesellschaft trotzdem getroffen werden kann, liegt in der Qualität dieses Umbruchs (Transmutation nach Hodgson).

Nach Eisenstadt ist die Moderne zwar ebenfalls eine Tradition. Allerdings haben sich im Zuge der Etablierung dieser neuen Tradition radikale Veränderungen vollzogen, so dass man nicht mehr von einer Tradition im kontinuierlichen Wandel sprechen kann, sondern von einer neuen Tradition.[108] Man muss sich also bewusst sein, dass man, wenn man von ‚traditioneller Gesellschaft' oder ‚moderner Gesellschaft' spricht, im Grunde von zwei Traditionssystemen spricht. Nichtsdestotrotz soll die begriffliche Unterscheidung von traditioneller Gesellschaft (im Sinne von vormoderner Gesellschaft) und moderner Gesellschaft beibehalten werden, da sie den enormen Umbruch verdeutlicht.

Um die Unterschiede zwischen den beiden Traditionen verstehen zu können, muss zuerst erläutert werden, welche Merkmale eine Tradition besitzt. Wie bereits oben erwähnt ist die Tradition eine soziale oder kulturelle Konstruktion der Wirklichkeit. Wie diese Konstruktion beschaffen ist, hängt für Eisenstadt davon ab, wie „grundlegende Probleme der menschlichen Existenz und der sozialen und kulturellen Ordnung gesehen [werden und] wie organisationelle Lösungen dafür gefunden werden [können]“[109]. Wenn verschiedene institutionelle und symbolische Strukturen etabliert wurden, um diese Probleme zu lösen, spricht Eisenstadt von einer Tradition. In Institutionen und Symbolik lassen sich verschiedene Traditionen am besten vergleichen und unterscheiden.

---

[106] Eisenstadt. Tradition, Wandel und Modernität. 1979. S. 148.
[107] Hodgson. Venture of Islam. 1974. S. 182.
[108] Eisenstadt. Tradition, Wandel und Modernität. 1979. Kapitel 9: Modernität als neue „große Tradition“. S. 227 – 235.
[109] Eisenstadt. Tradition, Wandel und Modernität. 1979. S. 148f.

Der Ort an dem diese Punkte der Traditionskonstruktion stattfinden bezeichnet Eisenstadt das Zentrum einer Gesellschaft.[110] Jede Gesellschaft hat ein solches, nicht räumlich verortbares Zentrum, in dem die Symbole, Werte und Glaubensüberzeugungen verankert sind, welche die Gesellschaft charakterisieren. All jene, die keinen Zugang zum Zentrum finden, lokalisiert Eisenstadt in der Peripherie.

Das Zentrum ist der Ort in dem nach Eisenstadt der Wertekodex einer Gesellschaft erschaffen und erhalten wird, der mehrere Komponenten beinhaltet. Erstens betrifft dies die Vorstellung einer Gesellschaft und deren Definition durch Ursprung und Vergangenheit. Weiterhin werden zweitens im Zentrum gemeinsame Grundlagen gesellschaftlicher und kultureller Identität geschaffen. Außerdem definiert das Zentrum drittens Grenzen, die die Gesellschaft von anderen Kollektiven und kulturellen Ordnungen unterscheiden. Schließlich begründet der Wertekodex des Zentrums die Machtlegitimation und das Verhältnis gesellschaftlicher Gruppen zueinander. Ferner ist das Zentrum der Ort, in dem kollektive Ziele artikuliert werden.

Eisenstadt fasst dies in zwei Sätzen zusammen: „Die Tradition kann vielleicht am besten als routinisierte Symbolisierung von Modellen der sozialen Ordnung und der Konstellation von Codes oder Richtlinien gesehen werden. Diese bezeichnen die Grenzen der verbindlichen kulturellen Ordnung und deren Mitgliedschaft und schreiben die Wahl von Zielen und Verhaltensmustern vor."[111]

Die Institutionalisierung von bestimmten Werten im Zentrum ruft auf der anderen Seite selbstverständlich gegenläufige Meinungen hervor.[112] Gegner besitzen eine andere Vorstellung von einzelnen Merkmalen der Tradition, kritisieren die Machtlegitimation, Prestigeverteilung, die damit verknüpfte auch die organisatorische Struktur oder den symbolischen Code und die daraus resultierenden Restriktionen der jeweiligen Tradition. Diese Themen des Protests formieren sich in heterodoxen Bewegungen. Das Zentrum hat verschiedene Möglichkeiten mit Heterodoxien umzugehen. Entweder will und kann es die Ansichten der Kritiker in die Tradition integrieren, wodurch Wandel, aber auch Kontinuität der Tradition entsteht. Wenn heterodoxe Bewegungen und Meinungen nicht integriert werden können oder wollen, werden diese vom Zentrum entweder isoliert oder bekämpft. Oder wenn das Zentrum nicht über die Fähigkeit verfügt, Heterodoxien erfolgreich zu bekämpfen oder zu isolieren, entwickeln sich in unterschiedlichem Maße autonome Subtraditionen und somit eine andere, reformierte Version der etablierten Tradition. Dabei besteht jedoch jederzeit weiterhin die Gefahr,

[110] Zum Zentrum in der Hauptsache: Eisenstadt. Tradition, Wandel und Modernität. 1979. S. 167ff.
[111] Eisenstadt. Tradition, Wandel und Modernität. 1979. S. 168f.
[112] Zur Heterodoxie, siehe: Eisenstadt. Tradition, Wandel und Modernität. 1979. S. 169 – 179.

dass es zu Auseinandersetzungen zwischen etablierter Tradition und Subtradition kommen kann.

Traditionelle Gesellschaften

Bevor die Prozesse erläutert werden, welche die Moderne einleiteten, werden anhand von Eisenstadts Unterscheidung von Zentrum und Peripherie die wesentlichen Merkmale traditioneller Gesellschaften dargelegt.[113] Dabei kann Eisenstadt drei Hauptcharakteristika feststellen. Erstens ist in traditionellen Gesellschaften der Inhalt des Zentrums auf ein Ereignis in der Vergangenheit fixiert und auf dessen Implikationen begrenzt. Dieses Ereignis wird oft in der Vorstellung einer Religionsstiftung bzw. mit der Erstbegründung transzendentaler Prinzipien gesehen, wie es bei den Achsenkulturen der Fall ist.[114] Die herrschenden Eliten im Zentrum wurden in traditionellen Gesellschaften deswegen durch die Religion oder transzendente Vorstellungen legitimiert. Zweitens begrenzen die Herrschenden den Zugang zu Funktionen und Positionen in Zentrum auf bestimmte Gruppen, indem sie versuchen, sich als die Verkörperung der Tradition darzustellen. Ein Beispiel dafür ist das Prinzip des Gottesgnadentums bei mittelalterlichen Herrschern. Schließlich wird drittens das Recht der breiten Masse am Zentrum teilzunehmen begrenzt, indem nicht zwischen der politischen Rolle des Untertan und anderen gesellschaftlichen Rollen unterschieden wird. Die politische Rolle war vielmehr der gesellschaftlichen Rolle zugeordnet und die breite Masse hatte keine politischen Rechte. Politik blieb dem weltlichen oder geistlichen Adel vorbehalten und infolge dessen waren die politische Tätigkeit und die politische Partizipation am Zentrum wesentlich geringer als in den modernen politischen Systemen.

---

[113] Siehe dazu Kapitel 7: Konstruktion und Dynamik der Tradition in traditionellen Gesellschaften. In: Eisenstadt. Tradition, Wandel und Modernität. 1979. S. 180 – 197.

[114] Den Begriff Achsenkulturen leitet Eisenstadt von Karl Jaspers Begriff der Achsenzeit (ca. 800 – 200 v. Chr.) ab. Vor der Achsenzeit gab es einen Gottkönig, oder eine vergleichbare Herrschaftsfigur, welche die irdische und kosmische Ordnung zugleich verkörperten. Dieser war niemand Rechenschaft schuldig und legitimierte sich aus sich selbst. Danach folgte ein Umbruch in der Legitimation und Herrschaft unterlag metaphysischer Prinzipien, einer transzendentalen Ordnung. Dadurch entstand eine Dichotomie zwischen der weltlichen Herrschaft und deren Ordnung und der transzendentalen, idealen Ordnung. In der Achsenzeit wurde versucht die Welt nach der transzendentalen Vision zu gestalten. Achsenkulturen sind für Eisenstadt aber nicht nur die von Jaspers beschriebenen Kulturen dieser Zeit wie das biblische Israel, das Persien Zarathustras, oder das China in der frühen Kaiserzeit, sondern er sieht auch in der Herausbildung von Islam und Christentum Beispiele für die Umwälzungen der Achsenzeit. Dabei wirkte sich die Dichotomie zwischen weltlicher Herrschaft und transzendentaler Ordnung unterschiedlich auf die einzelnen Kulturen aus. Eisenstadt unterscheidet, wie oben bereits gesehen, innerweltliche, außerweltliche und gemischte Erlösungsvorstellung. In dieser Arbeit sind lediglich die gemischten Erlösungsvorstellungen von Relevanz, da diese sich mit den monotheistischen Kulturen identifizieren lassen.
Eisenstadt, Shmuel N. Allgemeine Einleitung: Die Bedingungen für die Entstehung und Institutionalisierung der Kulturen der Achsenzeit. S. 10ff. in: Eisenstadt, Shmuel N. (Hg.) Kulturen der Achsenzeit. Ihre Ursprünge und ihre Vielfalt. Teil 1: Griechenland, Israel, Mesopotamien. Frankfurt a.M. 1987. S. 10 – 42.

Ein weiterer wesentlicher Punkt, besonders im Hinblick auf den Vergleich zur Moderne, war der Umgang mit Meinungen und Wissen. Das Zentrum traditioneller Gesellschaften reglementierte den Zugang zu Wissen, da man die Deutungshoheit über die Traditionsauslegung behalten musste, um die Machtlegitimation zu gewährleisten. Deswegen war Bildung in traditionellen Systemen in der Regel nur der Elite vorbehalten, während andere nur ein Mindestmaß an technischem Wissen vermittelt bekamen, um ihre jeweiligen Aufgaben erfüllen zu können. „Im Ganzen war das Bildungssystem dieser Gesellschaften auf Bewahrung einer sich wenig verändernden kulturellen Tradition ausgerichtet."[115] Das Bildungssystem war Informationskontrolle und Regelung des Zugangs zu gesellschaftlichen Rängen.

Die Entwicklung der Moderne[116]

Wie andere auch sieht Hodgson die Entstehung der Moderne zwischen dem späten 16. und späten 18. Jahrhundert. In dieser Zeit fand ein Bruch, oder wie er es nennt, eine Transmutation (Umwandlung) statt, die sich in zwei Entwicklungen am deutlichsten äußerte: Der industriellen und der französischen Revolution. Er betitelt diese Periode deswegen als Transmutation, da die Veränderungen dieser Zeit in vorher nicht gekanntem Ausmaß stattfanden, welche sukzessive die ganze Welt betrafen.
Die Europäer machten Fortschritte auf technischen, sozialen und wissenschaftlichen Gebieten, die sie schlagartig vom Rest der Welt unterschieden und eine europäische Welthegemonie einleiteten.[117] Der Rest der Welt war plötzlich auf verschiedenen Ebenen abhängig von Europa: „Thus all peoples had to adjust their governments to a modern European international political order; but also to adjust their economies – a harder task – to the competition of technically industrialized Europe; and finally to adjust their mental outlook to the challenges of modern sciences as studied in Europe."[118]

Umbruch durch Technisierung

Für Hodgson findet der Umbruch im Wesentlichen auf drei Ebenen der Kultur statt: ökonomisch, intellektuell und gesellschaftlich.

---

[115] Eisenstadt. Tradition, Wandel und Modernität. 1979. S. 188.
[116] Wenn nicht anders vermerkt, wird im Folgenden auf Hodgson. The Venture of Islam. 1974. S. 176 – 248. zurückgegriffen.
[117] Hodgson betont zu Recht, dass er das Wort Fortschritt hier ohne jegliche positive oder negative Konnotation verwendet.
[118] Hodgson. Venture of Islam. 1974. S. 177.

Auf der ökonomischen Ebene fand ein elementarer Anstieg der Produktivität durch eine Reihe neu entwickelter Techniken statt, die zu einer Kapitalanhäufung und der Entstehung von Massenmärkten führte. Dies gipfelte in der Industriellen Revolution. Intellektuell gesehen wurde ein Durchbruch mit der Entwicklung der Erfahrungswissenschaften erreicht, wie sie Kepler oder Galilei betrieben. Daraus entwickelte sich eine neue wissenschaftliche Methode der Untersuchung, die der Aufklärung zugrunde lag. Im gesellschaftlichen Leben kam es zu Zusammenbrüchen traditionell privilegierter Klassen durch das Entstehen einer finanzstarken Bourgeoisie. Der Zusammenstoß zwischen aufstrebender Bourgeoisie und traditionellen Klassen der Oberschicht war einer der Ausgangspunkte für eine Reihe von Revolutionen, die das Ende der alten Herrschaftsklassen bedeuteten.

Die Grundlage für diese Entwicklungen sieht Hodgson in einer fortschreitenden Technisierung von Gesellschaften im Zuge der industriellen Revolution, die vollkommen neue Investitionen in den Bereichen Geld und Zeit erforderte. Der Technisierung lag ein neuer Gedanke zu Grunde: Die Verbesserung der Methoden um materielle Zwecke zu erreichen. Für dieses Ziel war eine Spezialisierung menschlicher Arbeit notwenig. Auf dem ökonomischen Sektor war eine solche Spezialisierung in der Industrialisierung zu sehen. Kapital wurde immer wieder reinvestiert, um den Ertrag zu steigern. Dadurch wurden mehr und mehr Menschen zu spezialisierten Industriearbeitern und immer weniger verblieben im Agrarsektor. Folglich musste auch der Agrarsektor technische Neuerungen entwickeln, da weniger Menschen die gleiche Menge an Nahrung produzieren mussten. So setzte sich eine Innovationsspirale in Gang.

Auch auf einer intellektuellen Ebene kam es zu Spezialisierungen. Hodgson führt als Beispiel die Royal Society an, die zum Ziel hatte neue Techniken und Instrumente für bestimmte Industriezweige weiter zu entwickeln. Darüber hinaus leistete aber vor allem die Philosophie, beeinflusst von den durch die technischen Spezialisierungen hervorgerufenen Gesellschaftsveränderungen, mit den Denkern der Aufklärung einen wichtigen Beitrag zur Modernisierung.[119] Die Aufklärung schuf den intellektuellen Rahmen der Säkularisierung, legte damit den Grundstein für das sich selbst bestimmende Individuum und löste ferner die Dominanz des religiösen Denkens durch das vernunftbasierte Denken ab. Außerdem entwickelten sie naturrechtliche Theorien und die Ideen über den Gesellschaftsvertrag. Diese gingen davon aus, dass „die menschliche Natur die Gesellschaftsordnung konstituiere und dass keine wie auch immer geartete außermenschliche Instanz an ihre Stelle zu treten mochte."[120] Mit diesen

[119] Siehe dazu: Eisenstadt, Shmuel N. Paradoxien der Demokratie. Die politische Theorie auf der Suche nach dem Politischen. Frankfurt a.M. 2005 S. 54ff. Fortan: Eisenstadt. Paradoxien der Demokratie. 2005.

[120] Eisenstadt. Paradoxien der Demokratie. 2005. S. 54f.

Theorien wurden auch Privateigentum und Privatinteressen begründet. Durch die immer weiter gehende Spezialisierung, wurden einzelne Teilbereiche immer abhängiger voneinander, so Hodgson: „But now within the main fields in which the process occurred, everything depended on the growth of an increasingly inclusive and interdependent nexus of technical specialism, such that the technical efficiency of any particular activity was increased by its use of the fruits of other specialities. Fur such a process to be carried far, a major part of all activities of a society must be involved."[121]

Die moralische Tragweite der Technisierung

Die Spezialisierung auf allen Ebenen der Gesellschaft führte zu etwas, was Hodgson „technical spirit" nennt. Zentral dafür war die Erwartung unpersönlicher Effizienz durch technische Präzision. Viele Aspekte gesellschaftlichen Lebens unterlagen fortan dem Primat der Effizienz, anstatt der alten Tradition: „It is in this form that technicalization meant institutionalizing a major shift from authoritative custom toward indepenent calculation. [...] We come to the contrast that has been expressed by the words ‚traditional – rational'."[122]

Hodgson veranschaulicht dies wieder an den drei Beispielen Ökonomie, Intellektualität und Gesellschaft.

Hinsichtlich der ökonomischen Ebene wurden aus lokalen oder regionalen Akteuren nationale oder später internationale Akteure. Während traditionell die Bedürfnisse des Familienunternehmens die ökonomische Denkweise bestimmten, setzte sich nun der Gedanke einer Produktivitätserhöhung zur Ertragssteigerung und anschließend der Reinvestition von Kapital durch. Der begrenzte Raum solidarischer Zünfte wurde ersetzt durch eine nationale oder internationale Konkurrenzsituation, in der man die besten technischen Fähigkeiten brauchte, um bestehen zu können. Intellektuell äußerte sich die Technisierung im Ausdruck einer veränderten Weltsicht, die eine „priority to technical precision and manipulation over philsophical elegance"[123] besaß. Man denkt hier sofort an den Streit zwischen Galilei und der Kirche und dem kirchlichen Festhalten an Aristoteles gegenüber Galileis Thesen. Das Resultat der intellektuellen Technisierung war das Ende eines transzendental religiösen Erklärungsmodells der Welt. Stattdessen wurde versucht die Welt durch die Naturwissenschaften zu erklären, womit der Grundstein für die Säkularisierung gelegt war.

---

[121] Hodgson. Venture of Islam. 1974. S. 185.
[122] Hodgson. Venture of Islam. 1974. S. 188.
[123] Hodgson. Venture of Islam. 1974. S. 189.

Schließlich wurde das gesellschaftliche Leben ebenfalls anhand von Effizienzkriterien neu organisiert. Die absoluten und aufgeklärten Monarchien waren die ersten, die einen effizienten Verwaltungsapparat aufbauten, um ihr Reich zu regieren.

Begleiterscheinungen der Technisierung

Die Technisierung verschiedenster Lebensbereiche führte nach Hodgson zu einer generell technisierten Weltsicht, in der die Frage nach der Effektivität zentral wurde und alte Glaubenssysteme zurückdrängte. Stattdessen entstand nun das, was als Fortschrittsglaube bekannt ist. Der Glaube, dass sich das menschliche Leben (auf den verschiedensten Ebenen) ständig verbessern und verändern würde, wurde eine Art Ersatzreligion, die metaphysische Bedürfnisse stillte. Von der Idee des steten Wandels waren auch traditionelle Autoritäten betroffen. Die seit der Achsenzeit bestehenden, Macht legitimierenden Ordnungen und Gesetze wurden nicht mehr als ewig aufgefasst, sondern als veränderbar und gestaltbar begriffen. „Es entstand vielleicht zum ersten Mal in der Geschichte der Menschheit, der Glaube an die Möglichkeit, durch politisches Handeln die Kluft zwischen der transzendenten und der weltlichen Ordnung zu überbrücken, in den weltlichen Ordnungen, im sozialen Leben, utopische eschatologische Visionen zu verwirklichen und die Gesellschaft durch ideengeleitetes politisches Handeln zu verändern."[124] Mit anderen Worten entwickelte der Mensch in der Moderne nicht nur neue utopische Visionen, sondern er glaubte auch, dass diese durch sein eigenes Handeln auf der Erde umsetzbar sind und nicht eines Gottes bedurften. „Damit wurde – am Ende in säkularen Begriffen – die Rangordnung des Augustinus umgekehrt; die civitas Gottes sollte zu der civitas des Menschen gebracht werden."[125]
Ein Aspekt und eine Konsequenz der Technisierung war die Massenpartizipation der Gesellschaft, da die Menschen in den Nexus verschiedenartigster technischer Spezialisierungen gezogen wurden. Die Industrie benötigte mobile und ausgebildete Menschen als Arbeiter, die Wirtschaft brauchte verdienende Menschen, um ihre Produkte abzusetzen. Kaufkraft und Bildung erhöhten den Status niedrigerer Klassen und zogen Forderungen nach politischem Mitspracherecht mit sich. Auch die Bourgeoisie und Unternehmer forderten politische Gestaltungsrechte, die bis dahin einem kleinen Zirkel weltlicher und geistlicher Aristokratie vorbehalten waren. Diese Forderungen äußerten sich lautstark und tatkräftig in den großen Revolutionen des Westens, welche die Basis für moderne Demokratien schufen.

---

[124] Eisenstadt. Vielfalt der Moderne. 2000. S. 15.
[125] Eisenstadt. Vielfalt der Moderne. 2000. S. 22.

Ein anderer, struktureller Aspekt war der Zusammenbruch der durch Familien geprägten Sozialstruktur und das Einsetzen der Urbanisierung.[126] Die Urbanisierung war das sichtbarste Zeichen des Zusammenbruchs traditioneller Statuskriterien. Durch den zunehmenden Bedarf an spezialisierten Arbeitskräften entstand ein zunehmender Bildungsbedarf, wobei diese Bedürfnisse in der Regel nur in Städten abgedeckt werden konnten. Deswegen brach die traditionelle Familien-, Stammes-, oder Regionalstruktur in doppelter Hinsicht auseinander: Erstens brachen die traditionellen Strukturen geographisch durch die Stadtflucht auseinander, denn in der Stadt bildeten sich vollkommen neue Gesellschaftssysteme. Zweitens wurde die Struktur durch Bildung und Arbeit aufgebrochen. Während klassischerweise Bildung zur Erziehung der Elite und somit zur Festigung ihrer Vorherrschaft genutzt wurde, herrschte nun ein Bildungsbedarf der breite Schichten abdeckte, um für die zunehmend komplexeren Arbeitsmethoden ausgebildet zu sein.

In der urbanisierten Gesellschaft entwickelten sich anstatt von Familien- oder Territorialstrukturen neue Schichten, wie Arbeiter, Unternehmer oder Akademiker. Diese entwickelten nicht nur ein neues Gruppenbewusstsein anstelle der Familie, sondern organisierten sich auch, um ihre Interessen in den Mechanismen von Markt, Politik und Administration vertreten zu können – die Zivilgesellschaft war geboren.

Es entstanden aber nicht nur neue Gruppierungen, sondern auch der Gedanke des autonomen Individuums. Durch den Zusammenbruch der Familienstruktur, der individuellen Spezialisierungsanforderungen und durch die beginnende kritische Haltung zu Religion und der Idee der rein weltlichen Utopie fasste sich der Mensch mehr denn je bewusst als Individuum auf. In Kombination mit der veränderten Auffassung zur politischen Herrschaft, der neuen ökonomischen Rolle des Einzelnen und der Entwicklung des Naturrechts im Zuge der Aufklärung entwickelte sich daraus die Idee der Legitimität der Privatinteressen.

Zusammenfassend kann man mit Eisenstand fünf wichtige institutionelle Veränderungen im Übergang von der traditionellen zur modernen Gesellschaft sehen:

„Erstens bildeten sich die modernen Staaten, zunächst als absolutistische Staaten, die später – als Folge der Großen Revolutionen – in moderne konstitutionelle, dann demokratische, oft in Nationalstaaten umgewandelt wurden. Zweitens entwickelte sich ein neues Verhältnis zwischen Staat und Gesellschaft, am deutlichsten sichtbar in dem Typus oder den Typen der Zivilgesellschaft. Drittens veränderten sich gleichzeitig die politischen Prozesse; viertens bildeten sich neue Arten von Kollektiven; und *last but not least* entwickelten sich kapitalistische, später industriekapitalistische Wirtschaften.“[127]

---

[126] Zur Urbanisierung und deren Konsequenz siehe: Eisenstadt. Tradition, Wandel und Modernität. 1979. S. 56 – 63.

[127] Eisenstadt. Vielfalt der Moderne. 2000. S. 20f. Hervorhebung im Original.

Damit veränderte sich natürlich auch das Verhältnis von Zentrum und Peripherie im Vergleich zu traditionellen Gesellschaften. Die Legitimation erfuhr das Zentrum nun immer weniger durch die Religion, sondern durch den Menschen als Individuum und durch Gruppierungen, die Versuchen Gesellschaft und Politik zu gestalten und dazu eigene Ideologien entwickeln. Durch die neue Legitimationsbasis veränderte sich das Verhältnis von Zentrum und Peripherie ungemein. Da sich der Mensch selbst zunehmend als politisch auffasste, versuchte die Peripherie ständig das Zentrum zu beeinflussen. Umgekehrt war das Zentrum, spätestens beim allgemeinen Wahlrecht, auf die Peripherie angewiesen und versuchte sie dahingehend zu beeinflussen, die Sichtweise des Zentrums zu akzeptieren.

4. Fundamentalismus und Moderne: theoretische Erörterungen

4.1 Shmuel Eisenstadt

Shmuel Eisenstadt, Soziologe mit einem (unter mehreren) Forschungsschwerpunkt auf der Moderne, besitzt einen anderen Zugang zur Fundamentalismustheorie als die meisten Autoren. Er fragt in *„Die Antinomen der Moderne“*[128] und *„Der Fundamentalismus als moderne Bewegung gegen die Moderne“*[129] nicht, ob Fundamentalisten modern sind, sondern warum die Moderne Fundamentalisten hervorgebracht hat. Eisenstadt beschreibt Fundamentalisten als gleichzeitig modern und antimodern. Deswegen lautet auch Eisenstadts These: „Die fundamentalistischen Bewegungen sind durchaus modern, obwohl sie antimoderne oder vielmehr antiaufklärerische Ideen verkünden.“[130]

Antimodern sind sie für ihn, da sie Grundprämissen der Aufklärung, wie den Verlust der Stellung Gottes in der Deutung der Welt, die Untersuchung der Natur und der Gesellschaft durch die Vernunft und die Autonomie und Freiheit des Individuums ablehnen. Weiterhin wenden sie sich gegen pluralistische und demokratische Aspekte der Moderne. Modern sind sie für Eisenstadt nicht nur weil sie moderne Technologie benutzen, sondern weil sie den Versuch eine antimoderne, religiöse Utopie zu erschaffen mit modernen politischen Mitteln, nämlich jakobinisch – totalitären, erreichen wollen.

---

[128] Eisenstadt, Shmuel N. Die Antinomien der Moderne. Die jakobinischen Grundzüge der Moderne und des Fundamentalismus – Heterodoxien, Utopismus und Jakobinismus in der Konstitution fundamentalistischer Bewegungen. Frankfurt a. M., 1998.

[129] Eisenstadt. Die Vielfalt der Moderne. 2000. Kapitel 4: Der Fundamentalismus als moderne Bewegung gegen die Moderne. S. 174 – 245.

[130] Eisenstadt. Vielfalt der Moderne. 2000. S. 182.

a. Die Achsenzeit und die Entwicklung transzendentaler Ordnungen

Um Eisenstadts Fundamentalismustheorie verstehen zu können, muss man zurückgehen auf die Veränderungen der Achsenzeit, wie sie oben schon angesprochen wurden. In den Kulturen der Achsenzeit entwickelten und institutionalisierten sich grundlegende Spannungen zwischen einer transzendentalen und der weltlichen Ordnung.[131] Eine geistige Elite versuchte in diesen Kulturen, die Welt nach einer transzendentalen Vision zu formen. Die transzendentale Vision war die Idee von einer göttlichen moralischen Ordnung, die über menschlichen Ordnungen stand. In den Kulturen vor der Achsenzeit war die Unterscheidung zwischen diesseitigen (weltlichen) und jenseitigen (transzendentalen) Ordnungen minimal. Es herrschte der Glaube vor, dass das Jenseits homolog dem Diesseits strukturiert war und die menschliche Existenz nach dem Tod in physischer Form fortdauerte. In der Welt nach dem Tod wurde noch keine autonome und höherwertige moralische Ordnung gesehen, welche die diesseitige qualitativ von der jenseitigen Welt unterschied.[132] Folglich konkurrierte auch keine transzendente Ordnung mit der weltlichen. Beispielsweise war ein Gottkaiser durch sich selbst legitimiert und seine Gesetze und Entscheidungen unterlagen keiner höheren Gerechtigkeitsvorstellung.[133] „Im Gegensatz dazu entwickelte sich in den Kulturen der Achsenzeit die Auffassung einer scharfen Trennung zwischen irdischer und überirdischer Welt. Man betonte daher die Existenz einer höheren, transzendentalen oder metaphysischen Ordnung, die jenseits der Wirklichkeit liegt."[134] Solche Umwandlungen fanden in mehreren Regionen der Welt statt und konstituierten neue Kulturen; zum Beispiel im biblischen Israel, im antiken Griechenland, im Persien Zarathustras, im Frühchristentum. Auch der Islam ist zu dieser Kategorie zu rechnen, auch wenn er eigentlich nachachsenzeitlich ist.

Da die transzendentale als höherwertige Ordnung angesehen wurde, wurde die weltliche Ordnung durch diese kritisiert und auch der Herrscher sah sich nun mit einer übergeordneten Instanz konfrontiert. Wie Eisenstadt anmerkt, wurde „die politische Ordnung als einer der

---

[131] Zur Achsenzeit, falls nicht anders angegeben, siehe:
Eisenstadt, Shmuel N. Allgemeine Einleitung: Die Bedingungen für die Entstehung und Institutionalisierung der Kulturen der Achsenzeit. in: Eisenstadt, Shmuel N. (Hg.) Kulturen der Achsenzeit. Ihre Ursprünge und ihre Vielfalt. Teil 1: Griechenland, Israel, Mesopotamien. Frankfurt a.M. 1987. S. 10 – 42; hier vor allem S. 10 – 20.
Eisenstadt. Die Antinomien der Moderne. 1998; Kapitel 1: Heterodoxien und Utopismus in den Kulturen der Achsenzeit. S. 7 – 42.

[132] Eisenstadt. Kulturen der Achsenzeit. 1987. S. 12.

[133] Anschaulich dazu Eric Voegelin über Ägypten zur Zeit Echnatons: „Da der König selbst Gott ist, gehen die göttliche und die menschliche Sphäre ineinander über. Das menschlich eroberte Reich und die göttlich erschaffene Welt; menschliche und göttliche Herrschaft, menschliche und göttliche Schöpfung lassen sich nicht genau unterscheiden."
Voegelin, Eric. Die politischen Religionen. Wien, 1938. S. 22.

[134] Eisenstadt. Kulturen der Achsenzeit. 1987. S. 12.

zentralen Orte der weltlichen Ordnung [...] gewöhnlich für weniger bedeutend gehalten als die transzendente Ordnung und hatte sich folglich nach den Prinzipien dieser letzteren neu zu gestalten".[135] Implizit war also der Gedanke, dass die weltliche Herrschaft minderwertig im Vergleich zur transzendenten sei. Da aber die überirdische Ordnung als die ideale angesehen wurde, musste die weltliche Herrschaft auf der Basis dieser Ordnung organisiert werden. Eisenstadt hebt hervor, dass dabei besonders „die Vorstellung eines notwendigen Brückenschlags zwischen der weltlichen und der überweltlichen Ordnung nach dem Gebot einer höheren moralischen oder metaphysischen eine Rolle [spielte]"[136]. Weiterhin ist die Orientierung an einer transzendentalen Ordnung die Geburt der Utopie, also der idealen gesellschaftlichen Ordnung. Darüber hinaus entsteht durch die Vorstellung einer Utopie noch ein anderer Glaube – der an die Erlösung des Menschen. Die Orientierung an die transzendentale Ordnung war meist mit einer Religion verbunden und wurde als göttliche Gesetzgebung betrachtet. Das Befolgen der göttlichen Gesetze im Diesseits war eine Vorraussetzung für die Erlösung im Jenseits, zumindest für die monotheistischen Religionen. Dies hatte auch Auswirkungen auf die Politik. Dort, wo man dem politischen Bereich Relevanz für die Erlösung einräumte, mischte sich die Religion in die Politik ein.[137] Dies ist von Bedeutung für die Fundamentalismusforschung, da, wie noch zu sehen sein wird, Fundamentalisten durch die Sakralisierung des Alltags quasi jeder Situation Erlösungsrelevanz beimessen.

---

[135] Eisenstadt. Antinomien der Moderne. 1998. S. 12.

[136] Eisenstadt. Antinomien der Moderne. 1998. S. 10.
Beispiele dafür, die bis zum Anfang der Neuzeit reichen, sind die jüdischen קהילות (Kehillot, wörtlich Gemeinden; gemeint sind selbstständig organisierte, aber abgeschottete jüdische Gemeinden in Mittel- und Osteuropa), in denen es einen Gemeindevorstand (פרנס - Parnas) gab, der zwar die weltliche Führung der Gemeinde inne hatte, aber dennoch der תקנה (Takanah – Gemeindeordnung) unterworfen war, welche die religiösen und weltlichen Vorschriften der jüdischen Tradition (die ja verschränkt sind) darstellen.
Es war die Aufgabe des Rabbiners darauf zu achten, dass jeder, auch der Gemeindevorstand, diese Vorschriften einhielten, wie Julius Schoeps erklärt:
"Eine herausragende Stellung in der Kehilla nahm der Gemeinderabbiner ein. Ihm oblag es, die „Heiligkeit der Tradition" aufrecht zu erhalten und dafür zu sorgen, dass die Takanot (Plural von Takanah, P.L.) eingehalten wurden. [...] Die Parnasim (Plural von Parnas; P.L.) konnten nicht ohne den Rabbiner handeln."
Schoeps, Julius H. Die Heiligkeit der Tradition. S. 68 In: Zeitschrift für Religions- und Geistesgeschichte. Nr. 56. Leiden, 2004. S. 67 – 72.
Karen Armostrong verdeutlicht dies an der Rolle der Ulema (Gelehrten) im Islam und in ihrem Verhältnis zum Sultan: „[The ulema] could bring grievances to the sultan's attention and had the power to call even him to order if he violated Islamic norms. The ulema could, therefore, feel that the Ottoman state was their state, and the sultansfor the most part accepted the constraints put upon them by the clergy because the partnership enhanced their authority."
Armstrong. The Battle for God. 2000. S. 36.

[137] Eisenstadt. Kulturen der Achsenzeit. 1987. S. 20.

b. Die Rolle von Utopien in der Moderne

Wie schon im entsprechenden Kapitel zur Moderne erläutert, gab es bereits in der Vormoderne unterschiedliche Vorstellungen, wie die transzendentale Ordnung zu verwirklichen sei. Ansichten, die sich von der des Zentrums unterschieden, bezeichnet Eisenstadt als Heterodoxien. In der Moderne ändern sich allerdings zwei Dinge grundlegend. Erstens änderte sich das Verhältnis von Zentrum und Peripherie dahingehend, dass die Peripherie im Zuge der Massenpartizipation der Gesellschaft Einfluss auf das Zentrum gewann und damit, in bisher nicht gekanntem Ausmaß heterodoxe Meinungen darin Einzug fanden. Zweitens kam es zum Bruch mit der traditionellen Weltsicht, also der etablierten und institutionalisierten Utopie der Gesellschaft. Wie zu sehen war, war diese Utopie meist eine religiöse. Es entstanden in der Moderne neue säkulare Utopien, die den Menschen, anstatt übernatürlicher Mächte, als Legitimationsgrundlage sahen. Deshalb spricht man von der Moderne auch als selbstlegitimierend. Die vormodernen unterscheiden also sich von den modernen Utopien durch die Abhängigkeit ihrer Konstruktionen von einer Religion (oder vergleichbaren transzendenten Systemen). Die Moderne verleiht dem Menschen jedoch dahingehend quasi-göttlichen Status, da sich der Mensch selbst als Legitimationsbasis für seine Utopie begreift und durch sein eigenes Handeln diese Utopie (und damit auch die Erlösung) im Diesseits zu verwirklichen sucht.

Allerdings existiert eine große Vielfalt von Utopien, die sich in heterodoxen Bewegungen formieren. Durch die Mannigfaltigkeit von Heterodoxien kommt es zu Auseinandersetzungen unter ihnen um die Gestaltung der Gesellschaft im Zentrum. Verschiedene Utopien treffen im Zentrum aufeinander und versuchen dort ihr Gesellschaftsbild und Wertesystem zu etablieren und zu institutionalisieren. Als bekannteste moderne Utopien kann man die Weltbilder und Wertsysteme des Konservatismus, Liberalismus und Sozialismus nennen, auch wenn zu attestieren ist, dass diese Strömungen immer nur als idealtypisch betrachtet werden dürfen. Die Hauptspannungen zwischen diesen Bewegungen fasst Eisenstadt so zusammen:

> „Erstens die Spannung zwischen den totalitären und den eher pluralistischen Vorstellungen über die Hauptkomponenten des kulturellen Programms, vor allem der Idee der Vernunft und ihrer Stellung in Gesellschaft und Leben des Menschen; zweitens die Spannung zwischen Reflexivität und Autonomie auf der einen und einer aktiven Konstruktion von Natur und Gesellschaft auf der anderen Seite; drittens Spannungen zwischen unterschiedlichen Bewertungen der Hauptdimensionen menschlicher Erfahrungen: viertens Spannungen zwischen Kontrolle und Autonomie, Disziplin und Freiheit.“[138]

[138] Eisenstadt. Paradoxien der Demokratie. 2005. S. 43.

In dieser Arbeit ist der Konflikt zwischen totalitären und pluralistischen Vorstellungen von besonderer Relevanz.[139] Die Diskrepanz dieser Vorstellungen enthält drei wesentliche Elemente. Das erste besteht zwischen einem konstruktivistischen Politikverständnis, das eine aktive Selbstkonstruktion einer Gesellschaft vertritt und der Sichtweise, dass Gesellschaften einer sich ständig verändernden Struktur unterworfen sind. Damit verwandt ist zweitens der Gegensatz zwischen allumfassenden, utopischen und gemeinschaftsbezogenen Visionen – denen meist der Gedanke der Gesellschaftskonstruktion zu Grunde liegt – und einer pluralistischen Gesellschaftsvorstellungen, die unterschiedliche Visionen toleriert. Drittens existiert eine Konfliktlinie zwischen der Auffassung von Politik als autonomer Dimension menschlicher Existenz, verglichen mit einer integrativen, einheitlichen Vorstellung von Politik, die alle Aspekte menschlichen Lebens berührt. Wie zu erkennen ist, liegt die wesentliche Spannung zwischen der Anerkennung der Legitimität von verschiedenen, sich herausbildenden Gruppeninteressen, Ideologien und Vorstellungen zur Gesellschaftsstruktur und dem Anspruch, dass die jeweils eigene Ideologie von allgemeingültiger Wahrheit und folglich im Ansatz bereits totalitär sei.[140] Bezogen auf das Verhältnis zwischen Zentrum und Peripherie bedeutet dieser Widerspruch den Versuch des Zentrums, in einem totalitären System seine Ideologie vollständig auf die Peripherie auszudehnen. Wenn hingegen die Peripherie mit ihren verschiedenen Heterodoxien ständig Einfluss auf das Zentrum ausübt und sich diese Einflüsse in der Gestaltung des Zentrums wiederfinden, spricht man von einem demokratischen System.
Dieser Widerspruch kam auch bereits Rousseaus Vorstellung vom Willen aller und dem allgemeinen Willen zum Ausdruck. Jakobinische und totalitäre Bewegungen lehnen pluralistische Tendenzen ab, da sie überzeugt sind, ihre Ideologie biete die ideale Lösung für das Gemeinwohl. Diesen Ideologien ist der Gedanke inhärent, dass der Willen aller und der allgemeine Wille eins ist und sich in ihrer Weltanschauung widerspiegelt.

---

[139] Das Totalitarismusverständnis dieser Arbeit ist ein ideengeschichtliches, im Gegensatz zu z.B. historischen oder idealtypischen Modellen. D.h. das hier verwandte Modell geht, wie zu sehen ist, auf die Wurzeln von totalitären Tendenzen ein, anstatt die vergleichende Analyse von totalitären Merkmalen ausschließlich durch die beiden (größtenteils auch so anerkannten) absolut-totalitären Systeme des dritten Reiches und der Sowjetunion Stalins erklären und begründen zu wollen. Diese Klassifizierung beruft sich auf das Buch von Wippermann, auch wenn diesem Buch in seinen inhaltlichen Aussagen nicht gefolgt wird [Wippermann sieht die Totalitarismustheorien vor allem in der Pflicht den Holocaust zu erklären: „[Es ist] berechtigt [] alle vorhandenen Totalitarismustheorien daran zu messen, ob sie in der Lage sind den Holocaust zu erklären." (Wippermann, S. 107). Allerdings kann dies keine Totalitarismustheorie seiner Meinung nach leisten (Wippermann, S. 117)].
Unter dem ideengeschichtlichen Ansatz subsumiert Wippermann Eric Voegelin, Erich Faul und Jacob L. Talmon (dessen Lehre bei den Messianismustheorien noch eine Rolle spielen wird). Auch Eisenstadts Verständnis kann man in diesem ideengeschichtlichen Hintergrund einordnen.
Wippermann, Wolfgang. Totalitarismustheorien. Die Entwicklung von den Diskussionen von den Anfängen bis heute. Darmstadt, 1997. für diese Arbeit von Relevanz: S. 1-8, 21-35, 95-118.
[140] Eisenstadt. Paradoxien der Demokratie. 2005. S. 54.

Das implizit Moderne am Jakobinismus ist dabei, dass der *autonome* Wille des Einzelnen (sprich der Willen aller) im Gegensatz zur Vormoderne durchaus anerkannt wird; jedoch liegt dem Jakobinismus der Gedanke zu Grunde, die eigene Ideologie wäre identisch mit dem Willen aller und dem allgemeinen Willen. Daraus resultiert ein sozialer und kultureller Aktivismus – das explizit Moderne des Jakobinismus – der bestrebt ist, die Gesellschaft nach einer transzendenten Vision umzugestalten. Eng verbunden damit war die Tendenz, menschliches Leben – sozial, kulturell und politisch – durch die eigene Ideologie zu absolutieren und zu totalisieren. Weiterhin entwickelten „jakobinische Bewegungen [...] nicht nur eine totalistische Weltsicht, sondern auch umfassende Ideologien zur totalen Umgestaltung der sozialen und politischen Ordnung."[141]

Dem zu Grunde liegt eines der Hauptcharakteristika der Moderne, nämlich, „der Mensch sei dazu fähig, den Umbau der Gesellschaft durch ein an einer transzendentalen Vision ausgerichtetes politisches Handeln zu bewerkstelligen."[142] Fundamentalisten sind nach Eisenstadt Vertreter einer jakobinischen, tendenziell totalitären Weltsicht.

c. Fundamentalismus als jakobinische Bewegungen mit vormoderner Utopie[143]

Nach Eisenstadt entstanden Fundamentalisten als Gegenbewegung zu dem sich ab den 19. Jahrhundert verbreitenden Säkularismus und insbesondere zum säkularen Nationalstaat und dessen, aus der Aufklärung stammende Konzepte von Vernunft und Rationalität mit deren immanenter Religionskritik. Einen weiteren Katalysator sieht Eisenstadt im 20. Jahrhundert in den Konfrontationen zwischen unterschiedlichen Kulturkreisen.[144] Der Kerngedanke der Aufklärung bedeutete einen Angriff auf die Religion, weil sie die Delegitimation der religiösen Wertebasis darstellte, da die modernen Utopien keinen Gott mehr als Quelle ihrer Legitimität benötigten.

Fundamentalisten sind nach Eisenstadt eine der heterodoxen Bewegungen der Gesellschaft, allerdings streben sie im Gegensatz zu anderen Heterodoxien die Ordnung der Gesellschaft anhand einer *vormodernen* Utopie an, die sich in einer religiösen Ideologie äußert. Prägnant beschreibt Eisenstadt den Unterschied zwischen moderner und fundamentalistischer Utopie in einem Satz: „Im Gegensatz jedoch zu den so genannten progressiven Utopien, besonders in

---

[141] Eisenstadt. Vielfalt der Moderne. 2000. S. 32.
[142] Eisenstadt. Paradoxien der Demokratie. 2005. S. 60.
[143] Dieser Abschnitt beruft sich hauptsächlich auf: Eisenstadt. Antinomien der Moderne. 1998. S. 77 – 105 und Eisenstadt. Vielfalt der Moderne. 2000. S. 174 – 238.
[144] Eisenstadt. Vielfalt der Moderne. 2000. S. 182.

der modernen Ära, die ihre Visionen von einem sich entfaltenden semi - eschatologischen Fortschritt auf Basis der kontinuierlichen Ausbreitung der Vernunft verbreiteten, tendieren die fundamentalistischen Bewegungen dazu, die Rekonstruktion der Welt entsprechend einer vergangenheitsorientierten Vision zu betreiben."[145]

Fundamentalisten sind dennoch nicht, wie sie oft behaupten, die Bewahrer der alten Tradition. Vielmehr haben sie diese Tradition in Reaktion auf die Veränderungen durch die Moderne abgewandelt und die Kernpunkte ihrer Lehre selektiv nach den jeweiligen Umständen ausgewählt, wie z.B. die Heiligkeit des Landes bei Gush Emunim oder durch das Verbot von Neuerungen in den Anfängen der jüdischen Ultraorthodoxie durch Hatam Sofer (‚Das Neue ist durch die Tora verboten'). Da die verschiedenen fundamentalistischen Bewegungen auf unterschiedliche Situationen reagierten, sind auch ihre Utopien entsprechend unterschiedlich, auch wenn die anti-aufklärerische Haltung allen gemein ist. Zentrale Aspekte in denen sie sich unterscheiden, sind beispielsweise: Die Ablehnung des Westens bei islamischen Fundamentalisten, hervorgerufen durch den Imperialismus; die Ablehnung des Staates Israels bei der Neturei Karta, deren Weltbild eine Kombination aus klassischer Ultraorthodoxie (die als Ablehnung der Aufklärung entstanden ist) und einer Reaktion auf den Zionismus darstellt; oder bei Gush Emunim die religiöse Bedeutung des Landes, welche ebenfalls eine Reaktion auf den Zionismus darstellt, wenn auch natürlich im vollkommenen Gegensatz zur Neturei Karta.

Ein weiteres Merkmal das mit dem Verhältnis zur Tradition verbunden ist, liegt in der Beziehung zum religiösen Establishment. Fundamentalisten kritisieren daran, dass es sich zu sehr den neuen Gegebenheiten anpasst und deswegen religiöse Gebote nicht vollständig erfüllt. Diese freilich neue Interpretation der religiösen Tradition durch die Fundamentalisten geht deswegen in der Einhaltung von Geboten über konservative Vertreter hinaus, da sie eine Ausdehnung der Religion auf jeden Bereich des Alltagslebens schaffen. Durch die *Sakralisierung des Alltags* treiben die Fundamentalisten ihren Anspruch die ‚wahren Vertreter des Glaubens' zu sein, in ein Extrem. Mumtaz Ahmad kann dies am Beispiel der Jamaat-i Islami veranschaulichen:

„Aber die Fundamentalisten unterscheiden sich von den konservativen Ulema in ihrer Auffassung des Islams, sie verstehen ihn als ‚Lebensweise' (deen). Die Jamaat-i Islami kritisiert, dass sie den Islam auf die fünf Säulen – Glaubensbekenntnis, Gebet, Fasten, Almosen und Pilgerfahrt – reduzieren. Die Jamaat dagegen sieht den Islam als alles umfassende Weltsicht und Lebensweise, die das ganze Spektrum der menschlichen Betätigung, sei sie

[145] Eisenstadt. Antinomien der Moderne. 1998. S. 41.

individuell, sozial, ökonomisch oder politisch, bestimmt. Für sie bedeutet Islam, alle Aspekte des menschlichen Lebens ganz und gar Gottes Willen zu unterstellen."[146]

Die Sakralisierung des Alltagslebens bedeutet nach Eisenstadt, dass Fundamentalisten die Tradition in eine totalitäre, jakobinische, universalistische Ideologie umwandeln, indem sie die ursprüngliche Tradition zu einem umfassenden und grundsätzlichen Organisationsprinzip entwickeln – was das zentrale moderne Element von Fundamentalisten ist. „Die modernen Merkmale der fundamentalistischen Bewegungen [sind] die Kombination aus utopiegeleiteter Sekte mit jakobinischer Politik [und...] potentiell missionarischen Zügen."[147] Jakobinische Politik äußert sich dabei in der Tendenz, „die Hauptdimensionen der Existenz und des sozialen Lebens und besonders der politischen Domänen zu absolutieren [und zwar] mit den extremsten Formen politischer Aktivität."[148] Weiterhin äußert sich der Jakobinismus in dem Versuch, „eine Erneuerung der Zentren der jeweiligen Gesellschaften, in einer fast totalen Vermengung von Zentrum und Peripherie [zu erreichen], indem die Existenz intermediärer Institutionen und Verbände dessen geleugnet wird, was man bei einigen Fällen als Zivilgesellschaft bezeichnen kann."[149] In anderen Worten streben Fundamentalisten eine Gleichschaltung der Gesellschaft an, indem sie versuchen, ihre Utopie in totalitärer Weise auf die Gesellschaft zu übertragen. Dies ist eng verbunden mit einem weiteren Merkmal der jakobinischen Ausprägung von Fundamentalisten. Sie besitzen nach Eisenstadt einen „Hang zu missionarischem Expansionismus"[150] über die Grenzen ihrer eigenen Bewegung hinaus, der in ihrer universalistischen Weltsicht begründet ist. Wenn keine Expansion ihrer Utopie auf die Welt außerhalb ihrer Enklave möglich ist, beschränkt sich ihre kulturelle und soziale (weniger die politische) Gestaltung auf die eigene Enklave. Innerhalb der Enklave findet die Sakralisierung des Alltags und somit der Versuch der Totalisierung natürlich ebenfalls statt. Wichtig für Fundamentalisten ist dabei aber, dass der Eintritt in die jeweilige Bewegung auf einer freien und bewussten Entscheidung beruht. Diese Entscheidung wird dargestellt als Abkehr von einer moralisch verwerflichen Welt, hin zu einem tugendhaften Pfad nach Gottes Willen. Durch die Anerkennung der moralischen Entscheidungsfreiheit wird auch der autonome Wille implizit behauptet.[151]

---

[146] Ahmad, Mumtaz. Islamic Fundamentalism in South Asia. The Jamaat-i-Islami and the Tablighi Jamaat. S. 463 In: Marty. E. Marty, R. Scott Appleby (Hg.) fundamentalisms observed. Chicago 1991 S. 457 – 530. zitiert nach: Eisenstadt. Vielfalt der Moderne. 2000. S. 209.
[147] Eisenstadt. Vielfalt der Moderne. 2000. S. 201.
[148] Eisenstadt. Antinomien der Moderne. 1998. S. 67.
[149] Eisenstadt. Antinomien der Moderne. 1998. S. 80.
[150] Eisenstadt. Antinomien der Moderne. 1998. S. 80.
[151] Eisenstadt. Vielfalt der Moderne. 2000. S. 199.

d. Zusammenfassung und Kritik

Fundamentalisten sind Bewegungen der Moderne, die aber im Gegensatz zu anderen modernen Bewegungen die Umsetzung einer vormodernen Utopie verfolgen. Die Utopie ist vormodern, da die Verwirklichung noch religiöser Natur und auf ein göttliches Wesen angewiesen ist. Der wesentliche moderne Aspekt von Fundamentalisten ist für Eisenstadt, dass sie die soziale, kulturelle und politische Umgestaltung der Gesellschaft in tendenziell totalitärer Art und Weise gemäß ihrer Utopie anstreben (Jakobinismus). Damit verbunden attestiert Eisenstadt diesen Bewegungen weiterhin einen potentiellen missionarischen Eifer, die eigene Utopie mitunter mit extremen politischen Mitteln auf den Rest der Gesellschaft zu übertragen. Wenn diese Möglichkeiten der Expansion nicht (oder nicht mehr) gegeben sind, bleiben Fundamentalisten innerhalb ihrer Enklave und errichten dort kulturelle und soziale – weniger politische, dafür legislative – Strukturen gemäß ihrer Erlösungsvorstellung.
Die Ausführungen Eisenstadts bezüglich der Bewegungen, die wenig missionarischen Eifer an den Tag legen und sich mehr auf das Leben in ihrer Enklave konzentrieren bedürfen weiterer Betrachtung und Elaboration. Die meisten Autoren, die über Fundamentalismus geschrieben haben subsumieren unter Fundamentalisten auch politisch nicht bzw. kaum aktive Bewegungen, wie die Neturei Karta, Christen in Südindien, oder die Anhänger des katholischen Erzbischofs Marcel Lefebvre. Neben diesen Extrembeispielen gibt es noch weitere Stufen in Bezug auf die politische Aktivität, wie in den Ausführungen zu *„Strong Religion"* zu sehen war.
Eisenstadt nimmt diese Existenz solcher Bewegungen zur Kenntnis, allerdings geht er nur sehr kurz darauf ein. Er äußert dazu allgemein, dass der Grad, in dem fundamentalistische Bewegungen versuchen, alle Bereiche des Lebens zu gestalten, unterschiedlich ist.[152] Wenig politisch aktiven Bewegungen bescheinigt er, es ginge ihnen „um die innere Erneuerung des Ichs und der Gemeinschaft [und] nicht darum, sich in die schmutzige Politik einzumischen. Eine solche innere Reinigung sei die wichtigste, vielleicht die einzige Möglichkeit, die Verderbtheit der äußeren Welt zu überwinden."[153] Deswegen richteten sich „in diesen fundamentalistischen Gruppen [...] die jakobinischen Tendenzen zunächst auf die Erneuerung ihres inneren Lebens."[154]
Diese Aussage erläutert jedoch das Problem nicht weiter; die Diskrepanz zwischen Eisenstadts These von der missionarischen, politischen Tätigkeit der Fundamentalisten und der

[152] Eisenstadt. Antinomien der Moderne.1998. S. 90.
[153] Eisenstadt. Vielfalt der Moderne. 2000. S. 202.
[154] Eisenstadt. Vielfalt der Moderne. 2000. S. 202.

Existenz nichtmissionarischer und politischer nicht aktiver Gruppen bleibt bestehen. Eine richtige Erklärung bietet Eisenstadt für dieses Problem nicht, er meint dazu lediglich, dieses Merkmal sei nur ein potentielles und verweist auf die entsprechenden Kapitel von Almond, Appleby und Sivan, in denen sie zwischen Welteroberer, Weltschöpfer, Weltveränderer und Weltentsager unterscheiden: „Art und Intensität des politischen Handelns hängen, wie Almond, Appleby und Sivan gezeigt haben, von den konkreten historischen und institutionellen Umständen ab und variieren dementsprechend.“[155]

In der Tat stützen diese Ausführungen von Almond et al. Eisenstadts Thesen. Sie führen aus, dass diejenigen, die am wenigsten politisch und expansiv sind (Weltentsager), durch ihr Umfeld sehr begrenzt in ihren Handlungsmöglichkeiten sind und deswegen den kompletten Rückzug in ihre Enklave wählen.[156] Ein anschauliches Beispiel dafür sind die Neturei Karta in Israel. Diese sind isoliert vom Rest der israelischen Gesellschaft, da ihr Hauptcharakteristikum die Ablehnung des Staates ist.[157] Aber sie sind auch isoliert von den restlichen Ultraorthodoxen – unter anderem deswegen, weil diese den Staat Israel zumindest in der Praxis anerkennen, da er eine Zufluchtstätte für die Juden der Welt darstellt.[158] Sie sehen deswegen keine Möglichkeit, auf die Außenwelt einzuwirken – vielmehr fürchten sie, die Außenwelt könnte negativen Einfluss auf ihre Enklave haben – und ziehen sich folglich in die Isolation zurück. „In the case of the Neturei Karta [...] staying in the enclave is voluntary; they deem the modern world too dangerous to venture into and expect expansion and hegemony only when normal history ends and the age of Redemption dawns.”[159] Aber selbst eine Bewegung wie die Neturei Karta ist nicht vollkommen unpolitisch. Sie erläutern auf ihrer Homepage ihre (explizit so genannten) politischen Richtlinien[160], weiterhin veranstalten sie regelmäßig Demonstrationen (gegen die Existenz des Staates Israel) mit durchaus politischem Charakter. Ein Neturei Karta Rabbi hatte sogar ein politisches Amt inne: Rabbi Moshe Hirsch war tätig als „Minister for Jewish Affairs“ im Kabinett von Arafats Autonomiebehörde.[161]

Diese Ausführungen stützen Eisenstadts These, selbst weitgehend politisch inaktive Bewegungen könnten potentiell politisch sein. Um Eisenstadts Verständnis des modernen Elements

---

155 Eisenstadt. Vielfalt der Moderne. 2000. S. 202.

156 Almond et al. Strong Religion. 2003. S. 185ff.

157 Von Kontakten zu israelischen Palästinensern einmal abgesehen, die aber für das Judentum logischerweise keine religiöse Relevanz besitzen.

158 Beispielsweise distanzierten sich über 40 ultraorthodoxe Organisationen öffentlich von den Neturei Karta und griffen sie sogar scharf an, nachdem diese Trauergebete für Yassir Arafat gesprochen hatten. http://www.israelnationalnews.com/news.php3?id=71966 17. 01. 2007.

159 Almond et al. Strong Religion. 2003. S. 196.

160 http://www.nkusa.org/activities/statements/index.cfm 17.01. 2007 nkusa.org ist die offizielle Homepage der Bewegung

161 http://www.nkusa.org/Historical_Documents/LetterToNKI.pdf 17.01. 2007.

der Fundamentalisten gerecht zu werden, muss man aber tatsächlich die Außenbeziehungen der Enklave betrachten. Man kann mit Hinblick auf die von Almond et al. beschriebenen vier Typen fundamentalistischer Bewegungen konstatieren, dass mit Zunahme der Außenbeziehung auch die politische Aktivität steigt. Durch die Verwicklung in das institutionelle Geschehen des Nationalstaats steigt auch der Grad, inwiefern Fundamentalisten als modern einzustufen sind.

Eine weitere Rolle in der politischen Aktivität von Fundamentalisten spielt auch die von Eisenstadt angesprochene Erlösungsrelevanz des politischen Raums. Dies soll aber erst weiter unten im entsprechenden Kapitel zu der Frage, inwiefern Fundamentalisten politisch sind, thematisiert werden.

Insgesamt kann man sagen, dass Eisenstadts Fundamentalismustheorie einen sehr guten Ansatz bietet, um verstehen zu können, welche Wurzeln Fundamentalismus besitzt und wie das Phänomen einzuordnen ist. Er macht anschaulich, wie unmöglich es ist, Fundamentalismus zu erklären, wenn man nicht die Umbrüche der Moderne betrachtet und welche Aspekte des Fundamentalismus modern sind und welche vormodern. Dabei ist seine Verortung des Phänomens als moderne Bewegung mit jakobinischen und totalitären Zügen, (die vergleichbar ist mit anderen totalitären Bewegungen), welche jedoch die Verwirklichung einer vormodernen Utopie anstrebt, ein sehr guter Zugang, um Fundamentalismus charakterisieren zu können.

4.2 Bruce Lawrence

Bruce Lawrence plädiert in *„Defenders of God“* dafür, dass man Fundamentalismus als eine religiöse Ideologie ansehen sollte, die auf einer Ebene mit anderen Ideologien der Moderne betrachtet werden muss. Dabei sieht er eine Kontinuität zwischen Religion und Ideologie in dem Versuch, die reale Welt in eine ideale Welt zu überführen. Gleichzeitig kontrastiert er dabei aber die religiöse Weltsicht (universalistisches Weltbild) mit der modernistischen Weltsicht von Ideologien (monadisches Weltbild).

Um diese These zu begründen, geht Lawrence zurück auf die Ursprünge der Moderne und thematisiert die damit einhergehenden Entwicklungen und Theorien. Dabei geht er in mehreren Schritten vor. Im ersten Kapitel erläutert er, welche Merkmale dem modernen Denken zu Grunde liegen und die moderne Weltsicht (Modernismus) begründen. Im zweiten Kapitel gibt er anhand von oben bereits besprochener Ausführungen von Hodgson die Prozesse wieder, welche den Umbruch zur Moderne verursachten. Im dritten Kapitel, dem wichtigsten des

Buches, begründet Lawrence unter Anführung von Gadamer und Gouldner, warum er die seiner Meinung nach übliche Sichtweise von Ideologie in der Soziologie ablehnt. Im Anschluss an diese Kritik erläutert er sein Ideologieverständnis und inwiefern es auf Religion anwendbar ist. Im vierten Kapitel geht er schließlich auf Charakteristiken fundamentalistischer Ideologie ein. Die restlichen Kapitel behandeln jüdischen, islamischen und christlichen Fundamentalismus. Diese werden jedoch im Rahmen dieser Arbeit nicht thematisiert, da sich hier das Augenmerk lediglich auf seine Theorie richten soll.

„Defenders of God" ist in doppelter Hinsicht eines der Pionierwerke der Fundamentalismusforschung. Einerseits war Lawrence einer der ersten, die komparative Fundamentalismusstudien betrieben haben (wenn auch in seinem Fall nur die abrahamitischen Traditionen), andererseits verfasst er in diesem Buch auch eine der frühsten Fundamentalismustheorien. Die Bedeutung des Buches für die spätere Forschung lässt sich daran ersehen, wie viele Werke sich auf sein Buch beziehen.[162] Zwei Elemente seines Buches werden dabei in der Literatur zu Recht als positiv erwähnt. Zum einen seine komparative Forschung und zum anderen seine im theoretischen Teil des Buches getroffene Feststellung, dass Fundamentalisten nicht gegen die Moderne als solches, sondern gegen den Modernismus als ein Weltbild der Moderne sind. Dabei findet jedoch der Hauptteil seiner Theorie, eine sehr ausführliche Begründung und Charakterisierung des Begriffs Modernismus, sowie Ideologiekritik und -theorie, kaum Beachtung. Es wird jeweils nur auf die Unterscheidung von Fundamentalismus und Modernismus hingewiesen, ohne zu beachten wie er zu diesem Ergebnis kommt.[163]

Da an dieser Stelle Theorien des Fundamentalismus verglichen werden sollen, müssen Lawrence theoretische Überlegungen aber genauer betrachtet werden. Die beiden Schwerpunkte seiner Theorie sind der Vergleich von fundamentalistischer und modernistischer Weltsicht sowie die Ideologiekritik und Darstellung eines eigenen Ideologieschemas, wie nachfolgend erläutert werden soll. Seine auf Hodgson beruhende Besprechung der Moderne kann vernachlässigt werden, da Hodgsons Ausführungen bereits oben im entsprechenden Kapitel dargelegt wurden.

---

[162] Unter anderem: Appleby und Marty in dem Artikel „Fundamentalism" (Foreign Policy, Jan./Feb. 2002); Martin Riesebrodt unter anderen in „Fundamentalismus als patriarchalische Protestbwegung"; Laurence Silberstein in „Religion, Ideology and Modernity" (Silberstein, „Jewish Fundamentalism in Comparative Perspective, 1993); Mark Juergensmeyer in „The new Cold War" (Juergensmeyer, „The new Cold War, 1993) und weitere.

[163] Nicht einmal Hans Kippenberg geht in seiner Besprechung zu „Defenders of God" darauf ein.
Kippenberg, Hans G. Revolt against Modernism. A Note on Some Recent Comparative Studies in Fundamentalism. In: Numen 38, 1991. S. 128 – 133.

a. Modernistische und fundamentalistische Paradigmen von Sichtweisen[164]

Man muss sich nochmals die Veränderungen in Gedanken rufen, wie sie in obigem Kapitel zur Entwicklung der Moderne beschrieben wurden. Nach Hodgson lagen diesen Prozessen vor allem funktionalistische und technische Aspekte zu Grunde, die schließlich auch zur Hegemonie der Rationalität in der modernen Weltsicht führten.

Lawrence macht darauf aufmerksam, dass sich durch den Modernisierungsprozess eine neue Weise des Denkens etabliert hat, die er Modernismus nennt. Er unterscheidet Modernismus von Moderne und Fundamentalismus von Modernismus. Der Modernismus ist eine spezifische Weltsicht, die sich aus der Moderne heraus entwickelt hat, und welche dem Denken unabhängig von verschiedenen politischen, ökonomischen, oder kulturellen Standpunkten zu Grunde liegt: „Modernism is more than a class ideology; it has become a paradigmatic way of viewing the world"[165] Diese Weltsicht hat ihre Ursprünge in den technischen und funktionalistischen Umwälzungen, die zur Moderne führten:

> "*Modernism* is the search for individual autonomy driven by a set of socially encoded values emphasizing change over continuity; quantity over quality; efficient production, power, and profit over sympathy for traditional values or vocations, in both the public and private spheres. At its utopian extreme, it enthrones one economic strategy, consumer oriented capitalism, as the surest means to technological progress that will also eliminate social unrest and physical discomfort."[166]

Der Unterschied zu vormodernen Wegen die Welt wahrzunehmen, lässt sich nach Lawrence am besten darstellen, wenn man betrachtet inwiefern sich funktionalistisches Denken in einem modernen Weltbild äußert. Er erklärt an drei Verfahrensweisen, wie sich das moderne Denken im Vergleich zum vormodernen unterscheidet. Zählen, Vergleichen und Systematisieren (Counting, Comparison and Systematizing).[167]

„Counting" (Zählen) ist ein Aspekt der Wissenschaft, der natürlich schon in der Vormoderne benutzt wurde. „Before the genesis of industrial civilization, counting and calculation in numbers were matters of convenience, carried on to satisfy other ends than the maximization of scare means or the statement of scientific laws."[168] In der Moderne werden jedoch Kalkulationen zu einem bestimmenden Faktor der Gesellschaft: Beispiele dafür sind Meinungsumfragen als Entscheidungsgrundlage für Politiker, wirtschaftliche Zielvorgaben für Unternehmen oder auch die auf der Geburtenrate basierende Rentenversicherung.

---

[164] Dieses Kapitel beruht im Wesentlichen auf Lawrence. Defenders of God. 1989. S. 23 – 42.
[165] Lawrence. Defenders of God. 1989. S. 6.
[166] Lawrence. Defenders of God. 1989. S. 27.
[167] Lawrence. Defenders of God. 1989. S. 28 – 35.
[168] Lawrence. Defenders of God. 1989. S. 29.

„Comparison" (Vergleichen) ist dem Zählen implizit. Es ist eine Methode um Kontraste herzustellen. Während aber in der Vormoderne bei dem Kontrastieren von Licht und Dunkel oder Ordnung und Chaos diese Vergleiche als zwei Teile eines Ganzen ansah, entwickelte die moderne Dialektik nur Gegensätze, die als unvereinbar und nicht Teil eines Ganzen betrachtet werden. Dadurch geht die Beziehung der im Kontrast stehenden Elemente verloren und man kann Gegensätze zwischen Dingen herstellen, die wenig miteinander zu tun haben. Den Grundstein für dieses dialektische Denken sieht er in den deutschen Philosophen Hegel, Nietzsche und Merkas. Dies prägt nach Lawrence bis heute die Sozialwissenschaften und führt zu einem Denken, welches Kategorien von falsch und richtig oder auch objektiv und subjektiv als Strukturen wissenschaftlichen Denkens kennt. Besondere Relevanz spielt dies bei seiner Ideologiekritik, wie nachfolgend zu sehen sein wird.

„Systematizing" (Systematisieren) ist ein Paradebeispiel des modernen Denkens. Es beruht auf Zählen und Vergleichen, aber es unterscheidet sich in der Größenordnung. Systematisieren heißt nach Lawrence theoretisch unendlich viele Vorgänge zu kategorisieren. Es ist der Versuch eine holistische Neuordnung der Vielfältigkeit zu schaffen, indem man jedes einzelne Element in ein System einbezieht, d.h. Verhältnisse zwischen Elementen schafft und somit auch Kontraste oder Gegensätze zwischen Dingen herstellen kann.

Während das traditionelle religiöse Weltbild alle Aspekte der Welt durch Gottes Lehre erklärt hat, versucht das modernistische Weltbild durch Relationen von Monaden (Einzelaspekte) ein vollständiges Bild der Welt zu erhalten. „[Modernism's] goal is to attempt a holistic reordering of diversity."[169] In anderen Worten versuchten Traditionalisten Einzelaspekte der Welt durch eine bereits vorgegebene allumfassende Wahrheit zu interpretieren, während Modernisten versuchen die Wahrheit zu finden, indem sie Einzelaspekte zusammenfügen.

Diese drei Aspekte prägen nach Lawrence wesentlich den Modernismus: „They have all produced a distinctive brand of thought which we choose to call, by way of shorthand, the modernist mindset."[170]

Zusammengefasst liegt nach Lawrence dem modernistischen Denken das, was wir heute als naturwissenschaftliches bzw. mathematisches Wissenschaftsverständnis kennen, zu Grunde. Demzufolge kann man die Welt analysieren und in Zahlen wieder geben, die sich nach und nach zu einem ganzen Bild, zur ganzen Wahrheit formen. ‚Die Wahrheit ist irgendwo da draußen', ist eine bekannte Paraphrasierung dieses Denkschemas. Diese Art und Weise zu denken hat, wenn auch in unterschiedlicher Intensität, alle modernen Gesellschaften beeinflusst.

---

[169] Lawrence. Defenders of God. 1989. S. 31.
[170] Lawrence. Defenders of God. 1989. S. 35.

Nichtsdestotrotz ist der Einfluss der modernistischen Weltsicht nicht unumschränkt. Die „Great Western Transmutation“ durchdrang in seiner Sicht nicht die Massen und folglich blieben noch weite Teile der Bevölkerung religiös. „Clearly, even the GWT and its Enlightenment ideology had not dislodged God from His universe for the masses. [...] The Great Western Transmutation may have been great in its definitional force for those in its vanguard; it was not in its scope."[171] Vor allem jene, die nicht vom Strukturwandel der Moderne profitierten, behielten die alte Weltsicht bei. Dies waren vor allem der Landadel, landwirtschaftliche geprägte Gegenden, ethnische Minderheiten und Frauen. Sie waren zu großen Teilen ausgeschlossen von der Klasse die hauptsächlich davon profitierte: vor allem Händler, Unternehmer und Bankiers, aber auch Politiker.

Die religiöse Weltsicht hat nach Lawrence einen anderen Weg die Welt wahrzunehmen. Die Welt erklärt sich nicht durch Monaden, sondern durch das Ganze. Während Modernisten die Wahrheit durch Einzelaspekte zu finden suchen, versucht die gegenteilige Weltsicht der Universalisten Einzelaspekte durch eine bereits existierende Wahrheit zu erklären. Lawrence sieht den Fundamentalismus als eine extreme Weltsicht eines religiösen Universalismus:

„*Fundamentalism* is the affirmation of religious authority as holistic and absolute, admitting of neither criticism nor reduction; it is expressed through the collective demand that creedal and ethical dictates derived from scripture be publicly recognized and legally enforced."[172]

Das fundamentalistische Weltbild erklärt sich durch eine heilige Schrift einer Religion. Durch diese Schrift lesen Fundamentalisten die Welt. Dabei sind Fundamentalisten aber auch Teil der Moderne, da sie als Reaktion zur Aufklärung entstanden sind: „Whatever outcome of the fundamentalist challange, its origins are inseparable from the spectre of its declared enemy: the Enlightenment."[173]

Folgerichtig sind für Lawrence Fundamentalismus und Modernismus zwei gegenteilige Aspekte der Moderne, wobei der Hauptunterschied zwischen ihnen eine monadische bzw. universalistische Weltsicht ist: „Modernism/fundamentalism is best understood when viewed as a subset of a larger, longer battle between universalim and monadism. Universalism claims all as ultimately one. Monadism sees all as provisionally many.“[174]

Lawrence Gegenüberstellung von Monadismus und Universalismus als übergeordnete Kategorien von religiösen und modernistischen Weltbildern sind grundsätzlich richtig.

---

[171] Lawrence. Defenders of God. 1989. S. 51f.
[172] Lawrence. Defenders of God. 1989. S. 27.
[173] Lawrence. Defenders of God. 1989. S. 8.
[174] Lawrence. Defenders of God. 1989. S. 40.

Allerdings muss man die Frage stellen, ob er den Einfluss von Religion nicht überschätzt. Selbst wenn Teile der Bevölkerung religiös blieben, nahmen sie doch teilweise, oder vielleicht sogar größtenteils, zumindest Aspekte des modernistischen Weltbilds an. Es ist fraglich, wie viele Personen, die sich heute selbst als religiös bezeichnen, nicht wesentliche Elemente des modernistischen Weltbilds übernommen haben. Selbst Fundamentalisten sind davon beeinflusst, wie Almond et al. zeigen: "Fundamentalists accepted the underlying premises of the modern scientific worldview, a concession that was most evident in their adoption of empirical criteria for the verification of at least some truth claims. Hence Christian creationists argued with evolutionists about the age of fossil records. Islamist philosophers claimed (medieval) Islamic origins for modern sciences and technologies. Ultra - Orthodox Jews [...] sponsored extensive research into technologies enabling Sabbath observance."[175]
Deswegen ist Lawrence Hinweis auf die unterschiedliche Wahrnehmung der Welt zwar richtig, allerdings kann er nicht zeigen, wie sie sich jenseits ihrer Extreme manifestieren.

b. Ideologie, Ideologiekritik und religiöse Ideologie

Bedingungen von Ideologiekritik und Entwicklung von Ideologien

In seinem Versuch Ideologie zu bestimmen geht Lawrence zuerst ausführlich gegen jene vor, die er als Vertreter eines modernistischen Weltbilds und damit als Anhänger einer objektiven Wahrheit ansieht. Danach stellt er eine Verbindung zwischen Religion und Ideologie her, bevor er eine eigene Ideologietheorie vorstellt.
Lawrence nähert sich dem Thema Ideologiekritik, indem er eine kurze Diskussion über die Möglichkeit von Objektivität in der Wissenschaft generell, und insbesondere in den Geistes- und Sozialwissenschaften führt. Wie bereits vorher erläutert ist die Annahme der Möglichkeiten objektiver Aussagen Teil des modernistischen Weltbildes, die auf die Naturwissenschaften zurückgeht. Dies weist Lawrence zurück. In der Ideologiekritik folgt er Gadamer und Gouldner, die beide den Standpunkt vertreten, Forschung könne nicht vollkommen objektiv sein.
Mit Gadamer sagt Lawrence „it is precisely a concern with objectivity that blocks an adequate account of the structure of understanding."[176] Er bemüht Gadamers bekanntes Modell der hermeneutischen Zirkel, das besagt, dass man neue Erfahrungen immer nur durch das Prisma von alten Erfahrungen versteht. Das bedeutet, das Verstehen an sich ist eine individuelle

[175] Almond et al. Strong Religion. 2003. S. 11.
[176] Lawrence. Defenders of God. 1989. S. 65.

Angelegenheit, die geprägt ist durch unsere Geschichte und unser Umfeld, folglich ist absolute Objektivität nicht möglich. Gadamers Verständnis von Objektivität ist darauf beschränkt, inwiefern man sich den Wurzeln seiner Verständnismöglichkeiten, also Umfeld und Geschichte, bewusst ist: „For Gadamer, it is a restricted possibility, to which one is aware of one's participation in the unfolding of tradition."[177] Allerdings kann man kein absolutes Bewusstsein und somit auch kein absolutes Selbstverständnis und folglich auch keine absolute Objektivität erreichen: „Never can human beings lay claim to the total sum of our knowledge of the world. [...] Self understanding is always on the way; it is on a path whose completion is an entire dimension of unilluminated unconsciousness."[178]

Von besonderer Bedeutung für Lawrence ist Gadamers Haltung zu einer objektiven Ideologiekritik, wie sie von der Frankfurter Schule, besonders durch Habermas und Apel vertreten wurde. Gadamer kritisiert die Haltung der Frankfurter Schule scharf. Diese vertritt die Sichtweise, man könne einen objektiven Standpunkt in der Philosophie zu finden, mit dem man Ideologien kritisieren kann.

Gadamers Kritik daran ist, dass sich Habermas seines eigenen Hintergrunds, der notwendigerweise subjektiv ist, nicht bewusst ist und lehnt diese Position folglich ab. Lawrence schließt sich der Sichtweise von Gadamer an.

Die zweite Grundlage von Lawrence eigener Ideologietheorie sind die Thesen von Alvin Gouldner. Gouldner vertritt dabei einen ähnlich kritischen Standpunkt zu den Möglichkeiten einer objektiven Position in Bezug auf die Ideologiekritik wie Gadamer, wobei Gouldner besonders die Soziologen kritisiert: „It is the ideology of others they attack, while camouflaging or denying the existence of their own. [...] Sociologists analyzed the evils of proliferating ideologies, yet assumed that they would never be contaminated by them."[179] Entscheidender für Lawrence ist allerdings die Herstellung einer Verbindung zwischen Ideologien und Religion durch Gadamer. Gleichzeitig wirft er aber in einer erneuten Generalisierung den Soziologen vor, diesen Zusammenhang übersehen zu haben: „The final shortcoming of the sociologists has been their failure to see the continuity between ideology and religion"[180] In Lawrence Worten äußert sich diese Kontinuität folgendermaßen: „Both ideology and religion form part of a distinctly Western outlook. Traceable back to Plato and Hellenism, it has its most significant reference in what Gouldner calls the bifurcation between the *ideal* and the *real*

[177] Lawrence. Defenders of God. 1989. S. 65.
[178] Gadamer, Hans Georg. Reason and the Age of Science. MIT, 1983. S. 100. zitiert nach: Lawrence. Defenders of God. 1989. S. 66.
[179] Lawrence. Defenders of God. 1989. S. 69f.
[180] Lawrence. Defenders of God. 1989. S. 71.

within the Judeo-Christian tradition."[181] Allerdings sind Ideologien moderne Phänomene, da sie zwar in der Unterscheidung 'real' und 'ideal' wurzeln, aber im Gegensatz zur Religion die Transzendenz säkularisieren.

Diese Ausführungen von Lawrence werfen einige Fragen und Kritikpunkte auf. Im Gegensatz zu dem was in *„Defenders of God"* behauptet wird, weisen Soziologen (oder Wissenschaftler verwandter Disziplinen) sehr wohl auf den Zusammenhang zwischen Religion und Ideologie hin, wie bereits oben in der Besprechung von Eisenstadt erläutert. Aber nicht nur Eisenstadt, sondern auch andere wiesen schon viel früher auf die Verknüpfungen von Religion und modernen Weltanschauungen hin, von denen Max Weber oder mehr noch Eric Voegelin nur die bekanntesten sind. Auch die von Lawrence hier äußerst knapp erwähnte Unterscheidung von ‚ideal and real' ist nichts anderes als die oben ausführlich betrachtete Unterscheidung zwischen utopischer Vision und realer Welt. Es verwundert doch sehr, dass er hier nicht auf Eisenstadt eingeht, obwohl er dessen Buch *„Tradition, Change and Modernity*[182]" in seiner Literaturliste führt. Darin geht Eisenstadt ausführlich auf die religiösen Wurzeln dessen ein, was Lawrence als Ideologien bezeichnet.

Ferner sind Lawrence Aussagen in Bezug auf die Ideologie etwas unscharf. Er weist korrekter Weise auf die Einflüsse der jüdisch-christlichen Tradition im westlichen Denken hin, und sieht diese in der modernistischen Ideologie im universalistischen Weltbild und der Vorstellung einer zu erreichenden Idealwelt.

Eigenschaften von Ideologien

Eine Synthese von Gadamers und Gouldners Theorien ermöglicht Lawrence eine eigene Ideologietheorie. Dabei sind die beiden für ihn nicht wegen Eigenschaften von Ideologien von Bedeutung, sondern wegen den Bedingungen von Ideologie und Ideologiekritik.

Gadamers Beitrag dazu liegt in seinen hermeneutischen Zirkeln und in seiner Ablehnung von Objektivität. Danach gibt es keinen neutralen Standpunkt, von dem aus man Ideologie betrachten kann, wie es die Frankfurter Schule macht. Gouldners Beitrag ist die Erkenntnis, dass Ideologien ein in der religiösen Tradition stehendes Streben besitzen, die reale Welt in eine ideale zu verändern.

Die Frage bleibt, wie man Ideologien erkennen und von nichtideologischen Aussagen unterscheiden kann. Lawrence versucht dies, indem er strukturelle Eigenschaften von Ideologien erläutert. „Ideologies tend to be explicit in their cognitive claims, exclusionary in their mem-

[181] Lawrence. Defenders of God. 1989. S. 71 Hervorhebungen vom Autor, P.L.
[182] Eisenstadt, Shmuel N. Tradition, Change, and Modernity. New York. 1973.

bership, authoritarian in their leadership, rigorous in their ethical mandates, and insistent on the rightness of their causes."[183] Lawrence verweist weiterhin auf Edward Shils, der zwei Charakteristiken benennt, durch deren Kombination Ideologien von politischen Programmen, Philosophien oder schlichten Meinungen unterschieden werden können.

Die autoritäre Organisation von Ideologien um einen oder wenige vorherrschende Werte ist dabei grundlegend für Shils. Explizit zu Ideologien werden sie aber nur, wenn sich um diese Werte eine *aktivistische* und eine *kognitive* Ebene bilden. Letztere charakterisiert Lawrence folgendermaßen: „Every ideology connotes a fixed and unquestioned set of beliefs, views, and assumptions that constitute the general framework within which all other questions take place."[184] Als Beispiel führt er den Feminismus an. In der feministischen Ideologie ist das Geschlecht jener Rahmen unter dem andere Fragen beleuchtet werden. „Gender is a major, if not the most major, category in examining all social phenomena."[185]

Kritisch ist anzumerken, dass durch diesen Punkt seine Unterscheidung zwischen Universalismus und Modernismus unscharf wird. Auch wenn nach Lawrence das modernistische Weltbild den Ideologien zugrunde liegt, muss man ihm dennoch einen Universalismus attestieren, wenn er alle oder die meisten Probleme nur unter einem bestimmten Gesichtspunkt betrachtet. Darauf geht Lawrence in keiner Form ein.

Die *aktivistische* Ebene ist das andere entscheidende Merkmal von Ideologien, da sie für Lawrence immer oppositionell sind. Der Unterschied zur reinen oppositionellen Meinung besitzt die Ideologie eben in ihrem Aktivismus. „It must be opposed not only in theory but also in practice."[186] Der Aktivismus ist für Lawrence deswegen elementar, um etwas als Ideologie zu bezeichnen.

Auf den bisherigen Punkten aufbauend, formuliert Lawrence drei Punkte, die für ihn charakteristisch für Ideologien sind:[187]

1) Jede Ideologie sucht die „out there objective reality", also die Wahrheit, und ist damit immer in einer *Spannung zwischen idealer und reeller Welt* gefangen.
2) Ideologie wird bewusst ausgeübt. Während man als Kind in ein soziales Umfeld hineingeboren wird und so Werte des Umfelds annimmt, kann man sich als Erwachsener entscheiden. Deswegen bedarf es eines *bewussten Willensaktes*.
3) Ideologie ist im Gegensatz zur Religion in der diesseitigen Welt verankert. Religion hat als finales Ziel eine andere Welt, während Ideologie *die gegenwärtige Welt verändern* will. Allerdings ist Ideologie quasi-religiös, weil diese Ziele die Utopie einer per-

[183] Lawrence. Defenders of God. 1989. S. 77.
[184] Lawrence. Defenders of God. 1989. S. 78.
[185] Lawrence. Defenders of God. 1989. S. 78.
[186] Lawrence. Defenders of God. 1989. S. 78.
[187] Lawrence. Defenders of God. 1989. S. 78ff.

fekten Welt verfolgen. Nach Lawrence besitzen Religion und Ideologie drei ambivalente Beziehungen:

a. Beide fordern absolute Loyalität, da sie beide *absoluten Wahrheitsanspruch* für sich behaupten; außerdem umschließen sie alle Lebensbereiche.
b. Ideologien sind meistens *oppositionell*, da sie ihre eigene Welt erschaffen wollen. Dazu müssen sie gegen Gesellschaftssysteme, die nicht ihrer Weltsicht entsprechen vorgehen. Religionen unterstützen hingegen meist die vorherrschende Sozialordnung.
c. Ideologien sind eher *rationell* als mystisch. Sie erklären ihre Weltsicht quasiwissenschaftlich und nicht in Bezug auf eine höhere Macht, so Lawrence. Er nennt es deswegen quasiwissenschaftlich, da sie nicht wie die Naturwissenschaften universelle Gesetzmäßigkeiten postulieren, oder wie die Geistwissenschaften Theoreme aufstellen, sondern nur ihre Überzeugungen belegen wollen. Deswegen sind Wissenschaften und Ideologien antagonistisch hinsichtlich ihrer Behauptungen, wessen Methode Wahrheiten aufdeckt.

Religiöse Ideologie

Nach Lawrence Meinung kann es auch religiöse Ideologien geben. Er folgt hier besonders Walzers Ausführungen über Calvin, den Michael Walzer bereits als Ideologen bezeichnete:

„The power of a theology lies in the capacity to offer believers a knowledge of God and so to make possible an escape from the corrupted earth and a transcendental communion. The power of a philosophy … lies in its capacity to explain to its students the world of human society as they are and must be and so to win for them that freedom which consists in an acknowledgement of necessity. The power of an ideology, on the other hand, lies in its capacity to activate its adherents and to change the world. Its content is necessarily a description of contemporary experience as unacceptable and unnecessary and a rejection of any merely personal transcendence or salvation. Its practical effect is to generate organization and cooperative activity."[188]

Er sieht analog zu Walzer deswegen auch im Fundamentalismus eine Ideologie. Wie oben erläutert, betrachtet er wie Walzer den Aktivismus und den Willen die Welt zu verändern als kennzeichnend diesbezüglich. Dabei setzt allerdings diese Unterscheidung von Theologie und Ideologie voraus, dass die Religion nicht an der Neuordnung weltlicher Verhältnisse interessiert ist. Dies als allgemeine Definition für Theologie bzw. Religion (Lawrence setzt hier Theologie und Religion implizit gleich) scheint zumindest zweifelhaft, da Religion durchaus auch oppositionellen Charakter (wie Ideologien auch) besitzen kann. Damit diese Definition zutrifft, muss die Ordnung der Umwelt bereits von dem entsprechenden Weltbild der religiösen Gruppierung dominiert sein, wie es vor der Moderne oft der Fall war; oder die weltliche Ordnung kann keine Rolle für die Religion spielen, wie es die profane Welt in der Lehre des Augustinus tat.

---

188 Walzer, Michael. The Revolution of the Saints. Cambridge, 1965. S. 27. zitiert nach: Lawrence. Defenders of God. 1989. S. 83.

In Bezug auf Fundamentalismus geht Lawrence in seinem Religionsverständnis von der Privatisierung der Religion aus. Er sieht im Fundamentalismus eine Protestideologie zum Modernismus, denn Fundamentalisten wollen die Vorherrschaft der säkularen Ordnung beenden und die Ordnung nach ihrem Verständnis ändern.

Dies wird nach Lawrence ersichtlich, wenn man Fundamentalismus mit säkularen Ideologien vergleicht. Am besten erscheint ihm der Vergleich mit Nationalismus als säkularer Ideologie, da er Nationalismus als das Gegenteil von Fundamentalismus begreift.

Er charakterisiert Nationalismus nach Gellner als ein explizit modernes Phänomen, welches dezidiert nicht religiös oder sogar antireligiös ist. Weiterhin führt er Anthony Smith an, der nach Lawrence im Nationalismus moderne Züge der von Menschen geschaffenen irdischen Utopie findet: „[Nationalism] seeks to create a world in its own image, a world of theoretically independent and equal nation states.“[189] Diesen Ausführungen folgend sieht Lawrence im Nationalismus eine „ersatz religion [...with] deep seated Enlightenment roots“[190]. Dadurch erwächst eine direkte Konkurrenzsituation zwischen Nationalismus und Religion, da der Nationalismus den Menschen als Legitimationsgrundlage hat, während sich religiöses Handeln durch Gott legitimiert.

Da sich Nationalismus in der Moderne gegenüber der Religion durchsetzte, wurde Religion ins Privatleben zurückgedrängt: „The very success of the modern nation state has politicized religious responses. Separation of church and state might better be termed the preservation of church (or synagogue or mosque) from state, because the power of the latter is as universalist in intent today as the former was in the pre- Technical or Axial Age.“[191]

Fundamentalisten hingegen widersetzen sich der Privatisierung der Religion und dem Enstehen einer antireligiösen Öffentlichkeit: “How can believers preserve their symbolic identity within a public order that is structurally antireligious? To reduce the struggle to material interests is to miss the crucial level of conflict. It is above all ideological, weighted toward religion for fundamentalists, toward nationalism for secularists.”[192]

Die Parallelen zwischen Lawrence und Eisenstadt sind unübersehbar, auch wenn ihre Terminologie unterschiedlich ist. Was für Eisenstadt der Versuch ist eine Utopie zu verwirklichen, wird von Lawrence als ideologisches Handeln bezeichnet. Jedoch wird bei Eisenstadt wesentlich deutlicher, welche Rolle der Unterschied zwischen der idealen und der wirklichen Ordnung spielt.

---

[189] Lawrence. Defenders of God. 1989. S. 84.
[190] Lawrence. Defenders of God. 1989. S. 85.
[191] Lawrence. Defenders of God. 1989. S. 85.
[192] Lawrence. Defenders of God. 1989. S. 85.

Fundamentalismus als religiöse Ideologie[193]

Für Lawrence ist der Fundamentalismus eine Gegenreaktion auf den Modernismus. Während der Entwicklung der Moderne verlor Religion immer mehr an Bedeutung und wurde durch die modernistische Weltsicht ersetzt. Fundamentalismus entspringt nach Lawrence der Gegnerschaft zum Modernismus. Dieser wird aus zwei Gründen als Gegner wahrgenommen.

Wie bereits erläutert wollen sich Fundamentalisten erstens der Privatisierung der Religion widersetzen. Zweitens wird der Modernismus außerhalb des euroamerikanischen Raumes als Fremdideologie und somit als Angriff von Außen auf die eigene Tradition wahrgenommen.

Der Kampf um den sozialen Raum macht aus dem Fundamentalismus eine Ideologie, die sich aber von anderen Ideologien unterscheidet, da sie religiös ist: „[Fundamentalism is] a novel ideology congruent with the interest of specific groups responding to social tensions generated by the contemporary world. It is, moreover, a religious ideology since the beliefs of its adherents, their practices, their challenges, and aspirations, all are framed in discourse that authorizes action through scriptural, creedal and moral referents."[194]

Die Eigenheiten des Fundamentalismus, die ihn sowohl von modernistischen Ideologien, als auch von Religion unterscheidet benennt Lawrence in fünf Punkten:

1) Fundamentalisten fühlen sich als *Minderheit*, die den wahren Glauben gegen eine Mehrheit verteidigt.
2) Fundamentalisten sind immer *oppositionell*; sie stimmen nicht nur mit ihren Gegner nicht überein, sie fordern sie heraus. Gegner sind säkulare Machthaber der Exekutive, Legislative oder Judikative, sowie das religiöse Establishment.
3) Fundamentalisten bilden *männliche Eliten*, deren Autorität aus ihrer Fähigkeit stammt Gottes Willen aus der Schrift abzuleiten.
4) Fundamentalisten haben ihr eigenes *technisches Vokabular*. Das Wissen um die spezifische Bedeutung von fundamentalistischen Fachtermini und deren Verwendung trennt sie von Außenstehenden.
5) Fundmentalisten haben geschichtliche Vorbilder, aber keine ideologischen Vorläufer, da sie eine *Reaktion auf die modernistische Weltordnung* sind

[193] Lawrence. Defenders of God. 1989. S. 89 – 101.
[194] Lawrence. Defenders of God. 1989. S. 96.

c. Zusammenfassung und Kritik

Lawrences Kernthese ist, dass Fundamentalismus eine religiöse Ideologie ist, die sich gegen die Vorherrschaft einer modernistischen Weltordnung richtet. Dabei ist der Wille zur aktiven Veränderung der modernistischen Welt eines der zentralen Merkmale von Fundamentalisten. In Lawrence Thesen finden sich viele Parallelen zu Eisenstadts Fundamentalismustheorie. Dabei ist Eisenstadt meist wesentlich präziser und umfassender in seiner Erklärung, zum Beispiel bei der Unterscheidung zwischen realer und idealer Weltordnung. Lawrences Kriterium des Aktivismus ist dabei analog zu sehen zu Eisenstadts Gestaltung einer neuen Sozialordnung, auch wenn letztere differenzierter ist. Nichtsdestotrotz ist das Kriterium, eine aktivistische Position gegen den Modernismus einzunehmen, zwar sehr weit gefasst, aber dafür anschaulich. Insgesamt ist Lawrences These von Fundamentalisten als Gegnern des modernistischen Weltbildes und Verfechter eines religiösen Weltbilds einsichtig und zutreffend. Kritisch bleibt jedoch anzumerken, dass sein Verständnis von Modernismus im Allgemeinen und seine Definition des Verhältnisses von Modernismus und Ideologie zueinander nicht genau ersichtlich wird. Er sagt zwar, Ideologien seien nur strukturell erkennbar, spricht aber gleichzeitig in sehr weiten Begriffen über Ideologie, wie zum Beispiel von der Ideologie der Soziologen oder der Aufklärung. Dabei wird nicht ersichtlich, ob er dem Modernismus im Ganzen unterstellt, ideologisch zu sein oder nicht, obwohl er implizit die Existenz nicht-ideologischer Aussagen annimmt.

4.3 Thomas Meyer

Für Thomas Meyer ist der Fundamentalismus eine direkte Auswirkung der Moderne und die von ihr verursachte Erschütterung von Gewissheit und Tradition. „Zuerst fiel die Metaphysik, dann fielen die Kosmologie, die Religion, die Tradition und schließlich auch die fraglose Verlässlichkeit der jeweils eingelebten Lebensform als Gewissheit stiftendes Fundament.“[195] Deswegen ist Fundamentalismus für Meyer ein Versuch, dem Menschen wieder irgendeine Art absoluter Gewissheit zu verleihen, wie im Folgenden dargelegt wird.

[195] Meyer. Aufstand gegen die Moderne. 1989. S. 22.

a. Ungewissheit als Prinzip des modernen Menschen

Die Situation des modernen Menschen beschreibt Meyer als dialektisch. Er hat zwar in der Moderne Errungenschaften wie individuelle Freiheit, Menschenrechte, Demokratie, Pluralität und technischen Fortschritt erreicht, allerdings konnten diese Errungenschaften nur auf Kosten metaphysischer Wahrheiten errungen werden. Ungewissheit als Konsequenz des Verlusts dieser Wahrheiten ist für ihn deswegen das Kennzeichen des modernen Menschen, wie nachfolgend erläutert wird.

Meyer sieht in einer Reihe von Philosophen beginnend mit Ockham über Descartes zu Kant das erfolgreiche Bemühen ein modernes Denken zu etablieren, das „keinerlei Erkenntnisgewissheiten [...zulässt], die nicht von den Konstruktionsleistungen des Subjekts abhängen."[196] Aus Meyers Sicht haben diese Philosophen die Möglichkeit der Gewissheit, in Besitz einer objektiven Wahrheit zu sein, überzeugend widerlegt.

Seitdem herrscht ein genereller Ungewissheitsvorbehalt, der sich auf alles menschliche Wissen bezieht. Dies ist für Meyer der Hauptaspekt der Moderne: "Die Moderne ist zur Epoche der unentrinnbaren, generalisierten Ungewissheit geworden."[197]

Aber dies ist nicht nur ein Aspekt, sondern auch das Ziel der Moderne: „Die via moderna führt zu dem Ziel, dass nicht mehr dem Allgemeinen, sondern nur noch dem Einzelnen eine unbestreitbare Realexistenz zukommt."[198]

Meyer skizziert kurz die Stationen, die ihn für diesen Prozess der Verunsicherung am wichtigsten erscheinen. Der Ausgangspunkt liegt für ihn in Luther und Calvin, die durch die Reformation das Individuum zur allein zuständigen Instanz des Glaubens erheben. Danach folgen die Glaubenskriege im 16. und 17. Jahrhundert, welche die Religion „von der sicheren Bastion der Gewissheit und Stabilität zu einem Quell neuer Unsicherheit [...] und eines überall in Europa [ausbrechenden] lebensbedrohenden Bürgerkriegs"[199] transformiert. Dies war einer der Gründe, warum in der französischen Revolution die Abkehr von der Religion, hin zum säkularen Staat vollzogen wurde. Ein weiterer Meilenstein war die kopernikanische Wende, die ebenfalls eine Abkehr von Glauben begründete und nur noch Wahrheiten akzeptierte, die durch unwiderlegbare Experimente erwiesen werden konnten. Dies setzte sich fort in der „Physik als Vorbild moderner Wissenschaft [...und in den] aus der alten Metaphysik heraus fallenden Naturwissenschaften, [...sowie den] zu Beginn des 19. Jahrhunderts entste-

[196] Meyer. Aufstand gegen die Moderne. 1989. S. 26.
[197] Meyer. Aufstand gegen die Moderne. 1989. S. 26.
[198] Meyer. Aufstand gegen die Moderne. 1989. S. 27.
[199] Meyer. Aufstand gegen die Moderne. 1989. S. 29.

henden modernen Sozialwissenschaften, [...die] nach der Gewissheit beweiskräftiger Erfahrungsgrundlagen streben."[200] Die Entwicklung kulminierte nach Meyers Überzeugung im 20. Jahrhundert, in dem es „keine bessere Sicherheit mehr [gibt...] als den prinzipiell unabschließbaren kritischen Diskurs."[201] Unter kritischem Diskurs versteht er die ständige Selbstprüfung der eigenen Ansichten durch den Austausch mit anderen Meinungen.

Das Individuum wird im kritischen Diskurs zum autonomen und letztinstanzlichen Verantwortlichen über seine Entscheidungen. Da aber auch das eigene Wissen als ungewiss angesehen werden muss, verliert das Individuum jeden archimedischen Punkt der zur weiteren Wahrheitssuche geeignet wäre. Folglich sind für Meyer „generalisierte Ungewissheit und generelle Offenheit nicht nur die Merkmale der Erkenntnis prüfenden Diskurse und gesellschaftlichen Institutionen der Moderne, [sondern auch...] der Dauerzustand des Individuums selbst."[202]

Durch die Ungewissheit und Offenheit resultierten Pluralitäten auf mehreren Ebenen. Die gesellschaftliche Pluralität ist durch den Verlust fest gefügter Identitäten gekennzeichnet. Berufsrollen, Glaubenssysteme, Lebensstile, Geschlechterrollen u.ä. sind nicht mehr verbindlich festgelegt und ihre Richtigkeit in grundsätzlichen Zweifel gezogen.

Politische Pluralität resultiert nach dem Autor ebenfalls aus dem Verlust der Gewissheit. Kein politisches System kann nach ihm mehr behaupten, es besitze einen Wahrheitsanspruch. Deswegen kann nach Meyer „legitime Herrschaft [...] in nichts anderem mehr gründen als dem Einverständnis der Betroffenen selbst."[203]

Der Mensch lebt also in der Moderne zwingend in einem Status der ständigen Ungewissheit, da durch philosophische und naturwissenschaftliche Erkenntnisse religiöse oder metaphysische Wahrheitsansprüche widerlegt worden sind. Wahrheit wird abgelöst durch den kritischen Diskurs, der als einzige Möglichkeit zur Meinungsbildung bleibt. Das Meinungsbild erfolgt im Austausch mit anderen Meinungen, die notwendigerweise alle nur auf Argumenten und nicht auf Wahrheiten beruhen. Dies bezeichnet Meyer als die Dialektik in der Moderne. Daraus resultiert gesellschaftliche und politische Pluralität, da kein System und keine Ordnung einen höheren Legitimitätsanspruch besitzt als ein andere.

---

[200] Meyer. Aufstand gegen die Moderne. 1989. S. 30.
[201] Meyer. Aufstand gegen die Moderne. 1989. S. 31.
[202] Meyer. Aufstand gegen die Moderne. 1989. S. 32.
[203] Meyer. Aufstand gegen die Moderne. 1989. S 34.
Allerdings schränkt Meyer ein, dass die Pluralität der Moderne nicht nur auf den Ungewissheitsvorbehalt zurückzuführen ist, sondern „dass der politische und kulturelle Pluralismus seine Grundkonstellation und seine Dynamik in hohem Maße der Wirksamkeit sozial-ökonomischer Interessen verdankt." (S. 42)

b. Die Dialektik der Moderne, oder warum existiert Fundamentalismus

Meyer unterscheidet zwischen der Dialektik der Moderne und der Dialektik in der Moderne. Letztere ist, wie oben erklärt, seiner Meinung nach der meinungsbildende, austauschende kritische Diskurs, der auf der Wahrheitsnegation der Moderne beruht. Die Dialektik der Moderne findet hingegen für Meyer im Streit zwischen Befürwortern und Gegnern der Moderne statt. Befürworter sind jene die bereit sind einen Fortschrittsglauben aufrecht zu erhalten und die Errungenschaften der Moderne, z.B. Individualismus und Pluralität, auch auf Kosten der Ungewissheit zu akzeptieren. Die Gegner fühlen sich hingegen als Verlierer der Moderne, da ihr Glauben oder ihre Weltsicht von der Moderne bedroht ist. Die Dialektik liegt darin begründet, dass die Moderne Gewinner und Verlierer erzeugt. Wenn letztere die Gewinnaussichten, sprich der Fortschrittsglaube, nicht mehr ausreichend überzeugen kann, werden sie nach Meyer zu Gegnern der Moderne. Oder in Meyers Worten: „Es gibt jene Dialektik der Moderne, die in Krisensituationen den Widerspruch zu ihr selbst als Ganzes hervorbringt, eben den Fundamentalismus.“[204] Folgerichtig werden all jene als Fundamentalisten bezeichnet, welche die Moderne in seinem Verständnis, wie sie oben skizziert wurde, ablehnen:

> „Fundamentalismus ist der selbstverschuldete Ausgang aus den Zumutungen des Selberdenkens, der Eigenverantwortung, der Begründungspflicht, der Unsicherheit und der Offenheit aller Geltungsansprüche, Herrschaftslegitimationen und Lebensformen, denen Denken und Leben durch Aufklärung unumkehrbar ausgesetzt sind, in die Sicherheit und Geschlossenheit selbst erkorener absoluter Fundamente.“[205]

Damit besitzt Meyer natürlich einen sehr breiten Fundamentalismusbegriff. Dementsprechend war für ihn schon die Romantik als Ablehnung der Aufklärung die erste Form des Fundamentalismus. Seit den 70iger Jahren sieht Meyer verstärkte fundamentalistische Tendenzen in der Welt. Dies hat drei Gründe für ihn. Zum einen löst die Moderne die letzten Relikte traditioneller Lebenswelten auf, da nichts mehr auf unabänderlichen Prinzipien beruht. Allerdings löst sie zweitens auch die letzten scheinbaren Gewissheiten der Moderne selbst auf. So weicht der Fortschrittsglaube der Angst vor einer möglichen Apokalypse, z.B. durch atomare Bedrohung. Außerdem sei die Wissenschaft, die einst die Metaphysik als Zentrum der Gewissheit verdrängte, selbst zu einem Quell der Unsicherheit geworden, da sie widersprüchliche Antworten

[204] Meyer. Aufstand gegen die Moderne. 1989. S. 44.
[205] Meyer, Thomas. Fundamentalismus. Die andere Dialektik der Aufklärung. 1989. S. 18 in: Meyer, Thomas. (Hg.) Fundamentalismus in der modernen Welt. Die internationale der Unvernunft. Frankfurt a. M. 1989. S. 13 - 22.
Fortan: Meyer. Die andere Dialektik. 1989.

zu so gut wie jeder Frage produzieren kann. Ein dritter Punkt ist für ihn, dass auf der Nordhalbkugel Wohlstand und Demokratie durch die Moderne erreicht wurden, während sich auf der Südhalbkugel die Moderne häufig als Invasion einer fremden Kultur vollzieht, und nur einzelnen Eliten Wohlstand gebracht hat. Die Modernisierung hat „dort bis heute so gut wie nirgendwo zu Demokratie und gesicherten Menschenrechten geführt, aber zu aufreizendem Wohlstand für winzige Modernisierungseliten.“[206] Folglich fühlen sich viele Menschen der Südhalbkugel auch als Verlierer der Moderne.

Im Allgemeinen kennt er drei verschiedene Typen von Fundamentalismen:

> „Kultureller Fundamentalismus ist die Flucht des einzelnen aus dem selbstverantworteten Lebensentwurf in die Hörigkeit geschlossener Kollektive. Intellektueller Fundamentalismus ist die Flucht aus dem offenen, unabschließbaren Diskurs in die unbegründbaren und grundlosen Geheimnisse seiner vermeintlichen Fundamente. Politscher Fundamentalismus ist Metapolitik, die aus einer absoluten Wahrheit von oben oder von innen her das Recht beansprucht, die Regeln der Demokratie, des politischen Relativismus, der Unantastbarkeit der Menschenrechte, den Gesetzen der Toleranz, des Pluralismus und der Irrtumsfähigkeit enthoben zu sein.“[207]

Meyers Verständnis von Fundamentalismus reicht also weit über das Verständnis von den anderen hier besprochenen Autoren hinaus, da er jede Ablehnung der Prämissen der Moderne, sofort als „selbst erkorene absolute Fundamente“ betrachtet. Der essentielle Grund für die Existenz von Fundamentalisten ist für Meyer, die Unfähigkeit, in der charakteristischen Ungewissheit der Moderne zu leben und deswegen die Flucht in absolute Wahrheiten anzutreten, welche die Moderne als Projekt der Freiheit negieren.

Durch diese Definition kann Meyer eine Vielzahl von Bewegungen als fundamentalistisch einstufen.[208] Er bespricht in *„Aufstand gegen die Moderne“* sechs verschiedene Gruppierungen. Als politisch-religiösen Fundamentalismus nennt er den protestantischen und den islamischen Fundamentalismus, die für ihn beide eine Abwehrreaktion auf die Gefahren von „Modernismus, Rationalismus und Säkularismus“[209] darstellen. Hierbei nimmt die Hinwendung zum islamischen Fundamentalismus zugleich „die Funktion der Selbstversicherung einer kulturellen Identität und des Rahmens für eine nationale politische Selbstbehauptung gegen die Kolonialmacht“[210] wahr. Er kennt weiterhin einen politischen jüdischen Fundamentalismus, der für ihn aber nicht nur religiös ist, sondern die gesamte israelische Rechte – auch die säkulare – umschließt. Darauf wird unten exemplarisch in der Kritik näher eingegangen werden. Die RAF bezeichnet er als „intellektuellen Fundamentalismus“[211], der den Wertplura-

[206] Meyer. Aufstand gegen die Moderne. 1989. S. 68.
[207] Meyer. Die andere Dialektik. 1989. S. 20f.
[208] Meyer. Aufstand gegen die Moderne. 1989. S. 65 – 165.
[209] Meyer. Aufstand gegen die Moderne. 1989. S. 72.
[210] Meyer. Aufstand gegen die Moderne. 1989. S. 83.
[211] Meyer. Aufstand gegen die Moderne. 1989 S. 108.

lismus zugunsten ihrer marxistischen Wahrheit ablehnte. Kulturellen Fundamentalismus findet er in dem grünen Ökofundamentalismus Rudolf Bahros, der „ein prinzipiell antimoderner und irrationaler Weg [ist], ökologische Forderungen zu instrumentalisieren oder zu begründen."[212] Dieser Ökofundamentalismus fordere nichts anderes als „den Ausstieg aus der Industriezivilisation sowie dem Weltmarkt und eine Revision der europäischen Geschichte seit Beginn der Neuzeit."[213] Und schließlich sieht er auch in „New Age" Phänomenen einen kulturellen Fundamentalismus, da diese „Autonomie, Individualität und Kritikfähigkeit gegen ein [von] künftigen Zweifel systematisch entzogenes Angebot von Sinn, Geborgenheit, Eindeutigkeit, Vertrautheit, Gewissheit, Heil und paterniertem Selbstwert"[214] tauschen.
Ferner kennt Meyer sogar weitere Beispiele für Fundamentalisten, die er aber nicht erörtert, sondern nur nennt. Wie bereits erwähnt, war die Romantik für ihn die erste fundamentalistische Bewegung, aber er bezeichnet auch Faschismus und Stalinismus und ähnliche ideologische Bewegungen als fundamentalistisch.

c. Zusammenfassung und Kritik

Meyer wurde aus dem Lager derjenigen, die Fundamentalisten als antimodern, und nicht nur antimodernistisch ansehen ausgewählt, da er diesen Standpunkt sehr explizit darlegt. Obwohl er natürlich, wenn auch nur zwischen den Zeilen, zustimmt, dass Fundamentalisten moderne Technik benutzen, bleibt er dennoch bei der Behauptung, dass Fundamentalismus ein Aufstand gegen die Moderne ist, da für ihn der Gewissheitsverlust das zentrale Element des modernen Menschen ist. Er hat sicherlich Recht mit der Behauptung, dass traditionelle Lebenseinstellungen und alte metaphysische Wahrheiten durch die Moderne angegriffen und teilweise aufgelöst werden. Doch es bleibt die Frage, ob dies nicht nur eine idealtypische Vorstellung ist und inwiefern dies in der Realität tatsächlich so umgesetzt wurde. Wenn überhaupt trifft ja sein Standpunkt nur auf den euroamerkanischen Raum zu, und selbst da scheint er überzogen. Ein sehr gutes Gegenargument liefert Pauline Westerman, wenn sie fragt: „What is modern in a society where 72 percent of Americans believe that the Bible is the word of God and 44 percent are creationists?"[215] Auch wenn diese Zahlen übertrieben sein

---

212 Meyer. Aufstand gegen die Moderne. 1989. S. 120.
213 Meyer. Aufstand gegen die Moderne. 1989. S. 121.
214 Meyer. Aufstand gegen die Moderne. 1989. S. 145f.
215 Westerman, Pauline. "The Modernity of Fundamentalism." The Journal of Religion, Vol. 74. No. 1 (Jan., 1994). S. 77-85. Westerman beruft sich auf eine Gallup Umfrage aus Ammermans Kapitel in „*Fundamentalisms Observed*".
Ammerman, Nancy. "North American Protestant Fundamentalism." In: Fundamentalisms Observed. University of Chicago Press. Chicago. 1991. S. 1 – 66.

mögen und sie sich nur auf Amerika beziehen, die Tendenz dieser Aussage ist klar ersichtlich. Die Aufgabe von Religion bzw. metaphysischer Wahrheit fand nie so statt, wie es Meyer idealtypischer Weise behauptet. Nach seiner Definition gäbe es eine ganz erhebliche Zahl von Fundamentalisten auf der ganzen Welt.

Das Problem ist die Breite seines Fundamentalismusbegriffs. Er liefert eine interessante und in weiten Teilen sicher richtige Darstellung, welchen Angriffen traditionelles Denken in der Moderne ausgesetzt wird. Die Betrachtung dieses Zusammenhangs haben wenige Autoren so explizit dargelegt wie er. Sie trifft auch den Kern dessen, was andere Autoren feststellen: das maßgebliche Ziel der Fundamentalisten ist es, den Aufklärungsprozess und den Säkularisierungsprozess zu stoppen. Aber Meyer weist mehr auf ein allgemeines Phänomen hin, welches die Ablehnung von Aspekten der Moderne betrifft und nennt dieses Phänomen Fundamentalismus.

Aber selbst in dieser Verallgemeinerung schießt er freilich in zweifacher Hinsicht über sein Ziel hinaus. Erstens ist es höchst fragwürdig, alle jene, die seinen Standpunkt der Moderne nicht teilen, als Fundamentalisten hinzustellen. Sein Verständnis der Moderne ist in der Tradition der Frankfurter Schule und Habermas begründet[216] und Meyer scheint dieses Verständnis oder nah verwandte Theorien als die einzig legitimen zu erachten.[217] Zumindest wird der Eindruck erweckt, wenn er Kritiker der Frankfurter Schule wie Peter Sloterdijk[218] oder die ganze postmoderne Denkrichtung[219] als fundamentalistisch kategorisiert. Vor allem postmodernen Denkern Gewissheitssuche zu unterstellen ist vollkommen unverständlich, da diese umgekehrt Vertretern der Moderne – wie insbesondere Habermas – das Festhalten an einem absoluten Wahrheitsbegriff – und damit auch einer absoluten Gewissheit – vorwerfen.[220] Aber nicht nur Vertreter der Postmoderne werfen der Frankfurter Schule das Festhalten an einem absoluten Wahrheitsbegriff vor, sondern auch z.B. Gadamer, wie oben bei Lawrence geschildert wurde.

Zweitens und damit verknüpft, muss man natürlich sagen, dass der Fundamentalismusbegriff in dieser Breite jede Funktionalität verliert. Er verwischt eklatante und entscheidende Unterschiede zwischen Bewegungen, beispielsweise zwischen dem, was er Ökofundamentalismus nennt, und religiösem Fundamentalismus. Letzteren nimmt er nicht einmal als ‚eigenständi-

---

[216] Meyer. Aufstand gegen die Moderne. 1989. S. 217f.
Interessant ist, dass Meyer im Gegensatz zu Lawrence davon ausgeht, dass Habermas keineswegs einen Objektivismus vertritt. Hier ist jedoch nicht der Ort, diese Problematik weiter zu erörtern.

[217] Zum Beispiel wenn er schreibt: „In der entscheidensten Tradition der Aufklärung, dem Humanismus der westeuropäischen Linken…" Meyer. Aufstand gegen die Moderne. 1989. S. 51. Ähnliche Beispiele finden sich durch das ganze Buch.

[218] Meyer. Aufstand gegen die Moderne. 1989. S. 163ff.

[219] Meyer. Aufstand gegen die Moderne. 1989. S. 28 – 31.

[220] Zum Beispiel: Rorty, Richard. Kontingenz, Ironie und Solidarität. Frankfurt a.M. 1992. S. 120ff.

gen' Fundamentalismus wahr, sondern subsumiert ihn unter politischen Fundamentalismus, was bei größtenteils apolitischen Bewegungen, wie beispielsweise den Neturei Karta nur schwer nachvollziehbar ist. Das Problem der Unmöglichkeit der Differenzierung in seinem Begriffsverständnis wird einsichtig, wenn man seine Besprechung des jüdischen Fundamentalismus genauer betrachtet.[221]

Er beginnt mit der Aussage, „dass ein gewisses Maß an Politik des „höheren" Rechts [] der zionistischen Bewegung schon immer zugrunde gelegen [hat]"[222], worin er bereits erste fundamentalistische Prinzipien sieht. Damit meint er Revisionisten, Ultraorthodoxe und religiöse Zionisten, die seiner Meinung nach im Kampf mit dem „modernen Legitimationskonzept des Staats Israel"[223] standen, wie ihn der Arbeiterzionismus vertrat. Er erklärt, dass seit dem Sechs Tage Krieg die fundamentalistischen Kräfte die Oberhand gewinnen: „Eine widerspruchsvolle Welle [...] fundamentalistischer Bewegungen überschwemmt nun die israelische Kultur. [Darunter versteht Meyer] die populistische Politik des Likud unter Begin [...], die Siedlungsbewegung, [...und] die ultraorthodoxen Gruppen."[224] Damit ist Israel seiner Meinung nach zu einem von Fundamentalisten dominierten Land geworden. „Der Bankrott des weltlich – zionistischen Modells [Anm.: bezieht sich auf den Arbeiterzionismus; P.L.] ließ das fundamentalistische Angebot nicht nur zur nationalen Identifikationsinstanz, sondern oft auch zur allein noch attraktiven privaten Orientierungshilfe werden."[225]

Wie offensichtlich wird, kann er in der Logik seines Fundamentalismusbegriffs nicht zwischen den säkularen Nationalisten im Likud und religiösen Bewegungen wie Gush Emunim oder den Ultraorthodoxen unterscheiden. Diese Bewegungen werden schlicht zu fundamentalistischen Antipoden des nach ihm modernen Arbeiterzionismus erklärt. Mit einer solchen Charakterisierung ist es unmöglich spezifische Eigenheiten religiös fundamentalistischer Bewegungen, welche diese Arbeit behandelt, herauszuarbeiten und sie von anderen Bewegungen abzugrenzen. Auf Grund dieser groben Verallgemeinerung des Begriffs muss Meyers Definition von Fundamentalismus abgelehnt werden.

[221] Meyer. Aufstand gegen die Moderne. 1989. S. 99 – 108.
[222] Meyer. Aufstand gegen die Moderne. 1989. S. 109. Anführungszeichen bei „höheren" in Original.
[223] Meyer. Aufstand gegen die Moderne. 1989. S. 102.
[224] Meyer. Aufstand gegen die Moderne. 1989. S. 103.
[225] Meyer. Aufstand gegen die Moderne. 1989. S. 104.

5. Wie politisch sind Fundamentalisten?

In der Literatur ist es umstritten, ob politische Aktivität ein unabdingbares Merkmal ist, um eine Bewegung als fundamentalistisch zu bezeichnen; Autoren wie Bassam Tibi oder Ian Lustick vertreten diese Position. Wie gezeigt wurde, wird in dieser Arbeit eine andere Position vertreten. Deswegen folgt hier eine Zusammenfassung der bisherigen Ergebnisse, die für diese Frage relevant sind.

Um die Frage nach der politischen Aktivität bei Fundamentalisten beantworten zu können, muss man zuerst die grundlegende Unterscheidung zwischen innerer Strukturierung der Enklave und dem Verhalten der jeweiligen Bewegung nach außen beachten. Als politisches Handeln werden dabei in der Regel nur die Aktivitäten nach außen gesehen, obwohl die Struktur der Enklave auch einer strikten sozialen, kulturellen und meist auch legislativen Ordnung der Bewegung unterliegt. Deswegen kann man Eisenstadt zustimmen, wenn er tendenziell von einem (nicht expansionistischen) Jakobinismus, im Sinne der Errichtung einer nach einem Ideal geformten Gesellschaftsordnung innerhalb der Enklave spricht.

Die eigentliche Frage ist aber, inwiefern Fundamentalisten außerhalb ihrer Enklave politisch wirksam werden. Dies hängt von mehreren Komponenten ab. Religionsspezifische Komponenten kommen zum Tragen, weiterhin sind die Entwicklungszeit und das Entwicklungsumfeld von Bedeutung, sowie klassenspezifische Merkmale.

Wichtigste Rahmenbedingung ist natürlich die jeweilige Religion. Wie schon erläutert sind der Islam oder das Christentum genuin expansiver als das Judentum. Dennoch unterscheiden sich die einzelnen fundamentalistischen Bewegungen nicht nur untereinander, sondern auch im Vergleich zum Mainstream der Religion in ihren expansionistischen Tendenzen oft enorm. Dies liegt daran, dass fundamentalistische Bewegungen meistens heterodox zum Mainstream stehen und unterschiedliche Wege verfolgen, um ihre jeweilige Utopie zu erreichen. In diesem Versuch liegt ein Schlüssel zu ihrer politischen Aktivität. Wenn die Außenwelt Erlösungsrelevanz besitzt (meist in einer Umformung gesellschaftlicher Strukturen), ist die Wahrscheinlichkeit einer politischen Aktivität wesentlich größer, als wenn die Erlösung auch durch ein Verbleiben in der Enklave erreicht werden kann. Stark verbunden damit ist die Unterscheidung zwischen aktiven und passiven Messianismus, wie er im nächsten Kapitel besprochen wird. Während der aktive Messianismus darauf beruht, dass der Mensch Gottes Erlösung den Weg bereitet, erwarten Anhänger passiver Messianismusvorstellungen, Gott würde die Welt ohne Zutun des Menschen erlösen.[226]

Relevanz bezüglich der politischen Aktivität besitzt auch die Entstehungszeit der jeweiligen fundamentalistischen Bewegung. Man kann hier zwischen zwei verschiedenen Typen unterscheiden. Ein Typ sind die fundamentalistischen Bewegungen im Judentum und im Christentum, deren Wurzeln schon mehrere Generationen zurückreichen. Der Ausgangspunkt dieser Bewegung ist die Aufklärung, der sie radikal entgegentreten. Die Ablehnung der Werte der Aufklärung und der Kampf dagegen bleibt das Hauptziel dieser Bewegungen, wobei sich dies vor allem auf der kulturellen Ebene und weniger auf der politischen Ebene äußert. Sie können politisch aktiv werden, wenn dies ihrem Ziel dient, aber sie müssen nicht. In einem späteren Stadium können jedoch noch weitere Feindbilder hinzukommen, welche ihre Zielsetzungen verändern können. Der zweite Typ von Fundamentalisten ist jünger. Dieser Typ entwickelte sich im Zuge der Entstehung von säkularen Nationalstaaten, ethno-religiösen Konflikten und anti-imperialistischen Tendenzen. Entscheidend ist dabei wieder die Frage gegen wen oder für was die jeweilige Bewegung eintritt. In diesem Zusammenhang sind strukturelle Veränderungen von Bedeutung, für die politisches Engagement notwendig ist. Beispiele dafür sind die Hamas oder Gush Emunim, die beide stark politisch engagiert sind. Andererseits muss dies kein Kriterium sein, politisch aktiv zu werden, wie das Beispiel der Neturei Karta zeigt.

Weiterhin spielen nicht-religionsspezifische Komponenten eine Rolle, z.B. das politische Umfeld. Wie bei Almond et al. erläutert, spielt es eine Rolle ob das Umfeld demokratisch oder undemokratisch, laizistisch oder religionsfreundlich ist. Generell kann man sagen, dass die Entfaltungsmöglichkeiten in demokratischen Ländern für Fundamentalisten zwar besser sind, jedoch sind ihre jakobinischen Tendenzen dort durch die demokratische Verfassung eingeschränkt.

Schließlich spielen sicherlich auch noch Martin Riesebrodts Erläuterungen eine Rolle. Riesebrodt besitzt einen vollkommen anderen Zugang, da er nicht auf Religion eingeht, sondern lediglich klassen- und milieuspezifische Merkmale anführt. So ist es für ihn in Bezug auf die

---

[226] Dabei entstehen interessante Parallelen zu der Frage, wie modern Fundamentalisten sind. Dazu kann man zwei Dinge attestieren. Erstens, je aktiver sie sind, desto mehr kommen sie mit den modernen Institutionen des Nationalstaats in Kontakt und müssen sich diesen Gegebenheiten anpassen. Zweitens ist der Gedanke des aktiven Messianismus, dass Gott sein Reich durch den Menschen errichtet, nahe verwandt mit der modernen Vorstellung, in welcher der Mensch die Utopie säkularisiert und versucht diese auf Erden zu errichten. Man muss aber vorsichtig sein, will man argumentieren, dass ein aktiver Messianismus „moderner" ist als ein passiver, da es solche Bestrebungen schon vor der Moderne gegeben hat. Zwei Fragen werden dabei aufgeworfen: Erstens, inwiefern verstärken bzw. häufen sich Tendenzen des aktiven Messianismus während der Moderne und zweitens, inwiefern ist der aktive Messianismus eine jener gnostischen Tendenzen, die nach Eric Voegelin (vgl. nachfolgend „Die neue Wissenschaft der Politik") elementar zur Entwicklung der Moderne beigetragen haben. Auf letztere Frage wird im nachfolgenden Kapitel zum Messianismus eingegangen.

politische Aktivität entscheidend, welcher Klasse Fundamentalisten entstammen und wie sie ihre ökonomischen und machtpolitischen Ziele definieren.
Ob allerdings eine fundamentalistische Bewegung politisch aktiv wird oder nicht, entscheidet die Kombination der hier erwähnten Merkmale. Natürlich sind diese Komponenten nur notwendige Bedingungen. Die hinreichende Bedingung schaffen, wie bei Almond et al. gesehen, so genannte „trigger facts".
Der Frage nach der politischen Aktivität liegt ein Problem der Fundamentalismusdefinition zu Grunde. Dies betrifft nicht das grundsätzliche Merkmal, dass Fundamentalisten Religion gegen Modernisierungsprozesse verteidigen – das ist allen Fundamentalisten gemein. Der Frage der politischen Aktivität liegt der Streit zu Grunde, an welchem Ende des Spektrums (zwischen separatistischem Enklavendasein und relativ offener Enklave mit starker Außenbetätigung) Bewegungen als „fundamentalistischer" bezeichnet werden.

II. Messianismustheorien

1. Forschungsüberblick und Problemstellung

Das Forschungsgebiet des Messianismus kann – auch wenn es sicherlich viele Überschneidungen gibt – grob in drei Gruppen unterteilt werden[227]. Erstens die Forschung bezüglich der jüdischen Religion, aus welcher der Begriff auch entstammt, sowie damit verbunden die Erlösungsvorstellungen des Christentums und des Islams.[228] Zweitens kann man die Auswei-

---

[227] Burridge, Kenelm. Stichwortartikel „Messias/Messianische Bewegungen". Unterpunkt IV „Neuzeit". In: Theologische Realenzyklopädie. Band 22. Berlin, 1992. S. 635

[228] In der Geschichte des Islams spielte der Messianismus eine weit weniger wichtige Rolle als im Judentum. „Während allgemeine eschatologische Vorstellungen im Koran reichlich vorhanden sind, ist die messianische Idee als solche nicht koranisch." (Friedmann, Yohanan. Stichwortartikel „Messias". Unterpunkt IV: Islam. In Religion in Geschichte und Gegenwart. Tübingen, 2002. Band 5 L – M. S. 116.1).
Es existiert aber die Figur des Mahdi, der „in der muslimischen Gemeinschaft vor dem Jüngsten Gericht das Recht wiederherstellt und sie bis zum Anbruch der Endzeit führt." (Elger, Ralf. Stichwortartikel „Mahdi". In: Elger Ralf (Hg.) Kleines Islam Lexikon. Geschichte – Alltag – Kultur. Bonn, 2003. S. 186.)
Eine größere Rolle spielt die Mahdifigur im Schiitentum, da die Schiiten glauben, dass der letzte, verborgene Imam als „Mahdi wieder hervortreten werde, um mit militärischen Mitteln eine gerechte politische, aber auch soziale Ordnung herzustellen." (Heine, Peter. Stichwortartikel „Mahdi". S. 5. In: Lexikon des Islam. Freiburg, 1991. Digitale Bibliothek, Band 47). Im sunnitischen Glauben spielte die Mahdifigur eine weniger gewichtige Rolle, auch wenn es Mahdiprätendenten (der bekannteste war wohl Mohammad Ahmad im Sudan (1845 – 1885)) gab.
Jedoch kann man sagen, dass der Mahdi nie die zentrale Rolle im Islam besaß, wie die Messiasfigur im Judentum. Eine interessante Untersuchung wäre auch inwiefern sich im Islam die Idee der idealen weltlichen Ordnung, die, wie bei Eisenstadt gesehen, messianische – oder besser erlösungscharakteristische – Züge trägt, äußert.
Im Christentum schildert sich die Sachlage wiederum anders. Obwohl der christliche Messiasglaube eigentlich eine Spielart des jüdischen Messianismus ist (so verstanden sich die ersten Christen noch als Juden und betrachten Jesus u.a. auch als ihren Rabbiner. – Siehe z.B. Pelikan, Jaroslav. Jesus through the centuries. His place in history and culture. New Haven, 1985. Kapitel 1: The Rabbi. S. 9 – 20.), unterscheidet sich das Christentum grundlegend von Islam und Judentum, da im Christentum, wie im Namen ja implizit, der Erlöser bereits erschienen ist. Deswegen werden auch christliche Erlösungsbewegungen i.d.R. auch nicht als messianisch, sondern synonym als chiliastisch/millennialistisch/millenarisch bezeichnet. Ohne hier näher auf die Unterschiede zwischen christlichen (die auf das zweite Kommen des Erlösers, die Parusie warten) und jüdischen Erlösungsbewegungen einzugehen, kann man den reinen terminologischen Unterschied zwischen Messianismus und Millennialismus daran festmachten, dass die Betonung bei Messianismus auf dem Erlöser selbst liegt (dem Messias), während beim Millennialismus die Herrschaftszeit des Messias (wie im Wort implizit: 1000 Jahre) im Vordergrund steht.
Pezzoli-Olgiatim Daria. Stichwortartikel „Chiliasmus". Unterpunkt I „Religionswissenschaftlich". In: Religion in Geschichte und Gegenwart, 1999. Band 2 C-E
Schwartz, Hillel. Stichwortartikel „Millenarianism". In: The Encyclopedia of Religion. New York, 1987. Volume 9
Schmidt, M. Stichwortartikel „Chiliasmus". In: Religion in Geschichte und Gegenwart. Handwörterbuch für Theologie und Religionswissenschaften. Berlin, 2000. Digitale Bibliothek, Band 12
Die oben getroffene Unterscheidung zwischen Messianismus und Millennialismus gilt nur sehr bedingt für die Verallgemeinerung der beiden Termini außerhalb ihres ursprünglichen Kontexts. Hier kann man in der Literatur einen gewissen Dissens feststellen.
Almond et al. schreiben beispielsweise: "Messianism and millennialism promise victory to the believer, millennialism by an end to suffering and waiting, messianism by promising an all-powerful redeemer." (Almond et. Strong Religion. 2003. S. 97.) Auch Hans Kippenberg schließt sich dieser Meinung an.
(Kippenberg, Hans. Stichwortartikel "Apokalyptik/Messianismus/Chiliasmus". S. 11f. In: Cancik, Hubert; Gladigow, Burkhard; Laubscher, Matthias. Handbuch religionswissenschaftlicher Begriffe. Band II: Apokalyptik – Geschichte. Berlin, 1990. S. 9 – 24).

tung des Begriffes Messianismus auf religiöse Gruppierungen außerhalb der abrahamitischen Religionen beobachten. Schließlich existiert das noch jüngere Forschungsgebiet des säkularen bzw. politischen Messianismus, das in die ideengeschichtliche Totalitarismusforschung hineinreicht. Als Metaebene könnte man darüber hinaus noch Analysen über die Entstehungshintergründe messianischer Bewegungen anführen.

Bezüglich der Messianismustheorien ist es das vorrangige Ziel dieser Arbeit, zu klären, ob die religiösen Siedler messianisch sind und wenn ja welche Form des jüdischen messianischen Denkens sich bei ihnen wieder findet. Dennoch soll auch ein Vergleich zu den Fundamentalismustheorien hergestellt werden. Dazu wird ein Ausblick auf den Aspekt der Erlösung in politischen Ideologien geworfen, womit man sowohl an Eisenstadts als auch an Lawrence Theorien anknüpfen kann. Weiterhin wird in diesen Zusammenhang auf die Entwicklung des Verhältnisses von Zeitvorstellung, Messianismus und Politik eingegangen, das wie zu sehen sein wird, von großer Relevanz für politische Ideologien ist.

Durch diese Themenstellung folgt, dass der jüdische Messianismus besprochen wird, der christliche und der islamische hingegen nicht. Weiterhin folgt, dass auch die Ausweitung des Messianismusbegriffs auf religiöse Bewegungen außerhalb jener Traditionen wie es zum Beispiel Peter Worsley[229] oder Vittorio Lanternari[230] machen, nicht in die Arbeit aufgenommen wird. Schließlich wird auch jene Metaebene der Entstehungstheorien von Messianismus nicht aufgenommen. Letzteres bedarf einer kurzen Begründung. Es gibt verschiedene Ansätze, die versuchen Erklärungen für das Phänomen des Messianismus zu liefern. Dazu wären die einflussreiche Studie von Anthony Wallace zu zählen, der messianische Bewegungen unter „*Revitalization Movements*“[231] führt; oder bereits erwähnten Lanternari, der die Unterdrückung als auslösenden Faktor der Erlösungshoffnungen versteht; weiterhin kann man

---

Andere Autoren wie Rapoport. Werblowksy, oder Burridge stehen auf den Standpunkt, dass Messianismus und Millennialismus in jeder Form der Verallgemeinerung synonym behandelt werden sollten.
Rapoport, D.C. Why does religious messianism produce terror? In: Wilkinson, Paul und Stewart, Alasdair. Contemporary Research on Terrorism. Aberdeen, 1989. S. 72 – 88; S. 74 und Fußnote 6, S. 86
Fortan: Rapoport. Terror. 1989.
Werblowsky. Zwi, R.J. Messianismus, Mystik und Politik. S. 237. In: Werblowsky, Zwi, R.J. Magie, Mystik, Messianismus. Vergleichende Studien zur Religionsgeschichte des Judentums und des Christentums. Hildesheim, 1997. S. 237 - 248
Burridge, Kenelm. New Heaven, New Earth. A Study of Millenarian Activities. Oxford. 1971. S. 12
Fortan: Burridge. New Heaven. 1971.

[229] Worsley, Peter. Die Posaune wird erschallen. Cargo Kulte in Melanesien. Frankfurt, 1973.

[230] Lanternari, Vittorio. Religiöse Freiheits- und Heilsbewegungen unterdrückter Völker. Berlin, 1966
Fortan: Lanternari. Religiöse Freiheits- und Heilsbewegungen. 1966.
Zu diesem Thema muss man allgemein anmerken, dass die so genannten "primitiven Heilsbewegungen" meist stark vom Christentum beeinflusst und sind und dies synkretisch mit ihrem ursprünglichen Glauben verbanden; so z.B. die Cargo Kulte in Melanesien, oder auch verschiedene afrikanische Heilsbewegungen. Siehe dazu oben, Lanternari und Worsley.

[231] Wallace, Anthony F.C. Revitalization Movements. In: American Anthropologist, Vol. 58, No. 2 (Apr., 1956), S. 264-82

Werke wie Norman Cohns „*Die Sehnsucht nach dem Millennium*“[232] oder Michael Barkuns „*Crucible of the Millennium*“[233] anführen, die argumentieren, dass der Messianismus eine Reaktion auf tiefgreifende und teils katastrophale Ereignisse in der jeweiligen Umwelt ist. Kenelm Burridge erläutert dazu, dass es in den verschiednen Messianismustheorien zwar keinen Konsens über die Entstehungsbedingungen gibt, jedoch in der Regel davon ausgegangen werde, dass diese mit einer Verbesserung der sozialen Lage zu tun haben. „Alle diese Vorschläge, den Ursprung des Messianismus zu identifizieren, weisen auf strukturelle Barrieren in sozialen Beziehungen hin, und in der Konsequenz, auf das Verlangen nach befriedigenderen und sittlich akzeptableren sozialen Verhältnissen.“[234]
Für die vorliegende Arbeit werden diese Theorien über die Entstehungshintergründe keine Rolle spielen, da die Besprechung des Messianismus in erster Linie dahingehend einen Hintergrund liefern soll, beurteilen zu können, ob die religiösen Siedler messianisch sind, und gegebenenfalls, welche Ausprägungen des messianischen Glaubens sich bei Ihnen finden. Diese Vorgehensweise wird zusätzlich dadurch unterstützt, dass die Entstehungsumstände der meisten neueren religiös-messianischen Bewegungen (Evangelisten, die ursprünglichen Fundamentalisten der USA, Pentecoastalisten, Lubavitcher Chasidim, usw.) in überwiegendem Maße in der neueren Literatur[235] nicht mehr als primär messianisches Phänomen, sondern als fundamentalistisches Phänomen untersucht werden. Das heißt, Messianismustheorien zur Erklärung der Entstehung dieser Bewegungen wurden in der Regel zu Gunsten von Fundamentalismustheorien aufgegeben und Messianismus wird, wie auch schon bei Almond et al. gesehen, gegebenenfalls als Teilaspekt des Fundamentalismus betrachtet.
Daneben gibt es neben den drei oben erwähnten Forschungsgebieten auch zwei verschiedene Ebenen der Messianismusforschung. Die erste Ebene stellen Messianismen in verschiedenen kulturellen und historischen Kontexten dar, wie sie oben beschrieben wurden: abrahamitisch, außerabrahamitisch, säkular. Die zweite Ebene ist das Verhältnis und die Funktion des Messias selbst zu den Messianismen, was sich, wie zu sehen sein wird, als nicht ganz unproblematisch erweist.

---

[232] Cohn, Norman. Die Sehnsucht nach dem Millennium. Freiburg, 1998.
[233] Barkun, Michael. Crucible of the Millennium. The burned-over district of New York in the 1840s. Syrakuse, 1986.
[234] Burridge, Kenelm. Stichwortartikel „Messias/Messianische Bewegungen“. Unterpunkt IV „Neuzeit“. In: Theologische Realenzyklopädie. Band 22. Berlin, 1992. S. 636
[235] Siehe dazu beispielsweise:
Ravitzky, Aviezer. The Contemporary Lubavitch Hasidic Movement: Between Conservatism and Messianism. In: Marty, Martin E. und Appleby, R. Scott. Accounting for Fundamentalisms. Chicago, 1992. S. 303-327
Riesebrodt. Fundamentalismus als patriarchalische Protestbewegung. 1990.
Ammerman, Nancy. North American Protestant Fundamentalism. In: Marty, Martin E. und Appleby, R. Scott Fundamentalisms Observed. Chicago, 1994. S 1 - 66.

Wenn man nun die Rolle des Messias selbst außer Acht lässt, findet man in der Wissenschaft zwar je nach Kontext unterschiedliche, im Kern aber dennoch identische Aussagen. Wie aus den folgenden drei Definitionen hervorgeht, ist der Erlösungsgedanke das zentrale Element des Messianismus.

Bei Gerschom Scholem, dem großen Gelehrten der jüdischen Messianismus- und Mystizismusforschung des 20. Jahrhunderts, findet sich eine sehr allgemein gehaltene Messianismusdefinition: „Messianismus ist die Vorstellung vom Inhalt der Erlösung als eines am Ende der Geschichte stehenden oder gar jenseits von ihr stehenden öffentlichen, die Gesamtheit und nicht den Einzelnen betreffenden Vorgangs.“[236]

Eine erste Einschränkung findet sich bei David Rapoport, der durch den Gottesbezug des messianischen Glaubens die säkulare Ebene ausschließt: „A messianic believe is one which visualises a day in which history or life on *this* earth will be transformed totally and irreversibly from a condition of perpetual strife which we have all experienced to one of perfect harmony that many dream about where there will be no sickness and no tears, where we will be wholly *liberated* from all rules, a condition of perfect freedom. History ends *because* God has promised us that it would, and at His appointed time He will intervene in our affairs saving only those who deserve to be saved.“[237]

Ergänzen kann man diese Aussage durch Hans Otto Seitscheks Definition eines säkularpolitischen und damit innerweltlichen Messianismus, der nach ihm „die Durchsetzung eines ideologischen Programms durch das in-Aussicht-Stellen eines utopischen Ziels, das die Verwirklichung des Heilszustandes bereits im Diesseits beinhaltet.“[238]

Während solch relativ allgemein gehaltene Definitionen des Messianismus weitgehend unumstritten sind, wird die Lage uneinheitlicher, wenn man sich der zweiten Ebene der Forschung zuwendet, nämlich der Frage, welche Rolle der Messias selbst im Messianismus spielt.

Für Henri Desroche ist dessen Position von zentraler Bedeutung, wenn er erklärt, dass „Messianismus im wesentlichen der religiöse Glaube an das Kommen eines Erlösers [ist], der auf universaler oder partikularer Ebene der gegenwärtigen Ordnung ein Ende setzen und eine neue Ordnung der Gerechtigkeit und des Glücks begründen wird.“[239] Zwi Werblowsky stellt ebenfalls fest, dass „the term messianism denotes a movement, or a system of beliefs and

---

[236] Scholem, Gerschom. Die Krise der Tradition im jüdischen Messianismus. S. 11 In: Portmann, Adolf und Ritsema, Rudolf. (Hg.) Tradition und Gegenwart. Eranos Jahrbuch 1968. Zürich, 1970. S. 9 – 44
Fortan: Scholem. Die Krise der Tradition. 1970.

[237] Rapoport. Terror. 1989. S. 74. Hervorhebungen im Original.

[238] Seiltschek, Hans Otto. Politischer Messianismus. Totalitarismuskritik und philosophische Geschichtsschreibung im Anschluß an Jacob Leib Talmon. München, 2005. S. 83
Fortan: Seiltschek. Politischer Messianismus. 2005.

[239] Desroche, Henri. Stichwortartikel „Messianismus“. In: Digitale Bibliothek Band 12: Religion in Geschichte und Gegenwart. Berlin, 2000. S. 21478.

ideas, centered on the expectation of the advent of a messiah."[240] Aber bereits kurz darauf schränkt er ein: "Messianism in the wider sense of an ideal future need not imply the belief in a particular, individual saviour or redeemer figure."[241] Auch Kenelm Burridge bestreitet, dass der Messianismus zwingend eine Messiasfigur benötigt: „Logically, a messianic movement is one that requires a messiah. And so accustomed are we to a movement having a leader or hero or prophet that we tend to forget, that some millenarian activities may take place without one."[242]

Um die Sachlage weiter zu komplizieren kann man Manfred Voigts dazu anführen: „Insbesondere seit der französischen Revolution und der Assimilation [der Juden in Europa; P.L.] wurde der Messianismus immer weiter von der Realität des jüdischen Volkes abstrahiert und zum Messianismus ohne Messias verwandelt, zur Erlösung ohne Erlöser."[243]

Es herrscht also keineswegs Einigkeit, ob der Messias zwingend eine Rolle im Messianismus zu spielen hat. Ferner wird durch Voigts bereits angedeutet, dass es einen Unterschied machen kann, in welchem Kontext (abrahamitisch, außerabrahamitisch, säkular) die Messiasfigur gesehen wird.

Schließlich soll noch darauf hingewiesen werden, dass sogar das „Konzept Messias" (wer oder was ist der Messias?) nicht unumstritten ist. Hans Strauß befindet sich sicherlich auf Seiten der Mehrheitsmeinung, wenn er schreibt: „[Es] gehört also zur Messiasgestalt im Alten Testament nach verbreitetem Verständnis ein Dreifaches: erstens, dass sie eine Königsgestalt sei, zweitens, dass sie Heil bringe, drittens, dass mit ihr die Endzeit anbreche, so dass kurz unter „Messias" der eschatologische Heilskönig zu verstehen sei."[244]

Bei Vittorio Lanternari erfährt der Begriff des Messias hingegen eine deutlich Ausweitung: „The term „messiah" [should] designate any being, singular or plural, more or less anthropomorphic, expected by a community as the future saviour in a religious context."[245]

Kurz zusammengefasst, kann man die oben knapp dargestellten Problemstellungen und Eckpositionen folgendermaßen darstellen. Messianismus wird im Allgemeinen verstanden, als die Lehre von der Erlösung bzw. des Heilszustandes. Allerdings besteht ein Dissens, ob eine Erlösungsbewegung tatsächlich auf eine Figur, den Messias, fixiert sein muss; bzw. ob diese

[240] Werblowksy, Zwi, R.J. Stichwortartikel „Messianism. Unterpunkt: „Jewish Messianism." In: The Encyklopedia of Religioin. Volume 9. New York, 1987. S. 472.

[241] Werblowksy, Zwi, R.J. Stichwortartikel „Messianism. Unterpunkt: „Jewish Messianism." In: The Encyklopedia of Religioin. Volume 9. New York, 1987. S. 473.

[242] Burridge. New Heaven, New Earth. 1971. S. 11. Für Burridge sind die Begriffe „messianic" und „millenarian" synonym. (Ebd., S. 12.).

[243] Voigts, Manfred. Jüdischer und universalistischer Messianismus. S. 75. In: Faber, Richard. (Hg.) Politische Religion, religiöse Politik. Würzburg, 1997. S. 75 – 91.

[244] Strauß, Hans. Stichwortartikel „Messianismus." Unterpunkt I „Altes Testament". In: Theologische Realenzyklopädie. Band 22. Berlin, 1992. S. 618.

[245] Lanternari. Messianism. 1962. S. 53.

Figur tatsächlich eine einzelne Person sein muss, oder auch eine Gemeinschaft sein kann. Auch Strauß stellt fest: „Ein Überblick der einschlägigen Literatur bis in die Gegenwart hinein lässt erkennen, dass [...] der Sprachgebrauch bei „Messias“ und „messianisch“ uneinheitlich bleibt.“[246]

War deswegen im Fundamentalismuskapitel Martin Riesebrodts Aussage, dass „alle Begriffe in partikularistischen historischen und linguistischen Kontexten entstehen und aus diesen abstrahiert werden, [...aber nicht] unauflöslich [damit] verbunden“[247] sind, noch zutreffend, wird sie hier problematisch. Der Hintergrund dieser Problematik liegt in dem aus der Geschichte des israelischen Volkes stammenden Begriff des Messias selbst und der Tatsache, dass die Entstehung der Erlösungsidee vor dem Erscheinen dieser Figur zu datieren ist. Oder wie es Ernst Bloch formuliert: „Der Messianismus ist älter als dieser Messiasglaube.“[248] Dementsprechend besteht auch die Schwierigkeit zu definieren, was der Messianismus eigentlich sei und welche Funktion der Messias darin einnimmt. Denn das namensgebende Element des Messianismus, der Messias, ist der Erlösungsidee *nachgeordnet*, wie im Folgenden noch zu sehen sein wird.[249] Das Resultat für das Judentum war, dass die Rolle des Messias in der Erlösungsfrage stetem Wandel unterworfen war. Will man folglich eine Ausweitung des Begriffs auf ähnliche Phänomene betreiben, muss man konkretisieren, welche Ausprägungen des jüdischen Messianismus jenseits der Erlösung damit verbunden sind und welche Rolle der Messias darin spielt.

Um diesen Wandel der Idee – und damit auch die Varianz des jüdischen Konzepts Messianismus – verstehen zu können, wird im folgenden zuerst auf die historische und etymologische Entwicklung des Messiasbegriffs selbst eingegangen und anschließend werden die wichtigsten Ausprägungen des jüdischen Messianismus im Lauf der Geschichte betrachtet.

---

[246] Strauß, Hans. Stichwortartikel „Messias/Messianische Bewegungen“. Unterpunkt I: „Altes Testament“. In: Theologische Realenzyklopädie Band 22 S. 617.

[247] Riesebrodt. Fundamentalistische Erneuerung. 2001. S. 13

[248] Bloch, Ernst. Das Prinzip Hoffnung. Frankfurt a.M., 1973. S. 1459
Zitiert nach: Voigts, Manfred. Jüdischer Messianismus und Geschichte. Berlin, 1994. S. 15
Fortan: Voigts. Jüdischer Messianismus. 1994.

[249] Dementsprechend ist auch der aus dem griechischen stammende Begriff der Soteriologie nicht unbedingt besser geeignet um eine allgemeine Erlösungslehre auszudrücken, da er sich aus den Wortteilen Soter (Retter) und Logos (Vernunft, Lehre, usw.) zusammensetzt.

2. Jüdischer Messianismus

2.1 Die Entwicklung der Messiasidee

Um die Entwicklung der Messiasidee zu verstehen, muss nochmals auf die schon im Fundamentalismuskapitel angesprochene Erlösungsthematik eingegangen werden, die der Idee des Messias als Erlöser zu Grunde liegt. Demnach entwickelte sich während der Achsenzeit in Israel erstmalig die Idee, dass der weltliche Herrscher selbst ein Gesetz über sich habe, nach dem seine Handlungen beurteilt werden können. Jan Assmann nennt dies die Trennung von Herrschaft und Heil. In Ägypten existierte „die Einheit von Herrschaft und Heil, die fehlende Distanz einer religiösen Position zur Macht und die darin begründete Unmöglichkeit, zwischen guten und schlechten Herrschern zu unterscheiden. Damit wird die Herrschaft (also die politisch geformte und institutionalisierte Macht) jeder Kritisierbarkeit entzogen.“[250] Dies änderte sich in Israel mit der Übergabe der Gesetzestexte grundlegend. Diese Gesetzgebung, etablierte nicht nur die Fehlbarkeit selbst, sondern – noch entscheidender – Kriterien der Fehlbarkeit des menschlichen Herrschers. Obwohl der mosaische Gesetzestext vorrangig in seiner religiösen Bedeutung wahrgenommen wird, sind darin bereits politisch-weltliche Konsequenzen angelegt.[251] Denn jene Fehlbarkeit des Herrschers schafft gleichzeitig auch die Idee der idealen Ordnung auf weltlicher Ebene und somit jene Diskrepanz der abrahamitischen Traditionen zwischen Utopie und realer Welt, wie sie den gemischt inner- und außerweltlichen Erlösungsvorstellungen zu Eigen ist. Folglich ebneten diese Strukturen bereits die spezifischen Ausprägungen des jüdischen Erlösungsglaubens. In diesem Sinne ist auch Ernst Blochs Aussage „der Messianismus ist älter als dieser Messiasglaube“[252] zu verstehen.

---

[250] Assmann, Jan. Politische Theologie zwischen Ägypten und Israel. Dritte, erweiterte Auflage. München, 2006. S. 41
Fortan: Assmann. Politische Theologie. 2006.

[251] Siehe zur Problematik von Politik und Religion allgemein: Gebhardt, Jürgen. Wie vor-politisch ist Religion? Anmerkungen zu Eric Voegelins Studie „Die politischen Religionen“. In: Münkler, Herfried. (Hg.) Bürgerreligion und Bürgertugend. Debatten über die vorpolitischen Grundlagen politischer Ordnung. Baden-Baden, 1996. S. 81 – 102
Gebhardts Studie (ähnlich wie Assmanns) beschäftigt sich mit der Frage, ob Religion tatsächlich vorpolitisch sei. Er hebt hervor, dass im heutigen Sprachgebrauch Religion und Politik unterschiedliche Disziplinen seien, was sich aber erst durch die vom Christentum geprägte westliche Moderne entwickelt hätte. Weiterhin erläutert er, dass die innerweltlichen Aspekte der Religion keinesfalls vorpolitisch sind und „dass die herrschafts- und heilsbezogene Handlungssphäre in verschiedenenartigen Konfigurationen zusammenwirken und integraler Bestandteil der politischen Ordnungsform insgesamt sind. Das Religiöse, wie auch immer es begrifflich gefasst wird, ist nicht vorpolitisch.“ (S.99)
Darauf sei hingewiesen, da dieses Thema in dieser Arbeit zwar immer wieder berührt wird, aber die Frage ob Religion vorpolitisch ist, nicht thematisiert werden kann.

[252] Bloch, Ernst. Das Prinzip Hoffnung. Frankfurt a.M., 1973. S. 1459
Zitiert nach: Voigts. Jüdischer Messianismus. 1994. S. 15

Der Schritt vom reinen Erlösungsglauben zum messiasfixierten Erlösungsglauben entwickelte sich nämlich erst im Verlauf der Geschichte des israelischen Volkes. Die historischen Wurzeln für die israelischen Ausprägungen des messiasbezogenen Erlösungsglaubens sieht Moshe Weinstein bereits in der jüdischen Prophetie des 8. Jahrhundert v. Chr. Er argumentiert in *„Der Protest gegen den Imperialismus in der altisraelischen Prophetie*", dass bereits während der Bedrohung des israelischen Volkes durch die Assyrer die Idee entstand, dass Jahwe dem Volk Israel in unbestimmter Zeit zu einem gerechten (sprich idealen) Königreich verhelfen wird, und Israel in jener Zeit über andere Völker herrschen wird: "In dem Bild von der idealen Zukunft, das Jesaja zeichnet, kommen Völker nach Zion, um sich dem Gott Israels zu unterwerfen. [...] Die Vorstellung, die in der späteren Eschatologie herrscht, über ein neues, ideales Königreich [...] wurde erstmals im 8. Jahrhundert v. Chr. in Juda entwickelt. Sie war motiviert von nationalen Gefühlen der Unterdrückung und Unterwerfung durch das Assyrerreich."[253]

Diese Idee wurde verknüpft mit dem Begriff des Messias. Etymologisch leitet sich der Begriff Messias aus dem hebräischen משיח (Maschiach) ab, was übersetzt "Gesalbter" bedeutet. Allerdings besaß der Begriff noch nicht von Anfang an die heutige Bedeutung des ultimativen Erlösers im eschatologischen Sinn.[254] Ursprünglich wurde in der hebräischen Bibel die Bezeichnung Gesalbter für geweihte Ämter (Hohepriester und Könige) und deren Inhaber verwandt. In der Phase des jüdischen Exils und in der ersten Zeit der Rückkehr fand eine erneute Begriffsverschiebung statt und der Begriff „could denote anyone with a special mission from God."[255] Dies konnten Propheten oder Patriarchen sein, aber auch heidnische Könige wie Cyrus, der den Juden die Rückkehr aus dem Exil ermöglichte. Die endgültige Bedeutung des Begriffs als eschatologischer Erlöser aus der davidschen Linie lässt sich nach Werblowsky

[253] Weinfeld, Moshe. Der Protest gegen den Imperialismus in der altisraelitischen Prophetie. S. 254f.
In: Eisenstadt. Kulturen der Achsenzeit. 1987. S. 240 – 255
Entsprechende Feststellungen, wenn auch im Rahmen einer anderen Themenstellung, macht auch Assmann.
Assmann, Jan. Monotheismus und die Sprache der Gewalt. Wien, 2007. Besonders S. 24 – 37.
Folgendes Zitat von Othmar Keel macht den Einfluss der Assyrer auf Israel besonders deutlich:
„Die Forschung hat in letzter Zeit immer deutlicher gezeigt, dass [...] teilweise wörtlich assyrische Texte kopiert [wurden] – nicht religiöse, sondern politische."
Keel, Othmar. Monotheismus – ein göttlicher Makel? In: NZZ 30./31. 10. 2004, S. 68.
Zitiert nach: Assmann. Monotheismus. 2007. S. 27

[254] Zu der Begriffsverschiebung von „Messias" (und zu Messianismus allgemein) siehe:
Werblowsky, R.J. Zwi. Messianism in Jewish History. S. 30ff. In: Ben-Sasson, H.H.; Ettinger, S. (Hg.) Jewish Society through the Ages. New York, 1971. S. 30 – 45
Fortan: Werblowsky. Messianism in Jewish History. 1971.
Ringgren, Helmer. Stichwortartikel "Messianism". In:The Enyclopedia of Religion. New York, 1987. Volume 9
Waschke, Ernst Joachim. Stichwortartikel „Messianismus". Unterpunkt II „Altes Testament". In: Religion in Geschichte und Gegenwart. Tübingen, 2002. Band 5.
Desroche, H. Stichwortartikel „Messianismus". In: Religion in Geschichte und Gegenwart. Handwörterbuch für Theologie und Religionswissenschaften. Berlin, 2000. Digitale Bibliothek, Band 12.

[255] Werblowsky. Messianism in Jewish History. 1971. S. 30

erstmals in der Zeit der Hellenisierung des Judentums feststellen, spätestens aber zur Zeit des Makkabäer Aufstands (165 v. Chr.). Auch wenn Werblowsky einräumt, die Entwicklung des Begriffs könne nicht exakt rekonstruiert werden, kann er doch feststellen, dass die Idee vom Messias als königlichen Erlöser inspiriert wurde von den Königen Israels, insbesondere Davids, und der damals herrschenden politischen und sozialen Struktur und so zum Vorbild für ein folgendes Goldenes Zeitalter der Herrschaft des Messias wurde.[256] Der Messias ist also eine Symbolfigur einer älteren Erlösungsidee – in ihm manifestieren sich die verschiedenen Vorstellungen des jüdischen Messianismus. So wird er zur personifizierten Erlösungshoffnung, die für die jüdische Theologie bis heute von zentraler Bedeutung ist, auch wenn das „Konzept Messias", wie noch zu sehen sein wird, v.a. in der Kabbala einigem Wandel unterworfen wird.

In der Zeit des Makkabäeraufstandes entwickelte sich auch erstmals explizit im Zusammenhang mit der Messiasidee die Vorstellung einer nationalen Restauration sowohl durch einen glorreichen Führer, als auch durch ein Wunder des Himmels. Dieser Glaube begleitete die Vorstellung, dass vor dem Kommen der Erlösung eine Zeit der Zerstörung, der Verfolgung und des Leidens herrschen würde, was als die „Geburtswehen" des Messias beschrieben wird und was durch die Geschichte bis heute Einfluss auf den jüdischen Glauben hat: „In fact, this catastrophic aspect became so much part and parcel of the messianic complex that in later periods, the occurrence of particularly cruel persecution and suffering was frequently regarded as heralding the messianic redemption."[257]

Mit der Herrschaftsübernahme der Römer und durch den Verlauf der Entwicklungen während dieser Herrschaft änderten sich jüdische Lebensumstände, aber auch Glaubensaspekte noch einmal dramatisch. Die Unzufriedenheit von Teilen des jüdischen Volkes gipfelte in dem Zelotenaufstand (66 – 70 n. Chr.) (nachdem der römische Prokurator Gessius Florus Teile des Tempelschatzes beschlagnahmt hatte) und später in der Bar Kochba Revolte (132 n.Chr.). Diese Ereignisse führten nicht nur zur Zerstörung des 2. Tempels, sondern auch zum Höhepunkt der jüdischen Diaspora, da die meisten Juden versklavt oder vertrieben wurden und sie ferner Jerusalem nicht mehr betreten durften. Durch die Zerstörung des Tempels endete ein Judentum, das maßgeblich durch die Lehren der Priester dominiert wurde. Stattdessen wird die geistige Geschichte des Judentums bis heute durch das sich damals entwickelnde Rabbinertum bestimmt.

---

[256] Eine umfassende Auflistung und Besprechung aller schriftlichen Quellen des Judentums, bis zur Fertigstellung der Mischna, die Jehuda den Patriarchen (ca. 150 – 220) zugeschrieben wird, findet sich bei:
Klausner, Joseph. The Messianic Idea in Israel. London, 1956.

[257] Werblowsky. Messianism in Jewish History. 1971. S. 33

Auch für das messianische Denken war diese Zeit von großer Bedeutung. Die Erlösungsvorstellung meinte nun nicht mehr nur nationale Restauration, sondern auch die Rückkehr aus der Diaspora und den Wiederaufbau des Tempels. Auch im Zusammenhang mit dem Messiasprätendenten Simeon bar Kochba/Kosiba[258] entstand ein weiterer Mythos:
„There arose the concept of a second messianic figure, the Warrior Messiah of the House of Joseph (or Ephraim), who could precede the triumphant Messiah of the House of David but would fall in the battle against Gog and Magog. It should be noted that this Messiah of the House of Joseph is not a suffering messiah, he is a warrior-martyr."[259] Damit wurde die Unterscheidung zwischen dem Messias ben Joseph (einem weltlichen Vorläufer) und dem Messias ben David (der nach der Schlacht von Gog und Magog über das messianische Königreich herrschen wird) geschaffen, die bei der zu untersuchenden Bewegung der religiösen Siedler noch eine Rolle spielen wird.
Hans Küng fasst in wenigen Punkten zusammen, welche elementaren Einschnitte das Judentum nach den beiden verlorenen Befreiungskämpfen hinnehmen musste:[260]

> „Vorbei war es mit den Radikalen politischer (revolutionär-zelotischer) und apolitischer (essenisch-ordensmäßiger) Couleur, die der Krieg weggefegt hatte. Vorbei war es mit dem König, der Hoffnung auf einen baldigen messianischen Befreier [seitdem der letzte Messiasprätendent Bar Kochba sich als falscher erwiesen hatte; P.L.]; vorbei mit der heiligen Stadt Jerusalem, die nun für fast zwei Jahrtausende aufgehört hatte, politisches Zentrum des jüdischen Volkes zu sein. Vorbei war es mit dem Tempel, der Priesterschaft, der Tempelliturgie, den Tieropfern, ja, einem ganzen Kult- und Gesetzessystem, das an den Tempel gebunden war, ohne die geringste Hoffnung, dass dieser in absehbarer Zeit wieder aufgebaut und der Kult wieder aufgenommen werden konnte.
> Fazit: Definitiv zusammengebrochen war nicht mehr und nicht weniger als das theokratische Paradigma, das so wohl etabliert schien. Ein grundlegender Paradigmenwechsel bahnte sich an."

---

[258] Als potentieller Messias wurde von seinen Anhänger Simon bar Kochba (Sternensohn) genannt; nach der Niederlage und der damit verbundenen Erkenntnis, dass er nicht der Messias ist, wurde er bar Kosiba (Sohn der Lüge) genannt.
Ortag. Jüdische Kultur und Geschichte. 2004. S. 75
[259] Werblowsky. Messianism in Jewish History. 1971. S. 36
[260] Küng, Hans. Das Judentum. Wesen und Geschichte. München, 2007. S. 169
Fortan: Küng. Judentum. 2007.

2.2 Ausprägungen des jüdischen Messianisums[261]

Scholems Arbeiten zum jüdischen Messianismus setzen erst im rabbinischen Judentum an, d.h. nach der römischer Herrschaftsübernahme in Palästina und der Zerstörung des Tempels. Scholem kann drei Denkeinflüsse im rabbinischen Judentum feststellen: einen konservativen, einen restaurativen und einen utopischen. Das konservative Judentum steht in der Tradition der Offenbarung und der Halacha; es versteht sich als Bewahrer der göttlichen Gesetze. Als solches hatte es, trotz seiner immensen Bedeutung für das jüdische Gemeindeleben, kaum Einfluss auf messianische Ideen, die entweder restaurativ oder utopisch oder noch öfter durch eine Vermischung von beiden geprägt waren.

---

[261] Im Folgenden wird hauptsächlich auf Gerschom Scholems Werke zur Messianismus- bzw. Mystizismusforschung zurückgegriffen. Dies beinhaltet im Wesentlichen folgende Bücher und Texte:
Scholem, Gerschom. Die Krise der Tradition im jüdischen Messianismus. In: Portmann, Adolf und Ritsema, Rudolf. (Hg.) Tradition und Gegenwart. Eranos Jahrbuch 1968. Zürich, 1970. S. 9 – 44
Fortan: Scholem. Die Krise der Tradition. 1970.
Scholem, Gerschom. The messianic idea in Judaism and other essays on Jewish Spirituality. New York. 1974.
Fortan: Scholem. The messianic idea in Judaism. 1974.
Scholem, Gershom. Sabbatai Zwi. Der mystische Messias. Frankfurt a.M. 1992.
Fortan. Scholem. Sabbatai Zwi. 1992.
Einige Worte zu dem Werk von Gershom Scholem: Scholems Arbeiten waren über Jahrzehnte die führenden Werke in der jüdischen Messianismus- und mehr noch in der Mystizismusforschung. Letzteres Gebiet erfuhr sogar seine akademische Begründung durch ihn. Sein Einfluss auf beiden Gebieten kann kaum überschätzt werden, da jede spätere Forschung sich entweder auf Scholem berief, oder sich zumindest mit Scholem auseinandersetzen musste. Anschaulich dazu Mosche Idel: „The Thesis (Anm.: bezogen auf Scholems Messianismustheorie, P.L.), which may be described as a hyperthesis, has been repeated so many times that a list of scholars who reiterated it, without adducing any additional material [...] would amount to a short booklet."
Idel, Moshe. Saturn und Sabbatai Tzevi: A new approach to Sabbateanism. S. 174 In: Schäfer, Peter und Cohen, Mark. (Hg.) Toward the Millennium. Messianic Expectations from the Bible to Waco. Köln, 1998. S. 173 – 202
Obwohl Kritik an einigen Punkten von Scholems Thesen geübt wird (z.B. die Einengung der jüdischen Mystik auf die gnostisch-theosophische Ebene, seine Vorstellung vom (fehlenden) Messianismus im Chasidismus, oder allgemein die Kontroverse zwischen der von Scholem vertretenen historisch-kritischen Religionswissenschaft und der Religionsphänomenologie), bleibt Scholems geschichtliches Werk nicht nur intakt, sondern auch maßgeblich. Dies wird deutlich, wenn zum Beispiel Zwi Werblowsky erläutert, dass die Messianismusforschung „bis auf weiteres [...] im Schatten Scholems" arbeitet, oder Wolfson feststellt: „Without denying the many refinements and modifications in recently published work, the magisterial edifice of intellectual history constructed by Scholem to a great degree remains intact."
Werblowsky, Zwi. Messianismus und Mystik. S. 15. In: Dan, Joseph und Schäfer, Peter. (Hg.) Gershom Scholem's Major Trend in Jewish Mysticism 50 Years after. Tübingen, 1993
Wolfson, Elliot R. The Engenderment of Messianic Politics: Symbolic Significance of Sabbatai Sevi's Coronation. S.203 In: Schäfer, Peter und Cohen, Mark.(Hg.) Toward the Millennium. Messianic Expectations from the Bible to Waco. Köln, 1998. S. 203 – 258
Allgemein zur Scholemrezeption siehe:
Hamacher, Elisabeth. Gerschom Scholem und die Allgemeine Religionsgeschichte. Berlin, 1999. S. 11 – 48.
Schäfer, Peter. Jüdische Mystik im 20. Jahrhundert. In: Stimm, Hans Joachim (Hg.). Die Religionen der Welt. Ein Almanach zur Eröffnung des Verlags der Weltreligionen. Frankfurt a.M., 2007. S. 278 – 299.
Da es in dieser Arbeit nicht notwendig ist, auf Details in der jüdischen Messianismusforschung einzugehen, sondern vielmehr ein Überblick über die Ausprägungen des jüdisch-messianischen Denkens geboten werden soll, ist es ausreichend hauptsächlich auf Scholems Arbeiten einzugehen – auch auf Grund der Tatsache, dass es schlicht keine übergreifenden Arbeiten zur Darstellung des jüdischen Messianismus gibt, die nicht auf Scholem zurückgehen.

Der Messianismus entstammt nicht der konservativen Tradition der Offenbarung, sondern „er stammt aus einer historischen Vision und der historischen Erfahrung und vor allem aus dem Gegenbild zu dieser Erfahrung in der Imagination der Juden.“[262] Scholem meint damit, dass sich der Messianismus zwar aus dem Judentum heraus entwickelte – allerdings ist er ein Produkt der historischen Erfahrungen des biblischen Judentums mit anderen Völkern (als Erlösungsgedanke frühestens expliziert in der Prophetie) und erst im Nachhinein auf die Schrift bezogen worden. Diese Erfahrungen wurden Stück für Stück im Zusammenhang mit der Tora gebracht (siehe Etymologie des Wortes משיח).

Bei restaurativen Ideen des Judentums lag die Betonung der messianischen Tendenzen auf der Hoffnung, dass der Messias das Köngreich Israels wiederherstellen und die Erlösung der Welt einleiten wird: „It speaks of the re-establishment of the House of David, now in ruins, and of the future glory of an Israel returned to God; also of everlasting peace and the turning of all nations toward the one God of Israel.”[263] Daneben stand der jüdische Utopismus, der “die Erlösung als ein Phänomen [auffasste], in dem etwas durchbricht, was noch nie da war, in dem sich etwas ganz Neues unverwechselbar ausspricht.“[264] Jedoch waren die beiden messianischen Ideen durch ihre Geschichte miteinander verbunden. Das Ende des Exils und die Neugründung des Köngreichs Israel spielt auch im utopischen Messianismus immer irgendeine Rolle, während auch der restaurative Messianismus sich ein Königreich nach Vorbild des davidschen Reiches, aber unter ‚messianischen' (d.h. idealen) Bedingungen in der Zukunft vorstellt.

„It can take on the radical form of the vision of a new content which is to be realized in a future that will in fact be nothing other than the restoration of what is ancient, bringing back that which has been lost; the ideal content of the past at the same time delivers the basis for the vision of the future. However [...] certain elements creep into such a restoratively oriented utopianism which are not in the least restorative and which derive from the vision of a completely new state of the Messianic world. The completely new order has elements of the completely old, but even this old order does not consist of the actual past; rather, it is inspired by the rays of utopianism.”[265]

Durch den restaurativen Einfluss (und der damit verbundenen Idee des Endes der Diaspora und Wiedererrichtung von Tempel und Königreich, sowie der Herrschaft über die anderen Völker) besitzt der jüdische Messianismus aber von jeher eine starke politische Komponente.[266] Manfred Voigts kann daher, in seiner Ausschließlichkeit etwas übertrieben, konstatieren: „Der jüdische Messianismus war immer ein politischer Messianismus.“[267]

---

[262] Scholem. Die Krise der Tradition. 1970. S. 11
[263] Scholem. The messianic idea in Judaism. 1974. S. 6
[264] Scholem. Die Krise der Tradition. 1970. S. 11f.
[265] Scholem. The messianic idea in Judaism. 1974. S. 4
[266] Anschaulich zu den politischen Vorstellungen der Erlösung Seiltschek:

Neben den bisher erwähnten Eigenschaften, gibt es noch einen weiteren Einfluss der für das Verständnis des Messianismus ein ganz entscheidender ist, nämlich der Apokalyptizismus. Die Lehre von der Apokalypse (wörtlich: Enthüllung) ist zu allererst eine mystische Lehre von der Endzeit und einem neuen Zeitalter, was ja, wie oben zu sehen war, schon teilweise in den messianischen Vorstellungen integriert ist. Der Apokalyptizismus ist eine der Quellen des utopischen Messianismus, mit seiner Vorstellungen der absoluten Veränderung am Ende der Zeit; es ist die Lehre von den zwei Äonen, den zwei Reichen, des neuen Himmels und der neuen Erde. Aber der Apokalyptizismus lehrt auch, dass vor der Erlösung eine Katastrophe auf die Welt hereinbricht, die als Geburtswehen des Messias bzw. der messianischen Zeit bekannt sind. Das katastrophale Bild der Apokalypse ist umfassend. Es zeichnet ein Bild „vom gewaltsamen Aufruhr, von Kriegen, Pest, Hungersnot, einem allgemeinen Abfall von Gott und seinen Gesetzen, Hurerei und Häresie.“[268] Dementsprechend existierten in der Geschichte des leidgeprüften Judentums in Zeiten der Verfolgung oder Unterdrückung, aber auch der Glaubenschwäche immer starke apokalyptische und messianische Tendenzen, da man glaubte die Geburtswehen des Messias seien gekommen.[269]

Der Katastrophencharakter der Endzeit hat das Judentum nachgiebig geprägt und ist nicht vom Messianismus zu trennen. Vielmehr ist der Glaube an die Apokalypse mit der Erlösungsvorstellung ein fester Bestandteil der Messiaserwartung geworden. Bevor die Erlösung stattfinden kann, muss die Welt erst Zeuge von Unheil und Zerstörung in nicht gekanntem Ausmaß werden. „Jewish Messianism is in its origins and by nature – and this cannot be sufficiently emphasized – a theory of catastrophe. The Theory stresses the revolutionary, cataclysmic element in the transition from every historical present to the Messianic future.“[270] Dabei muss beachtet werden, dass für die längste Zeit des Judentums die durch die Apokalypse eingeleitete Erlösung als Ereignis und nicht als Prozess gesehen wurde: “The Bible and the

---

„Alle Menschen bekehren sich zu dem einen Gott Israels, dessen Heilswirken zu diesem Zeitpunkt aller Welt offenbar wird und Frieden bringt. In der Folge werden die Juden als Volk Gottes von diesseitiger Bedrängnis, wie politisch-sozialer Benachteiligung und Diaspora, befreit, worauf schon Kapitel 36 und 37 im Buch Ezechiel und ebenfalls die Bücher Jesaja und Jeremia hinweisen. [...] Damit wird deutlich, dass zum Messianismus neben der religiösen Erlösungssehnsucht von Anfang an politische Elemente hinzutreten.“
Seiltschek. Politischer Messianismus. 2005. S. 37f.

[267] Voigts, Manfred. Jüdischer und universalistischer Messianismus. S. 75 In: Faber, Richard. (Hg.) Politische Religion, religiöse Politik. Würzburg. 1997. S. 75 – 91

[268] Scholem. Sabbatai Zwi. 1992. S. 30

[269] „In fact, this catastrophic aspect became so much part and parcel of the messianic complex that in later periods, the occurrence of particularly cruel persecution and suffering was frequently regarded as heralding the messianic redemption.”
Werblowsky. Messianism in Jewish History. 1971. S. 33

[270] Scholem. The messianic idea in Judaism. 1974. S. 7
Anschaulich zum Verständnis, wie tief das Katastrophenbewusstsein bezüglich des Messianismus im Judentum verbreitet ist, ist eine Stelle aus dem Sanhedrin (98a), in der drei Rabbis wie folgt zitiert werden:
„May he [der Messias; P.L.] come, but I do not want to see him.“
Zitiert nach: Scholem. The messianic idea in Judaism. 1974. S. 13

apocalyptic writers know of no progress in history leading to the redemption. The redemption is not the product of immanent developments such as we can find it in modern Western reinterpretations of Messianism since the Enlightenment, where secularized as the belief of progress, Messianism still displayed unbroken and immense vigor."[271] Diese Entwicklungen treten im Judentum erst im Entstehen der lurianischen Variante der Kabbala auf, wie weiter unten noch gezeigt wird.

Kurz zusammengefasst kann man vier relevante Faktoren bezüglich des jüdischen Messianismus erkennen: Erstens, einen konservativen Einfluss, der weitgehend amessianisch war, aber Träger des jüdischen Gemeinlebens wurde.[272] Zweitens gibt es einen restaurativen Einfluss, der in der Messiasfigur den Beginn der jüdischen Weltherrschaft sieht und die Wiedererrichtung des Königreichs Israel erwartet. Damit eng verbunden sind drittens und viertens, der utopische Messianismus, der an die totale Veränderung nach Erscheinen des Messias glaubt und der Apokalyptizismus, der die Lehre von der Zerstörung der Welt und der anschließend gereinigten neuen Welt darstellt.

Die Wurzeln dieser Einflüsse sind, wie erwähnt, unterschiedlich. Während die Quelle der Konservativen die Tora selbst ist[273], entwickelten sich die beiden messianistischen Varianten wohl erst nach der Fertigstellung der Tora[274] (auch wenn ihre Wurzeln schon weiter zurück gehen) und auch der Apokalyptizismus, eine mystische Strömung im Judentum, entstand erst danach. Freilich beziehen sich aber sowohl die Messianismen als auch der jüdische Mystizismus auf die Tora.

Während diese Einflüsse bis zur Entwicklung des Rabbinertums noch nebeneinander standen (Schäfer spricht sogar explizit entgegen Scholem nicht nur von verschiedenen Einflüssen,

---

[271] Scholem. The messianic idea in Judaism. 1974. S. 10

[272] Zur Entwicklung des Rabbinertums im Allgemeinen, das aus dem konservativen Pharisäertum hervorging und dessen theologischen Hintergrund, siehe:
Küng. Judentum. 2007. S. 155 - 181

[273] Dabei ist die Tora selbst ein Produkt verschiedener zeitlicher Etappen in der Geschichte des Judentums. Ohne näher darauf eingehen zu wollen, welche Theorie die wahrscheinlichste ist, kann man kurz den Überblick neuerer Bibelforschung von Finkelstein und Silberman übernehmen.
Demnach gibt es vier Hauptautoren der Tora („Elohist" , „Jahwist" , eine priesterliche Quelle und eine noch unidentifzierte Quelle, die später von „Redaktoren" zusammengefügt wurden.) Es gibt drei unterschiedliche Thesen, wann diese Texte sukzessive entstanden sind: Zur Zeit der Reiche Juda und Israel (ca. 1000 – 586 v.Chr.), im babylonischen Exil und kurz nach der Rückkehr (6. und 5. Jahrhundert v. Chr.) oder erst in hellenistischer Zeit (4. bis 2. Jahrhundert v. Chr.). Die Autoren plädieren in ihrem Buch für das 6. und 5. Jahrhundert als Entstehungszeit.
Finkelstein, Israel und Silberman, Neil Asher. Keine Posaunen vor Jericho. München, 2002. S. 22 – 24

[274] Werblowsky. Messianism in Jewish History. 1971. S. 30 - 36

sondern von verschiednen Judentümern[275]), wurden sie in der rabbinischen Zeit durch das bemühen „to put every saying of the Bible harmoniously in place“[276] zusammengeführt.[277]
Das Produkt aus diesem Bestreben kann man als messianischen Leitfaden verstehen, den alle zukünftigen messianischen Interpretationen als Grundlage besitzen sollten. Die Kombination verschiedener Elemente – die Vorstellung, dass es zuerst die Geburtswehen des Messias gab, dann ein messianisches Zeitalter *auf Erden*, und dann erst das letzte Gericht und das Ende der Welt – führte zum Bild der Erlösung, das Scholem wie folgt charakterisiert: „The new aeon and the days of the Messiah are no longer one [...]; rather they refer to two periods of which the one, the rule of the Messiah, really still belongs to this world; the other, however, already belongs entirely to he new aeon which begins with the Last Judgment.“[278]
Nichtsdestotrotz blieben Widersprüche bestehen. Ein Streitthema blieb die messianische Zeit, die entweder utopisch oder restaurativ vorgestellt wurde. Ein anderes Problem blieben akut werdende Messiaserwartungen, die immer wieder antinomistische Bewegungen hervorriefen, wie nachfolgend gezeigt wird. Man kann zwei Grundtendenzen unterschieden, die sich im Laufe der Generationen und Jahrhunderte herauskristallisiert haben: die populär-mythologische und die philosophisch-rationalistische Tradition. Während erstere hauptsächlich im jüdischen Volk und nur bei wenigen Rabbinern verbreitet war, gilt umgekehrtes für letztere. Die Ablehnung eines akuten Messianismus durch die Mehrheit des konservativ geprägten Rabbinertums hatte mehrere zusammenhängende Gründe.
Dieses Rabbinertum war (und ist zum Teil) stets bestrebt die alte, ihrer Ansicht nach unveränderliche Ordnung der Halacha so weitestgehend wie möglich aufrecht zu erhalten. Man kann eine Passage von Gershom Scholem zitieren, der die Gründe für dieses Bestreben zusammenfasst:

„Die Bewahrer des traditionellen Elements, und das waren [...] eben die Träger der rabbinischen Autorität, spürten in den akuten messianischen Ausbrüchen das Nicht-Konforme, das die Kontinuität der Autorität der Überlieferung gefährdete. Solche Befürchtungen, dass akuter Messianismus zur Krise führen würde, Furcht auch vor dem uneingestandenen anarchischen Element der messianischen Utopie, spielen zweifellos bei dieser fast einhelligen Opposition der Rabbiner eine große Rolle. Es gab dafür gute Gründe: Sorge um die Stabilität der Gemeinde, Sorge um das Schicksal der Juden nach der Enttäuschung, wie sie die historische Erfahrung nahe legte. [...] All diese Motive wirken sich in der Richtung eines Abschiebens des Messianismus ins rein Glaubensmäßige, Nicht-Aktive aus, welches die Erlösung Gott allein überlässt und nicht etwa der Aktivität des Menschen zuschob. Den Trägern der religiösen Autorität wurde ebenso wie den Häuptern der Gemeinden, die vor den in der nichtjüdischen Umwelt herrschenden Mächten verantwortlich waren, durch die Umstände der

[275] Schäfer, Peter. Diversity and Interaction: Messiahs in early Judaism. S. 16. In: Schäfer, Peter; Cohen, Mark. Toward the Millennium. Messianic Expectations from the Bible to Waco. Köln, 1998. S. 15 – 35.
[276] Scholem. The messianic idea in Judaism. 1974. S. 8
[277] Werblowsky sieht die Entwicklung der messianischen Ideen kurz nach der Kochba Revolte (132 -135) als beendet. Nachfolgend wurde nur noch interpretiert.
Werblowsky. Messianism in Jewish History. 1971. S. 36
[278] Scholem. The messianic idea in Judaism. 1974. S. 8

Lebensbedingungen der Juden im Exil eine Haltung des politischen Quietismus aufgenötigt, die bei vielen zur zweiten Natur wurde."[279]

Das oben erwähnte anarchische Element war auch dafür verantwortlich, dass im konservativ-rabbinischen Denken jede Kalkulation der Endzeit stark missbilligt oder verboten wurde, und die Messiaserwartung auf unbestimmte Zeit verschoben wurde. Dies ist der Kern der Unterscheidung zwischen einem Messianismus, dessen Anhänger denken, sie befinden sich bereits in einer messianischen Zeit und seien nun selbst gefordert diese zum Abschluss zu führen, und dem passiven Messianismus, der seine Erlösungshoffnungen allein auf Gott setzt und die Messiaserwartung auf unbestimmte Zeit verschoben hat.[280]

Es bleibt noch die Frage zu klären, worin das anarchische, revolutionäre Potential des jüdischen Messianismus bestand. Zwei miteinander verbundene Aspekte sind hier von zentraler Bedeutung.

Ein entscheidender Grund für die Ablehnung des Messianismus durch die Rabbiner, war die Auslegung einer Bibelstelle nach dem Gott die Verbote in der messianischen Zeit aufhebt und somit die Gesetze der Tora dann keine Gültigkeit mehr haben. Kern der antinomistischen Tendenzen von messianischen Bewegungen ist ein Psalm (146,7)[281] der Bibel, der sich auf die messianische Zeit bezieht. Dieser kann nach Scholem entweder als „Gott löst die Verbote

---

[279] Scholem. Die Krise der Tradition. 1970. S. 18

[280] Die Bestrebungen einen akuten Messianismus zu verhindern und möglichst zu verbieten werden deutlich, wenn man die so genannten „vier Eide" (manchmal auch nur als drei interpretiert) betrachtet. Diese verbieten jedes weltliche, politische Engagement, das im Zusammenhang mit einer Wiedererrichtung des Königreichs Israel (oder überhaupt als politische Macht gegen andere aufzutreten) durch die Juden selbst. Die Eide spielten eine herausragende Rolle in den Anfangszeiten des Zionismus, als es zu Auseinandersetzungen zwischen säkularen Zionisten, den späteren religiösen Zionisten und Orthodoxen (die zu jener Zeit noch einhellig antizionistisch waren) kam.
Die Eide beziehen sich auf einen Vers im Hohelied Salomons (2,7), in dem nach Werblowsky der „locus classicus of messianic quietism" gesehen wird. (Werblowsky, Zwi, R.J. Novum Pascha Novae Legis Phase Vetus Terminat. S. 278. In: Schäfer, Peter und Dan, Joseph. Gershom Scholem's Major trends in Jewish mysticism 50 years after. Tübingen, 1993. S. 277 – 282):
"Ich beschwöre euch, Töchter Jerusalems, bei den Gazellen oder bei den Hirschkühen des Feldes: Weckt nicht, stört nicht auf die Liebe, bevor es ihr [selber] gefällt!"
Daraus wurden die folgenden Verbote abgeleitet:
"Four vows are contained there. The Israelites are adjured not to revolt against the kingdoms of the world [the secular powers], not to press for the end, not to reveal their mystery to the nations of that world and not to come up from exile like a wall [in great masses]. But, if so, why does the King Messiah come? To gather in the exiled Israel." (Scholem. The messianic idea in Judaism. 1974. S. 14. Anmerkungen in Klammern von Scholem).
Eine ausführliche Besprechung der Entwicklung und Bedeutung dieser einflussreichen Verbote in der Geschichte des Judentums findet sich bei:
Ravitzky, Aviezer. Messianism, Zionism and Jewish Religious Radicalism. Chicago, 1996. Appendix: The Impact of the Three Oaths in Jewish History. S. 211 – 235.
Fortan: Ravitzky. Messianism. 1996.

[281] Psalm 146, 7: „Recht verschafft er den Unterdrückten, den Hungernden gibt er Brot; der Herr befreit die Gefangenen." Das Problem der Interpretation liegt im Wort אסורים, das im Hebräischen sowohl Gefangene als auch Verbote bedeuten kann. Ohne näher darauf einzugehen sei dennoch kurz darauf verwiesen, dass in der theologischen Auslegung im Judentum dabei nicht nur eine zufällige Identität des Wortes, sondern auch eine Sinnverwandtschaft besteht.

auf" oder „Gott erlaubt das Verbotene"[282] interpretiert werden. Damit verbunden ist der Glaube an eine neue Halacha des messianischen Zeitalters. Diese neue Halacha sollte die alte Ersetzen, da diese teilweise nur für die Diaspora bestimmt war.

Dementsprechend wird der Messias für viele konservative Rabbiner umso mehr zu einer kaum fassbaren und kaum vorstellbaren Gestalt: „Die Figur des Messias selber bekommt einen unheimlichen und alle traditionellen Werte in Frage stellenden Charakter."[283]

Das revolutionäre Potential dieser Sichtweise ist augenscheinlich. Am drastischsten wurde es in der Sabbatai Zwi Bewegung und nachfolgenden Splittergruppen ersichtlich, die den Verstoß gegen die vielen Verbote im Judentum als Weg zur Erlösung betrachten. Dieser nahm in einigen radikalen Ausprägungen alle möglichen Formen des Gesetzesbruches an: z.B. das Brechen von Speisegeboten, sexuelle Orgiastik und oft sogar die Apostasie. In den extremsten Bewegungen wurde generell die Sünde zum Gebot erhoben. Dabei wurde dieses Verhalten durchaus im Einklang mit den jüdischen Geboten für die messianische Zeit gesehen, obwohl es eigentlich den absoluten Bruch mit der jüdischen Lehre bedeutet.[284] Diese Bewegungen, deren Theologie Scholem (auch inhaltlich) treffend mit „Erlösung durch Sünde" beschrieben hat[285], sind eine überdeutliche Manifestation des antinomischen Potentials der Idee einer messianischen Halacha, welche die alten Regeln aufhebt.

Dass es trotz des rabbinischen Widerstandes immer wieder in der Geschichte des Judentums messianische Bewegungen gab, hat mehrere Gründe. Grundlegend ist natürlich der Widerspruch zwischen der Hoffnung auf die Erlösung und die gleichzeitige Verdrängung dieser Hoffnungen durch die Rabbiner. Dennoch blieb die messianische Hoffnung im Volk stets erhalten[286] und zu Zeiten in denen ‚apokalyptische Umstände'[287] zu herrschen schienen, brach der Messianismus auch immer wieder durch und produzierte charismatische Messiasprätendenten: „Messianische Bewegungen haben oft einzelne Menschen hervorgebracht, die soviel

[282] Scholem. Die Krise der Tradition. 1970. S. 16.
[283] Scholem. Die Krise der Tradition. 1970. S. 24.
[284] Nach der Apostasie Sabbatai Zwis „erschien es den Theologen [...] der sabbatianischen Bewegung, dass alle Blätter der alten Bücher im Grunde von nichts anderem sprachen als von der notwendigen Apostasie des Messias."
Scholem. Die Krise der Tradition. 1970. S. 23.
[285] Scholem. The messianic idea in Judaism. 1974. Kapitel 4: Redemption through Sin. S. 78 – 141.
Zu den extremsten Formen, die dieser Antinomismus annehmen konnte, siehe besonders S. 108 – 121.
[286] Scholem. Sabbatai Zwi. 1992. S. 32.
Scholem. Die Krise der Tradition. 1970. S. 18.
[287] „[Because of] the apocalyptic certainty that the End had begun, [...] all that was still required was the call to ingathering. [...] This is the Messianic activism in which utopianism becomes the lever by which to establish a messianic kingdom."
Scholem. The messianic idea in Judaism. 1974. S. 15.

charismatische Autorität hatten, dass sie die etablierte Autorität des rabbinischen Judentums herausfordern konnten.“[288]

Die bisher beschriebenen Charakteristiken galten für das Judentum bis in die frühe Neuzeit. Trotz erbitterten Widerstands durch die Rabbiner gab es im jüdischen Mittelalter[289] immer wieder messianische Bewegungen, jedoch dauerte es bis ins 17. Jahrhundert bevor die bis dato lokal begrenzten messianischen Bewegungen einen sehr großen Teil des Judentums umfassten. Die Rede ist von dem selbst ernannten Messias Sabbatai Zwi (1626 – 1676) und seinen Anhängern. Der Erfolg der Sabbatianer hatte jedoch als theologische Grundlage eine Weiterentwicklung des jüdischen Messianismus in der lurianischen Kabbala.

2.3 Die Kabbala nach Luria

Die lurianische Kabbala, benannt nach Isaak Luria (1534 – 1572), fügte dem mystischen Denken im Judentum eine neue messianische Sichtweise hinzu. Die lurianische Variante entstand wiederum im Zusammenhang mit den katastrophalen Auswirkungen der Reconquista für das iberische Judentum. Für viele Juden war „das spanische Desaster [...] der Beginn der messianischen Geburtswehen.“[290]

Diese Arbeit ist nicht der Rahmen, das Wesen der Kabbala zu erklären; selbst einleitende Gedanken wären notgedrungen schon seitenlang. Nichtsdestotrotz müssen einige wenige Begriffe umrissen werden, um die Bedeutung verstehen zu können, welche (vor allem die lurianische) Kabbala für den Messianismus und die weitere Entwicklung des Judentums hat.

Grundlegend für die Kabbala ist die Lehre der Emanation des göttlichen Lichts (des göttlichen Seins), welche die Existenz des Kosmos begründet. Dabei ist in der lurianischen Kabbala die Welt und ihre Geschichte selbst nur eine Widerspiegelung einer spirituellen Ebene. Diese Emanation teilt sich in zehn Stufen (den Sefiroth – ספירות) auf. Der Kabbalist versucht durch Kontemplation die höchste Stufe zu erreichen und so die Einheit mit Gott zu finden.

---

[288] Scholem. Sabbatai Zwi. 1992. S. 32.

[289] Ein expliziter Gegner des Messianismus war der wohl bekannteste und einflussreichste jüdische Rabbiner Moshe ben Maimon (1135 – 1204), im Westen als Maimonides bekannt. Seine als rational-philosophisch geltende Lehre sprach sich gegen alle utopischen und apokalyptischen Vorstellungen aus.

[290] Scholem. Sabbatai Zwi. 1992. S. 40.
Vgl. dazu auch die Ausführungen von Karen Armstrong. Sie beschreibt in den ersten Seiten ihres Buches, wie die spanischen Juden unter der Reconquista zu Leiden hatten; wie sie plötzlich Antisemitismus, Pogromen, Vertreibung, Konvertierungen und Inquisition ausgesetzt waren, nachdem sie unter christlicher Herrschaft standen. Sie subsumiert in zwei Sätzen die Zeit nach der Reconquista: „Spanish Jewry was destroyed. About 70.000 Jews converted to Christianity, and stayed on to be plagued by the Inquisition; the remaining 130.000 [...] went into exile." Armstrong. The Battle for God. 2000. S. 7; allgemein zu der Situation der Juden während der Reconquista S. 1 – 10.
Zahlen in einer vergleichbaren Größenordnung finden sich bei: Küng. Judentum. 2007. S. 212ff.

Luria interpretiert diese Lehre nun um, und geht davon aus, dass die Schöpfung der Welt nicht durch die Emanation erfolgte, sondern durch den Rückzug (Zimzum – צמצום) Gottes, von sich selbst. Dadurch entstand eine Leere, die Platz für den späteren Kosmos schuf. Dennoch sendet Gott aber durch so genannte Gefäße (Keli – כלי) neues Licht durch die Sefiroth, was den ersten Menschen konstituiert: Adam Kadmon (ursprünglicher Mensch – אדם קדמון). Dabei passiert die Urkatastrophe der Schöpfung, denn die Gefäße gehen zu Bruch und die Scherben dieser Gefäße legen den Grundstein für eine nicht-göttliche Unordnung, die in der Kabbala die Begründung für das Böse darstellt.[291] Diese Unordnung hat dreierlei zur Folge: Erstens existiert, wie gesagt, die göttliche Unordnung. Diese schlägt sich nieder in der Gestalt der Welt und im Schicksal der Juden, nämlich dem Exil, heraufgebracht durch die Nichtjuden, welche Bestandteil der Unordnung sind.[292] Andererseits existiert das göttliche Licht in Form von Funken in der Welt, allerdings vermischt mit dem Bösen. Die dritte und eminent wichtige Konsequenz ist, dass durch den Bruch der Gefäße Gott ebenfalls in doppelter Hinsicht im Exil ist: Die Verbindung der Schöpfung zu Gott selbst wurde abgeschnitten, lediglich die ‚göttlichen Funken' (die aber Teil Gottes sind) existieren noch in der Schöpfung. Diese sind aber ebenfalls im Exil innerhalb der Schöpfung, da sie durch den Bruch der Gefäße mit dem Bösen vermischt worden sind. Das heißt Gott ist sowohl von sich selbst abgeschnitten (das En Sof von den göttlichen Funken), als auch von seiner Schöpfung.

Doch glücklicherweise besitzt der Mensch, der Adam, die Fähigkeit diese göttlichen Funken zu erkennen und einzusammeln. Deswegen kann ihm auch die Wiederherstellung (Tikkun - תיקון) der göttlichen Ordnung und damit die Erlösung gelingen. „Der Jude hält den Schlüssel zum Tikkun der Welt in Händen, indem er durch die Erfüllung der Gebote der Tora immer mehr das Gute vom Bösen trennt."[293] Damit können die Juden, und nur sie, die kosmische und irdische Erlösung herbeiführen. Indem sie die göttlichen Funken durch die Befolgung der Tora einsammeln[294], stellen sie die Ordnung wieder her und erlösen damit sowohl den Menschen und die Welt als auch Gottes Exil.

---

[291] Über den Grund für diesen Bruch waren sich die Kabbalisten um und nach Luria laut Scholem selbst nicht einig. Die beiden geläufigsten Meinungen waren einerseits, dass Gott den heutigen Menschen auf die Probe stellen wollte, da durch den Bruch das Böse entstand und somit aber auch der freie Wille. Die andere Meinung war, dass dieses Rätsel nicht vom Menschen gelöst werden kann.
Scholem. Sabbatai Zwi. 1992. S. 56.

[292] Obwohl die Nichtjuden, die Goijim, selbst auch einige göttliche Funken besitzen, dominiert in ihnen das Böse, und deswegen lehnen sie auch die Aufgabe, die göttliche Ordnung wiederherzustellen, ab.
Scholem. Sabbatai Zwi. 1992. S. 60f.

[293] Scholem. Sabbatai Zwi. 1992. S. 63.

[294] Die Offenbarung der Tora wird in der Kabbala ebenfalls mystisch gedeutet und verstanden als Bewusstseinserleuchtung, im Zuge des spirituellen Erwachens (Auszug aus Ägypten).

Die kabbalistische Lehre kann als Geschichtsdeutung und Handlungsanweisung verstanden werden: „Um den Mythos richtig zu würdigen, müssen wir seine doppelte Funktion als Interpretation der Geschichte und als Faktor in der jüdischen Geschichte verstehen.“[295]
Die geschichtliche Bedeutung der lurianischen Kabbala ist darin zu finden, dass sie eine Antwort auf das jüdische Exil gibt; eine Antwort die dem jüdischen Exil Sinn und Aufgabe durch Gott verleiht. „Das Exil hatte also seine Ursache, und diese Ursache lag in der Natur der Schöpfung. Die kabbalistische Erklärung, die das Exil nicht nur als Prüfung für unseren Glauben, als Strafe für unsere Sünden ansieht, sondern zuallererst als eine Mission, die verstreuten Funken zu erheben, hat etwas bestürzend Neuartiges.“[296]
Mit der Entwicklung dieser Lehre wurden tatsächlich grundlegende Neuerungen ins Judentum eingebracht. Erlösung bedeutet das Einsammeln und Loslösen der „heiligen Funken“ vom Bösen, sie symbolisiert aber ebenfalls die Befreiung Israels von den Heiden und das Ende der Diaspora. Wie Werblowsky feststellt wird Gott damit zum *salvator salvandus*, also zu einem selbst zu erlösenden Erlöser: „This is spiritual activism at its most extreme, for God has become a real salvator salvandus. But to the Jews Israel's exile became meaningful because it was seen as a participation in the profounder exile of God, and God Himself required Israel's active participation in the redemption of Himself and His people."[297] Auch die Messiasfigur verliert im lurianischen Messianismus stark an Bedeutung. Durch die Lehre der Kabbalisten wird „viel, von der früher dem Messias zugeschriebenen Erlösungsaufgabe Israel als historischer Nation übertragen,“[298] denn „die kabbalistische Kontemplation emanzipiert den eschatologischen Messianismus individuell.“[299] Der Messias erscheint nach Luria erst nach der vom Menschen herbeigeführten Erlösung, um dann seine Herrschaft zu errichten. Ein weiterer, damit verbundener Gedanke der lurianischen Kabbala war die Aufgabe des katastrophischen Messianismus im Sinne der Erlösung als Ereignis. Stattdessen entwickelten die Kabbalisten die Vorstellung von der Erlösung als Prozess.[300] „Die Erlösung kommt nicht mehr plötzlich, sondern erscheint als logische und notwendige Frucht der jüdischen Geschichte. [...] Die Erlösung Israels vollzieht sich in Stufen, eine Reinigung nach der anderen. Der messianische König ruft keineswegs Tikkun hervor, sondern wird von ihm hervorgerufen: Er erscheint, wenn der Tikkun vollendet ist. Die kosmische Erlösung im Aufheben der Funken

[295] Scholem. Sabbatai Zwi. 1992. S. 64.
[296] Scholem. Sabbatai Zwi. 1992. S. 66.
[297] Werblowsky. Messianism in Jewish History. 1971. S. 41.
[298] Scholem. Sabbatai Zwi. 1992. S. 72.
[299] Scholem. Sabbatai Zwi. 1992. S. 38.
[300] Dennoch existierte immer noch, ganz dem rabbinischen Bestreben entsprechend, die verschiedenen Lehren des Judentums widerspruchsfrei zu vereinen, die Vorstellung, dass kurz vor der Vollendung der Erlösung eine katastrophale Zeit auf die Juden hereinbrechen werde.

verschmilzt mit der nationalen Erlösung Israels; das Symbol vom „Einsammeln der Exilierten“ schließt beides ein.“[301] Damit wird dem Menschen die Macht übertragen, die Erlösung selbst herbeizuführen. Dementsprechend erscheint auch der Messias erst, wenn der Tikkun vollendet ist.[302] „Die Reinigung und der Tikkun der Seelen sind [...] kein utopisches Ereignis mehr, das von einem übernatürlichen Eingriff abhängt. Es ist das Ergebnis eines langen Reinigungsprozesses, der sich in der Welt vollzieht.“[303]

In der lurianischen Doktrin zeichnen sich in der Vorstellung des Volkes, das die Erlösung ohne die weitere Hilfe Gottes erbringen muss, deutliche Spuren der Moderne ab. Die Erlösung wird in der Lehre nicht mehr als apokalyptischer Akt, sondern „als kausal determinierte[r], stetige[r] Fortschritt zur Erlösung hin“[304] begriffen.

Allerdings waren die Kabbalisten Mystiker und dachten in ihrer Lehre vorrangig an die innere, spirituelle Reinigung und der damit einhergehenden Erlösung. Die theoretisch darauf folgenden weltlichen Umformungen, vor allem das Ende des Exils und Neugründung des Königreichs, besaßen für die Kabbalisten nur eine untergeordnete Rolle – in ihrer Vorstellung würde sich die weltliche Komponente der Erlösung nach der spirituellen Reinigung des Volkes einstellen.

Im Volksglauben jedoch, der von jeher wenig mystisch war, wurde die Lehre der lurianischen Kabbala, die sich bis zum Anfang des 17ten Jahrhunderts von Safed aus sukzessive über Europa und den Nahen Osten verbreitet hatte, durchaus auch als weltliche Handlungsanweisung aufgenommen. Grundlage für den Erfolg der Kabbala jenseits der jüdischen Mystiker war nach Scholem, dass sich sowohl das nahöstliche, als auch das europäische Judentum in einer vergleichbar schlechten Lage durch Repressalien in ihren Heimatländern befand. Deswegen ist es für ihn nicht überraschend, dass diese grundlegende Instabilität zu einer allgemeinen, eschatologischen Stimmung führte, die sich mit den Lehren der lurianischen Kabbala verband. Dabei stellt Scholem aber fest, dass die Kabbala „eine ideologische Funktion [einnahm], die weit über das religiöse Bewusstsein ihrer Urheber hinausging.“[305] Die spirituelle Komponente wurde in den Massenbewegungen zurückgedrängt, und die weltliche hervorgehoben. Die Aufgabe des Menschen, die Welt zu erlösen, wird nicht wie von den Kabbalisten als spirituelle begriffen, sondern als nationale: „Im Kontext der jüdischen Diasporaexistenz konnte der [...] Mythos der kabbalistischen Mystiker zu einem nationalen Mythos von großer

301 Scholem. Sabbatai Zwi. 1992. S. 67.
302 Scholem. Sabbatai Zwi. 1992. S. 67.
303 Scholem. Sabbatai Zwi. 1992. S. 68.
304 Scholem. Sabbatai Zwi. 1992. S. 84.
305 Scholem. Sabbatai Zwi. 1992. S. 87.

Triebkraft werden.“[306] Denn während die Kabbalisten dachten, „die nationale Erlösung Israels, die sie als das äußere Symbol eines tieferen kosmischen Wandels begriffen, würde notwendigerweise jenen mystischen Prozessen folgen,“[307] sah das Volk hingegen in dieser Lehre einen „politischen Messianismus“.[308]

Unter diesen Bedingungen konnte sich der Messiasprätendent Sabbatai Zwi etablieren, der zu der bis dato verheerendsten Glaubenskrise im Judentum führen sollte. Sabbatai Zwi interpretierte sich (mit Hilfe seines Propheten Nathan von Gaza) als Messias, der die Juden ins heilige Land führen wollte. Dabei stellte seine theoretische Grundlage eben die lurianische Kabbala dar, nach deren Lehre er die Juden aus dem Exil nach Israel führen wollte, um so die Erlösung herbeizuführen. Die Bewegung, die Sabbatai Zwi ins Leben rief, sollte die größte messianische Bewegung werden, die das Judentum (mit Ausnahme des Christentums) je kannte. „Die Bewegung überrannte in kürzester Zeit die jüdischen Gemeinden von Jemen und Persien bis nach England, Holland, Russland und Polen.“[309] Dementsprechend groß war auch der Schock, nachdem sich der scheinbare Messias als falscher herausgestellt hatte. Das Resultat war eine radikale Abwendung vom weltlich-messianischen Glauben im Judentum. Es entstand die Glaubensrichtung der Chasidim, die zwar die kabbalistische Lehre wieder aufnahm, aber jedes weltliche Moment aus dem Erlösungsglauben verbannte. In Opposition dazu entstanden die Mitnagdim, die den Messianismus und Mystizismsus der Kabbala weitgehend ablehnten und einer wortwörtlichen, formalistischen Gesetzespraxis der Halacha anhingen. Beide Gruppen kann man heute konstitutiv für das ultraorthodoxe Judentum sehen, auch wenn sich innerhalb der Ultraorthodoxie die Gewichtung unterscheidet. Als drittes Moment entwickelte sich etwas später die Haskala, die jüdische Form der Aufklärung, aus welcher das heutige Reformjudentum hervorging.

Doch diese Bewegungen spielen für diese Arbeit kaum eine Rolle, da wie noch zu sehen sein wird, der geistige Vater der religiösen Siedler, Kook der Ältere, stark auf die messianischen Elemente der lurianischen Kabbala zurückgreift.

---

[306] Scholem. Sabbatai Zwi. 1992. S. 87.
[307] Scholem. Sabbatai Zwi. 1992. S. 79.
[308] Scholem. Sabbatai Zwi. 1992. S. 80.
[309] Scholem. Die Krise der Tradition. 1970. S. 22.

2.4 Zusammenfassung

Nachdem die einzelnen Elemente und deren Rolle im jüdischen Messianismus betrachtet wurden, kann man diese nochmals kurz benennen um das Konzept des Messianismus verständlich zu machen. Der jüdische Messianismus beinhaltet die Lehre der Erlösung. Die beiden maßgeblichen Elemente sind dabei ein restauratives und ein utopisches, die nicht voneinander zu trennen sind und je nach Lehre unterschiedlich betont werden. Das restaurative Element hat als Kern die Vorstellung, dass die jüdische Erlösung durch die nationale Restauration des Volkes Israel im biblischen Land verwirklicht wird. Die utopische Vorstellung beinhaltet die vollkommene Transformation dieser Weltordnung in eine ideale – es ist die Lehre der beiden Äonen. Mit dem utopischen Element untrennbar verbunden und zum Teil auch Quelle dessen ist der Apokalyptizismus, der das katastrophale Ende der Welt und die Erlösung der Gläubigen vor dem Übergang in eine andere Phase des Daseins beschreibt. Die Messiasfigur selbst ist eine Personifikation dieser Erlösungsvorstellungen, in welche die Hoffnungen der Erlösung übertragen werden.

Ein weiteres Element, das dem jüdischen messianischen Denken hinzugefügt wurde findet sich in der lurianischen Kabbala, die aber nur von Teilen des Judentums übernommen wurden bzw. werden. In der Lehre Lurias ruft nicht Gott die Erlösung herbei, da er sich im Exil von seiner eigenen Schöpfung befindet. Dies hat zwei bedeutende Entwicklungen zur Folge: Erstens teilt er dem Mensch nicht nur die Fähigkeit, sondern sogar die Pflicht zu, die Erlösung selbst herbeizuführen. Zweitens resultiert daraus, dass die Erlösung und damit Geschichte an sich als Prozess aufgefasst wird.

Dies sind die allgemeinen Eckpunkte des messianischen Glaubens. Um den Begriff Messianismus, wie jeden „Ismus", zu rechtfertigen[310], braucht es eine Anhängerschaft, welche die Lehren dieser Vorstellungen in welcher Weise auch immer umsetzt. Das führt zum Problem der „Ausübung" des messianischen Glaubens. Es ist nicht ganz klar, ob man die Position des klassischen Rabbinertums als Messianismus bezeichnen kann, da eigentlich keine Aktivität existiert, die das Kommen der Erlösung beschleunigt – dies ist sogar verboten. Aber gerade aus diesem Verbot resultiert der politische Quietismus und damit durchaus eine Konsequenz in der Handlungsweise. Deshalb wird auch manchmal von passivem Messianismus gesprochen. Die andere Variante ist der akute Messianismus. Die Anhänger des akuten Messianis-

[310] Siehe dazu:
Gebhardt, Jürgen. Messianische Politik und ideologische Massenbewegung. S. 45ff. In:Knoll, Joachim H. und Schoeps, Julius H. (Hg.) Von kommenden Zeiten. Geschichtspropheten im 19. und 20. Jahrhundert. Stuttgart, 1994. S. 40 – 59.
Fortan: Gebhardt. Messianische Politik. 1994.

mus glauben, dass die messianische Zeit angebrochen ist und entwickeln in der Regel politische Aktivität, meist unter der Führung eines Messiasprätendenten, wie zum Beispiel beim Bar Kochba Aufstand oder der Sabbatianerbewegung.

3. Messianische Idee und Zeitverständnis; messianische Politik und Ideologie – ein Ausblick

Im unten folgenden Ausblick wird auf zwei miteinander verbundene Themenkomplexe eingegangen. Zuerst wird ein Zusammenhang zwischen Zeitverständnis und messianischem Denken untersucht. Darauf aufbauend wird zweitens unter der Überschrift „Ideologie und messianische Politik" erläutert, in welchem Zusammenhang Erlösungsdenken, ideologische Politik und Zeitverständnis stehen. Im Gesamtzusammenhang dieser Arbeit spielt eine solche Untersuchung erstens eine Rolle bezüglich der Fundamentalismustheorien im Allgemeinen, da, wie gesehen, bei Eisenstadt der Erlösungsrelevanz eine tragende Rolle in der Fundamentalismustheorie zugeordnet wird; bzw. bei Lawrence der Ideologie. In diesem Ausblick wird, wie erwähnt, eine Verknüpfung zwischen diesen beiden Elementen hergestellt.

Zweitens spielt dies konkret für die für die zu analysierende Bewegung der religiösen Siedler eine Rolle, da deren theologischer Hintergrund, wie noch zu sehen sein wird, stark in der lurianischen Kabbala verwurzelt ist und ihrem linear-messianischen Zeitverständnis. Mit der folgenden Betrachtung soll ein Vorverständnis geschaffen werden, welche Bedeutung die Kombination aus messianischem Zeitverständnis und politischem Handeln bei den religiösen Siedlern besitzt. Dennoch kann das nun folgende nur ein Ausblick bleiben, der auf die oben geschilderten Zusammenhänge verweist.

3.1 Zeitverständnis und messianisches Denken

Die Annahme, dass nach diesem Zeitalter ein neues Äon anbrechen soll, ist allen abrahamitischen Messianismusideen zu Eigen. Das Wesen des Erlösungszeitalters ist dabei nicht einfach nur besser, sondern grundsätzlich anders. Einige Formen messianischer Vorstellungen nahmen sogar die Züge an, dass die Erlösung kein Ereignis der Geschichte sei, sondern außerhalb dieser.[311] Gemein ist allen diesen Ideen, dass ihnen eine entscheidende Vorstellung im Zeitverständnis zu Grunde liegt. Zeit und Geschichte werden als eschatologisch aufgefasst und die Geschichte endet in einem Ereignis, wie der Apokalypse.

Damit unterscheidet sie sich einerseits vom zyklischen Zeitverständnis der ostasiatischen Religionen. Andererseits ist darin nicht das moderne Fortschrittsdenken entwickelt, welches die Welt als kausal zusammenhängende und aufeinander aufbauende Geschichte begreift und einen zunehmenden Fortschritt erwartet. Dieser Gedanke ist in der ursprünglichen Eschatologie nicht entwickelt. In ihr besitzt die Geschichte zwar einen Anfangs- und einen Endpunkt, jedoch ist darin noch keine Entwicklung implizit, wie die folgenden Ausführungen von Gershom Scholem verdeutlichen: "It is precisely the lack of transition between history and redemption which is always stressed by prophets and the apocalyptists. The Bible and the apocalyptic writers know of no progress in history leading to the redemption." Aber wie im vorherigen Kapitel geschildert findet sich auch in Teilen des Judentums spätestens in der lurianischen Kabbala die Vorstellung, dass die Erlösung kein apokalyptischer Akt mehr ist, sondern ein „kausal determinierte[r], stetige[r] Fortschritt“[312]. Somit wird die Geschichte (und damit auch die Zukunft) in der lurianischen Kabbala als aufeinander aufbauende Abfolge von Ereignissen gesehen. Genau diese Vorstellung wird, wie später noch zu sehen sein wird, von den religiösen Siedlern übernommen.

Im Christentum herrschte eine ähnliche Zeitvorstellung bezüglich der Geschichte und des apokalyptischen Endes. Jürgen Gebhardt führt aus, dass dieses Zukunftsverständnis ausschließlich eine „räumliche Herankunft, Ankunft von jemanden oder einer Sache bedeutet. [...] Zukunft meint die Zukunft Christi in der Apokalypse, die Wiederkunft, die Parusie, welche die eschatologischen Ereignisse umschreibt. Das entspricht ganz dem alten lateinischen Begriff status futurus, der die künftigen Dinge, die letzten Dinge, meint.“[313] Damit beinhaltet der Geschichtsverlauf zwischen der Schöpfung und der Parusie keinerlei aufeinan-

---

[311] Werblowsky. Messianism in Jewish History. 1971. S. 32.
[312] Scholem. Sabbatai Zwi. 1992. S. 84.
[313] Gebhardt. Messianische Politik. 1994. S. 50.

der aufbauende Elemente. Die Geschichte ist nicht teleologisch fortschreitend, sondern ohne irgendeine Prozesshaftigkeit und endet abrupt mit der Apokalypse. Benedict Anderson veranschaulicht das Fehlen eines prozesshaften Geschichtsbegriffs am Beispiel eines Glasfensters in einer mittelalterlichen französischen Kirche, das die Stallszene der Geburt des Jesus zeigt. Auf diesem Bild sind alle Personen in burgundische Kleidung der damaligen Zeit gewandet und auch die „physische Erscheinung" war eine burgundische. „Die Darstellung der Jungfrau Maria mit „semitischen" Zügen oder in Kleidung des „ersten Jahrhunderts", wie es das rekonstruierende Prinzip des modernen Museums verlangt, war unvorstellbar, weil die christliche Denkweise des Mittelalters kein Denken der Geschichte als endlose Kette von Ursache und Wirkung oder die konsequente Trennung von Vergangenheit und Gegenwart kannte."[314]

In der Moderne hingegen entwickelte sich nach Gebhardt durch die Abkehr vom göttlichen Weltbild, der Zentrierung des Menschen und dem Verständnis selbst beeinflussender Akteur im Geschichtsverlauf zu sein, ein anderes Bild. Der neue Zukunftsbegriff ist auf den Menschen fixiert und „beinhaltet den Zeitraum und den Inhalt dessen, was auf die Geschichte der Gegenwart folgt."[315] Analog dazu ist die Wandlung des Begriffs Geschichte zu sehen. Während Geschichte vormals lediglich die Summe einzelner Geschichten bedeutete, meint Geschichte nun, durch die Einsetzung des Menschen als alleinige Konstante, ein anthropologisches Konzept, das Entstehung und Sinn der menschlichen Existenz erklären soll. „Geschichte also symbolisiert den Gesamtzusammenhang des zivilisatorischen Prozesses als sinnvolle Einheit."[316]

Die Idee des Fortschritts ist schließlich ein Produkt des gewandelten Zeitverständnisses. Er konnte nach Gebhardt erst im Zuge des entchristianisierten Zukunftsbegriffs entstehen, da „Fortschritt als geschichtlicher Oberbegriff für die Geschehenseinheit auf dieser Welt [...] solange undenkbar [war], als man sich seit Christi Erscheinen im letzten Weltzeitalter wusste, in dem sich grundsätzlich nichts Neues mehr ereignen konnte."[317] Der Fortschrittsbegriff symbolisiert somit den Übergang vom Zeitverständnis der Vormoderne, zum teleologischen, linearen Zeitverständnis der Moderne: „Das stets zu erwartende Weltende [verwandelt sich] in eine offene, sich verbessernde perfektionierende Zukunft [...]. Dies geschieht insofern, als die These von der Vervollkommnung in den zivilisatorischen Prozess hineingelegt wird und diese Vervollkommnung sich durch den Begriff *Fortschritt* ausdrückt, die Zielgerichtetheit dieser

[314] Anderson, Benedict. Die Erfindung der Nation. Zur Karriere eines erfolgreichen Konzepts. Frankfurt a.M., 1988. S. 31.
Fortan: Anderson. Die Erfindung der Nation. 1988.
[315] Gebhardt. Messianische Politik. 1994. S. 50.
[316] Gebhardt. Messianische Politik. 1994. S. 51.
[317] Gebhardt. Messianische Politik. 1994. S. 51.

Bewegung mit dem Begriff *Zukunft* angezeigt und daraus insgesamt die Geschichte konstruiert wird."[318] Kennzeichnend dafür ist das, vor allem politisch bedeutsame „Ideal einer kollektiven Menschlichkeit, die sich ihren Fortschritt selbst bestimmt, als oberstes Ziel der menschlichen Tätigkeit und als das endgültige Muster, nach dem die Gesetze des Verhaltens beurteilt werden können."[319]

Dabei hat der Bedeutungswandel des Zeitverstehens seine Wurzel durchaus im religiösen Erlösungsdenken, wie Eric Voegelin erklärt. Er erläutert in die *„Die neue Wissenschaft der Politik"*[320], wie in die christliche Ekklesia die innerweltliche Komponente des Erlösungsglaubens u.a. durch die Lehre Joachim von Fiores wieder Einzug erhielt und sich damit eine Veränderung des Zeitverständnisses anberaumt.[321] Diese Vorstellung war aus der ekklesischen Lehre seit dem wegweißenden Konzil von Ephesos (431 n. Chr.) offiziell als Häresie gebannt worden[322], und blieb nur in Sektenbewegungen bestehen. Dominant war seitdem die Lehre Augustinus (354 – 430), der zwischen einer Profan- und einer Heilsgeschichte unterschied. Die Profangeschichte ist die weltliche Seite, in der „Reiche entstehen und vergehen"[323], während die Heilsgeschichte ihren Höhepunkt im Advent des Christos und im Entstehen der Kirche hatte – durch Jesus von Nazareth wurde das neue, spirituelle Äon eingeleitet. Die Profangeschichte hingegen ist die eines „saeculum senescens, eines vergreisenden Zeitalters."[324] Damit hat mit Augustinus die De-Divinisation der diesseitigen Herrschaftssphäre ihren Höhepunkt erreicht, da er der weltlichen Herrschergewalt keinerlei Erlösungsrelevanz zuordnete.

Mit Joachim von Fiore fand sich ein entscheidender Widersacher Augustinus, der die chiliastische Zeitenlehre[325] in das Christentum reintegrierte und damit den Boden für die Re-

---

[318] Gebhardt. Messianische Politik. 1994. S. 51. Hervorhebungen im Original.

[319] Kollakoswki, Leszek. Der revolutionäre Geist. Stuttgart, 1972. S.7. zitiert nach: Gebhardt. Messianische Politik. 1994. S. 53.

[320] Voegelin, Eric. Die neue Wissenschaft der Politik. Eine Einführung. 4. unveränderte Auflage. München, 1991.(Orginal englisch, 1951, erstmalig auf deutsch 1959)
Fortan. Voegelin. Die neue Wissenschaft der Politik. 1991.

[321] Siehe dazu vor allem: Voegelin. Die neue Wissenschaft der Politik. 1991. S. 158 – 191.

[322] Scholem. Sabbatai Zwi. 1992. S. 114.

[323] Voegelin. Die neue Wissenschaft der Politik. 1991. S. 173.

[324] Voegelin. Die neue Wissenschaft der Politik. 1991. S. 173.

[325] Die chiliastische Zeitenlehre, also die Vorstellung eines tausendjährigen Reiches im Diesseits, ist im Wesentlichen eine Übernahme der jüdischen apokalyptischen und utopischen Erlösungsvorstellungen. Diese fanden Einzug ins Christentum durch die Johannesapokalypse, auf die jede innerweltliche Erlösungsvorstellung im Christentum zurückgreift – sie ist quasi der *locus classicus* des chiliastischen Denkens, um einen weiter oben erwähnten Ausspruch von Werblowsky zu entlehnen.
Siehe dazu:
Böcher, Otto. Stichwortartikel "Chiliasmus". In: Theologische Realenzyklopädie. Band 7. Berlin, 1981. S. 725.
Kippenberg, Hans. Stichwortartikel "Apokalyptik/Messianismus/Chiliasmus". In. Cancik, Hubert; Gladigow, Burkhard; Laubscher, Matthias. Handbuch religionswissenschaftlicher Begriffe. Band II: Apokalyptik – Geschichte. Berlin, 1990. S. 9 – 24; besonders S. 9f. und 19ff.

Divinsation des weltlichen Reichs bereitete. Ohne auf die näheren Details der Lehre Joachims einzugehen[326] muss man einige Elemente hervorheben. Zum einen hebt er Augustinus Unterscheidung zwischen den zwei parallel verlaufenden Geschichten (Profan- und Heilsgeschichte) auf. Joachim sieht im Gegensatz zu Augustinus die Herrschaft Christi auf Erden noch nicht in der Kirche verwirklicht, sondern er nimmt die Idee der aufeinander folgenden Reiche und Äonen wieder auf und gestaltet sie analog zur Trinität. Nach dieser Lehre gibt es ein Reich des Vaters (Abraham bis Jesus), des Sohnes (seit Jesus) und des Heiligen Geistes (Zukunftsutopie). Dabei enthält diese Staffelung eine Sinngebung der Geschichte verbunden mit einer eschatologischen Heilserwartung: Die drei Zeitalter wurden als Steigerung spiritueller Erfüllung charakterisiert. „Das erste Zeitalter entfaltete das Leben des Laien, das zweite [...] das der Priester, und das dritte sollte das vollkommene spirituelle Leben des Mönches bringen."[327] Joachim von Fiore zufolge konnten „Propheten des neuen Zeitalters"[328] die Erkenntnis gewinnen, wie die bisherige Welt in die vollkommene Welt des spirituellen Mönchtums zu verwandeln sei.

Damit war die Idee des vollkommenen Zeitalters im Diesseits wieder nachhaltig in die christliche Glaubenslehre eingedrungen. Mehr noch wurde dadurch die Geschichte jetzt als wesenhaft betrachtet; d.h. der Sinn der Geschichte, und damit auch des Menschen, liegt im Erreichen des vollkommenen Zeitalters – wobei er dieses vollkommene Zeitalter durch eigene Erkenntnis erreichen kann.[329] Letzteres scheint ein entscheidender Punkt zu sein. Sobald der Mensch sich selbst die Aufgabe bzw. die Fähigkeit überträgt, eine innerweltliche Erlösung herbeizuführen betrachtet er die Welt und Geschichte als fortschreitend und Ereignisse als aufeinander aufbauend, wie bereits bei der Betrachtung der lurianischen Kabbala gesehen.

Aune, David; Fitschen, Klaus; Boyer, Paul. Stichwortartikel „Chiliasmus". In: : Religion in Geschichte und Gegenwart. Band 2 C-E. Tübingen, 1999. S. 136 – 144.

[326] Voegelin. Die neue Wissenschaft der Politik. 1991. S. 162 – 177.
Voegelin. Die politischen Religionen. 1938. S. 29 – 40.

[327] Voegelin. Die neue Wissenschaft der Politik. 1991. S 163.

[328] Voegelin. Die neue Wissenschaft der Politik. 1991. S. 165.

[329] Die Fähigkeit des Menschen, den Weg zur Erlösung zu erkennen und diese selbst herbeizuführen ist Kern dessen was Eric Voegelin unter Gnosis bzw. Gnostizismus versteht. Für ihn ist im Wesentlichen ein gnostischer Vorgang dann gegeben, wenn der Mensch das Wesen der Geschichte immanentisiert; also wenn er glaubt, dass Geschichte ist ein Erlösungsprozess, den der Mensch beeinflussen kann..
Auf die Gnosisthese Voegelins wird in dieser Arbeit nicht eingegangen. Erstens geht die neuere Forschung davon aus, dass die Immanentisierung mehrere zusammenspielende Einflüsse hatte (u.a. den Neoplatonismus); welche Rolle die Gnosis überhaupt hatte, ist umstritten. Zweitens wird Voegelins Gnosisbegriff selbst kritisiert, da er diesen unter Rückgriff auf eine Antike Gnosisvorstellung verwenden wollte, was besonders nach der Entdeckung der Nag Hammadi Schriften kaum mehr haltbar scheint.
Siehe dazu:
Webb, Eugene. Voegelins "Gnosticism" Reconsidered. In: Political Science Reviewer. Nr. 34. 2005. S. 48-76.
McKnight, Stephan. Gnosticism and Modernity: Voegelin's Reconsiderations Twenty Years After The New Science of Politics. In: Political Science Reviewer. Nr. 34. 2005. S. 122 – 141.

Die Vorstellung einer innerweltlichen Erlösung, die mit dem utopischen Zeitalter einen neuen Ordnungszustand der Welt impliziert, hat offensichtliches politisches Potential. Voegelin und Gebhardt sehen darin die Wurzel der modernen ideologischen Bewegungen, was nachfolgend betrachtet wird.

3.2 Utopie und Ideologie

Nach Jürgen Gebhardt ist die Geburt der Ideologie im revolutionären und postrevolutionären Frankreich zu finden. Dort fand sich eine Gruppe Intellektueller unter der geistigen Führung Condorcets zusammen, um ein radikal neues Gesellschaftsbild zu entwerfen. „The *Idéologistes,* as they called themselves, acted as the class of men that were, as Condorcet once said, to propagate the truth in order to ring the age of human perfection. [...] The *Idéologistes* [claimed] that their speculation is the new truth of the new era of mankind as it was introduced by the revolutionary calendar."[330]

Mit dem Begriff Ideologie sieht Gebhardt einen persönlichen und sozialen Prozess verbunden, der Antworten auf den fortschreitenden Prozess der Differenzierung sucht, die das Europa in der Entwicklung der modernen Zeit durchdrang. Entscheidend ist für Gebhardt die veränderte menschliche Wahrnehmung der Geschichte in der Moderne. Demnach sieht sich der Mensch nicht mehr als unbedeutend für den Weltverlauf an, wie es das Christentum lehrte, sondern als wirkungsmächtigen Akteur der Geschichte, wie die folgende Aussage Condorcets verdeutlicht: „Man must no longer regard himself as an individual limited to a transitory and isolated existence ... he becomes active part of the great whole and the cooperator in an eternal enterprise."[331] Dabei sahen die Ideologen ihre Aufgabe darin, ein Programm zu entwickeln, welches den Menschen den Weg zur individuellen und zivilisatorischen Perfektion im Verlauf der Geschichte weist: „History was seen as progress in civilization towards the reduction of common errors and prejudices and the infinite perfection of the human mind. [...] History becomes a closed process towards a known telos described in terms of purification of the human deficiencies of human existence in time, a leap into a new quality as yet not experi-

[330] Gebhardt, Jürgen. Ideology and Reality: The Ideologue's persuasion in modern politics. In: Interpretation. Journal for political philosophy. S. 401 Volume 9, Numbers 2&3. September 1981. S. 397 – 414.
Fortan: Gebhardt. Ideology and Reality. 1981.

[331] Condorcet. Œvres. In: A. Condercet. O'Connor. F.M. Arago (Hg.) (Paris 1847 – 49, reprint Stuttgart, 1968). VII, 183.
Zitiert nach: Gebhardt. Ideology and Reality. 1981. S. 401.

enced. The progress of perfection may be an indefinite one, but in the last analysis it will lead to a collective state of salvation from all existential evil."[332]

In obigen Zitat kann man bereits zwei klassische Motive des messianischen Denkens sehen: Erstens findet man das apokalyptische Äonendenken, das den absoluten Umbruch der bisherigen Welt bedeutet und in ein vollendetes Zeitalters führt („perfection of the human mind", „new quality"); zweitens natürlich das Erlösungsdenken, das mit diesem Zeitalter einhergeht. Der dritte Punkt ist, wie gesehen, charakteristisch für den Menschen, der denkt er kann sich selbst erlösen: Der Geschichtsverlauf als Prozess, der durch das menschliche Handeln zu jener Perfektion führt.

Zur Entwicklung des Programms versuchten die Ideologen eine Analyse des Menschen vorzunehmen, um dessen wahres Selbst zu erkennen und daraus die ideale Ordnung abzuleiten. Gebhardt sieht die Analyse der Ideologen analog zur Gnosis[333], verstanden als das Mittel zur Kenntnis der Erlösung. Dem zu Grunde liegt die Ausweitung der rational-utilitaristischen Vorgehensweise der Naturwissenschaften auf gesellschaftliche und menschliche Belange, die vorher vor allem ein Gebiet der Metaphysik waren. Dadurch entstand die Vorstellung der absoluten „Berechenbarkeit" des Menschen. Analog zur Ausweitung der naturwissenschaftlichen Methode auf menschliches Dasein und dessen Belange und Bedürfnisse verstand man die Analyse als Mittel, „[that would] unveil[] the new truth of human existance."[334] In dieser Wahrheit glaubten die Ideologen allgemeine Gesetze für die die menschliche Ordnung zu finden, da die Gesetzlichkeit einer Natur des Menschen wiederum analog zu den Naturgesetzen gesehen wurde. „Thus the analysis of our sentiments made it possible for us to discover [...] the origin of our moral ideas; the foundation of the general truth is resulting from these ideas, which determine the immutable and necessary laws of justice and injustice."[335]

Menschliches Leiden wird nicht zurückgeführt auf Fehler der Gattung Mensch selbst – in der Vorstellung der Ideologen ist nur das Wesen des Menschen nicht richtig erkannt worden. Deswegen wurde Leiden und Schlechtigkeit in der Welt zurückgeführt auf eine fehlerhafte Ordnung und nicht auf den Menschen selbst. Klaus Hornung stellt passend dazu fest, dass das „Konstrukt der „Natürlichen Ordnung" („Ordre Naturel") [...] einen archimedischen Punkt zur Entschleierung der Gesetze von Natur und Menschenwelt und damit auch zu ihrer vernünftigen Anwendung und Ordnung zu liefern [schien]."[336] Entsprechend liegt nach Condorcet der

---

[332] Gebhardt. Ideology and Reality. 1981. S. 402.

[333] Dazu: Gebhardt. Ideology and Reality. 1981. S. 405 – 410.

[334] Gebhardt. Ideology and Reality. 1981. S. 407.

[335] Condercet. Œvres IV, 184f.
Zitiert nach: Gebhardt. Ideology and Reality. 1981. S. 407.

[336] Hornung, Kaus. Das totalitäre Zeitalter. Bilanz des 20. Jahrhunderts. Berlin, 1997. S. 27.

Ideologie, verstanden als die Lehre der perfekten menschlichen Ordnung, die Wahrheit zu Grunde, „that social evils are the consequence not of the nature of man or the necessary relations of society but of the imperfections of social constitutions.“[337]
Zusammengefasst ist Ideologie also die Lehre der perfekten menschlichen Ordnung, in der der Mensch Erlösung findet und auch selbst herbeiführen kann. Das charakteristische für die Ideologie ist dabei die moderne Vorstellung, dass durch eine Ausweitung des naturwissenschaftlichen Prinzips auf den Menschen selbst versucht wird, das Wesen des Menschen durch Analyse zu erkennen und daraus allgemeine Gesetze für eine ideale Gesellschaftsordnung abzuleiten. Dabei sieht Gebhardt die *Idéologistes* als prototypisch für alle weiteren Ideologien an, wie er an anderer Stelle erläutert: „Dieses Programm einer kollektiven Errichtung eines Gesellschaftsparadieses durch öffentliches Handeln erscheint mir prototypisch für alle derartigen Entwürfe. Ich möchte daher diese insgesamt als Ausdruck eines ideologischen Denk- und Handlungsstiles bestimmen.“[338]
Nachdem erläutert wurde, dass die Ideologie im apokalyptischen Äonendenken und der damit verbundenen Erlösungshoffnung seine Wurzeln hat, kann man erkennen, dass sie Parallelen zum Messianismus besitzt. Auch Jürgen Gebhardt zieht Parallelen zwischen Messianismus und Ideologie, sie besitzen für ihn das gleiche „Grundmotiv [...] von Politik“[339], da sie beide der „Selbstauslegung des Geistes der Utopie“[340] entstammen. Dabei ist für Gebhardt die Ideologie, wie gesehen, die Lehre von der Beschaffenheit der Utopie („Systemspekulation“[341]), während der Messianismus der Versuch ist, dies politisch zu verwirklichen, weswegen er auch von „messianischer Politik oder politischem Messianismus“[342] spricht. Diese Art von Politik soll nun kurz anhand von Hans Otto Seitscheks Buch *„Politischer Messianismus“*[343] betrachtet werden.
Seitscheks Konzept des politischen Messianismus ist ähnlich dem Ideologieverständnis Gebhardts, der seine Parallelen zur Religion jedoch aus dem Christentum zieht, während Seit-

[337] Condercet. Œvres II, 294.
Zitiert nach: Gebhardt. Ideology and Reality. 1981. S. 404.
[338] Gebhardt. Messianische Politik. 1994. S. 44.
[339] Gebhardt. Messianische Politik. 1994. S. 44.
[340] Gebhardt. Messianische Politik. 1994. S. 43.
[341] Gebhardt. Messianische Politik. 1994. S. 47.
[342] Gebhardt. Messianische Politik. 1994. S. 46.
[343] Seiltschek, Hans Otto. Politischer Messianismus. Totalitarismuskritik und philosophische Geschichtsschreibung im Anschluss an Jacob Leib Talmon. München, 2005. S. 70 – 121.
Wie schon im Titel impliziert baut Seiltschek sein Konzept des politischen Messianismus auf das Werk Talmons auf, der sich ausführlich mit der Rolle des politischen Messianismus befasst hat.

scheks Modell (bzw. schon Talmons) sich auf den jüdischen Messianismus bezieht.[344] Darin wird knapp ausgeführt, was das charakteristische eines politischen Messianismus ist und wie er in der Beziehung zur Utopie als perfekte Ordnung steht. Seitschek definiert den politischen Messianismus folgendermaßen:

„Politischer Messianismus bedeutet die Durchsetzung eines ideologischen politischen Programms durch das in-Aussicht-Stellen eines utopischen Zieles, das die Verwirklichung eines Heilszustands bereits im Diesseits beinhaltet. Zu diesem Ziel führt immer eine Führerperson, die ihre Ideen und Vorstellungen, die Wünsche und Sehnsüchte der Vielen, in einer Partei verwirklicht und der eine massenhafte Anhängerschar in treuer Ergebenheit folgt."[345]

Wie bei Gebhardt schon angedeutet, wird hier ersichtlich, dass der politische Messianismus jenes Moment ist, das versucht die Ideologie verstanden als Systemspekulation durchzusetzen, um damit die Erlösung herbeizuführen. Implizit ist diesem Gedankengang, dass das Erreichen des Ziels nicht in weiter Ferne liegt, sondern dass dieses Ziel durch das eigene Bemühung in naher Zukunft im Diesseits erreicht werden kann. „Sein Ziel, das Glück auf Erden, ist durch soziale Umformung zu erreichen. Der Bezugspunkt ist weltlich, die Forderungen aber sind absolut."[346] Letzteres ist das entscheidende Charakteristikum messianischer Politik. Die in der Ideologie vertretene Ordnung gilt als die einzig mögliche, denn sie ist die einzige die zur Erlösung des Menschen führt und daher gegen alle Widerstände zu verwirklichen.

Dementsprechend werden auch alle, die nicht dieser Ideologie angehören, als Feinde betrachtet, die der „Vollendung des Heils [...] im Wege stehen."[347] Denn die politischen Messianisten betrachten „den ideologischen Inhalt [ihrer Lehre] als Heilslehre"[348] und folgerichtig versuchen sie die „Selbsterlösung im Bereich und mit den Mitteln der Politik"[349] zu erreichen. Dabei existieren Parallelen zur Religion: Beide kennen die absolute Wahrheit, wenn auch die Religion ihre Wahrheit im Fall der abrahamitischen Traditionen durch eine Offenbarung erhalten hat, während der politische Messianismus proklamiert, diese Wahrheit durch die menschliche Vernunft gefunden zu haben. Darin liegt auch der grundlegende Unterschied zwischen den Messianismen, denn der politische Messianismus ist ein säkularer, der die

---

[344] „Dieses Konzept von politischem Messianismus stellt in gewisser Weise den jüdischen Messianismus dar, der durch das Bad der Aufklärung ging und fast ausschließlich seine politische Seite beibehielt, wobei er durch religiöse Kraft und Begeisterung angetrieben bleibt. "
Seiltschek. Politischer Messianismus. 2005. S. 85.
[345] Seiltschek. Politischer Messianismus. 2005. S. 83f.
[346] Seiltschek. Politischer Messianismus. 2005. S. 86.
[347] Seiltschek. Politischer Messianismus. 2005. S. 92.
[348] Seiltschek. Politischer Messianismus. 2005. S. 92.
[349] Buchheim, Hans. Totalitäre Herrschaft. München, 1962. S 87. zitiert nach: Seiltschek. Politischer Messianismus. 2005. S. 95.

„Vollendung aller Pläne bereits im Diesseits erreichen will“[350] und dessen alleinige Grundlage „Vernunft und der Wille des Menschen“[351] ist. Der religiöse Messianismus hingegen, obwohl dieser einen „politischen Aspekt [...] stets beinhaltet“[352], besitzt zwar die Vorstellung eines diesseitigen Reiches, aber bleibt stets dem Gedanken behaftet, dass über dies ein gottgesandter Messias herrschen wird, und vor allem, dass anschließend die Welt aufhört zu existieren und die Auserwählten ins Reich Gottes einziehen.

Problematisch bleibt in Seitscheks Definition die Rolle des Führers, die natürlich die Idee des Messias wieder aufgreift. Während die klassischen Merkmale der Utopie, sowie Art und Mittel der Erlösung erläutert werden, verliert Seitschek in seinem Buch kein Wort über die Rolle des Führers. Dies ist dahingehend problematisch, da im Judentum die Messiasfigur gottgesandt war (oder als persönlicher Messias gar eine untergeordnete Rolle spielte, wie zum Beispiel in der lurianischen Kabbala) und folglich seine Fähigkeit die Welt zu erlösen von Gott selbst stammt. Da aber der politische Messianismus säkular ist, liefert dies keine Erklärung für die Rolle eines Führers. Ohne weitere Erklärung (Charisma?) ist das *zwingende* Charakteristikum eines politischen Messias („immer eine Führungsperson“) nicht ersichtlich – auch wenn es in den Totalitarismustheorien, als Teil deren Seitschek sein Werk begreift, natürlich die beiden dafür prädestinierten Figuren Hitlers und Stalins gibt. Aber selbst auf deren Rolle geht er nicht weiter ein.

3.3 Zusammenfassung

Oben wurde zuerst auf den Zusammenhang zwischen messianischem Denken und dem Zeitverständnis hingewiesen. Dabei wurde erläutert, dass es einen Zusammenhang zwischen der die Idee der Selbsterlösung des Menschen und dem Verständnis des Menschen im Verlauf von Geschichte gibt. Geschichte wird sowohl im Christentum als auch im Judentum dann als Prozess aufgefasst, wenn der Mensch selbst die Erlösung herbeiführen muss und damit rein innerweltliche Relevanz bekommt.

Anschließend wurde auf die Rolle von Ideologie und messianischer Politik eingegangen und erläutert, dass Ideologie eine utopische Systemspekulation darstellt, während der politische Messianismus die Umsetzung dieses Systems versucht – bei totalitären Bewegungen mit kompromisslosen Absolutheitsansprüchen. Dabei handelt es sich bei Ideologien um säkulare

[350] Seiltschek. Politischer Messianismus. 2005. S. 87.
[351] Seiltschek. Politischer Messianismus. 2005. S. 86.
[352] Seiltschek. Politischer Messianismus. 2005. S. 87.

Bewegungen, während Fundamentalisten religiös sind. Nichtsdestotrotz scheint es möglich zu sein, eine Parallele zu ziehen, da auch die Fundamentalisten anstreben, ihre utopischen Vorstellungen umzusetzen, wie bei Eisenstadt gesehen. Inwiefern dies nun mit politischen Mitteln geschieht hängt stark davon ab, wie innerweltlich die Erlösungsvorstellung der jeweiligen Bewegung ist. Je innerweltlicher die Erlösungsvorstellungen sind, desto wahrscheinlicher ist eine politische Aktivität der Bewegung.

III. Nationalismustheorien

1. Forschungsüberblick und Problemstellung

Für die nachfolgende Besprechung von Nationalismustheorien müssen vorab sowohl eine Ergänzung, als auch einige Einschränkungen gemacht werden. Im Kontext dieser Arbeit wird die Frage diskutiert, inwiefern Fundamentalisten auch Nationalisten sein können. Daher muss primär erläutert werden, ob (fundamentalistische) Religion mit nationalistischem Denken kompatibel ist. Im Zuge dessen ergeben sich aber auch Einschränkungen. Der Nationalismus hat eine sehr große Bandbreite von Theorien hervorgebracht, die versuchen, sich diesen Themenkomplex zu nähern und die Genese des Nationalismus aus unterschiedlichsten Perspektiven zu begründen. Da es an dieser Stelle nicht darum geht, die Ausbildung des Nationalismus en détail zu erklären, wird sich auf zwei Theorien beschränkt (die Auswahl wird weiter unten begründet). Nichtsdestotrotz soll ein kurzer Überblick über einige der wichtigsten Thesen der Nationalismustheorien folgen.[353]

Anthony Smith teilt die neueren Nationalismustheorien in zwei Hauptkategorien auf. Forscher der ersten Kategorie, zu der die meisten Wissenschaftler dieses Themas zu zählen sind, gehen davon aus, dass Nationen und Nationalismus ein Produkt der Moderne sind. Diese Sichtweise wird von der zweiten Kategorie von Forschern kritisiert, welche die Nation als primordial bzw. perennial sehen, also als ein Phänomen, welches bereits in der Vormoderne existierte.[354]

Ob der Themenstellung muss auf diese Streitpunkte nicht näher eingegangen werden. Im Folgenden wird die Ansicht vertreten, dass Nationalismus ein modernes Phänomen ist, was die beiden weiter unten besprochenen Theorien nach Meinung des Verfassers überzeugend darlegen. Dennoch soll angemerkt werden, dass v.a. die Perennialisten durchaus nicht Unrecht haben, wenn sie erläutern, dass Nationen Symboliken und andere identitätsstiftende Merkmale übernehmen, die schon in vormodernen Gesellschaften existierten. Allerdings wird an dieser Stelle die Sichtweise vertreten, dass dies ein selektiver Rückgriff auf Elemente spezi-

---

[353] Siehe dazu:
Smith, Anthony D. Nationalism and Modernism. New York, 1998. S. 1 – 24.
Fortan: Smith. Nationalism and Modernism. 1998.

[354] Der Hauptunterscheid zwischen primordialen und perennialen Ansätzen ist – während beide die Wurzeln der Nation in der Vormoderne sehen –, dass Primordialisten die Nation (oder das Volk, die Ethnie) als natürliche Gemeinschaft sehen, die seit Urzeiten miteinander verbunden ist (v.a. durch Verwandtschaft), während die Perennialisten „refuse[...] to see either nations or ethnic groups as ‚givens' in nature; they are strictly historical and social, rather than natural, phenomena."
Smith. Nationalism and Modernism. 1998. S. 159.

fisch historischer Gemeinschaften ist, wobei die Nation selbst ein modernes Phänomen ist. Dies wird kurz gegen Ende dieses Kapitels weiter erläutert.

Bezüglich der modernen Theorien unterscheidet Smith mehrere verschiedene Ansätze, von denen kurz einige Kernthesen grob skizziert werden sollen, um begründen zu können auf welche Theorien nachfolgend zurückgegriffen wird.[355] Erstens gibt es die vor allem von Ernest Gellner vertretene These, dass Nationalismus sich im Zug der Umwälzungen der *Industrialisierung* herausgebildet hat. Dadurch entstanden neue Gesellschaftsordnungen und spezifische Anforderungen an Mitglieder der Gesellschaft (v.a. Bildung und Alphabetisierung), die ein neuartiges Kollektiv, die Nation erschufen. Auf Gellners Theorien wird weiter unten ausführlicher eingegangen.

Weiterhin gibt es *marxistische* Theorien, wie sie zum Beispiel Tom Nairn vertritt. Eine von Nairns bekanntesten Thesen bezieht sich auf die Entwicklung von Nationalismen in ehemaligen Kolonialgebieten. Er erläutert, dass der gesellschaftliche Status indigener Eliten durch die Kolonialisierung bedroht wurde. Um ihren Elitenstatus zu behalten, mussten sie sich von den Kolonialstaaten lösen. In diesem Unabhängigkeitsstreben waren sie auf die Mobilisierung der Massen angewiesen. Durch den einigenden Kampf (unter der Führung der Eliten) konnte ein Nationalbewusstsein entstehen, so Nairn. Da dies in der vorliegenden Arbeit keine Rolle spielt, braucht nicht weiter darauf eingegangen zu werden. Ein anderer Punkt der marxistischen Nationalismustheorie ist, dass Nationalismus nicht nur ein Produkt von Eliten ist. Vielmehr entwickelten auch im Zuge von Urbanisierung und Industrialisierung neu entstandene Klassen, die politische Bewegungen hervorbrachten, nationalistische Bestrebungen. Dies wird kurz in einer Kritik an Gellners Elitenmodell durch Hobsbawm und Wehler thematisiert.

Ferner gibt es Thesen, von denen Anthony Giddens und John Breuilly zwei bekannte Vertreter sind, die man am besten als *politische* Nationalismustheorien charakterisieren könnte. Diese konzentrieren sich vor allem auf die Entwicklung des modernen Verwaltungsstaats aus den absolutistischen Verwaltungsstaaten heraus als Wurzel des Nationalismus. Ohne die Bedeutung dieses Phänomens herunterspielen zu wollen, hat Smith doch Recht, wenn er kritisiert, dass in diesen Theorien die kulturellen Aspekte keine Beachtung finden.[356] Wie weiter unten zu sehen sein wird, spielen kulturelle Themen durchaus eine Rolle bei der Identitätsbildung.

Schließlich existiert noch Benedict Andersons bekanntes Konzept der *„imagined communities“*, das davon ausgeht, dass die Nationen vorgestellte Gemeinschaften sind, die sich besonders unter dem Einfluss des Printkapitalismus entwickelt haben. Eine der Kernthesen Ander-

---

[355] Smith. Nationalism and Modernism. 1998. S. 25 – 142.
[356] Smith. Nationalism and Modernism. 1998. S. 73ff.

sons ist dabei, dass sich die Vorstellung vom gleichzeitigen Agieren der Nation durch die Entwicklung einer linearen Zeitvorstellung konstitutiv auf die Nationenbildung auswirkt. Smith erläutert, dass Andersons Thesen zum Zusammenhang von Printkapitalismus und Nationalismus in der Nationalismusforschung viel Aufmerksamkeit geschenkt wurde, „whereas his ideas about [...] the emergence of linear time [...] received less recognition."[357] Für den Zusammenhang zwischen Religion und Nation ist dieser Zusammenhang jedoch von größerer Bedeutung, wie unter anderem in den Säkularisierungsthesen von Charles Taylor und Talal Asad hervorgehoben wird.[358]

Insgesamt kann man sagen, dass fast alle modernen Nationalismustheorien miteinander kompatibel sind. Der Unterschied zwischen ihnen liegt bei den Schwerpunkten, die sie setzen, um das Entstehen des Nationalismus zu erläutern.

Um sich der Frage zu nähern, inwiefern Religion und Nationalismus kompatibel sind, wird in drei Schritten vorgegangen und durch einen vierten ergänzt, der das Thema mit Israel in Bezug setzt. Obwohl dies nicht unmittelbar mit dem Thema Nationalismus und Religion zu tun hat, soll zuerst ein allgemeiner Überblick darüber gewonnen werden, wie Nationen und Nationalismus entstanden sind. Dazu werden zuerst die von Ernest Gellner vertretenen Thesen näher betrachtet. Gellners Werk bietet, trotz einiger Kritik die man üben kann, den Vorteil, relativ viele Aspekte anzusprechen. Im Zentrum seines Schreibens stehen zwar sicherlich die Anforderungen der Industriegesellschaft, jedoch kann er sowohl die politischen als auch die kulturellen Aspekte des Nationalismus strukturell und funktionalistisch begründen. Ferner zeigt er die Unterschiede zwischen vormodernen (agrarischen) und modernen (industrialisierten) Gesellschaften auf. Kritik kann man dahin gehend äußern, dass Gellner seine Thesen zur Entstehung nur auf Eliten beschränkt.

Anschließend werden Benedict Andersons Ausführungen betrachtet, der einen anderen Zugang zur Entwicklung des Nationalismus besitzt. Zentral für ihn sind vorgestellte Gemeinschaften. Dabei beschreibt er zuerst den Niedergang älterer Gemeinschaften, die durch mehrere Entwicklungen (wichtig ist für ihn vor allem der Printkapitalismus sowie die Entstehung einer linearen Zeitwahrnehmung) zu Nationen transformiert werden. Auf die Rolle des imaginierten Kollektivs, wie auch auf die Rolle der linearen Zeit wird später im dritten Teil zurückgekommen, der schlussendlich die Vereinbarkeit von Fundamentalismus und Nationalismus

[357] Smith. Nationalism and Modernism. 1998. S. 136.

[358] Taylor, Charles. Drei Formen des Säkularismus. In: Kallscheuer, Otto (Hg.) Das Europa der Religionen. Frankfurt a.M., 1996. 217 – 246.
Asad, Talal. Formations of the Secular. Christianity, Islam, Modernity. Stanford, 2003. Besonders Kapitel 6: „Religion, Nation-State and Secularism". S. 181 – 204.
Fortan: Asad. Formations of the Secular. 2003.

untersucht. Dieser Abschnitt selbst ist in vier Unterpunke unterteilt. Zuerst wird in einer Annäherung versucht zu erläutern, was unter dem schwer zu fassenden Begriff Religion zu verstehen ist und was nicht. Danach werden allgemeine Überlegungen über inhärente Widersprüche von Religion und Nationalismus angestellt, wie z.B. Universalismusanspruch mancher Religionen gegen die Grenzen der Nation und des Nationalstaats. Hierauf folgt eine knappe Schilderung der Ausbildung der politischen Prozesse der Moderne. Dies hat auf den ersten Blick nichts mit den Thema Religion oder Nationalismus zu tun; jedoch soll gezeigt werden, welche philosophischen Wurzeln der politische Prozess, der auf den Nationalstaat zu geschnitten ist besitzt und inwiefern diese mit religiösen Lehren vereinbar sind oder nicht. Unterstützt wird dieses Vorgehen u.a. von der Annahme Andersons (die vielleicht übertrieben sein mag), dass die Unabhängigkeitsbestrebungen von nationalistischen Volksbewegungen ihren Ursprung in der französischen Revolution fanden und daher das dort geprägte politische System adaptierten – aber auch andere Autoren nennen ähnliche Argumente. Danach wird abschließend in nochmals in zwei Schritten vorgegangen. Zuerst wird anhand von José Casanova auf die Relokalisierung der Religion in der Moderne und das Entstehen eines öffentlichen Raumes eingegangen. Daran angeknüpft werden die Ausführungen von Talal Asad, der diesen Raum als notwendig säkular bezeichnet. Weiterhin wird auf Asads Thesen zu dem Verhältnis Nationalstaat, Säkularismus und linearem Zeitverständnis und Religion eingegangen und damit wiederum eine Brücke zurück zu den Ausführungen von Anderson geschlagen. Schließlich dient der vierte ergänzende Punkt dazu, einen Übergang zwischen Nationalismusthesen und der nachfolgenden Besprechung der Siedler zu schaffen. Im letzten Punkt wird die Konstruktion nationaler Identität besprochen. Dazu werden erst einige einleitende theoretische Merkmale der Identitätskonstruktion besprochen und danach wird dies am Beispiel Israels gezeigt. Daran soll veranschaulicht werden, was das israelische Nationalbewusstsein überhaupt ausmacht, um das Selbstverständnis der Siedler später einordnen zu können.

2. Ernest Gellner: Nationalismus als Kultur der Industrialisierung

2.1 Definitionen

Gellners bekanntes Diktum zu *Nationalismus* lautet: „Nationalismus ist vor allem ein politisches Prinzip, das besagt, politische und nationale Einheiten sollten deckungsgleich sein.“[359] Dabei kann Nationalismus sowohl Empfindung als auch Bewegung sein. Das Nationalgefühl will diese Einheit und die Bewegung versucht sie umzusetzen. Problematisch wird es, wenn verschiedene potentielle Nationen in einem Nationalstaat leben, d.h. wenn nicht jede Nation gemäß dem Nationalen-Prinzip einen eigenen Staat besitzt. Besonders groß wird die gefühlte Ungerechtigkeit laut Gellner, wenn die Herrschenden einer Minderheit angehören. Folglich ist der Nationalismus „eine Theorie der politischen Legitimität, der zufolge sich die ethnischen Grenzen nicht mit den politischen überschneiden dürfen; insbesondere dürfen innerhalb eines Staates keine ethnischen Grenzen die Machthaber von beherrschten trennen.“[360]
Bei der Definition von *Staat* folgt er Max Weber, nach dem der Staat durch das Gewaltmonopol charakterisiert wird. „Der Staat ist die Spezialisierung und Konzentration zur Aufrechterhaltung der Ordnung. Der Staat ist jene Institution oder Ansammlung von Institutionen, die sich spezifisch mit der Durchsetzung der Ordnung befassen.“[361]
Die *Nation* schließlich definiert Gellner durch zwei Aspekte: „*Erstens*: Zwei Menschen gehören derselben Nation an, wenn sie – und *nur* wenn sie – dieselbe Kultur teilen, wobei *Kultur* ihrerseits ein System von Gedanken und Zeichen und Assoziationen und Verhaltens- und Kommunikationsweisen bedeutet. *Zweitens*: Zwei Menschen gehören derselben Nation an, wenn und nur wenn sie einander als Angehörige derselben *anerkennen*.“[362]

2.2 Gesellschaftsstruktur im Agrarzeitalter

Um die Entwicklung des Nationalismus zu erklären, betrachtet Gellner nachhaltige gesellschaftliche Veränderungen der Geschichte. Demnach teilt er die Menschheitsgeschichte in drei Zeitalter ein: In das voragrarische Zeitalter, in das agrarische und in das industrielle

[359] Gellner, Ernest. Nationalismus und Moderne. Berlin, 1991. S. 8.
Fortan. Gellner. Nationalismus und Moderne. 1991.
[360] Gellner. Nationalismus und Moderne. 1991. S. 8f.
[361] Gellner. Nationalismus und Moderne. 1991. S. 12.
[362] Gellner. Nationalismus und Moderne. 1991. S. 16. Hervorhebungen im Original.

Zeitalter. Analog dazu sieht er die Verbreitung der Schrift. „Zuerst konnte niemand lesen, dann konnten es einige, am Ende alle.“[363]

Die Schriftkultur ist für Gellner der entscheidende Schritt für die Entwicklung eines Zentrums und der Zentralisierung. „Die Schriftkultur, d.h. die Herausbildung einer einigermaßen dauerhaften und standardisierten Schrift, bedeutet im Effekt die Möglichkeit kultureller und kognitiver Speicherung und Zentralisierung.“[364]

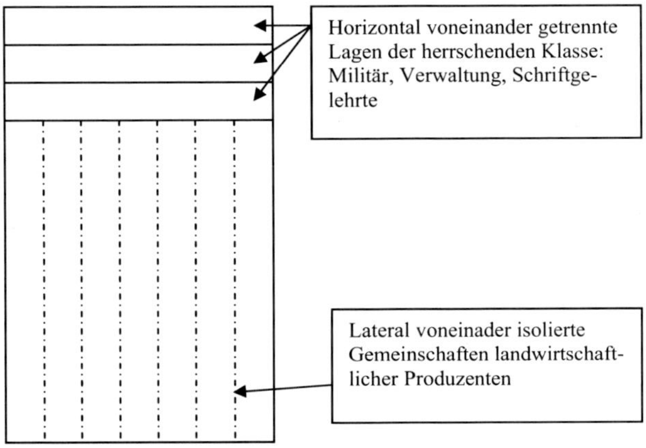

Grafik und Text nach: Gellner. Nationalismus. 1991. S. 20

Dabei ist für ihn Zentralisierung und Arbeitsteilung gleichzusetzen. Der Prozess der Arbeitsteilung hat in schriftkundigen, agrarischen Gemeinwesen sowohl hinsichtlich der Macht- als auch der Kulturzentralisierung Auswirkungen auf die Sozialstruktur: Es entstehen Klassen von Spezialisten.

Wie anhand dieser Abbildung ersichtlich wird, existieren zwei grundsätzlich verschiedene Klassen. Die Klassen im Zentrum (im Gegensatz zur Peripherie) sind die Schriftkundigen. Sie erfüllen gewisse Aufgaben (Herrschaft, Militär, Klerus u.ä.). Diese Klassen bilden den Überbau der agrarischen Gemeinschaft, denn ihr Aufgabenbereich erstreckt sich über die ganze Gemeinschaft. Allerdings ist die Zahl der Zughörigen relativ gering. Wie Gellner anmerkt entwickeln diese Klassen ein Stände- und Elitenbewusstsein und das Bestreben diesen Klassenunterschied beizubehalten (oder bei nicht vererblichen Positionen zumindest die Selektion vorzunehmen). Dementsprechend betonen sie auch die Unterschiede zu den unteren Klassen. „Nicht die Homogenität, sondern die kulturelle Differenzierung“[365] zwischen oberen und

[363] Gellner. Nationalismus und Moderne. 1991. S. 18.
[364] Gellner. Nationalismus und Moderne. 1991. S. 19.
[365] Gellner. Nationalismus und Moderne. 1991. S. 21.

unteren Schichten wird hervorgehoben. Dabei werden verschiedene Differenzen konstruiert: genetische oder kulturelle Unterschiede, göttliche Herkunft o.ä.
Unter der horizontal verlaufenden Oberschicht existieren eine lateral gruppierte Unterschichten. Diese sind voneinander getrennt: Sie sind kleine Bauerngemeinschaften die in sich eigene soziale Einheiten bilden und sich selbst gerne von anderen parallel dazu existierenden Gemeinden abgrenzen. Diese Abgrenzung wird aber nicht als etwas Negatives aufgefasst. „Niemand, oder fast niemand, hat ein Interesse daran, auf dieser untersten gesellschaftlichen Ebene kulturelle Homogenität zu fördern.“[366]

Kultur

Die höheren Schichten jener agrarisch-schriftkundigen Gemeinschaft tendieren dazu eine eigene Schriftsprache zu entwickeln um ihre Position und die Differenz zu unteren Schichten zu untermauern: „Die Tendenz liturgischer Sprachen, sich von der Volkssprache abzuheben, ist sehr stark: Als schüfe nicht bereits die Schriftkunde als solche genug Grenzen zwischen Klerus und Laien; als müsse die Kluft zwischen ihnen noch dadurch vertieft werden, dass die Sprache nicht nur in einer unzugänglichen Schrift aufgezeichnet wird, sondern auch als gesprochene unverständlich bleibt.“[367] Wie auch Eisenstadt bemerkt[368], werden die religiösen Eliten dadurch Mittler zwischen transzendentaler Entität und dem Volk. Im Zusammenspiel mit den Herrschern legitimieren sich weltliche und religiöse Eliten gegenseitig: Die Herrschaft der weltlichen Elite wird in religiösen Begriffen legitimiert, umgekehrt gewährt der oder die Herrscher den religiösen Eliten einen weitgehend autonomen Status. Daraus entwickelten sich später die Legitimationsformen des Gottesgnadentums oder ähnliche Begründungen.

Der Staat in agrarischen Gesellschaften

Gellner unterscheidet zwei Arten von politischer Herrschaft: Zum einen die lokal oder regional begrenzten, selbst verwalteten Gemeinschaften. Bei ihnen ist die soziale Ungleichheit meist relativ gering und die politische Eigenbeteiligung hoch. Andererseits existieren große Reiche, deren Macht sich auf einen Punkt konzentriert und die große Territorien kontrollieren.

---

366 Gellner. Nationalismus und Moderne. 1991. S. 21.
367 Gellner. Nationalismus und Moderne. 1991. S. 23.
368 Vgl. Eisenstadt Shmuel N. Allgemeine Einleitung. Die Bedingungen für die Entstehung und Institutionalisierung der Kulturen der Achsenzeit. S. 13ff. In: Eisenstadt, Shmuel N. (Hg.) Die Kulturen der Achsenzeit, Ihre Ursprünge und ihre Vielfalt. Teil 1: Griechenland, Israel und .Mesopotamien. 1987. S. 10 – 42.

Oder auch als drittes eine Mischform: Eine zentrale Autorität mit halbautonomen lokalen Einheiten.

Das Verhältnis zur Kultur dieser beiden politischen Gebilde kann man so beschreiben: Die lokalen politischen Einheiten wollen (und können, ob der hohen Eigenbeteiligung) kaum über ihre Grenzen hinaus politisch aktiv werden; dafür gehören sie meist einer größeren Kultur an. Umgekehrtes kann man für die Großreiche sagen: Sie herrschen über ein ausgedehntes politisches Territorium, in dem es jedoch viele kleinere, relativ autonome Kulturen gibt. Anschauliches Beispiel sind die Griechen: Zur Zeit der Stadtstaaten waren sie kleine politische Gebilde, aber zur weitaus größeren hellenischen Kultur zu rechnen. In der Zeit der Expansion stellten sie ein Großreich, überließen aber den eroberten Gebieten ihre lokale Kultur (auch wenn natürlich immer hellenistische Tendenzen innerhalb dieser Kulturen existierten).

2.3 Gesellschaftsstrukturen im Industriezeitalter und die Entstehung des Nationalismus

Kennzeichnend für die Industriegesellschaft ist für Gellner, mit Max Weber, die Bürokratie als Form der Arbeitsteilung. Die beiden Merkmale der Bürokratie sind Effizienz und Ordnung. Dahinter steht für Gellner die Entwicklung des Rationalismus im 18. Jahrhundert, die er vor allem bei Hume und Kant im Grunde verwirklicht sieht.

Charakteristisch für diesen Rationalismus ist, „dass alle Tatsachen innerhalb eines einzigen, kontinuierlichen logischen Raums angesiedelt sind, dass Aussagen über Tatsachen in diesem Raum verbunden und allgemein aufeinander bezogen werden können – und zwar so, dass im Prinzip diese Sprache einheitlichen Regeln folge.“[369] Damit unterscheidet sich die Industriegesellschaft von vormodernen Gesellschaften. „In ihnen koexistierten vielfältige, miteinander unverbundene, aber hierarchisch angeordnete Subwelten nebeneinander; und spezielle privilegierte Fakten waren geheiligt und von der gewöhnlichen Behandlung ausgenommen.“[370]

Verbunden damit sieht Gellner – ohne auf das gewandelte Zeitverständnis des Menschen einzugehen, wie es im Kapitel zum Messianismus besprochen wurde – das Ideal des Fortschritts. Während in vorindustriellen Gesellschaften der Fortschritt niemals beständig war, wurde er in der modernen Welt erwartet. Für Gellner besitzt Fortschritt vor allem einen technischen Aspekt. Er führt die Fortschrittserwartung darauf zurück, dass in einer Welt, der

[369] Gellner. Nationalismus und Moderne. 1991. S. 37.
[370] Gellner. Nationalismus und Moderne. 1991. S. 37.

„unendliche Erforschung offen steht“[371] keine Grenzen erkennbar sind, womit „letztlich nur die empirische Erfahrung entscheiden [kann].“[372] Zusätzlich dazu kamen eine stetig steigende Zahl von Erfindungen und – von zentraler Bedeutung – das Herausbilden des Kapitalismus, der ein stetes Wachstum benötigt. Diese Entwicklungen hatten, wie auch schon weiter oben besprochen, grundsätzliche soziale Umwälzungen zur Folge, da „die alte Stabilität der sozialen Rollenstruktur [] mit stetigem Wachstum und beständigen Innovationen einfach nicht kompatibel [war].“[373] Ständige Neuerungen führen kontinuierlich zu neuen Anforderungsprofilen für die Gesellschaft. Dies erforderte eine mobile Gesellschaft, die in der Lage ist, sich diesen Anforderungen anzupassen. Gleichzeitig bedingt es aber auch Arbeitsteilung, da die Spezialisierungen steigen. Dabei ist der Unterschied zu vorindustriellen Gesellschaften, dass zwar die Zahl der Spezialisierungen steigt, nicht jedoch deren qualitativer Unterschied.

Eine Spezialisierung im Agrarzeitalter war oft das „Ergebnis einer lebenslangen, sehr intensiven und nur einer einzigen Fertigkeit oder Kunst gewidmeten Ausbildung, die vielleicht schon in früher Jugend begann und eine fast vollständige Nichtachtung anderer Tätigkeiten erforderte.“[374] Im Gegensatz dazu erhält man in einer industriellen Gesellschaft zuerst in einem etablierten Schulsystem eine allgemeine Ausbildung, die in etwa gleich für alle ist. Erst danach folgen weitere Spezialisierungen, die jedoch im Vergleich zur Grundausbildung marginal sind. Diese Grundausbildung ist zentral für industrielle Gesellschaften, da nur sie die Menschen flexibel macht: ein Automechaniker kann nach kurzer Zeit auch Bäcker oder Betriebswirt sein und umgekehrt – in den Agrargesellschaften war ein solcher Berufswechsel kaum möglich. „Dies legt die Vermutung nahe, dass die beschriebene Art der Schule – universelle, standardisierte Grundausbildung – wirklich eine wesentliche Rolle für das effektive Funktionieren einer modernen Gesellschaft spielt.“[375]

Waren also in der agrarischen Gesellschaft die Schriftkundigen selbst noch eine privilegierte Klasse, werden in der Industriegesellschaft alle zu Schriftgelehrten. Dies hängt zusammen mit der konstanten Mobilität, die eine sich stets verändernde Gesellschaft fordert. Dadurch brauchen Menschen eine breite Grundausbildung, um flexibel in ihren Einsatzmöglichkeiten zu sein. Weiterhin geht damit nach Gellner auch eine Auflösung des lateralen Sozialgefüges der Agrarzeit einher und mündet in einer egalitären Gesellschaft. „Die unmittelbare Konsequenz dieser neuen Art der Mobilität liegt in einer bestimmten Art Egalitarismus. Die moderne

[371] Gellner. Nationalismus und Moderne. 1991. S. 39.
[372] Gellner. Nationalismus und Moderne. 1991. S. 39.
[373] Gellner. Nationalismus und Moderne. 1991. S. 41.
[374] Gellner. Nationalismus und Moderne. 1991. S. 44f.
[375] Gellner. Nationalismus und Moderne. 1991. S. 48f.

Gesellschaft ist nicht mobil, weil sie egalitär ist; sie ist egalitär weil sie mobil ist.“[376] Damit will Gellner allerdings nicht sagen, dass es in einer modernen Gesellschaft keine sozialen Unterschiede gibt, sondern dass die „starren, verabsolutierten, unüberbrückbaren Unterschiede, wie sie in der Agrargesellschaft typisch sind“[377] aufgehoben werden. Die moderne Gesellschaft besitzt keine unüberwindlichen sozialen Schranken mehr und vor allem gibt es keine Menschen, die „qualitativ besser“ sind als andere.

Weiterhin verändern sich auch die Arbeitsbedingungen selbst. War früher schiere physische Gewalt notwendig, braucht die Industrie Maschinenführer. „Die meisten Arbeitsplätze implizieren, wenn sie nicht tatsächlich bereits Arbeit „mit Menschen“ bedeuten, die Kontrolle von Hebeln oder Knöpfen, die *verstanden* werden müssen.“[378] Um die Bedeutung zu verstehen und zu lernen (aus einem Handbuch oder in einem Lehrgang) muss man eine Einheitssprache besitzen. Schließlich entwickelt sich auch eine gemeinsame Hochsprache durch die Alphabetisierung.

Die zentralen Merkmale[379] der Industriegesellschaft sind folglich nach Gellner die allgemeine Schriftkunde kombiniert mit einer hohen Grundausbildung der Gesellschaft. Dies ermöglicht Individuen mit einer „kleine[n] Portion Extra-Ausbildung“[380] eine Flexibilität, die der mobilen Gesellschaft der Industriekultur zu Grunde liegt.

Diese Merkmale stellen nach Gellner eine „Exo-Sozialisierung“ der Gesellschaft dar. Diese Sozialisierung kann nur ein Staat leisten. „Einerseits ist [] diese Infrastruktur der Ausbildung viel zu groß und zu kostspielig für jede Organisation außer der größten – dem Staat. Aber zugleich ist auch nur der Staat stark genug, eine derart wichtige und entscheidende Funktion zu kontrollieren.“[381] Der vereinigende Faktor der Gesellschaft ist dabei die Kultur. „Die Kultur ist nicht länger bloßer Schmuck, Bestätigung und Legitimation einer sozialen Ordnung; [...] Kultur ist heute das notwendige gemeinsame Medium [...] innerhalb derer allein die Mitglieder der Gesellschaft atmen und überleben und produzieren können.“[382] Die Vereinheitlichung und Durchsetzung von Kultur und Ausbildung kann, wiederum, nur der Staat leisten und genau das ist für Gellner die Voraussetzung für die Entstehung des Nationalismus. Zusammengefasst in Gellners Worten:

---

[376] Gellner. Nationalismus und Moderne. 1991. S. 42.
[377] Gellner. Nationalismus und Moderne. 1991. S. 43.
[378] Gellner. Nationalismus und Moderne. 1991. S. 54. Hervorhebungen im Original.
[379] Gellner. Nationalismus und Moderne. 1991. S. 58.
[380] Gellner. Nationalismus und Moderne. 1991. S. 56.
[381] Gellner. Nationalismus und Moderne. 1991. S. 61.
[382] Gellner. Nationalismus und Moderne. 1991. S. 61.

„Der Nationalismus ist seinem Wesen nach die allgemeine Durchsetzung einer Hochkultur einer Gesellschaft, in der zuvor niedrige Kulturen das Leben der Mehrheit und in manchen Fällen der Gesamtheit der Bevölkerung ausgemacht hatten. Er bedeutet die generalisierte Ausbreitung eines durch das Schulwesen vermittelten und durch Akademien überwachten Idioms, das für die Erfordernisse einigermaßen präziser bürokratischer und technologischer Kommunikation kodifiziert wird. Der Nationalismus steht somit für die Errichtung einer anonymen, unpersönlichen Gesellschaft aus austauschbaren atomisierten Individuen, die vor allem anderen durch eine solche gemeinsame Kultur zusammengehalten wird – anstelle der früheren komplexen Struktur lokaler Gruppen, zusammengehalten durch Volkskulturen, die sich lokal und nach ihren eigenen Traditionen innerhalb dieser Mikro-Gemeinschaften selbst reproduzierten. Das ist, was tatsächlich im nationalistischen Zeitalter geschieht."[383]

Folgerichtig bilden sich für Gellner auch Nationen erst nach den oben beschriebenen Prozessen der Industrialisierung, Zentralisierung, Grundausbildung, usw.: „[E]rst, wenn die allgemeinen sozialen Verhältnisse nach standardisierten, homogenen und durch staatliche Zentralgewalt geschützten Hochkulturen rufen – nach Hochkulturen also, die die Gesamtbevölkerung und nicht nur die Minderheiten der Elite durchdringen –, [entsteht] eine Situation, in der klar definierte, durch Ausbildung sanktionierte und vereinheitlichte Kulturen fast schon die einzige Art Einheit bilden, mit der sich Menschen bereitwillig und häufig glühend identifizieren."[384] Erst unter diesen Bedingungen entsteht das nationale Zusammengehörigkeitsgefühl, die Nation. Obwohl das Prinzip des Nationalismus besagt, „politische und nationale Einheiten sollten deckungsgleich sein"[385], bringt der Nationalismus selbst erst die Nation hervor, da er die Hochkultur der Nation erschafft. „Das große aber reale Paradox lautet: Nationen können nur in Begriffen des Zeitalters des Nationalismus definiert werden, und nicht, wie man hätte denken sollen, umgekehrt."[386]

2.4 Zusammenfassung und Kritik

Gellners Nationalismustheorie beruht wie gesehen auf dem Entstehen der Industrialisierung. Zwei Punkte sind für ihn in diesem Zusammenhang von entscheidender Bedeutung. Der erste Punkt ist, dass Wirtschaftssysteme stets durch Wandel und Wachstum geprägt sind. Dies erfordert (geographisch wie beruflich) flexible Erwerbstätige. Um eine solche Flexibilität und Mobilität zu garantieren bedarf es einer hohen Allgemeinbildung und Alphabetisierung. Dadurch wird jeder Mensch mit einer Flexibilität ausgestattet, die er in diesem Arbeitsmarkt braucht. Weiterhin benötigt sie zweitens eine homogene Kultur, damit Menschen eines Staates miteinander kommunizieren und interagieren können, ohne dabei auf Herkunftskontexte

383 Gellner. Nationalismus und Moderne. 1991. S 89.
384 Gellner. Nationalismus und Moderne. 1991. S. 86.
385 Gellner. Nationalismus und Moderne. 1991. S. 8.
386 Gellner. Nationalismus und Moderne. 1991. S. 86.

Rücksicht nehmen zu müssen. Die Einheitskultur wird ebenfalls durch das Bildungssystem geschaffen, genauso wie Etablierung einer Standardsprache. Als Träger eines Nationalen Bildungssystem kommt ob der schieren Größe nach Gellner nur der Staat in Frage.
Durch diese Entwicklungen wird das soziale Gefüge der Agrargesellschaften aufgelöst und eine relativ egalitäre Gesellschaft geschaffen, welche die unumgängliche Basis ist für einen modernen Nationalstaat, aus dem sich heraus der Nationalismus und die Nation entwickeln.
Mit seiner Arbeit hat Gellner eines der zentralen Werke geschrieben, welches die Verschränkungen von Industrialisierung und der Bildung eines Nationalstaats zeigt. Seine Beschreibung, dass der Nationalismus ein Produkt des Industrialisierungsprozesses ist, ist zwar einsichtig, aber in dieser Ausschließlichkeit wohl etwas übertrieben. Diesbezüglich wurde auch Kritik geübt, da es auch Nationalismus in Staaten (vor allem in außereuropäischen Raum) gab, bevor die Industrialisierung einsetzte.[387]
Weiterhin kann man Gellner dahingehend kritisieren, dass er politische Bewegungen und Massenbeteiligung vollkommen außen vor lässt. Hobsbawm stimmt Gellner zwar zu, dass „Nationen [...] im wesentlichen [] von oben konstruiert [werden].“ Aber seiner Meinung nach sind sie „doch nicht richtig zu verstehen, wenn sie nicht auch von unten analysiert werden.“[388]
Für Hobsbawm geschieht der entscheidende Schritt zum Nationalismus erst wenn „nationalistische Programme die Unterstützung der Massen oder zumindest Teile jener Massen [gewinnen].“[389] Wehler geht in seiner Kritik an Gellner sogar noch weiter und will die Entwicklung des Staates sogar von der Entwicklung des Nationalismus trennen.[390] Der deutsche Historiker sieht im Nationalismus ein „Ideensystem, die Doktrin, das Weltbild, das der Schaffung, Mobilisierung und Integration eines größeren Nationalverbands (Nation genannt), vor allem aber der Legitimation neuzeitlicher Herrschaft dient.“[391]
Die Kritik von Hobsbawm und Wehler scheint berechtigt, da mit Gellners rein funktionalistischer Theorie eine politische Mobilisierung der Massen und die dadurch entstehende Formung der spezifischen Nation kaum zu erklären ist. Allerdings muss man wohl eher Hobsbawm recht geben, denn Wehler, der dem Staat durchaus eine Rolle bei der Identitätskon-

---

[387] Smith, Anthony D. Nationalism and Modernism. London, 1998. S. 35f.
Taylor, Charles. Nationalismus und Moderne. S. 144. In: Taylor, Charles. Wieviel Gemeinschaft braucht die Demokratie? Frankfurt a. M., 2002. S. 140 – 165.
Fortan: Taylor. Nationalismus und Moderne. 2002.
[388] Hobsbawm, Eric J. Nationen und Nationalismus. Bonn, 2005. S. 21. (Lizenzausgabe für die Bundeszentrale für politische Bildung. Original englisch: 1990).
Fortan: Hobsbawm. Nationen und Nationalismus. 2005.
[389] Hobsbawm. Nationen und Nationalismus. 2005. S. 23.
[390] „Beide Prozesse müssen analytisch voneinander getrennt werden.“
Wehler, Hans-Ulrich. Nationalismus. Geschichte, Formen, Folgen. München, 2004. S. 25.
Fortan: Wehler. Nationalismus. 2004.
[391] Wehler. Nationalismus. 2004. S. 12.

struktion der Nation zuschreibt, eben den kulturellen und politischen Hintergrund des Volkes auch mit einbezieht. Weiterhin kann man kritisieren, dass Gellner nicht erwähnt, das der Charakter der Hochkultur ja keineswegs unumkämpft ist, da verschiedene gesellschaftliche Strömungen versuchen, die Konstruktion der Hochkultur zu beeinflussen, d.h. Einfluss auf den Staat zu nehmen, um ihre spezifische Sicht der Kultur auf den Staat zu übertragen. Darauf wird am Ende dieses Kapitels am Beispiel Israels näher eingegangen.

3. Benedict Anderson: ‚imagined communites'

3.1 Definitionen

Für Benedict Anderson „ist [die Nation] eine vorgestellte politische Gemeinschaft – vorgestellt als begrenzt und souverän."[392] Vorgestellt ist sie, da die Mitglieder der Nation niemals alle andern kennen werden, aber sie dennoch davon ausgehen Teil der gleichen Gemeinschaft zu sein. Weiterhin wird sie als begrenzt vorgestellt, da die Nation nur innerhalb bestimmter Grenzen lebt. Folglich wird niemals davon ausgegangen, dass irgendwann alle Menschen Teil der Nation sein könnten – ein klarer Gegensatz zu den universalistischen Religionen. Weiterhin wird die Nation „als souverän vorgestellt, weil ihr Begriff in einer Zeit geboren wurde, als Aufklärung und Revolution die Legitimität der als von Gottes Gnadentum gedachten hierarchisch-dynastischen Reiche zerstören. [...] Deshalb träumen Nationen davon frei zu sein und dies unmittelbar."[393] Schließlich wird die Nation als Gemeinschaft vorgestellt, weil sie trotz Klassenunterschieden (o.ä), als „Bund von gleichen verstanden wird."[394]

3.2 Kulturelle Wurzeln

Nationalismus weist „eine starke Affinität"[395] zur Religion auf, in deren Bestreben die Kontingenzen des Lebens zu erläutern. Zwar weiß auch der Nationalismus keine Antwort auf die Fragen „warum bin ich blind", oder „warum ist mein Kind behindert", wie es die Religion konnte. Aber der Nationalismus bot und bietet in Zeiten der Säkularisation, in denen die Religion immer mehr zurückgedrängt wird zumindest eine Antwort auf das historische Dasein

[392] Anderson. Erfindung der Nation. 1988. S. 15.
[393] Anderson. Erfindung der Nation. 1988. S. 16f.
[394] Anderson. Erfindung der Nation. 1988. S. 17.
[395] Anderson. Erfindung der Nation. 1988. S. 18. Auf die Frage, ob Nationalismus mit Religion gleich zu setzen sei, nur weil er Kontingenzen bewältige wird weiter unten eingegangen.

des Menschen: „Auch wenn man Nationalstaaten weiterhin als „neu“ und „geschichtlich“ versteht, so kommen die Nationen, denen sie den politischen Ausdruck verleihen, immer aus unvordenklicher Vergangenheit, und, noch wichtiger, schreiten in eine grenzenlose Zukunft. Es ist das Wunder des Nationalismus, den Zufall in Schicksal zu verwandeln.“[396]
Im Folgenden werden nun drei Gegebenheiten beschrieben – Religion und Sakralsprache, dynastisches Legitimationsprinzip, und nicht-lineare Geschichtsauffassung – die nach Anderson überwunden werden mussten, damit die Idee des Nationalismus entstehen konnte.

Die religiöse Gemeinschaft

Zentral für religiöse Gemeinschaften war eine Sakralsprache, die als Medium verbunden war mit einer überirdischen Ordnung. Beispiele dieser Sprachen sind oder waren Latein im Christentum, Arabisch im Islam, oder Pali für den Buddhismus. „Die Ideogramme [...] waren keine willkürlich erzeugten Entsprechungen der Realität, sondern ihre Emanation.“[397] Sie waren folglich unabdingbar um den wahren Glauben zu erfahren. Auch wenn die wenigsten Gläubigen dieser Sprache mächtig waren, so wurde ihnen die Wahrheit doch durch Privilegierte wie Priester oder Rabbiner vermittelt. Entsprechend viel Macht besaß der jeweilige Klerus als Wahrheitsvermittler zwischen Himmel und Erde auch. „Die Schreib- und Lesekundigen waren vielmehr Eingeweihte, das heißt eine strategisch wichtige Schicht in einem hierarchisch geordneten Kosmos mit einem göttlichen Zipfel.“[398]
Die jeweilige Sakralsprache hatte somit mehrere Funktionen. Erstens hatte sie einen einheitsstiftenden Charakter, da jeder diese Sprache als Sakralsprache anerkannte. Darüber hinaus war es für Schriftgelehrte aus verschiedenen Ländern (und verschiedenen Heimatsprachen) möglich, sich in dieser Sprache zu unterhalten. Zweitens, wie schon bei Gellner ausgeführt, etablierte die Sprache eine Hierarchie. „Die erstaunliche Macht des Papsttums in seiner Blütezeit ist nur verständlich wenn man einen kosmopolitischen und latein-schreibenden Klerus in Betracht zieht und eine von praktisch jedem geteilte Vorstellung einer dualen Welt, der zufolge eine zweisprachige, zwischen der Umgangssprache und dem Lateinischen vermittelte Intelligenz zwischen Himmel und Erde stand.“[399]
Der Zusammenbruch der Sakralsprache und die Entwicklung einer Nationalsprache – was Anderson dem Printkapitalismus zuschreibt, wie unten noch zu sehen sein wird – ist für ihn

[396] Anderson. Erfindung der Nation. 1988. S. 20.
[397] Anderson. Erfindung der Nation. 1988. S. 23.
[398] Anderson. Erfindung der Nation. 1988. S. 24.
[399] Anderson. Erfindung der Nation. 1988. S. 25.

eine Bedingung der neuen entstehenden Entität Nationalstaat, da damit die in der Religion vorherrschende Gemeinschaft mitsamt ihrer Eliten (siehe nachfolgend) abgelöst werden konnte.

Die Dynastie

Wie schon bei Gellner angesprochen steht ein dynastisches Prinzip der Idee des Nationalismus entgegen. Die Legitimation des Königs, oder jedes anderen Alleinherrschers vor der Zeit des Nationalstaats war „durch Gottes Gnade". Es gab keine kritische Hinterfragung dieses Prinzips – „das Königtum erhält seine Legitimität von einer Gottheit, nicht von den Menschen, die nur Untertanen, aber keine Bürger waren."[400]
Weiterhin war die territoriale Herrschaft eine andere. Im Nationalstaat wird die Herrschaft über ein festgelegtes Territorium gleichmäßig und souverän ausgeübt. In früheren dynastischen Reichen war das Herrschaftsgebiet hingegen nicht durch Grenzverläufe gesichert, sondern es endete dort wo der Einfluss der Herrschers abnahm und der eines anderen begann: „Souveränitäten gingen kaum wahrnehmbar ineinander über."[401]

Wahrnehmungsformen der Zeit

Die Zeit wurde im Mittelalter anders wahrgenommen als in der Moderne. Bereits erwähnt wurde das Beispiel des Bildes der Stallszene in einer mittelalterlichen Kirche in Burgund, auf dem alle Beteiligten nicht nur den entsprechenden burgundischen Kleidungsstil, sondern auch die entsprechende Physis (Haar, Gesichtszüge usw.) beobachten lassen.
Die Zeitvorstellung war keine linear aufeinander aufbauende – sie war vielmehr gleichzeitig in einem historischen Sinn. Ein Beispiel dafür ist die Vorstellung, dass das Opfer Isaacs das Opfer Jesu ankündigt. Damit wird ein Zusammenhang hergestellt zwischen zwei Ereignissen, „die weder zeitlich noch kausal verbunden sind".[402] Diesen Zusammenhang kann nur der Glaube an eine göttliche Vorsehung liefern, nach der alles vorherbestimmt ist. „Das hier und jetzt ist nicht mehr Glied eines irdischen Ablaufs, sondern es ist ein zugleich, ein schon immer Gewesenes und ein sich in Zukunft Erfüllendes."[403] In dieser Vorstellung der Gleichzeitigkeit

[400] Anderson. Erfindung der Nation. 1988. S. 27.
[401] Anderson. Erfindung der Nation. 1988. S. 28.
[402] Auerbach, Erich. Mimesis. Die dargestellte Wirklichkeit in der abendländischen Kultur. Bern, 1971. S. 75. Zitiert nach: Anderson. Erfindung der Nation. 1988. S. 31.
[403] Auerbach, Erich. Mimesis. Die dargestellte Wirklichkeit in der abendländischen Kultur. Bern, 1971. S. 75. Zitiert nach: Anderson. Erfindung der Nation. 1988. S. 31.

hat das Wort „inzwischen“ keine Bedeutung, da es einen Fortlauf zwischen zwei temporären Punkten bedeutet. Gegenteilig ist das moderne Verständnis von Gleichzeitigkeit. Dies indiziert einen Ablauf von Handlungen, die im selben Moment in einer messbaren Zeit statt finden. Zeit wird eingeteilt durch Kalender und Uhr.

Nach Anderson hat dies Bedeutung für die vorgestellte Gemeinschaft der Nation. Das Zeitverständnis schlug sich nieder in Büchern und Zeitungen, die „die Repräsentationsmöglichkeiten für das Bewusstsein der Nation“[404] lieferten.

Dies muss kurz erläutert werden. Wie erwähnt begreift Anderson die Nation als „imagined community“. Dieses Konzept funktioniert aber nur, wenn man ein modernes Verständnis von Gleichzeitigkeit besitzt. „Die Vorstellung eines sozialen Organismus, der sich bestimmbar durch eine homogene und leere Zeit bewegt, ist eine genaue Analogie zur Nation, die ebenfalls als beständige Gemeinschaft verstanden wird, die sich gleichmäßig die Geschichte hinauf (oder hinunter) bewegt.“[405] Die moderne Gesellschaft ist essentiell eine gleichzeitige: Niemand kennt alle Mitglieder einer Gesellschaft, doch jeder „hat volles Vertrauen, in ihr stetes, anonymes, gleichzeitiges Handeln.“[406] Dadurch kommt auch eine Typologisierung zustande. Anderson zitiert aus einem Roman unter andern diese Zeile: „Es war sieben Uhr, an einem Samstag Abend; *die jungen Leute in Semarang blieben Samstagnacht nie zuhause.*“[407] Daraus wird ersichtlich, dass Gleichzeitigkeit nicht nur das anonyme Handeln anderer impliziert; es typologisiert auch bestimmte Gruppen (junge Männer) und schreibt ihnen vergleichbare Handlungsmuster zu. Dies kann man ausdehnen auf weitere Typologisierungen, die gemeinhin durch ihre Pluralform erkennbar sind. In Krankenhäusern pflegen Schwestern Patienten, in Gefängnissen passen Wärter auf Gefangene auf. Die Anonymität der Gesellschaft, die dennoch als Gemeinschaft vorgestellt wird, kann nur durch solche Typologisierungen begreifbar gemacht werden: Die Gesellschaft wird fassbar gemacht, durch die Entstehung vergleichbarer Elemente. Niemand kann sich eine Gesellschaft mit Menschen vorstellen, die alle individuelle Berufe, Eigenschaften usw. besitzen.

Dies ist für Anderson die Voraussetzung für die Nation. Die Zeitung ist dabei für ihn der Wegbereiter dieser Vorstellung. Sie beschreibt einer Vielzahl von individuellen Lesern (die aber wissen, dass sie diese Zeitung nicht alleine lesen) eine Anzahl von Vorgängen die zeitnah (meist am Vortag) passiert sind. Dabei ist das Thema der Artikel vollkommen beliebig.

---

[404] Anderson. Erfindung der Nation. 1988. S. 32.

[405] Anderson. Erfindung der Nation. 1988. S. 33.

[406] Anderson. Erfindung der Nation. 1988. S. 34.

[407] Tickell, Paul. Three Early Indonesien Short Stories by Mas Marco Kartikromo. Melbourne, 1981. (ohne Seitenangabe).
Zitiert nach: Anderson. Erfindung der Nation. 1988. S. 37.

Dadurch wird eine Gemeinschaft von Lesern geschaffen, die zwischen sich eine Verbindung herstellen – durch das Lesen der Zeitung.

Anderson nennt zwei Gründe für diese Verbindung. Zum einen natürlich die zeitliche Koinzidenz. „Das Datum am Kopf der Zeitung, als ihr wichtigstes Emblem, stellt die wesentliche Beziehung her – das ständige Fortschreiten der homogenen und leeren Zeit“[408]

Den zweiten Grund einer vorgestellten Verbindung findet er in der Beziehung zwischen Buch/Zeitung und Markt. Der Markt sind die Zeitungskäufer, die Leser. Diese wissen um das Veralten der Zeitung noch am selben Tag. Dies bringt nach Anderson „eine außergewöhnliche Massenzeremonie hervor: der praktisch gleichzeitige Konsum der Zeitung als Fiktion.“[409] Obwohl die Zeitung privat gelesen wird, ist jedem Leser bewusst, „dass seine Zeremonie von Tausenden anderen vollzogen wird, von deren Existenz er überzeugt ist, von deren Identität er aber keine Ahnung hat.“[410] Damit wirkt der Effekt der Zeitung doppelt: Das Datum der Zeitung symbolisiert, dass die Zeit ständig fortschreitet. Jedes Zeitungsexemplar ist ein Beleg der Gleichzeitigkeit, jedes nachfolgende oder vorhergehende das einer voran schreitenden Zeit. Der zweite Effekt ist der des Lesers. Jeder Leser ist sich bewusst, dass er durch das Lesen der Zeitung mit allen anderen Zeitungslesern verbunden ist, da sie die gleiche Information lesen wie er.

Zusammenfassend kann man nochmals in drei Punkten nennen, welche kulturellen Gegebenheiten nach Anderson überwunden werden mussten, damit sich die Idee des Nationalismus entwickeln konnte:

1. Die Existenz einer Schriftsprache, die den Zugang zu ontologischen Wahrheiten besaß, da sie Teil dieser Wahrheit war. Nur so konnten die Gemeinschaften des Christentums oder des Islams existieren.
2. Der Glaube, die Gesellschaft sei unter einem Herrscher gruppiert, der von Gottes Gnaden eingesetzt war.
3. Die Zeitvorstellung, in der Kosmologie und Geschichte ununterscheidbar sind

„Der langsame und Schrittweise Verlust dieser miteinander verbundenen Gewissheiten […] trieb einen Keil zwischen Kosmologie und Geschichte. Es begann die Suche nach einer neuen Möglichkeit, Sinn, Macht und Zeit sinnvoll miteinander zu verbinden.“[411] Denn erst mit der

[408] Anderson. Erfindung der Nation. 1988. S. 40.
[409] Anderson. Erfindung der Nation. 1988. S. 41.
[410] Anderson. Erfindung der Nation. 1988. S. 41.
[411] Anderson. Erfindung der Nation. 1988. S. 42f.

Vorstellung des gleichzeitigen Handelns von Menschen „sind wir nun [an] dem Punkt, wo Gemeinschaften des „horizontal säkularen und historischen" Typs möglich werden."[412]

3.3 Ursprünge des Nationalbewusstseins

Die Verbindung von Buchdruck und Kapitalismus hat für Anderson weit reichende Bedeutung für die Entwicklung Europas. 150 Jahre nach der Erfindung des Buchdrucks war der Markt für lateinische Bücher gesättigt und die Verleger suchten nach weiteren Möglichkeiten um den Buchabsatz auszuweiten.[413] Dies wurde durch mehrere Entwicklungen gefördert. Erstens unterlag das von Intellektuellen benutzte Latein einem Stilwandel – es wurde versucht, ein antikes Latein a la Cicero wieder aufleben zu lassen, womit das Lateinische eine mystische, esoterische Komponente gewann. „Das ältere Latein war nicht der behandelten Themen oder seines Stils wegen geheimnisvoll gewesen, sondern weil es überhaupt geschrieben wurde, d.h. wegen seines Status als Schrift. Nun wurde die lateinische Sprache wegen des Inhalts des Geschriebenen zum Mysterium, d.h. Sprache an sich."[414] Damit unterschieden sich alltägliches Kirchenlatein und das Latein intellektueller Humanisten, womit Latein nicht mehr nur Liturgiesprache war, sondern auch zu profanen Zwecken benutzt wurde – und das sogar in Abgrenzung vom liturgischen Stil.

Zweitens wurde natürlich durch die Reformation und vor allem durch Luthers deutschsprachige Bibel die Position des Lateinischen als Wahrheitssprache stark in Bedrängnis gebracht. Luthers Bibel wurde zum ersten deutschen Bestseller. „In den zwei Jahrzehnten von 1520 bis 1540 wurden dreimal so viele Bücher in Deutsch gedruckt wie im Zeitraum von 1500 – 1520. [...Luthers] Werke machten nicht weniger als ein Drittel aller deutschsprachigen Bücher aus, die zwischen 1518 und 1525 gedruckt wurden."[415] Damit hatte Luther laut Anderson einen Trend angestoßen, der sich fortsetzen sollte.

Der dritte Faktor war die Entwicklung einer landesspezifischen Verwaltungssprache in absolutistischen Monarchien, die allerdings erstmal nur Verwaltungssprache blieb und weder mit den Grenzen der heutigen Nationalstaaten übereinstimmen musste, noch mit der Sprache des Volkes. Aber obwohl diese Sprachen nur Verwaltungssprachen waren, taugten sie, um das vormals benutzte Latein in der Verwaltung zurück zu drängen. Insgesamt trugen alle drei genannten Entwicklungen das ihrige dazu bei, den Gebrauch von Latein zu marginalisieren.

---

412 Anderson. Erfindung der Nation. 1988. S. 44.
413 Anderson. Erfindung der Nation. 1988. S. 45.
414 Anderson. Erfindung der Nation. 1988. S. 46.
415 Anderson. Erfindung der Nation. 1988. S. 46.

„Im Grunde treten der zunehmend esoterische Gebrauch des Lateinischen, die Reformation und die planlose Entwicklung administrativer Landessprachen hier vor allem negativ in Erscheinung: Sie trugen zur Entthronung des Lateinischen und zur Erosion der heiligen Gemeinschaft des Christentums bei."[416] Zusätzlich verstärkt wurden diese Tendenzen durch die Interaktion von Kapitalismus und Buchdruck, sowie der Tatsache, dass Menschen in ihrem Alltag nun mal die unterschiedlichen Landessprachen und Dialekte sprechen.

An dieser Stelle des Umbruchs, an der das Lateinische zugunsten von Landessprachen zurück gedrängt wurde, befördert der Printkapitalismus die Entwicklung des Nationalismus. In kapitalistischer Hinsicht machte es für Verleger nur Sinn, wenn sie nicht für jede Mundart eine eigene Übersetzung eines jeweiligen Buches hervorbrachten. Dies war durch die Verwandtschaft bestimmter Mundarten möglich: „Die unterschiedlichen Idiome ließen sich aber innerhalb gewisser Grenzen zu einer geringeren Anzahl von Schriftsprachen zusammenfassen."[417] Folglich bildeten sich *Schriftsprachen* heraus, die einer breiteren Bevölkerung auch mit unterschiedlichen Mundarten zugänglich waren. Nach Anderson legten diese Schriftsprachen in verschiedener Hinsicht das Fundament für das Nationalbewusstsein.

Erstens schufen die Schriftsprachen eine neue Ebene der Kommunikation für eine bestimmte Bevölkerungsschicht. Sie nahmen eine Position zwischen dem klassisch Lateinischen ein, das die Gemeinschaft des Christentums vorstellbar machte, und jenen regionalen Dialekten. „In diesem Prozess wurden [Menschen] allmählich der Hunderttausende, ja Millionen Menschen in ihrem eigenen Sprachgebrauch gewahr – und gleichzeitig der Tatsache, dass *ausschließlich jene* Hunderttausende oder Millionen dazugehörten. Diese Mit-Leser, mit denen sie über den Buchdruck verbunden waren, bildeten in ihrer besonderen, diesseitigen und „ersichtlichen" Unsichtbarkeit den Beginn der national vorgestellten Gemeinschaft."[418]

Zum zweiten schaffte es das gedruckte Buch einen Sprachwandel aufzuhalten. Während bis ins Mittelalter Sprachen einem dermaßen starken Wandel unterlagen, dass sie Jahrhunderte später von der Allgemeinheit kaum mehr verstanden wurden, verlangsamte das Buch und die Schriftsprache diesen Prozess enorm. A nschaulich erläutert Anderson dazu, dass uns „die Worte unserer Vorfahren aus dem 17. Jahrhundert [...] zugänglicher [sind], als es Villon [Anm.: ein französischer Kopist aus dem 15. Jahrhundert; P.L.] diejenigen seiner Vorfahren aus dem 12. Jahrhundert waren."[419] Ein zusätzlicher Effekt dessen ist die Bewahrung eines Geschichtsbildes – Bücher als überdauernde Gegenstände sind historische Dokumente, die,

[416] Anderson. Erfindung der Nation. 1988. S. 49.
[417] Anderson. Erfindung der Nation. 1988. S. 50.
[418] Anderson. Erfindung der Nation. 1988. S. 51. Hervorhebungen im Original.
[419] Anderson. Erfindung der Nation. 1988. S. 52.

wenn in der eigenen Sprache verfasst, zum Selbstverständnis der jeweiligen Herkunft beitragen. Drittens werden schließlich erste Sprachbarrieren geschaffen. In die Schriftsprache kann man nur einen bestimmten Grad an sprachlicher Differenz integrieren. Während das Bayrische ins Deutsche integrierbar war, war es das Tschechische nicht mehr. So entstanden analog zur Schriftsprache neue Sprachgrenzen.
„Aus dem bisher gesagten ergibt sich als Schlussfolgerung: Vor dem Hintergrund der unausweichlichen Vielfalt menschlicher Sprachen machte die Verbindung von Kapitalismus und Buchdruck eine neue Form von vorgestellter Gemeinschaft möglich, deren Grundzüge bereits die Bühne für den Auftritt des modernen Nationalstaats vorbereiteten.“[420]

3.4 Entstehung des Nationalismus

Völkischer Nationalismus

In der Moderne begünstigten vielfältige Abgrenzungsprozesse die Entstehung des Nationalismus. Die Geschichtswissenschaft zeigt erstmalig, wie unterschiedlich die Antike oder das Mittelalter im Gegensatz zur heutigen Zeit war. Die „Entdeckung“ der weiteren Welt und deren Kulturen zeigt den Europäern ein Bild, das nicht mehr mit ihrem, v.a. christlichen Weltbild in Verbindung gebracht werden; Philologen entdeckten, dass Sprachen Entwicklungen durchmachten; oder auch dass das Hebräische nicht die älteste Sprache war, was wiederum kritische Stimmen gegenüber dem Chistentum laut werden ließ, u.ä.
Diese Prozesse hatten an der Degradierung des Stellenwerts der klassischen Sprachen bzw. der heiligen Sprachen teil, da man erkannte, dass diese auch einem Entwicklungs- und Wandlungsprozess unterworfen waren. Umgekehrt trug dies ebenfalls dazu bei, dass die Geringschätzung der jeweiligen Landessprachen sukzessive verschwand. Überhaupt schuf die Verschriftlichung und die Entwicklung von Grammatiken jeweiliger Landessprachen ein Gemeinschaftsbewusstsein derjenigen, die sie Sprachen, wobei Anderson wiederum die Rolle des gedruckten Wortes hervorhebt: „Natürlich betrieben diese Lexikographen, Grammatiker, Volkskundler [...] ihre revolutionären Aktivitäten nicht in einem luftleeren Raum. Sie produzierten für den Druckmarkt und waren über diesen Stummen Basar mit einer Konsumentenöffentlichkeit verbunden.“[421]

---

[420] Anderson. Erfindung der Nation. 1988. S. 53.
[421] Anderson. Erfindung der Nation. 1988. S. 80.

Dabei wuchs die Anzahl der des Lesens und Schreibens kundigen beständig. Eine der Gründe dafür waren die Bourgeoisie und die Industrialisierung (und die nachfolgend benötigten Spezialkräfte), sowie zunehmende Bürokratisierung der Monarchien. „Hoch- und Landadel, freie Berufe, Funktionäre und Kaufleute – das waren die potentiellen Konsumenten der philologischen Revolution.“[422] Dass sich in Europa (in Amerika hingegen schon) die Nationalstaatsgrenzen nicht analog zu den Sprachgrenzen entwickelten, lag an den Herrschaftsbereichen der Dynastien, die oft vielsprachige Reiche regierten. „Macht und Schriftsprache bildeten, mit anderen Worten, unterschiedliche Herrschaftsbereiche aus.“[423]
Dementsprechend gab es in Reichen, die über eine relative einheitliche Sprache (die dann auch zur Verwaltungssprache wurde) ein einheitlicheres Bestreben *eine* Nation zu bilden. In vielsprachigen Herrschaftsgebieten, wie bei dem wohl besten Beispiel Österreich-Ungarn, gab es hingegen vielerlei Unabhängigkeitsbestrebungen, was Anderson völkischen Nationalismus nennt. Den auslösenden Faktor schreibt Anderson der französischen Revolution als Modell für weitere Unabhängigkeitsbestrebungen zu, die wiederum, wenn auch oft verklärt oder idealisiert, durch das gedruckte Wort die Massen erreichte. Für Anderson ist das entscheidende, dass sie statt fand – und Nachahmer fand: „Dies hatte zur Folge, dass spätestens mit der zweiten Dekade des 19. Jahrhunderts ein „Modell“ des „unabhängigen“ Nationalstaats dem geistigen Diebstahl offen stand.“[424] Weiterhin war die französische Revolution auch das Modell der Volkssouveränität, das, so Anderson, „gewisse „Standards festlegt, von denen man nicht allzu sehr abweichen durfte.“[425]

Offizieller Nationalismus

Der offizielle Nationalismus, also der Nationalismus, den die dynastischen Herrscher (und z.T. der Adel) vertraten, war dem oben beschriebenen völkischen Nationalismus nachgeordnet. Nach Anderson schuf vor allem die „lexikographische Revolution“[426], also das Entwickeln von Schriftsprachen, die Vorstellung von Gemeinschaften, die sich am Vorbild der französischen Revolution orientierten. „Diese als Gemeinschaften vorgestellten Gruppen hätten ein Recht auf Selbstständigkeit in einer Bruderschaft von Gleichen“[427] – so der Leitgedanke. Dies brachte die Herrscher in Zugzwang, vor allem jene die über vielsprachige Reiche

[422] Anderson. Erfindung der Nation. 1988. S. 82. Hervorhebungen im Original..
[423] Anderson. Erfindung der Nation. 1988. S. 82.
[424] Anderson. Erfindung der Nation. 1988. S. 86.
[425] Anderson. Erfindung der Nation. 1988. S. 86.
[426] Anderson. Erfindung der Nation. 1988. S. 88.
[427] Anderson. Erfindung der Nation. 1988. S. 89.

herrschten. Um eine gewisse Stabilität zu garantieren, wurde spätestens jetzt das Lateinische abgelöst und durch eine/die Volkssprache ersetzt. Dabei geschah dies nicht aus nationalem Bewusstsein. „Das vorrangige Ziel war die Hausmacht.“[428]

Nachdem in jeder Monarchie nach und nach irgendeine Landessprache als Staatssprache eingeführt wurde und der nationale Gedanke immer beliebter wurde, freundete sich auch der Hochadel immer mehr dem Gedanken an, über eine Nation zu herrschen. Vor allem da die Legitimation durch ‚Gottes Gnadentum‘ immer mehr zu bröckeln begann, bot die Vorstellung Herrscher (und damit Teil) einer Nation zu sein, eine neue Legitimationsgrundlage. Die neue Legitimation war aber nicht unproblematisch. Wenn sich Wilhelm II als „den ersten unter den Deutschen“[429] bezeichnete, ging er damit auch gleichzeitig neue Verpflichtungen gegenüber seinem Volk ein. Die grundsätzliche Trennung von Volk und einem von Gott berufenen Herrscher existierte nicht mehr – beide waren einer Nation angehörig; der Herrschaft wurde de-sakralisiert und naturalisiert. Dies implizierte den Gedanken, dass der Herrscher auch das Volk verraten konnte, wie vor allem in Deutschland 1918 und danach propagiert wurde.

Kern der Nationalisierung des Adels und der Herrscher und damit der Entwicklung eines offiziellen, staatlichen Nationalismus war das Bestreben der Herrscher, ihre Macht bei zu behalten: „Diese offiziellen Nationalismen sind am besten als Mittel zu verstehen, die Naturalisierung mit der Beibehaltung dynastischer Macht zu verbinden.[430]

Wie erwähnt führte dies aber vor allem in vielsprachigen Gebieten zu weiteren Legitimationsproblemen, denn ein Herrscher der sich als Deutscher verstand (bzw. Österreicher) konnte kein Ungar sein; analoges gilt auch für Russland. Folglich stellten nationale Bestrebungen innerhalb von Vielvölkerstaaten ein neuerliches Legitimationsproblem für den Herrscher dar, was oft mit die verpflichtende Einführung der Staatsprache in Gebieten von Minderheiten zur Folge hatte (z.B. Russifizierung).

Kennzeichnend ist für Anderson, dass sich der offizielle Nationalismus erst in Auseinandersetzung mit dem völkischen Nationalismus entwickelte: „Der Schlüssel zur Einordnung des offiziellen Nationalismus – der gewollten Fusion von Nation und dynastischem Reich – bestand in der Erkenntnis, dass er sich *nach* den und *in Reaktion auf* die nationalistischen Volksbewegungen entwickelte, die seit den zwanziger Jahren des 19. Jahrhunderts in Europa immer stärker wurden.“[431]

[428] Anderson. Erfindung der Nation. 1988. S. 89.
[429] Anderson. Erfindung der Nation. 1988. S. 90.
[430] Anderson. Erfindung der Nation. 1988. S. 91
[431] Anderson. Erfindung der Nation. 1988. S. 91. Hervorhebungen im Original.

3.5 Zusammenfassung und Kritik

Andersons Theorie zum Nationalismus hat als entscheidendes Paradigma, dass die Nation eine vorgestellte, gleichzeitig handelnde und egalitäre Gemeinschaft ist. Dabei erläutert er, dass drei Dinge auf dem Weg zur Entwicklung des Nationalismus überwunden werden mussten: Die Sakralsprachen der religiösen Gemeinschaften als Hochsprachen (da diese die Nationalsprache als konstituierendes Element des Gemeinschaftsgefühls verhinderten), die Dynastie (sie verhinderte die Unabhängigkeitsbestrebungen von Völkern) und die nicht-lineare Zeitrechnung, da sich der Mensch erst in einer linearen Zeitrechnung alle Mitglieder einer Nation als organische, handelnde Einheit vorstellen kann.

Grundlegend für die Überwindung dieser Punkte war der Niedergang der Sakralsprache durch verschiedene Einflüsse („Romantisierung" der Sakralsprache, Reformation, Entwicklung der Verwaltungssprachen) und die Entstehung einer überregionalen Einheitssprache durch die Kombination von Buchdruck und Kapitalismus. Dies war die für Anderson entscheidende Weichenstellung, um Sprachengemeinschaften zu schaffen, welche zentral für die Entstehung des Nationalismus sind. Nachdem eine überregionale Sprachgemeinschaft entstanden war, entwickelte sich auch die Bereitschaft, sich von anderen Sprachgemeinschaften zu trennen, obwohl man demselben dynastischen Reich angehörte. Den Ausgangspunkt für die Unabhängigkeitsbestrebungen sieht Anderson in der französischen Revolution, die für ihn Modellcharakter für alle weiteren Bewegungen hatte. Dies bezeichnet Anderson als völkischen Nationalismus, den Vorläufer des offiziellen Nationalismus. Letzterer entwickelte sich erst durch und nach Ersterem. Der offizielle Nationalismus war das Bestreben dynastischer Herrscher ihre elitäre Stellung beizubehalten, die sie durch den völkischen Nationalismus bedroht sahen. Die dynastischen Herrscher versuchten die im Niedergang begriffene Legitimation des Gottes Gnadentums durch den Nationalismus zu ersetzen und sich als *princeps inter pares* zu etablieren. Damit wurde der Nationalismus auch die offizielle Legitimation von Staaten und Herrschaft. Im 20. Jahrhundert wurden sukzessive auch die dynastischen Herrscher zu Gunsten von republikanischen Herrschaftsformen aufgegeben.

Andersons Buch, "[that can be seen] along with Gellner's *Nations and Nationalism* [as] the probably most influential interpretation of nationalism of the last decades of the 20th century,"[432] hat im Gegensatz zu letzteren relativ wenig Kritik erfahren – wenn man die Annahme teilt, dass Nationalismus im wesentlichen ein modernes Phänomen ist. Smith kritisiert bei-

---

[432] Suny, Ronald Grigor. Stichwortartikel „History". S. 356. In: Motyl, Alexander. (Ed.). Encylopedia of Nationalism. Fundamental Themes. Volume 1. San Diego, 2001. S. 335 – 358. Hervorhebungen im Original.

spielsweise die Überbetonung von Sprache und Printmedien in Andersons Ansatz.[433] Charles Taylor merkt an, dass Andersons Ausführungen zur Zeitwahrnehmung generell richtig sind, jedoch kritisiert er, dass die moderne Zeitrechnung nicht ausschließlich homogen ist.[434] Dies wird jedoch im weiteren Verlauf der Arbeit keine Rolle spielen, da nur der Unterschied zwischen, vereinfacht gesagt, vormoderner und moderner Zeitwahrnehmung eine Rolle spielen soll.

---

433 Smith. Nationalism and Modernism. 1998. S. 137 - 144.
434 Taylor. Nationalismus und Moderne. 2002. S. 146ff.

4. Nationalismus und Religon: Gemeinsames und Gegensätzliches

4.1 Eine Annäherung an den Religionsbegriff

In diesem Kapitel soll untersucht werden, ob die Nation, von der hier angenommen wird, dass sie ein spezifisches Konstrukt der Moderne ist, religiösen Wert besitzen kann.
Dazu müssen vorab einige Anmerkungen zum Religionsbegriff gemacht werden. Viele Autoren gehen heute davon aus, dass der Terminus entweder nicht definierbar ist, oder zumindest keine Einheitlichkeit vorherrscht.[435] Wenn man aber Religion thematisiert, muss man zumindest eingrenzen, worüber man spricht und worüber man nicht spricht. In der vorliegenden Arbeit wurde und wird weiterhin über Religionen gesprochen, die bereits in der Vormoderne existierten und in der Moderne weiter existieren; im Kontext dieser Studie kann dies auf abrahamitischen Religionen eingeschränkt werden. Im Folgenden wird deswegen zwischen letzterem Religionstypus und jenem Phänomen unterschieden, dass manche Autoren säkularisierte oder politische Religionen nennen. Der Grund für diese Unterscheidung ist folgender: Es soll in dieser Arbeit thematisiert werden, inwiefern fundamentalistische Bewegungen auch nationalistisch sein können. Da viele Autoren zu Recht darauf hingewiesen haben, dass die so genannten politischen Religionen viele Gemeinsamkeiten mit vormodernen Religionen[436] aufweisen, braucht man doch ein Unterscheidungsmerkmal, um die Phänomene zu trennen. Entgegen mancher Versuche Religion so allgemein zu definieren, dass man auch säkulare

---

[435] Siehe zum Beispiel Casanova und Borutta.
„There is no consensus, perhaps there will never be, as to what counts as religion."
Casanova, José. Public Religions in the Modern World. Chicago, 1994. S. 26. Weiterhin betrachtet er auf den Seiten 44 – 50 verschiedene Auffassungen von Religion (kollektivistisch – individualistisch, Gemeinschaftsreligion – religiöse Gemeinschaft, und andere Aspekte.)
Fortan: Casanova. Public Religions. 1994.
Borutta, Manuel. Religion und Zivilgesellschaft. Zur Theorie und Geschichte ihrer Beziehung. Aus der Veröffentlichungsreihe der Forschungsgruppe „Zivilgesellschaft, Citizenship und politische Mobilisierung in Europa". S.6f. Barutta gibt ebenfalls einen kurzen Überblick über erstens, die Debattte der verscheidenen Defintionen von Religion und zweitens, die Frage, ob Religion definiert werden kann/sollte.
Veröffentlicht auf der Homepage des Wissenschaftszentrums Berlin für Sozialforschung.
http://bibliothek.wz-berlin.de/pdf/2006/iv05-404.pdf 20. 08. 2007.
[436] Im Zusammenhang mit dem Nationalismus (als politische Religion) nennt Wehler folgende Punkte, die ihm geeignet scheinen, die Parallelen zwischen politischer Religion und traditioneller Religion zu belegen:
1) Kontingenzbewältigung, 2) Sinnstiftung, 3) Deutungsmonopol, 4) Entwicklung von Normen und Verhaltensimperativen, 5) Elastizität der Dogmen, 6) Solidarverband mit „in-groups" und „out-groups", 7) Rituale, die das Zusammengehörigkeitsgefühl erfahrbar machen, 7) Gemeinschaft als Kompensation für individuelle Nachteile, 8) Überbrückung des Generationenkonflikts durch gemeinsame „Glaubenslehre", 9) Nation als transzendentes ewiges Wesen. Wehler. Nationalismus. 2004.S. 32f.
Ähnliche Aussagen finden sich bei: Graf, Friedrich Wilhelm. Die Wiederkehr der Götter. Religion in der modernen Kultur. Bonn, 2004. (Lizenzausgabe für die Bundeszentrale für politische Bildung.)
Kapitel II.2: Die Nation – von Gott erfunden? S. 102 – 132. Fortan: Graf. Die Wiederkehr der Götter. 2004.

Phänomene darunter verstehen kann[437], soll deswegen hier als Kriterium zur Unterscheidung der Gottesbezug dienen, in dem der Mensch eine wie auch immer geartete persönliche Beziehung zu Gott hat, die mit einer Heilserwartung verbunden ist. Mathias Behrens charakterisiert diese Beziehung wie folgt:

> „Gott ist das Heil des Menschen; der letzte Sinn wird das Heil erfahren. Nur eine dem endlichen Sein transzendente Wirklichkeit vermag Leid und Tod des Menschen zu überwinden. [...] Religion ist in diesem Verständnis möglich, weil Gott selbst den Menschen an sich bindet. Religion kommt von Seiten des Menschen her ein responsorischer Charakter zu. Die Bindung von Gott und Mensch kann personal-dialogisch interpretiert werden.“[438]

Behrens folgend sollen an dieser Stelle unter Religion, also ausschließlich jene verstanden werden, die einen Gottesbezug aufweisen. In Bezug auf die Unterscheidung zu politischen Religionen deckt sich dies auch mit einer Definition von Juan Linz, die zur weiteren Unterscheidung dient.

> „Politische Religionen versuchen mit den existierenden Religionen zu konkurrieren, sie zu ersetzen und, wenn möglich, sie zu zerstören. Aus der Perspektive existierender religiöser Traditionen sind sie tief anti-religiös. Da sie jeglichen Bezug auf die Transzendenz und auf religiöse, kulturelle Traditionen ablehnen, sind sie aus der Perspektive existierender Religionen nicht noch eine weitere Religion, sondern sie sind „Nicht Religion.“ Somit sind sie Teil eines Säkularisationsprozesses.“[439]

---

[437] Friedrich Wilhelm Graf will unter Religionen allgemein zum Beispiel „lebensgeschichtliche Sinndeutung“ oder „Kontingenzbewältigungspraxis“ verstanden wissen. (Graf. Die Wiederkehr der Götter. 2004. S. 112.)
Die Frage bleibt, wie nützlich ein solches Konzept ist. Natürlich ist Religion, in diesem Kontext bezogen auf dem Monotheismus, eine Art der Kontingenzbewältigung, aber hier scheint wohl das Charakteristische der Religionen (der Gottesbezug) auf der Strecke zu bleiben, wie Mathias Behrens veranschaulicht:
„Die Reduktion der Religion auf Kontingenzbewältigung, wie sie häufig in der Religionssoziologie behauptet wird, kann philosophisch integrierend transzendiert werden: Kontingenz kann nur durch das Absolute selbst bewältigt werden; insofern erfüllt Religion tatsächlich letztlich die Funktion der Kontingenzbewältigung – letztere wird aber nicht direkt intendiert: es geht der Religion um die Anerkennung; Verehrehrung um seiner selbst willen.“
Behrens, Mathias. ‚Politische Religion' – eine Religion? Bemerkungen zum Religionsbegriff. S. 263.
In: Maier, Hans; Schäfer, Michael. Totalitarismus und Politische Religionen. Konzepte des Diktaturvergleichs, Band II. München, 1997. S. 249 – 270.
Fortan: Behrens. ‚Politische Religion' – eine Religion? 1997.

[438] Behrens. ‚Politische Religion' – eine Religion? 1997. S. 264.

[439] Linz, Juan J. Der religiöse Gebrauch von Politik und/oder der politische Gebrauch von Religion. Ersatz-Ideologie gegen Ersatz-Religion. S. 130. In: Maier, Hans. Totalitarismus und Politische Religionen I. Konzepte des Diktaturvergleichs. München, 1996. S. 129 – 154.

4.2 Allgemeine Überlegungen zu widersprüchlichen Elementen von Religion und Nationalismus

Bevor weitere theoretische Überlegungen zu den potentiellen Gemeinsamkeiten von Religion und Nationalismus folgen, sollen vorab noch einige offensichtliche Unterschiede und Gemeinsamkeiten erläutert werden.[440]

Wie schon Anderson erläuterte, so bemerkt auch Hobsbawm, dass die Stiftung von Gemeinschaft ein Merkmal ist, das sowohl Religion wie auch Nationalismus zu eigen ist. „Die Religion ist eine alte und bewährte Methode, Gemeinschaft durch gemeinsame Bräuche und eine Art Brüderschaft zwischen Menschen herzustellen, die ansonsten nichts miteinander gemein haben.“[441] Gemeinsam haben Religion und Nationalismus auch die Verwendung von Symbolen und Ritualen. Diese können sich in ihrer Verwendung überschneiden oder vollkommen andere sein, ihrer Funktion nach sind sie in Religionen und im Nationalismus jedoch gleich. Symbole und Rituale verleihen „einer abstrakten Gesellschaft greifbare Wirklichkeit.“[442]
Gegen einen religiösen Nationalismus spricht die Frage der Loyalität. Derjenige, der gläubig und nationalistisch ist, besitzt zwei Loyalitäten. Somit konkurriert Religion mit dem Nationalismus, der wie bei Gellner gesehen, unter allen Umständen die alleinige politische Herrschaft und Gewalt innehaben muss. Wenn Religion also weltliche Züge annimmt oder vereinnahmt, können diese im Gegensatz zu nationalen Zielsetzungen stehen und Konfliktpotential verursachen. Wenn dies nicht der Fall sein soll, müssen nationale und religiöse Ziele identisch sein. Weiteres Konfliktpotential liefert die Tatsache, dass Angehörige einer Nation in der Regel mehreren Religionen zugehören, während religiöse Nationalisten logischerweise die Nation nur einer Religion angehörig sehen. Schließlich existiert noch das funktionelle Problem, dass die meisten Religionen einen Universalitätsanspruch und oft auch ein Missionsbestreben besitzen. Somit sind die meisten Religionen per definitionem schwer auf eine Nation zu beschränken.
Die drei beschrieben Probleme sind unterschiedlicher Natur. Das letztere Problem (Universalitätsanspruch) bezieht sich auf die Religion selbst. Um den Universalitätsanspruch mit der Nation in Einklang zu bringen darf entweder die Religion selbst – wie beim Judentum – keinen solchen Anspruch besitzen, oder er muss aufgegeben werden, wie es zum Beispiel Liah Greenfeld glaubt beim anglikanischen Puritanismus und dessen Vorläufern in England

[440] Siehe dazu: Hobsbawm. Nationen und Nationalismus. 2005. S. 83 – 89.
[441] Hobsbawm. Nationen und Nationalismus. 2005. S. 83
[442] Hobsbawm. Nationen und Nationalismus. 2005. S. 87

zu finden.[443] Die ersten beiden Probleme (Loyalität, verschiedene Religionen im Staat) beziehen sich hingegen auf den Staat und die Nation selbst. Um also die Möglichkeit eines religiösen Nationalismus in Betracht ziehen zu können, muss a) die Nation im Sinne Benedict Andersons als Verkörperung der Religion vorgestellt werden können und b) es müssen die Zielsetzungen des Staates und der religiösen Bewegung weitgehend identisch sein; oder sie dürfen zumindest nicht essentiell verschieden sein. Ob dies im Fall der religiösen Siedler zu trifft, bleibt zu überprüfen.

4.3 Die Entwicklung der modernen politischen Ordnung

Im Folgenden sollen kurz ein weiterer Aspekt erörtert werden, der für alle Nationalstaaten charakteristisch ist: die moderne politische Ordnung. Dies dient dem Zweck, auf die theoretischen Legitimitätsgrundlagen von Nationalismus und Fundamentalismus hinzuweisen und festzustellen, inwiefern diese sich widersprechen.
Wie erläutert ist für Benedict Anderson die französische Revolution das erste Modell nationalen Unabhängigkeitsstrebens, das später mit all seinen politischen Implikationen und Programmen nachgeahmt wurde. Auch wenn man Benedict Anderson nicht unbedingt zustimmen muss, dass die moderne politische Ordnung, die den Nationalstaat ausmacht, ausschließlich in der französischen Revolution erfunden wurde und seitdem kopiert wird[444], kann man ihm wohl zustimmen, dass Revolutionen (wie auch die amerikanische und die englische) eine große Rolle spielten. In diesem Sinne war für Hobsbawm „die ursprüngliche Bedeutung der Nation […] politischer Natur. Sie identifizierte „das Volk“ mit dem Staat nach dem Vorbild der amerikanischen und französischen Revolution. […] Denn was immer die Nation sonst sein mochte, das Element der Staatsbürgerlichkeit und der Massenteilnahme oder der Wahl fehlte darin nie.“[445] Auch Eisenstadt stellt fest, dass “die Entwicklung moderner politischer und administrativer Institutionen […] in engem Zusammenhang mit der Bildung moderner (National-)Staaten und deren ideologischen Grundprämissen [stand], welche in den Revoluti-

[443] Greenfeld, Liah. Nationalism. Five Roads to Modernity. Cambridge, 1992. S. 50 – 77. Sie beschäftigt sich in diesem Seiten zwar nicht durchgehend mit den Puritanern, erläutert deren Rolle jedoch immer wieder. Ob die Puritaner tatsächlich den Universalitätsanspruch aufgegeben haben, sei an dieser Stelle dahingestellt.
[444] Anderson. Die Erfindung der Nation. 1992. S: 83f. Wobei er durchaus einen plausiblen Standpunkt vertritt, wenn er dabei auch erläutert, dass die Idee des Nationalismus wohl immer wieder kopiert wurde.
[445] Hobsbawm. Nation und Nationalismus. 2005. S. 29f.

onen wurzeln."[446] Deswegen soll im nun Folgenden die Wurzeln und Begründungen des politischen Programms der Moderne kurz erörtert werden.

Die Moderne stellt für vormoderne Kollektividentitäten eine radikale Herausforderung dar, da sie bisherige Legitimierungsgrundlagen (v.a. religiöse) attackiert. „The core of this program [Anm.: der Moderne; P.L.] has been that the premises and legitimation of the social, ontological and political order were no longer taken for granted; and the concomitant development of a very intensive reflexivity about the basic ontological premises as well as around the bases of social and political order and authority."[447] Verbunden mit dem Programm der Moderne war eine "Naturalisierung" von Gesellschaft und Natur, d.h. Mensch und Natur wurden zunehmend als von Gott autonome Einheiten gesehen, welche durch die Vernunft erforscht werden konnten. Weiterhin sah sich der autonome Mensch als Gestalter seiner selbst, seiner Umwelt und des Sozialwesens.[448]

Es entstand das Bewusstsein, dass „eine politische Gemeinschaft eine sich selbst konstituierende [...] Entität sei."[449] Dadurch wurden alte Vorstellungen von Autorität in Frage gestellt und so die Struktur von Peripherie und Zentrum radikal transformiert. Durch das neue Bewusstsein versuchten ständig neue Bewegungen Einfluss auf das Zentrum zu nehmen und dieses umzuformen. „Der gesamte strukturelle Wandel [...führte] nicht nur dazu, dass zahlreiche Gruppen ihre Klagen, Beschwerden und konkreten Ansprüche formulierten, sondern auch dazu, dass immer häufiger Forderungen nach Partizipation in der gesellschaftlichen und politischen Ordnung insgesamt und in ihren zentralen politischen Arenen laut wurden."[450] Am Ende dieses Prozesses wurde die Partizipation einer der Legitimitätsgründe moderner Herrschaft – und damit auch des Pluralismus.

Die Frage ist nun, wie diese Konzepte begründet wurden. Der Pluralismus und die Legitimation von Privatinteressen hatten ihre Wurzeln in den unterschiedlichen Konzeptionen des Gemeinwohls (v.a. bei Rousseau war dies der Fall). Diese gingen insbesondere auf das Naturrecht zurück und dessen Betonung des Privateigentums. Daraus entwickelte sich die Idee des Rechts der politischen Partizipation. Ein weiterer Einfluss auf die Entwicklung der Legitimität der politischen Partizipation waren verschiedenen Theorien über einen Gesellschaftsvertrag, deren, in diesem Zusammenhang, maßgeblicher Inhalt darin bestand, dass nicht mehr Gott die

---

[446] Eisenstadt, Shmuel. Die großen Revolutionen und die Kulturen der Moderne. Wiesbaden, 2006. S. 150. Fortan: Eisenstadt. Die großen Revolutionen. 2006.

[447] Eisenstadt, Shmuel N. Cultural Programs, The Construction of Collective Identities and the Continual Reconstruction of Primordiality. S. 229. In: Proto Sociology. Volume 24, 2007. S. 203 – 258. Fortan: Eisenstadt. Cultural Programs. 2007.

[448] Allgemein dazu: Eisenstadt. Paradoxien der Demokratie. 2005. S. 31 – 42.

[449] Eisenstadt. Paradoxien der Demokratie. 2005. S. 37.

[450] Eisenstadt. Paradoxien der Demokratie. 2005. S. 41f.

Gesellschaftsordnung konstituiert, sondern der Mensch selbst.[451] „The state of nature that these theories built on, and that became crucial in the later Enlightenment, was a secular condition in the sense that it did not presuppose the concept of God."[452]

Kurz zusammengefasst kann man sagen, dass für die moderne politische Ordnung wie sie in Nationalstaaten existiert, das Recht der Partizipation der Gesellschaft und das Bewusstsein, durch Partizipation die Gesellschaftsordnung konstruieren zu können, kennzeichnend ist. Implizit in diesen Prozessen sind Institutionalisierungen, die sich in Parlamenten, Parteien und ähnlichem äußern und der Staatsführung erst Legitimität verliehen. Dies ist auch der Fall bei autoritären, diktatorischen oder totalitären Staatsformen, die – wenn sie auch die gesellschaftlichen Pluralismus radikal einschränken – die Institutionen pro forma aus Gründen der Legitimität akzeptieren, und zum Teil sogar eine Massenpartizipation in einer Partei (z.B. der NSDAP) einfordern.[453]

Wie bereits im Kapitel zum Fundamentalismus erwähnt, sind totalitäre Tendenzen im System der modernen politischen Ordnung nicht kontradiktorisch, sondern implizit. Nach Eisenstadt ist dies eine der Antinomien der modernen Politik[454], die sich am deutlichsten in Rousseaus Unterscheidung zwischen dem Willen aller (volonté de tous) und dem allgemeinen Willen (volonté général) verdeutlichen lässt. Die Spannung die hierin liegt, ist, dass natürlich alle gesellschaftlichen Gruppen unterschiedliche Interessen ausdrücken (deren Summe der Willen aller ist) und somit auch unterschiedliche Ansichten besitzen, was der allgemeine Wille ist. Die pluralistische Variante erkennt die Berechtigung des Partikularwillens einzelner Gruppen oder Individuen an, auch wenn sie ihn nicht teilt. Die totalitäre oder autoritäre Variante hingegen geht davon aus, dass ihr Partikularwille automatisch der durchzusetzende allgemeine Wille sei, negiert die Legitimität anderer Partikularinteressen und versucht den allgemeinen Willen, den sie in ihrem Partikularinteresse findet, gleich dem Willen aller zu setzen. Was bedeutet dies nun für den Vergleich von Fundamentalismus und Nationalismus? Wie erläutert sind fundamentalistische Bewegungen ebenfalls jakobinisch und tendenziell totalitär, d.h.

---

[451] Dass diese Vorstellung auch ideologische Sichtweisen begründete, wurde im Kapitel zum Messianismus bei Gebhardt gezeigt. Allerdings ist die Anerkennung der Privatinteressen eben auch der Grundstein, der „zur Anerkennung der Legitimität einer Pluralität von Interessen und unterschiedlicher Interpretationen des allgemeinen Willens beziehungsweise des Gemeinwohls [führt]."
Eisenstadt. Paradoxien der Demokratie. 2005. S. 55.

[452] Asad. Formations of the Secular. 2003. S. 133.

[453] Siehe dazu:
Linz, Juan J. Faschismus und nicht-demokratische Regime. Besonders: S. 273 – 284. In: Maier, Hans. (Hg.) Totalitarismus und Politische Religionen. Band III: Deutungsgeschichte und Theorie. München, 2003. S. 247 – 326.

[454] Siehe dazu:
Eisenstadt. Die Antinomien der Moderne. 1998. S. 43 – 76.
Eisenstadt. Die Paradoxien der Demokratie. 2005. S. 43 – 63.

wenn man sie im Spektrum des Nationalismus finden wollte, dann müsste man sie am ehesten mit faschistischen oder nationalsozialistischen Bewegungen vergleichen. Shmuel Eisenstadt äußert sich über die Gemeinsamkeiten und Unterschiede zwischen diesen Phänomenen wie folgt:

„Sie akzeptierten die technologischen oder instrumentellen Aspekte der Moderne und lehnten gleichzeitig die Souveränität oder Autonomie der Vernunft und des Individuums ab. Darin ähnelten sie den Fundamentalisten. Doch die faschistischen und nationalsozialistischen Bewegungen betonten stark den Primat und die Autonomie des menschlichen Willens – wenngleich nicht der Vernunft, ja sogar gegen die abstrakte Vernunft –, womit sie eine Idee der Aufklärung als Komponente des kulturellen Programms der Moderne übernahmen. Dagegen kritisieren die fundamentalistischen Bewegungen dieses Programm sozusagen von außen, indem sie die prinzipielle Unterwerfung des menschlichen Willens unter göttliche Gebote betonen – selbst wenn sie gleichzeitig paradoxerweise in sehr moderner Art auf die moralische Entscheidung Gewicht legen.“[455]

Die Unterwerfung des Willens unter göttliche Gebote entspricht dem, was im Fundamentalismuskapitel als vormoderne Utopie besprochen wurde. Wenn es richtig ist, was Eisenstadt sagt, dass Fundamentalisten diese vormoderne Utopie anstreben – das ist ein Staat nach den Gesetzen und Institutionen der Halacha, des Koran, der Bibel usw. – dann steht dies im Gegensatz zum modernen Nationalismus, dessen Legitimation – auch in der Diktatur – der Mensch selbst ist. Wie weiterhin erläutert wurde sind fundamentalistische Bewegungen allumfassend, d.h. sie versuchen das gesamte menschliche Leben in ihre Religion zu inkorporieren. Bezogen auf den modernen Nationalstaat bleiben somit zwei Alternativen: Entweder die modernen Elemente der Politik (insbesondere die Partizipation) werden abgelehnt, oder sie werden in die Religion mit aufgenommen. Dabei unterliegt dies aber dem Paradox, dass sie ein Phänomen religiös begründen müssen, welches säkulare Wurzeln besitzt. Wie sich dies bei den religiösen Siedlern äußert wird im nächsten Kapitel gezeigt werden.

4.4 Säkularisierung und Zeitverständnis

In diesem Abschnitt wird ein weiteres Problem beleuchtet: Die veränderte Stellung der Religion in der Moderne und die Implikationen für Religionen im Nationalstaat. Dazu wird auf die Relokalisierung der Religion durch die Säkularisierung der Moderne eingegangen. Im Zuge dessen wird erörtert wie die Religion ihre legitimierende Ordnungsfunktion in der Moderne verliert und statt dessen eine differenzierte Gesellschaft im Nationalstaat entsteht, deren Bewusstsein neue Mythen zur Legitimierung braucht.

[455] Eisenstadt. Vielfalt der Moderne. 2000. S. 222f.

a. Die Differenzierung der Gesellschaft und die Relokalisierung der Religion

Aus der Sichtweise der Religion war die Welt im Mittelalter in zwei Realitäten – die profane und die religiöse – eingeteilt. Die Wahrnehmung der einen entstand immer durch eine Abgrenzung von der anderen. Deswegen sah man innerhalb des säkularen Bereichs auch keine differenzierte Sphärenbildung (Wirtschaft, Politik, usw.), wie sie in der Moderne üblich ist. „If the main category of thought was that dividing the religious from the secular, then everything within the saeculum remained an undifferentiated whole as long as it was viewed from the outside, from the perspective of the religious."[456]

Erst nachdem diese Dichotomie aufgehoben war, konnten sich verschiedene Sphären innerhalb der säkularen Welt autonom und gegeneinander abgrenzend herausbilden. Nach Casanova sind es vor allem vier Entwicklungen, die maßgeblich zu dieser Neustrukturierung beitrugen[457]: die Reformation, die Entwicklung des modernen Staates, der Kapitalismus und moderne wissenschaftliche Revolution.

Der *Protestantismus* trieb die Säkularisierung in dreierlei Weise voran. Zuerst und am offensichtlichsten natürlich durch die Ablehnung der katholischen Kirche und damit die eklatante und unwiderrufliche Schwächung des Akteurs, der die Dichotomie zwischen profaner und religiöser Welt begründete. Damit verbunden ist weiterhin der Punkt, dass der Protestantismus eine Legitimierungsmöglichkeit anbot, indem er die Vermittlerrolle der Kirche zwischen Gott und dem Menschen aufhebt. Der dritte Punkt ist nach Casanova, was Max Weber als die protestantische Ethik beschrieben hat, nämlich die Legitimierung des Kapitalismus und der bourgeoisen Klassen. Mit der Legitimationskrise verbunden war auch das Aufblühen des *absolutistischen Staates*. Die Schwächung der katholischen Kirche ermöglichte es absolutistischen Herrschern, religiöse und staatliche Führungsansprüche in sich zu vereinen. Dadurch wurden die vorher klar getrennten Ordnungskategorien verwischt:

> „In the early absolutist phase the alliance of throne and altar became even more accentuated, or, properly speaking, it came actually into its own. New secular reason d'état principles of legitimation were mixed with old sacro-magical ones, and absolutist rulers claimed divine right along with thaumaturgic powers. [...] [A]ll the territorial national churches, Anglican as well as Lutheran, Catholic as well as Orthodox, fell under the caesaropapist control of the absolute state.[458]

[456] Casanova. Public Religions. 1994. S. 20.
[457] Casanova. Public Religions. 1994. S. 21.
[458] Casanova. Public Religions. 1994. S. 22.

Das anfängliche Prinzip *cuius region eius religio*, wurde nach Casanova aber relativ schnell wieder aufgegeben, da „the political costs of enforcing conformity became too high once religious noncomformism turned into political dissent.“[459] Folglich etablierte sich ein politisch-neutraler Staat, der die Loyalität für sich forderte, aber seinen Einwohnern religiöse Freiheit überließ.

Der dritte Faktor war die Entstehung des *Kapitalismus*, der nicht mit traditionellen katholischen und nur anfänglich mit protestantischen Prinzipien vereinbar war. „No other sphere of the saeculum would prove more secular and more unsusceptible to moral regulation than the capitalist market.“[460] Nirgends kam es zu einer ähnlich starken Umdeutung christlicher Wertvorstellungen, als bei der Entstehung des Kapitalismus. Nach Weber unterscheidet Casanova drei Phasen in der Umdeutung des segensreichen Armendaseins zur Verdammung der Armut. Die erste Phase war die der Puritaner, durch die das Asketentum auch in die säkulare Welt außerhalb der Klöster gebracht wurde; die zweite eine utilitaristische, welche die religiösen Wurzeln verdorren ließ und dafür eine ‚nüchterne Wirtschaftsethik' setzte und schließlich als drittes dann die Entstehung des eigentlichen Kapitalismus, der selbst keinerlei moralische Begründung braucht, sondern mechanische Wirkung entfaltet. Viertens und letztens trug die *‚wissenschaftliche Revolution'* zur Entwicklung des Säkularismus bei. Dabei stellten die große Herausforderung an die Religion weniger die Ergebnisse selbst dar, die im Zuge der Revolution produziert wurden, sondern vielmehr dass sich eine neue Wahrheitsrechtfertigung entfaltete. „It is well known that the conflict between the church and the new science, symbolized by the trial of Galilei, was not about the substantive truth or falsity of the new Copernican theories of the universe as it was about the validity of the claims of the new science to have discovered a new autonomous method of obtaining and verifying truth."[461] Während die Puritaner die neuen wissenschaftlichen Methoden als gleichberechtigten Wahrheitszugang zur Bibel anerkannten, lehnten die katholisch und lutheranisch geprägten Gebiete diese strikt ab. Im Laufe der Jahrhunderte entstanden so unterschiedliche Weltbilder. Während auch heute noch in Ländern mit puritanischem Hintergrund Religion einen höheren Stellenwert einnimmt, verkehrte sich in den anderen Ländern durch deren Position der Unvereinbarkeit von religiösen und naturwissenschaftlichen Wahrheitsansprüchen die Situation oft ins Gegenteil. Im Zuge der Etablierung der Naturwissenschaft als Wahrheitszugang wurden letztere Gesellschaften oft antireligiös. „Science transformed into a scientific and scientistic worldview

[459] Casanova. Public Religions. 1994. S. 22.
[460] Casanova. Public Religions. 1994. S. 23.
[461] Casanova. Public Religions. 1994. S. 24.

which claimed to have replaced religion the way a new scientific paradigm replaces an outmoded one.“[462]

Nochmals kurz zusammengefasst kann man festhalten, dass der von Casanova hier beschriebene Prozesse auf vier Entwicklungen beruht:

Naturwissenschaften, Reformation, das Enstehen des absolutistischen Verwaltungsstaates und die Genese des Kapitalismus – das waren nach Casanova die entscheidenden Prozesse, die den Weg zur Differenzierung und Säkularisierung ebneten. Damit einher ging aber auch die Erschaffung eines sozialen Raumes, der essentiell säkular ist.

b. Säkularismus, Nationalstaat und Religion

Die Entstehung des oben erläuterten sozialen Raumes ist nach Talal Asad von entscheidender Bedeutung für die Unterscheidung zwischen Religion und Nationalismus, da er diese erst begründete. Dabei war der soziale Raum notwendigerweise säkular, da er verschiedene religiöse Gruppierungen einschließen musste – dies führte, wie schon oben erläutert, zur Relokalisierung der Religion. “Yet it was precisely the emergence of society as an organizable secular space that made it possible for the state to oversee and facilitate an original task by redefining religion’s competence: the unceasing material and moral transformation of its *entire* national population regardless of their diverse “religious” allegiances.”[463] Die Gesellschaft des neu entstandenen sozialen Raums beruht auf einer Weltsicht die Asad Säkularismus nennt, da sich diese genau mit den Problemen beschäftigt, die aus der veränderten Ordnung entstehen.

> “Secularism builds on a particular conception of the world („natural“ and „social“) and of the problems generated by that world. In the context of early modern Europe these problems were perceived as the need to control the increasingly mobile poor in city and countryside, to govern mutually hostile Christian sects within a sovereign territory, and to regulate commercial, military, and colonizing expansion of Europe overseas.“[464]

Die Wurzeln des Säkularismus als Weltbild eines sozialen, säkularen Raums sieht Asad in zwei unterschiedlichen Entwicklungen. Die eine ist tatsächlich in der mittelalterlichen Unterscheidung zwischen profaner Welt (saeculum senescens) und der Ekklesia zu finden. Säkularisierung meinte zuerst das Austreten aus dem Kloster in die „säkulare Welt“ und nach der Reformation den Transfer von kirchlichem Besitz an private Eigentümer. Den anderen Ein-

---

[462] Casanova. Public Religions. 1994. S. 24.
[463] Asad. Formations of the Secular. 2003. S. 191. Hervorherbungen im Original
[464] Asad. Formations of the Secular. 2003. S. 191f.

fluss findet Asad in verschiedenen Theorien der Aufklärung, wie dem Humanismus, dem Naturrecht und auch Hegels Geschichtsphilosophie.

Im Zuge der damit verbundenen Religionskritik entwickelte sich jene Weltsicht des Säkularismus, die Ausdruck der geänderten Ordnungsvorstellung (von „double-dualist“ zu „natural“ and „social“ und zur Trennung von Öffentlichem und Privatem reguliert durch den Nationalstaat) war. Der Mensch (nicht mehr Gott) ist der handelnde Akteur der Welt, womit, wie schon vorher gesehen, auch ein neues Zeit-Raum-Verständnis einhergeht.

In the discourse of modernity „the secular“ presents itself as the ground from which theological discourse was generated (as a false form of consciousness) and from which it gradually emancipated itself in its march to freedom. On that ground humans appear as the self-conscious makers of History (in which calendrical time provides a measure and direction for human events), and as the unshakable foundation if universal valid knowledge about nature and society. The human agent is now responsible – answerable – not only for acts he or she has performed (or refrained from performing). [...] The domain in which God (accidents) occur without human responsibility is increasingly restricted. Chance is now considered tamable. The world is disenchanted.“[465]

Weiterhin entwickeln Nationalisten für Asad ein teleologisches Geschichtsbild, das für die Nation essentiell und identitätsstiftend ist.[466] Er argumentiert, dass dieses Geschichtsbild der Grund ist[467], warum religiöse Fundamentalisten keine Nationalisten sein können. Dies veranschaulicht er an den Beispielen von Islamisten und arabischen Nationalisten.

Arabische Nationalisten benutzen die Geschichte des Islams, um ihre Wurzeln darzulegen. Dabei sehen sie Mohammed aber nicht als „the subject of divine inspiration, a messenger of God to mankind and a model for virtous conduct that each Muslim [...] must seek to embody in his or her life,“[468] sondern lediglich als Heldenfigur an, der es schaffte die arabischen Stämme zu vereinigen. Folglich nahm Mohammed im Geschichtsmythos zwar eine zentrale Stelle ein, aber er war weder Ausgangs- noch Endpunkt eines linearen Geschichtsverlaufs, der den Gründungs- und Entstehungsmythos der jeweiligen Nation begleitet. Islamisten hingegen betrachten den Geschichtsverlauf anders. Für sie ist erstens Mohammed nicht der Held, der die arabischen Stämme vereinigt hat, sondern eine heilige Person, der Religionsstifter. Außerdem ist ihr Geschichtsverständnis ein anderes. Nationalisten sprechen von der Geschichte, im

---

[465] Asad. Formations of the Secular. 2003. S. 192f.

[466] Auch Hannah Arendt sieht dies so:
„[G]eschichtlich [war] das Erwachen des Nationalbewusstseins tatsächlich immer mit einem Erwachen des geschichtlichen Bewusstseins verbunden.“
Arendt, Hannah. Elemente und Ursprünge totaler Herrschaft. Antisemitismus, Imperialismus, totale Herrschaft. München, 2005. (erstmalig auf deutsch 1955). S. 569, Fußnote 7 (auf der selben Seite).

[467] Neben anderen, oben bereits erwähnten Argumenten: Die arabische Nation ist eine vorgestellte Gemeinschaft, die auch Nichtmuslime mit einschließen kann, während die Umma natürlich ausschließlich durch Muslime gebildet wird. Weiterhin sind arabischen Nationen natürlich auf ihr Territorium begrenzt, während die Umma potentiell universal ist.
Asad. Formations of the Secular. 2003. S. 196f.

[468] Asad. Formations of the Secular. 2003. S. 197.

Sinne einer linearen Verlaufs- und Entstehungsgeschichte. Für Muslime ist die Geschichte des Islam für ihre eigene Bedeutung weitgehend irrelevant; für sie zählt nur die Befolgung des Hadith und des Korans. „At any rate it is easy to see that while the „Arab nation" is inconcievable without history, the Islamic umma presupposes only the Qur'an and the sunna."[469] Deswegen sind die Geschichtsvorstellungen der beiden Gemeinschaften von arabischer Nation und Umma sehr verschieden. Während der teleologische Geschichtsmythos der arabischen Nationalisten darauf abzielt, dass sie politisch vereinigt wurden, bedarf es für die Umma keiner solchen linearen Geschichtsvorstellung, um als vorgestellte Gemeinschaft zu gelten, sondern nur die überzeitlichen Regeln des Islams.

Dass Islamisten dennoch im Staat politisch aktiv werden liegt an der Struktur des Nationalstaats und der Differenzierung der Gesellschaft. Der moderne Nationalstaat reglementiert fast alle Bereiche des menschlichen Lebens (wenn er gewissen Räumen Freiheiten zugesteht ist dies auch eine Art Reglementierung). Diese Reglementierungen sind abhängig von den Gesetzgebern. Um Einfluss auf die Gesetzgeber ausüben zu können ist politische Druck notwendig, denn „the way social spaces are defined, ordered, and regulated makes them all equally „political".[470]

Die zwei Punkte Asads, die gegen einen religiösen Nationalismus sprechen, sind also der Säkularismus als Voraussetzung für den sozialen Überbau des Nationalstaats sowie eine lineares Geschichtsverhältnis, das eine konstitutive Rolle der Identitätsbestimmung der Nation spielt. Diesbezüglich ist auf das vorherige Kapitel zum Messianismus zu verweisen. Unter gewissen Vorraussetzungen können Religionen durchaus ein lineares Geschichtsverständnis entwickeln. Die weiterhin offene Frage ist, ob sich dieses Verständnis mit der Geschichtsvorstellung der jeweiligen Nation deckt – im hier relevanten Fall Israels/des Judentums sind die Parallelen erstaunlich, wie nachfolgend gezeigt wird.

Das andere Argument Asads – Nationalismus sei säkular auf Grund der Integrationsnotwendigkeit einer differenzierten Gesellschaft in einem Staat – ist verwandt mit den Untersuchungen zur philosophischen Begründung der Partizipation. Man kann sogar sagen, die Entstehung einer differenzierten Gesellschaft (oder zumindest deren Anfänge) ist dem Recht auf Partizipation vorgeordnet, da es erst unterschiedliche Interessen braucht, um eine Partizipation einzufordern. Folglich muss man wieder den Schluss ziehen (gegebenenfalls die Ausführungen zum Fundamentalismus sind korrekt), dass fundamentalistische Religion idealerweise

[469] Asad. Formations of the Secular. 2003. S. 187.
[470] Asad. Formations of the Secular. 2003. S. 199.

einen Staat nach den jeweiligen religiösen Gesetzen errichten will[471], steht dies konträr zu strukturellen Differenzierung der Gesellschaft.
Natürlich kann man wieder argumentieren, dass man sich eine Gesellschaft vorstellen könnte, die nicht nach diesem europäischen Schema funktioniert. Gellner stellt beispielsweise die Überlegung an, ob sich ein religiöser Nationalismus entwickelt hätte, wenn die Aufklärung nicht statt gefunden hätte.[472] Wenn man allerdings Anderson These folgt (die auch Greenfeld unterstützt[473]), dass Nationalismus einmal erfunden, ständig kopiert wurde, ist dies nur schwer vorstellbar. Dies ist kein absolutes Ausschlusskriterium, aber in Ermangelung eines Gegenbeispiels doch ein überzeugendes. Dabei, und dies sei nochmals hervorgehoben, bezieht sich dies nur auf die fundamentalistische Variante der Religion, die einer vormodernen Utopie als Staatsform anhängt. Nichtfundamentalistische Varianten spielen an dieser Stelle keine Rolle.

4.5 Zusammenfassung: Wie kompatibel sind fundamentalistische Religion und Nationalismus?

In obigen Ausführungen ist in drei Schritten vorgegangen worden (nachdem eine Annäherung an den Religionsbegriff versucht wurde), um die Kompatibilität von fundamentalistischer Religion und Nationalismus zu überprüfen.
Im ersten Schritt wurde auf allgemeine Konfliktlinien zwischen Religion und Nationalismus hingewiesen. Das war erstens das Problem der doppelten Loyalität, zweitens die Frage nach der Möglichkeit mehrere Religionen in einer Nation zu subsumieren und drittens der Widerspruch zwischen Universalitätsansprüchen von Religion und Begrenztheit der Nation. Letzterer Punkt ist für die vorliegende Arbeit weitgehend irrelevant, da dieses Kriterium auf das Judentum nicht zutrifft. Der Punkt, dass verschiedene Religionen in einer Nationen vereint werden können, trifft auch in diesen Fall kaum zu, da – wie nachfolgend weiter erläutert wird – sich der Zionismus ausschließlich auf die jüdische Religion beruft. Damit stellt schon die Existenz des Zionismus an sich zugleich ein Argument (wenn auch ein sehr spezielles) gegenüber Versuchen dar, diesen Punkt als Ausschlusskriterium bezüglich der Kompatibilität von Religion und Nation zu benutzen. Drittens wurde das Argument der doppelten Loyalität

[471] Mit Einschränkungen die bereits erwähnt wurden: Erstens gilt dies nur, wenn sie politisch aktiv sind. Wenn sie es nicht sind, erledigt sich aber auch die Frage, ob sie nationalistisch sind. Zweitens muss man die Umgebung und deren Entfaltungsmöglichkeiten betrachten: In einer demokratischen Gesellschaft kann sich eine fundamentalistische Bewegung zwar leichter etablieren, aber ihrer Radikalität steht eine Verfassung gegenüber. Umgekehrtes gilt für repressive Staaten.
[472] Gellner. Nationalismus und Moderne. 1991. S. 119ff.
[473] Greenfeld. Nationalism. 1992. S.8ff.

genannt. Dazu ist zu sagen, dass es zumindest vorstellbar ist, dass nationale und religiöse Ziele sich nicht widersprechen müssen. Ob dies bei den religiösen Siedlern der Fall ist, bleibt zu überprüfen. Weiterhin kann man als Gegenargument erwähnen, dass eine religiöse Bewegung die Macht im Staat (wie im Iran) übernehmen kann, womit zumindest offiziell kein Loyalitätsproblem vorherrscht.

Im zweiten Schritt wurde untersucht, inwiefern das moderne politische Programm, das unauflöslich mit dem Nationalstaat verbunden ist, kompatibel zu fundamentalistischen Begründungen politischer Aktivität ist. Dabei wurde gezeigt, dass das moderne politische Programm, verankert im Naturrecht und den Gesellschaftsverträgen auf den Menschen und nicht auf Gott zurückgeht. Kennzeichen des modernen politischen Programms ist die Partizipation der Gesellschaft, aus der letzten Endes der Nationalstaat und dessen Regierung seine Legitimität erfährt. Fundamentalisten agieren nun in diesem Schema der Politik (sofern sie politisch aktiv sind) und stehen dabei vor dem Paradox, dass sie diese Form politischer Aktivität religiös legitimieren müssen, obwohl sie essentiell auf den Menschen und nicht auf Gott zurückgeht. Ihre eigenen Gesetzescodes wie die Halacha, den Koran, oder die Bibel, besitzen einen anderen Rahmen politischer Aktivität. Damit besteht ein Spannungsverhältnis innerhalb der fundamentalistischen Theologie, das nur schwer aufzulösen ist und ein gewichtiges Argument gegen die Möglichkeit von fundamentalistischem Nationalismus darstellt. Man kann natürlich argumentieren, dass man sich einen Nationalismus vorstellen könnte, der seine Einflüsse nicht aus den politischen Entwicklungen der euroamerikanischen Revolutionen zieht und statt dessen einen anderen politisches Rahmen setzt. Dann müsste man aber auch fragen, wie dieser aussehen solle. Auch Fundamentalisten mit nationalen Ambitionen unterliegen den modernen politischen System, das zumindest in seinem grundlegenden Prämissen weltweit verbreitet ist *und zwar genau wegen der Aufteilung der Welt in Nationalstaaten* und den damit verbunden politischen Rahmenbedingungen (wie auch immer diese umgesetzt werden). Daher ist ein solches Gegenargument, für das es keine stichhaltigen Beweise gibt, abzuweisen. Obige Bemerkung gilt, wie gesehen, genauso für den dritten Teil der Ausführungen. Man kann Asads Ausführungen folgen, dass der Differenzierungsprozess der Gesellschaft grundlegend für die Moderne und auch für das Entstehen des Nationalismus ist. Seine Sichtweise, dass Religion kein lineares Geschichtsbild besitzt und daher nicht vereinbar mit nationalen Vorstellungen ist, bleibt aus Gründen die im Kapitel zum Messianismus erläutert wurden abzulehnen. Abschließend kann man folglich sagen, dass fundamentalistische Religion und Nationalismus – unter der Prämisse, der Fundamentalismus strebt die Etablierung eines vormodernen Staats an – letztendlich unvereinbar sind.

5. Überleitender Exkurs: Die Konstruktion nationaler Identität am Beispiel Israels

5.1 Eine theoretische Einleitung zur Konstruktion von Identitäten

Nach Shmuel Eisenstadt[474] ist die Kollektividentität mit Wirtschafts- und Machtfaktoren der dritte Einfluss, der zur Konstituierung einer imaginierten Gemeinschaft führt und mit diesen auch kontinuierlich verwoben ist.[475] Der wichtigste Aspekt bei kollektiven Identitäten ist die „Definition von „Ähnlichkeit" unter den Mitgliedern vis-à-vis der Fremdheit und den Unterschieden gegenüber dem oder den Anderen"[476]. Diesbezüglich kann er drei Faktoren oder Codes nennen, die ihm unabhängig von der Art der Gemeinschaft (tribal, feudal, national usw.) und der Zeit in der sie lebt als analytische Kategorien geeignet scheinen, um die Identitätskonstruktion von Kollektiven zu charakterisieren. Diese Kategorien sind der primordiale, der zivile und der sakrale oder transzendente Code.[477] Der primordiale Code beschäftigt sich mit der Definition von ‚in-groups' und ‚out-groups', also mit der Frage nach der Grenzziehung zwischen Kollektiven mittels Merkmalen wie Territorium, Sprache, Rasse usw. Nach Eisenstadt sind diese Grenzziehungen aber „though constructed, [...] perceived as naturally given."[478] Der zivile Code äußert sich in Regeln des Gruppenverhaltens, sozialen Routinen und der Erfüllung von Gemeinschaftspflichten. Im Nationalstaat ist der zivile Code das Kennzeichen der Staatsbürgerlichkeit, welche durch Gesetze und Normen festgelegt ist und wodurch der Staatsbürger im Umkehrschluss Rechte und Pflichten hat.

Dies ist auch die Unterscheidung des zivilen vom primordialen Code im Nationalstaat: Während letztere die Mitgliedschaft durch Volkszugehörigkeit bzw. territorialer Zugehörigkeit definiert, legt der zivile Code (vgl. Napoleons „Code civil") die Identität und Mitgliedschaft in Bezug auf Rechte und Pflichten gegenüber dem Staat fest.

---

[474] Im Folgenden wird sich bezogen auf:
Eisenstadt, Shmuel N. Die Konstruktion kollektiver Identität im modernen Nationalstaat. In: Eisenstadt, Shmuel N. Theorie und Moderne. Soziologische Essays. Wiesbaden, 2006. S. 193 – 206.
Fortan: Eisenstadt. Die Konstruktion kollektiver Identität. 2006.
Eisenstadt, Shmuel N. Cultural Programs. The Construction of Collective Identities and the Continual Reconstruction of Primordiality. In: Proto Sociology. Volume 24, 2007. S. 203 – 258.
Fortan: Eisenstadt. Cultural Programs. 2007.

[475] Eisenstadt. Cultural Programs. 2007. S. 203.

[476] Eisenstadt. Die Konstruktion kollektiver Identität. 2006. S. 194.

[477] Dabei stellt er fest, dass diese Einflüsse „im Gegensatz zu manchen aktuellen Studien zu Nationalismus" (aber auch darüber hinaus) eben konstruiert sind, wie er am Beispiel des primordialen Codes ausführt. „Auch wenn Primordialität im Zuge ihrer Verbreitung immer als „primordial", als natürlich vorgegeben, beschrieben wird, wird sie faktisch ständig [...] rekonstruiert."
Eisenstadt. Die Konstruktion kollektiver Identität. 2006. S. 199f.

[478] Eisenstadt. Cultural Programs. 2007. S. 207.

Der sakrale oder transzendente Code verbindet sich schließlich mit der Grenzziehung zwischen „in-groups“ und „out-groups“ und stellt eine „besondere Beziehung [...des Kollektivs] zum Reich des Heiligen und Erhabenen, ob es nun als Gott oder Vernunft, Fortschritt oder Rationalität definiert ist“[479], her.[480] Der sakrale Code legitimiert die Grenzziehungen folglich durch eine wie auch immer geartete Erhöhung.
Diese drei Merkmale bilden in Abgrenzung zueinander und/oder in Vermengung miteinander das kollektive Bewusstsein. „The construction of collective identities entails the concretization of such codes or themes and the specification of their different contents; and of different combinations thereof, and the designation of the different institutional arenas as bearers of such codes – as for instance the emphasis primordiality in 'local' or 'ethnic' collectivities; on civil rules in the political collectivity or in broad religious ones.“[481]
Im Folgenden soll die Konstruktion der nationalen Identität Israels weiter veranschaulicht werden, um nachvollziehen zu können, ob die religiösen Siedler Teil einer israelischen Identität sind, oder ob sie außerhalb dieser stehen; bzw. welche Rolle sie in der Konstruktion und Re-Konstruktion dieser Identität spielen. Dabei wird allerdings nur auf den zivilen und den primordialen Code eingegangen, da diese sich zum einen mit der Festlegung von Grenzen des Kollektivs beschäftigen und zum Zweiten auch die Identität des Kollektivs formen. Der sakrale Code hingegen wendet sich nach außen, da er die Grenzziehung zu anderen Kollektiven verstärkt, indem er dem Kollektiv eine metaphysische, transzendente (usw.) Qualität verleiht, die es von anderen unterscheiden soll.

5.2 Zwischen „Eretz Israel“ und dem „Staat Israel“ – primordiale und zivile Codes im Kampf um die Kollektividentität in Israel

Die folgenden Ausführungen besitzen eine doppelte Funktion. Erstens sollen sie natürlich die Theorien von Shmuel Eisenstadt bezüglich der Codes der kollektiven Identität am Beispiel Israels erläutern, um einsehen zu können inwiefern die religiösen Siedler als Teil des nationalen Kollektivs mitsamt der Kollektivmythen (und nicht nur als Staatsbürger) gesehen werden können. Zweitens greifen diese Ausführungen natürlich teilweise auch schon auf Ereignisse vor, die eine Rolle in der Geschichte der religiösen Siedler spielen, da sie einen historischen Überblick über den Kampf um das Zentrum des Staates durch die verschiedenen Akteure der

479 Eisenstadt. Die Konstruktion kollektiver Identität. 2006. 196.
480 Obwohl Eisenstadt diese Codes nicht einem partikularen historischen Kontext zu rechnet, sind die Inhalte dieser Codes diesen (und darüber hinaus geographischen) Kontexten sehr wohl unterworfen.
481 Eisenstadt. Cultural Programs. 2007. 207f.

israelischen Gesellschaft gibt und damit natürlich auch über die Verschiebung der verschiedenen Codes.

Einflüsse des Zionismus

Nach Baruch Kimmerling gibt es vier Quellen der zionistischen Bewegung: „(1) the Jewish religion, (2) a variety of socialist ideas, (3) secular nationalism, and finally (4) classic liberalism (which included certain elements of a „capitalistic spirit“).“[482]

Diese vier Elemente stehen doppelt – nämlich innerhalb der Quellen selbst und zueinander – in dem oben betrachteten Schema des Gegensatzes von Universalismus und Partikularismus. Aus der *jüdischen Religion* entstammen einige der wichtigsten Merkmale des Zionismus. Zum einen natürlich das Land selbst. Weiterhin war die jüdische Religion, oder vielleicht besser das „Jüdischsein“ der gemeinsame Nenner, der die unterschiedlichen Akteure des Zionismus (z.B. Sozialisten und Liberale), sowie die unterschiedlichen Kulturen (z.B. Aschkenasim und Spharadim) vereinen konnte, und damit die primordiale Identität für den Zionismus schuf. Damit verbunden ist natürlich auch die Festlegung der „in-out-groups“, da nur Juden Teil der zionistischen Bewegung sein konnten. Schließlich wurde die Religion in der Geschichte des Staates, v.a. in Bezug auf den Konflikt mit den arabischen Staaten, ein immer größerer Legitimationsanspruch für das Land selbst. „It appears that religion was the principal response to the problem of linking between „nation“ and „land“.“[483] Zu den Einflüssen des *jüdischen Sozialismus* auf den Zionismus ist zu allererst zu sagen, dass diese die maßgeblichen Träger der Bewegung der zweiten bis vierten Aliyot waren (1904 – 1929), da die überwiegende Zahl der damaligen Immigranten dem sozialistischen Denken verhaftet waren. Weiterhin trug er zu einem Bild bei, das ein neues Ideal der israelischen Gesellschaft werden sollte, nämlich zum Bild das Chalutz, des Pioniers. Drittens prägte das sozialistische Denken maßgeblich die Anfangsphase des jüdischen Staates: Die Dominanz der Arbeiterpartei(en), vielleicht noch entscheidender die allumfassenden Tätigkeiten des Gewerkschaftsbundes Histadrut; aber auch die Moschavim und Kibbutzim zeugen von diesem Einfluss[484].

Der *säkulare Nationalismus* ist, ganz in Gellners Sinn, der Versuch selbst, einen Staat zu gründen, in dem eine kulturelle Einheit herrscht, aber auch politische Unabhängigkeit.

---

[482] Kimmerling, Baruch.. Between the Primordial and the Civil Definitions of Collective Identity. Eretz Israel or the State of Israel? S. 262. In: Cohen, Erik; Lissak, Moshe; Almagor, Uri. Comperative Social Dynamics. Colorado, 1985. S. 262 – 283. Fortan: Kimmerling. Between Primordial and Civil Definitions. 1985.

[483] Kimmerling. Between Primordial and Civil Definitions. 1985. S. 264.

[484] Zum Einfluss von Histadrut, Kibbutzim und Moschavim auf die israelische Gesellschaft siehe: Wolfssohn, Michael; Bokovy, Douglas. Israel. Geschichte, Politik, Gesellschaft, Wirtschaft. München, 2003. 6. erweiterte Auflage. S. 398 – 417.

Waren die vorhergehenden Faktoren für Kimmerling maßgeblicher „impetus for the Zionist Movement as well as the institutional skeleton for the Jewish political entity and its primary symbols“[485], so war der *Liberalismus* schließlich ein Gegengewicht sowohl gegen religiöse und nationalistische Tendenzen, als auch gegen zu stark sozialistische. „This process [...] prevented reversion to marxist radicalism and overidenitfication with and control by the Soviet Union. The combination of liberal and secular nationalism [...prevented] the descending to romantic levels or extreme nationalism."[486]

Das Ringen um die israelische Identität

Bis in die 50er Jahre hinein herrschte zwischen diesen Faktoren eine gewisse Balance. Seit den späten 50ern wurde durch eine Reihe von Faktoren das Kräfteverhältnis zu Gunsten der Religion verschoben. Die wichtigsten dieser Faktoren waren die Bestrebungen der Nationalreligiösen selbst, ihre Rolle in der Peripherie zu verlassen und Einfluss auf das Zentrum zu nehmen; der wachsende Konflikt mit den Arabern und die Entstehung des „67-Problems“, nachdem im 6-Tage-Krieg aus religiöser Sicht „heilige Stätten“ erobert wurden; der starke Zuzug von orientalischen Juden, die wesentlich traditioneller, d.h. mehr im religiösen Judentum verwurzelt waren als die europäischen Juden; schließlich manifestierte sich dieser Paradigmenwechsel bei der Wahl 1977 als Begin zum Ministerpräsidenten gewählt wurde und die seit Gründung des Staates existierende sozialistische Staatsführung ablöste.

In dem hier zu betrachtenden Zusammenhang ist vor allem die Rolle der Nationalreligiösen von Relevanz. Diese waren zwar – im Gegensatz zu den nicht nationalen Orthodoxen – „included within the boundaries of the collectivity“[487], allerdings waren ihre Hauptbestrebungen bis Anfang/Mitte der 60er (zum Ausdruck gebracht durch die nationalreligiöse Partei) hauptsächlich darauf gerichtet, ihre eigene Lebensweise durch religiöse Schulen u.ä. aufrecht erhalten zu können. Ende der 50er Jahre formierte sich jedoch die sogenannte „junge Garde“, die immer mehr von der Peripherie ins Zentrum drängte und damit auch die Identität des nationalen Kollektivs zu beeinflussen suchte. Die notwendige Bedingung für das nationalreligiöse Vorhaben, die Identität des nationalen Kollektivs weg von einem israelischen hin zu einem mehr jüdischen zu verändern[488] sieht Kimmerling in der Existenz der nationalreligiösen Schulen und der großen Jugendbewegung Bnei Akiva. Diese brachten in diesem Zeitraum

[485] Kimmerling. Between Primordial and Civil Definitions. 1985. S. 265.
[486] Kimmerling. Between Primordial and Civil Definitions. 1985. S. 265.
[487] Kimmerling. Between Primordial and Civil Definitions. 1985. S. 267.
[488] Kimmerling. Between Primordial and Civil Definitions. 1985. S. 268.

ihre ersten Abgänger hervor, die entweder in Israel geboren, oder aber in sehr jungen Jahren in den Staat Israel eingewandert waren und nicht das gleiche Weltbild der Abgänger säkularer Schulen teilten.[489] Das hinreichende Kriterium, das als Ausschlag für die Mobilisierung dieser Gruppe diente, war jedoch der 6-Tage-Krieg und die Eroberung des Westjordanlandes – ein Territorium, das viele „heilige Stätten" der Nationalreligiösen enthielt. Im Zuge der Diskussion, wie mit den eroberten Territorien zu verfahren sei, brachten sich viele dieser jungen Nationalreligiösen in die öffentliche Debatte in Israel ein. „As a result of the disputes that arose both within the system and in international spheres regarding the right and feasibility of Israel's holding these territories, parts of the religious sector – especially the young man among them – were motivated to take an active role in the public debate and later to settle in these territories, creating facts that they assumed would present their cessation through formation of a settlement network in the occupied territories."[490]

Die Nationalreligiösen bildeten jedoch nur die Speerspitze einer Verschiebung, die ganz Israel[491] erfasste, deren Gründe an dieser Stelle jedoch zweitrangig sind. Hier ist ausschlaggebend, dass der primordiale Code der israelischen Gesellschaft – die jüdische Religion – immer mehr als identitätsstiftender Faktor in der israelischen Gesellschaft wurde, was die folgenden Zahlen veranschaulichen können.[492] Zwischen 1965 und 1974 fiel die Identifikation von aschkenasischen Jugendlichen mit dem Begriff „israelisch" von 50% auf 41%; bei orientalischen Jugendlichen von 30% auf 24%; umgekehrt stieg die jüdische Identität bei den aschkenasischen Jugendlichen von 5% auf 24%, und bei den orientalischen von 30% auf 44%. Weiterhin glaubten 37% der gesamten Gesellschaft an den Advent des Messias; 47% glaubten, dass eine höhere Macht das Schicksal der Juden leitet; und 57% glaubten, dass die Juden das ausgewählte Volk der Bibel ist.

Diese Veränderungen, die vor allem nach dem 6-Tage-Krieg auftraten, hatten weit reichende Auswirkungen auf die Natur der israelischen Kollektivität. Nach Kimmerling entstand eine „Eretz Israel"[493]-Mentalität, deren prominenteste Gruppen wohl die Revisionisten und die

---

[489] Wie schon Ernest Gellner erläutert hat, sind die Schulsysteme ein entscheidendes Merkmal für die Bildung einer nationalen Hochkultur.

[490] Kimmerling. Between Primordial and Civil Definitions. 1985. S. 268. Man sollte anmerken, dass zu jener Zeit (kurz nach 1967) jene religiösen jungen Männer ausschließlich aus dem Lager der Nationalreligiösen stammten und nicht aus anderen orthodoxen oder ultraorthodoxen Gemeinschaften. Die Lage hat sich heute etwas geändert. Wenn auch die Ultraorthodoxen diesen Gebieten keinesfalls denselben religiösen Wert wie die Nationalreligiösen beimessen, so sind doch mit Betar Illit (~22.000 Einwohner) und Kiryat Sefer (~23000) zwei der größten Siedlungsstädte in den in den besetzten Gebieten ultraorthodox.

[491] Wie immer mit Ausnahme der israelischen Araber, und weitgehender Ausnahme der Ultraorthodoxen, die beide nicht zum nationalen Kollektiv zu rechnen sind. Letztere blieben freiwillig außen vor, während die israelischen Araber (unabhängig von dem was sie selber wollten) ausgeschlossen wurden.

[492] Kimmerling. Between Primordial and Civil Definitions. 1985. S. 268ff.

[493] Deutsch: Land Israel

jungen Nationalreligiösen waren, die sich von der bisherigen, aschkenasisch dominierten Mentalität unterschied. Kennzeichnend für Erstere ist „first, to demarcate the new physical boundaries of the collectivity (a return, that is, to the borders of Mandatory Palestine, which included Judea, Samaria and the Gaza Strip), and second, to define [...] the collectivity's identity as Eretz Israel, which also indicated a desire to change the image of Israeli society from one whose basic character is rooted in civility to a moral community based upon primordial symbols and ties."[494]

Die Unterschiede zwischen den beiden konkurrierenden Codes (primordial – zivil) der Kollektividentitäten, subsumiert unter den Oberpunkten „State of Israel und „Eretz Israel", kann man an einigen idealtypischen Punkten festmachen:[495]

(1) Die sozialen Grenzen des „Staates Israel" sind durch die Staatsbürgerschaft definiert, innerhalb derer sich auch Nichtjuden befinden können. In „Eretz Israel" ist die Mitgliedschaft durch Verwandtschaft/Religionszugehörigkeit (Jüdischsein) definiert.

(2) Die Zentrum – Peripherie Gestaltung des „Staates Israel" zeichnet sich dadurch aus, das verschiedene, relativ pluralistische Gruppen der Peripherie Einfluss auf den Staat nehmen wollen. „In „Eretz Isreal" this matter is approached ambivalentely: on the one hand considering [...] the center-periphery continuum, the collectivity may be defined as a society without a periphery. All are Jews and all are in the "center" (the periphery relates to non-Jews, who are considered an out-group). On the other hand, the more "Jewish" a group is considered to be, [...] the more central is its placement."[496]

(3) Mit obigen Punkt verbunden sind intermediäre Instanzen von Staat und Bürger, wie die Zivilgesellschaft. In „Eretz Israel" werden durch die Gleichsetzung von Zentrum und Peripherie solche intermediären Instanzen weitgehend ausgeschaltet und der Einzelne ist aufgefordert sich mit dem Kollektiv zu identifizieren.

(4) Schließlich ist die Außenwahrnehmung eine andere. Das „Staat-Israel-Modell" ist eingebunden in ein internationales System, das sich durch unterschiedliche Grade von Kooperation oder auch Konflikt auszeichnet. Die „Eretz Israel" Sichtweise hingegen ist weitgehend (mit Ausnahme der USA) aufgeteilt in „wir" und „sie" – die Juden und die Anderen.

Zwei Anmerkungen bleiben zu dieser Unterscheidung noch zu machen. Erstens sind sie idealtypisch, d.h. die meisten Akteure sind nicht ausschließlich einem der beiden Lager zuzu-

---

[494] Kimmerling. Between Primordial and Civil Definitions. 1985. S. 272.
[495] Kimmerling. Between Primordial and Civil Definitions. 1985. S. 272 – 275.
[496] Kimmerling. Between Primordial and Civil Definitions. 1985. S. 272.

ordnen. Dies deckt sich auch mit dem Verhältnis von zivilen und primordialen Merkmalen: „Primordial and civil sentiments are not ranged in direct and implicitely evolutionary opposition to one another. [...] Their marked tendency to interfere with one another stems not from any irrevocable antipathy between them but rather from dislocations arising from the differing patterns of change to each of them.'"[497] Zweitens sollte man die Unterscheidung zwischen dem "Staat Israel" und dem "Eretz Israel" Typus nicht in eine Reihe mit den zahlreichen Konflikten (Tauben – Falken, Juden – Araber, Religiöse – Säkualre, Aschkenasim – Sphara-dim/Misrachim) Israels stellen, sondern sie vielmehr als Metaebene betrachten, da sie in all diese Konflikte hineinspielt und weit größere Auswirkungen hat als die einzelnen Konflikte: „[T]he confrontation between the Israel and Eretz Israel approaches is no longer part of this series. Rather it has become a sort of super game, determining the rules according to which concrete struggles are to waged, the nature of collectivity relations with the Jewish world, the world at large and among themselves, and the location and significance of the collectivity within the cosmic order."[498] Oder um es kurz auf den Punkt zu bringen: "Is Israel indeed "a nation like other nations" [...] or are Israelis "the Chosen People"?[499]

---

[497] Geertz, Clifford. The Integrative Revolution: Primordial Sentiments and Civil Politics in the New States. S. 155. In: Geertz, Clifford. Old Societies and New States: The Quest for Modernity in Africa and Asia. London, 1963.
Zitiert nach: Kimmerling. Between Primordial and Civil Definitions. 1985. S. 275.

[498] Kimmerling. Between Primordial and Civil Definitions. 1985. S. 277.

[499] Kimmerling. Between Primordial and Civil Definitions. 1985. S. 277.

D. Die religiösen Siedler des Westjordanlandes

Wie bereits in der Einleitung erwähnt wird im Folgenden in mehreren Schritten vorgegangen. Zuerst wird die Lehre des geistigen Vaters der religiösen Siedler, Abraham Isaak Kook, erläutert. Nachfolgend soll zweitens gezeigt werden, wie sein Sohn Zvi Yehuda Kook daraus eine politische Ideologie formte, welche die Grundlage von Gush Emunim wurde. Anschließend werden drittens die Ereignisse betrachtet, die zur Gründung von Gush Emunim führten. Viertens sollen die ersten zehn Jahre der Bewegung erläutert werden, da diese maßgeblich Weichenstellungen für die Besiedlung des Westjordanlandes gelegt haben. Damit ist der fünfte hier besprochene Punkt verbunden – die Betrachtung dessen was Ehud Sprinzak das „unsichtbare Reich" von Gush Emunim bezeichnet hat. Danach werden sechstens ideologische Merkmale der Bewegung besprochen und abschließend soll siebten auf die Entwicklung verschiedener Lage innerhalb der Bewegung eingegangen werden.

1. Abraham Isaak Kook

a. Eine kurze Skizze des Judentums seit der Haskala bis zur Entwicklung des Zionismus

Bevor man auf Abraham Isaak Kook (1865 – 1934) zu sprechen kommt, muss man nochmals kurz die Entwicklung des Judentums in der Moderne betrachten, um die Hintergründe der Theologie zu verstehen, die von Rabbi Kook dem Älteren vertreten wurde und wie man diese im Gesamtkontext des Judentums einordnen kann.[500] Hierzu muss man vor allem die von mehreren Widersprüchen geprägte Geschichte des europäischen Judentums im 18. Und langen 19. Jahrhundert betrachten. Diese Entwicklungen kann man wie folgt benennen: Erstens gibt es die Assimilationstendenzen des Judentums, die verknüpft sind mit der jüdischen Aufklärung, der Haskala, die im Gegensatz zum traditionellen Weltbild des Judentums standen. Zweitens, und damit ebenfalls verbunden, existierten verschiedene Entwicklungen, die

[500] Siehe dazu:
Küng. Judentum. 2007. S. 237 – 275.
Armstrong. The Battle for God. 2000. S. 22 – 30.
Ortag. Jüdische Kultur und Geschichte. 2004. S. 94 – 106.
Ravitzky, Aviezer. Messianism, Zionism, and Jewish Religious Radicalism. Tel Aviv, 1993. S. 10ff.
Fortan: Ravitzky. Messianism. 1993.

den Juden bis dato nicht gekannte Entfaltungsmöglichkeiten in den jeweiligen Gesellschaften ermöglichten. Kurz skizziert begann der erste Schritt dieser Entwicklung mit den Religionsfreiheiten nach den Konfessionskriegen (wenn auch noch mit starken Einschränkungen). Dies setzte sich fort in den Menschenrechtserklärungen der amerikanischen und französischen Revolution und manifestierte sich im Code Napoleon, dessen Inhalt auch die weitere Judenemanzipation in Europa beeinflusste. Gleichzeitig existierten antisemitische Meinungen in den Fortsetzungen von religiösen Klischees, wie im ‚Judendekret' (1789) von Pius VI., oder in neuem Gewand, wie sie zum Beispiel vom Aufklärer Voltaire vertreten wurden. Schließlich kann man noch die Unterschiede zwischen Westeuropa, wo die jüdische Emanzipation begann und Osteuropa, wo die Juden weiterhin unter starker Unterdrückung litten, nennen.

Die oben beschriebenen Entwicklungen schlugen sich auch im jüdischen Denken nieder. Ein Vorläufer des Assimilationsdenkens (trotz Beibehaltung einer jüdischen „Kernidentität") und auch des Reformjudentums war Baruch Spinoza (1632 – 1670). Die Thesen des jüdischen Philosophen brachten ihm die Verbannung aus seiner jüdischen Gemeinde in Amsterdam. In seinem Hauptwerk, dem „Tractatus theologico-politicus", verschreibt er sich einer modernen Bibelkritik, die unter anderem Moses die Verfasserschaft des Pentateuchs versagte, und entwickelte ein Gottesverständnis, das weg führte vom anthropomorphen Gott Israels und hin zu einem pantheistischen Glauben. Im Zuge dieser Kritik gab es nach Ravitzky für Spinoza nur zwei Möglichkeiten, die das jüdische Volk in Zukunft einschlagen konnte: „They may continue following their religion, with all its inherent traits, thereby forfeiting any prospect of a national-political revival. Or they may abandon their ancient faith and customs, thus reacquiring the greatness of spirit that is a sine qua non for their future national rebirth."[501] Auch Moses Mendelson, der als Vater der Haskala bezeichnet wird, kritisiert die Passivität des jüdischen Volkes, ohne jedoch zur Gründung eines Staates Israel aufzufordern. Dagegen stellte sich natürlich weiterhin das orthodoxe Judentum, das sich gegen jede Reformation des Judentums aussprach und das jüdische Leben im „Schtetl" oder in den Ghettos Westeuropas beibehalten wollte. Im 19. Jahrhundert bildeten sich aus der innerjüdischen Auseinandersetzung, als auch aus der Auseinandersetzung mit Nichtjuden die bis heute existierenden vier Hauptströmungen des Judentums heraus. Im Anschluss an die Haskala bildete sich das Reformjudentum heraus, das zuerst in Deutschland entstand, aber sich heute mehrheitlich in die USA verlagert hat. Als weitere Folge der Haskala aber auch in Agrenzung zu dieser kann man die zionistischen Varianten Osteuropas sehen, die zu dem Schluss kamen, dass Assimilation keine Option für sie sei. Bestehen blieb weiterhin das orthodoxe Judentum, das sich harsch

[501] Ravitzky. Messianism. 1993. S. 12.

gegen alle Reformierungsprozesse wandte, da es darin die Aufgabe des Judentums selbst sah. Als vierte Strömung bildete sich das konservative Judentum heraus, das zwar weiterhin an den der Gesetzgebung orientierte, doch für die Gläubigen einige Akkomodationen erlaubte und auch „[h]istorisch-kritische Interpretation der Bibel [...] in Maßen akzeptierte, ohne die Schrift überhaupt durch „höhere Bibelkritik“ zu eskamotieren.“[502]
Ein Konflikt zwischen diesen Gruppierungen (vor allem zwischen orthodoxen Juden und dem Rest) bestand und besteht bis heute. Insbesondere die Genese der zionistischen Idee trug zu einer Verschärfung dieses Konfliktes bei.[503] Die Zionisten fanden immer mehr die Gewissheit, dass die Juden sich nicht in die Gesellschaft anderer Staaten eingliedern konnten. Vor allem in Osteuropa kam es immer wieder zu Pogromen und Übergriffen auf Juden. Vor diesem Hintergrund entwickelte sich die bekannte Idee, dass die Juden ein „normales Volk unter den Völkern“ werden mussten. Dieses Bestreben schlug sich nieder in verschiedenen Büchern, die dazu aufriefen einen neuen Staat zu gründen, wobei Palästina zu anfangs keineswegs das einzigmögliche Ziel war. Die bekanntesten Werke sind dabei Moses Hess „Rom und Jerusalem“ (1862), Leon Pinskers „Autoemanzipation“ (1882) und natürlich Theodor Herzls – dem späteren Kopf der zionistischen Bewegung – „Der Judenstaat“ (1896) und „Altneuland“ (1902). In diese Zeit fallen die Gründung der zionistischen Weltorganisation[504], des jüdischen Nationalfonds, der für die Akquirierung von Land in Palästina zuständig war – und natürlich die Besiedlung Palästinas in den verschiedenen Aliyot.
Die stark überwiegende Mehrheit des orthodoxen Judentums[505] lehnte die zionistische Bewegung aus zwei Gründen nachdrücklich ab. Zum einen sahen sie in der säkularen Bewegung einen Angriff auf ihr Verständnis des Judentums an sich. „[T]he Orthodox opponents of Zionism saw it as a direct threat to traditional ways of thought – to nothing less, that is, than the theological interpretation of Jewish history – and not only to traditional practices.“[506]
Andererseits sah die Orthodoxie im Zionismus, immer noch geprägt von den Nachwehen der Sabbatianerbewegung, eine neuerliche messianische Bewegung und eine wiederholte Verletzung der drei (vier) Eide, welche die jüdisch-politische Passivität begründeten, die als Strafe Gottes angesehen wurde. „Zionism thus appears to be a blatant violation of the oath sworn by

[502] Küng. Das Judentum. S. 522.
[503] Siehe dazu: Sicker, Martin. Judaism, Nationalism and the Land of Israel. Oxford, 1992. S. 75 – 110. Fortan: Sicker. Judaism, Nationalism. 1992. Morris, Benny. Righteous Victims. A History of the Zionist – Arab Conflict, 1881 – 2001. New York, 2001. S. 3 – 67. Fortan. Morris. Righteous Victims. 2001.
[504] Abgekürzt WZO für World Zionist Organisation
[505] Im Folgenden: Ravitzky. Messianism. 1993. S. 13 – 39. Ravitzky, Aviezer. Religious Radicalism and Politcal Messianism in Israel. In: Sivan, Emmanuel und Friedman, Menachem. Religious Radicalism and Politics in the Middle East. New York, 1990. S. 11 – 38. Besonders S. 11 – 17. Don – Yehiya, Eliezer. Jewish Messianism, Religious Zionism and Israeli Politics: The Impact and Origins of Gush Emunim. Middle Eastern Studies. Volume 23, April 1987. S. 215 – 235. Besonders: S. 221 – 225
[506] Ravitzky. Messianism. 1993. S. 13.

the Jewish people to wait patiently until the End of Days, a betrayal of the religious norm of exile.“[507]

Es gab jedoch auch einige orthodoxe Rabbiner, die dieser Idee nicht vollkommen ablehnend gegenüber standen, sie sogar antizipierten. Die beiden bekanntesten Figuren, dieser Minderheitsmeinung waren Jehuda Alkalai (1898 – 1878) und Zvi Hirsch Kalischer (1795 – 1874), die später als „Harbingers of Zionism“[508] in die Geschichte eingingen. Diese beiden griffen kabbalistische Erlösungslehren wieder auf. So konnten sie erklären, dass die Erlösung ein Prozess („nach und nach“) ist, der verbunden ist mit der Besiedlung des biblischen Landes Israel. Yehuda Alkalai: „The spirit of the times has freed all inhabitants of the earth to live where they wish and granted them freedom to travel from country to country; it calls upon us to they to the prisoners [the Jewish people], "Go free!" The spirit of the times summons every [people] to reclaim its sovereignty and raise up its language, so too does it demand of us that we re-establish [Zion], the center of our life, and raise up our holy language and revive it."[509] Schon hier war die Idee der "Erlösung des Bodens" durch Arbeit inbegriffen, wie sie später im Arbeiterzionismus nachdrücklich vertreten wurde. So schrieb Alkalai: „We must build houses and dig wells and plant olive groves. [...] For when we redeem the land on earth, so shall the horn of salvation spring up from heaven."[510] Diese Lehre erfreute sich jedoch nie besonders großer Beliebtheit, da sie zum einen die die übergroße Mehrheit der Orthodoxie gegen sich hatte und andererseits, da kurze Zeit später der säkulare Zionismus kein messianisches Programm mehr brauchte.

Wieder andere Rabbis konnten sich um die Jahrhundertwende mit dem Zionismus als politischer Bewegung zwar anfreunden, aber sprachen ihr kategorisch jede messianische Bedeutung ab. Nach Rabbi Raftali Berlin waren Kalischer und Alkalai an der Grenze zur Häresie mit ihren Erklärungen und er forderte deswegen: „We must not bring up any idea of redemption in connection with the land.“[511] Auch von Rabbi Isaak Jakob Reines, dem späteren Gründer der Bewegung der religiösen Zionisten (1902) Mizrachi, übte harsche Kritik an der Sichtweise, dass Zionismus und Erlösung verknüpft seien. „Redemption in itself is above nature and human effort. [...] It is only in the heights of miracle and wonder that it is to be estab-

---

[507] Ravitzky. Messianism. 1993. S. 15.

[508] Ravitzky. Messianism. 1993. S. 26.

[509] Alkalai, Jehuda. Kitvei ha Rav Yehuda Alkalei. Herausgegeben von Yitzhak Werfel. Jerusalem, 1944. S. 529. Zitiert nach: Ravitzky. Messianism. 1993. S. 27. Anmerkungen in Klammern von Ravitzky.

[510] Kretsel G. Rabbi Yehuda Alkalai – Rabbi Zvi Hirsch Kalischer. Jerusalem, 1943. S. 88.
Zitiert nach: Ravitzky. Messianism. 1993. S. 29.

[511] Berlin, Naftali Zevi Jehuda. Mara de-ara Yisrael. Jerusalem, 1974. (original 1891)
Zitiert nach: Viorst, Milton. What shall I do with this people? Jews and the Fractions of Politics of Judaism. New York, 2002. S. 168. Fortan. Viorst. What shall I do with this people? 2002.

lished."[512] Allerdings unterstütze Reines maßgeblich den Zionismus, da dieser die Lage der Juden der Welt verbessern würde.

Es gab also drei verschiedene Standpunkte bezüglich des Zionismus im orthodoxen Judentum. Die Mehrheit lehnte diese Bewegung nicht nur wegen ihres säkularen Charakters vollkommen ab, sondern auch da sie darin einen Verstoß gegen die Verbote Gottes (insbesondere die drei Eide) und eine neuerliche messianische Bewegung sahen. Der zweite Standpunkt wurde hauptsächlich von Alkalai und Kalischer vertreten, die tatsächlich im Bestreben das Land zu besiedeln eine messianische Aktivität sahen. Drittens gab es noch Rabbis wie Reines, die dem Zionismus zwar jede religiöse Bedeutung absprachen, aber zionistische Bestrebungen unterstützen, um ein besseres Leben für Juden zu ermöglichen.

b. Die Lehre von Abraham Isaak Kook

Rabbi Kook ist der spirituelle Wegbereiter der religiösen Siedler, da er die Grundlagen der Lehre geschaffen hat, die sein Sohn später in ein religiös-politisches Programm umformen sollte. „Gush Emunim views itself as implementer of [Rabbi Abraham Isaak Kook's] teachings."[513] Rabbi Kook wurde 1865 in Litauen geboren. Er studierte nicht nur in der sogenannten „ersten Yeshiva" bei den Mitnagdim in Volozhin, sondern in mehreren europäischen Städten, darunter auch bei den Chasidim – der religiösen Bewegung, gegen die die Mitnagdim (hebräisch für Gegner) ankämpften. „From an early stage, he was a mixture of a Lithuanian yeshiva man and a Hasid."[514] Darüber hinaus war Kook auch in der gegenwärtigen europäischen Philosophie unterrichtet, so war sein Schaffen beispielsweise von der hegelschen Dialektik beeinflusst, wie noch zu sehen sein wird. 1904 emigrierte er nach Palästina und wurde 1921 der erste aschkenasische Oberrabiner Palästinas; eine Position, die er bis zu seinem Tod 1935 inne hatte. 1924 gründete er mit der Yeshiva Merkas HaRav (Das Rabbiner Zentrum) die Schule, in der später die Idee der Besiedlung geborgen werden sollte. Seine unterschiedlichen Einflüsse – die strenge Halacha Lehre der Mitnagdim, die kabbalistischen Aspekte der Chasidim, sowie seine Kenntnis der europäischen Philosophie – ermöglichten ihm eine neue Lehre im Judentum zu begründen, die den Zionismus darin integriert.

---

[512] Reines, Isaak Jakob. Orot Israel. Vilna, 1888. Zitiert nach: Ravitzky. Messianism. 1993. S. 33.

[513] Aran, Gideon. The Father, the Son, and the Holy Land. S. 296. In: Appleby, R. Scott. Spokesmen for the Despised. Fundamentalist Leaders for the Middle East. Chicago, 1997. S. 294 – 327.
Fortan: Aran. The Father, the Son, and the Holy Land. 1997.

[514] Aran. The Father, the Son, and the Holy Land. 1997. S. 295.

Kern seiner Lehre war, dass durch die Einwanderung nach Israel die Erlösung der Juden herbeigeführt werde. Wie im Folgenden zu sehen sein wird, greift er dabei auf das bereits besprochene Konzept der lurianischen Kabbala zurück, nach dem die Erlösung ein Prozess ist. Während die Kabbalisten jedoch davon ausgingen, dass dies zuerst ein individueller, in mystischen Begriffen gefasster Prozess ist, steht bei Kook die Rückkehr nach Palästina im Vordergrund der Erlösungsvorbereitung. Nach seinem Verständnis bedingen sich spiritueller Zionismus und politischer Zionismus, wie Ravitzky seine Sicht beschreibt: "There can be no revival of the one without the other."[515]

Dabei nahm er auch die Ideen von Kalischer und Hirsch, den „Harbringers of Zionism" wieder auf. Allerdings hatte zu seiner Zeit die historische Sachlage geändert. Waren Hirsch und Kalischer noch vereinzelte Vorboten eines religiös inspirierten Zionismus, wurde dieses Unterfangen ca. 40 Jahre später (um 1900) fast ausschließlich von säkularen Juden getragen. Ziel seiner Lehre war es daher die Orthodoxie mit der entstehenden Bewegung des säkularen Zionismus zu vereinen.

Die Bedeutung von „Eretz Israel"

Das besondere an Kooks Philosophie ist nicht, dass er den religiösen Wert des Landes „Eretz Israel" (hebräisch für das Land Israel) hervorhebt – das Land stand nicht nur spirituell schon immer im Zentrum des Judentums, es war auch einer der konstitutiven Mythen der Gemeinschaft während der Diaspora („nächstes Jahr in Jerusalem"). Kook kombiniert jedoch die geistige Relevanz mit dem weltlichen Vorhaben des Zionismus: das Land hat nicht mehr nur spirituellen Wert, sondern die Besiedlung selbst hat gewinnt an religiöser Bedeutung und ist untrennbar mit dem jüdischen Nationalismus verbunden: Religion, Land und Nationalismus verschmelzen zu einer Einheit:

"The land of Israel is not something external, not an external national asset, a means to the end of collective solidarity and the strengthening of the nation's existence, physical or even spiritual. The Land of Israel is an essential unit bound by the bond-of-life to the people, united by inner characteristics to its existence. Therefore it is impossible to appreciate the content of the sanctity of the land of Israel and to actualize the depth of love for her by some rational human understanding."[516]

Folglich kann man nach Rabbi Kook auch nur in Israel die höchste Form der Religion erreichen. „It is impossible for a Jew to be faithful to his thoughts and visions outside the Land in the same way that he is faithful in the Land of Israel. Manifestations of holiness, of whatever

[515] Ravitzky. Messianism. S. 89.

[516] Kook, Abraham Isaak. Orot. Translated and with an Introduction by Bezalel Naor. New Jersey, 1993. S. 89. Fortan: Kook. Orot. 1993.

level, tend to be pure in the Land, and outside the Land, mixed with dross. However, in relation to the longing and attachment of a person to the land of Israel, his thoughts become purified by virtue of the "air of the Land of Israel"."[517] Deswegen ist die Rückkehr nach Palästina zentral für Kooks Denken. Religion und Nationalismus stehen nach seiner Lehre in einem symbiotischen Verhältnis, wie auch Shlomo Avineri hervorhebt: „The people of Israel, the Torah, and the Land of Israel are One, maintains Rabbi Kook, and this synthesis cannot and should be undone in the historical practice just as it cannot be undone in theory."[518]

Geschichte als Erlösungsprozess

Um Kooks etwas paradoxe These verstehen zu können, dass insbesondere der säkulare Zionismus ein Träger der Erlösung ist, muss man seine Interpretation, der in der Kabbala wurzelnden Idee der Prozesshaftigkeit der Erlösung vorab betrachten:

> "The redemption continues. The redemption from Egypt and the complete redemption of the future are on unending action: the action of the strong hand and outstretched arm, which began in Egypt and works through all eventualities. [...] The spirit of Israel hears the sound of the movements, the redemptive actions, brought about through all eventualities until the sprouting of the redemption will be complete, in all its plenitude and goodness."[519]

Allerdings sah Kook im Gegensatz zu den Kabbalisten um Luria, diesen Prozess keineswegs als hauptsächlich spirituellen an, sondern er brachte ihn unmittelbar mit weltlichen Ereignissen in Verbindung. „Kook was [...] bringing the cosmic notions of the Kabbalah down to earth and applying them directly to historical events. The myth of shattering and restoration of the sparks[520] became, in his mind, a symbol of actual events in the life of the nation and not the other way round."[521] Dabei war das historische Ereignis, das er zentral für die Erlösung sah, die Rückkehr des Volkes Israel in das Land der Bibel. Der Zionismus ist für Kook die Bewegung, welche die Erlösung vollenden konnte, denn „[t]he spirit that beats today in the people of Israel is suffused with the holy dew, and the movement for return to Zion is motivated by a divine dew."[522] Kabbalistisch gesehen, war der Zionismus für Kook die Korrektur, der, durch den Bruch der Gefäße, in Unordnung gebrachten Welt. „Knesset Yisrael [Anm.: Gemeinschaft Israels; P.L.] aspires to the correction (tikkun) of the world in all its fullness, to

---

[517] Kook. Orot. 1993. S. 91.
[518] Avineri, Shlomo. The Making of Modern Zionism. New York, 1981. S. 191.
[519] Kook. Orot. 1993. S. 139.
[520] Siehe zu den „heiligen Funken" den Unterpunkt zur lurianischen Kabbala.
[521] Ravitzky. Messianism. S. 106.
[522] Abraham Isaak Kook.
Zitiert nach: Aran. The Father, the Son, and the Holy Land. 1997. S. 298.

purifying original forgiveness, which comes not merely from the salvation of man's soul and improvement of his will, [...] but rather a comprehensive rectification of the cause of sins."[523] In diesem Sinn kann auch Ravitzky feststellen: „The idea of progress makes history a whole stage for messianic fulfilment, realization, and repair."[524]

Kennzeichnend für diesen Aspekt der kookschen Lehre – die ganz im Gegensatz zu ultraorthodoxen Positionen steht, die einen "static view of man and his role in history"[525] besitzen – ist die Erkenntnis, dass es keine Propheten mehr gibt. Der Prophet kann als Symbol für fehlende Selbstverantwortlichkeit menschlichen Handelns gesehen werden: Der Mensch ist darauf angewiesen, durch den Propheten Gottes Anweisungen zu vernehmen, und kann keine eigenen Schlüsse ziehen, wie er agieren soll. Kook ist sich bewusst, dass menschliche Interpretationen Fehler beinhalten können, nichtsdestotrotz sieht er in seiner teleologischen Wahrnehmung einen göttlichen Plan, der menschliches Handeln trotz Fehlinterpretationen in die vorherbestimmte Richtung führt – der Erlösung. „When prophecy is blocked, rectification is achieved by a sustained breach."[526] Wenn der Mensch keine Handlungsanweisungen mehr von Gott bekommt, muss er manchmal gegen Gesetzte verstoßen. "There are times when laws of the Torah must be overridden. But there is no one to show the legitimate way."[527]

Diese radikal mit der orthodoxen Tradition brechende Lehre der Möglichkeit des Thoraverstoßes – wie sie auch schon von den Kabbalisten um Luria gelehrt wurde – ermöglicht ihm das säkulare, zionistische Judentum in den Erlösungsprozess zu integrieren. Dies ist kann er aber nur dadurch legitimieren, dass er die Unterscheidung zwischen einem tausende von Jahren währenden Erlösungsprozess schafft und einer letzten messianischen Phase, in der die Erlösung vollendet wird. Diese Phase ist für ihn erkenntlich durch den Zionismus. Deswegen kommt er zu dem Schluss: "[T]he final messianic stage is about to begin."[528]

Säkulares Judentum und Zionismus

Kooks Weltsicht war von dem nach ihm bereits begonnenen Prozess der Erlösung geleitet. Deswegen konnte er in seiner Philosophie auch über die Thoraverstöße der Säkularen hinweg sehen. Allerdings unterschied er zwischen dem Einzelnen und dessen Verstoß gegen die

---

[523] Kook. Orot. 1993. S. 112f.
[524] Ravitzky. Messianism. 1993. S. 103.
[525] Ravitzky. Messianism. 1993. S. 102.
[526] Kook, Abraham Isaak. Arpelei tohar. Jerusalem, 1963. S. 15. Zitiert nach: Ravitzky. Messianism. 1993. S. 105.
[527] Kook, Abraham Isaak. Arpelei tohar. Jerusalem, 1963. S. 13. Zitiert nach: Ravitzky. Messianism. 1993. S. 105.
[528] Aran. The Father, the Son, and the Holy Land. 1997. S. 301.

religiösen Gesetze (was er sehr kritisch sah) und der Gruppe, die in Gottes Plan trotzdem eine Aufgabe zu erfüllen hatte. Dass es einen Plan Gottes gibt, in dem aber der Mensch eine aktive Rolle im Vorbereiten der Erlösung zu spielen hat, ist Kern der kookschen Überzeugung, die verschiedenen jüdischen Strömungen ihren Teil diesbezüglich beizutragen haben. Wie Ravitzky treffend feststellt, ist es „typical of all-embracing historiosophies, however, that they tend to view human beings as mere mortar and bricks in a larger, comprehensive process: „progress", „the march of enlightenment", „the workings of Divine Providence", and so forth."[529]

Dementsprechend sieht Kook die religiösen Zionisten als Werkzeug Gottes. Dabei geht Kook davon aus, dass der heilige Funken, den alle Juden in der Lehre der Kabbala besitzen, sie leitet. Kooks Vorstellung ist, dass diese Funken Quelle der Inspiration des Zionismus sind – ein inhärentes, aber verstecktes Potential sind, auch abseits der Thora auf Gottes Wegen zu gehen.[530] "[T]he sacred that is within the mundane, which descended to the point of utterly profane, is more lofty and holy than the sacred within the (proper realm of the) sacred, only that it is extremely hidden."[531] Allerdings muss Kooks Lehre mit dem großen Paradox umgehen, dass der Zionismus ein überwiegend säkulares, (sogar meist sozialistisch-atheistisch geprägtes) Unterfangen ist, dem er religiöse Relevanz zuspricht; dass sie Gottes Plan erfüllen, ohne selbst zu glauben. Kook dreht dieses Problem um, und sagt, eben weil sie nicht religiös sind, erkennen sie ihre Aufgabe im göttlichen Plan nicht: „They themselves [Anm.: die säkularen Zionisten; P.L.] do not realize what they want. The divine spirit informs their strivings in spite of them."[532] Darüber hinaus ist der ganze Zionismus für Kook ausschließlich göttlichen Ursprungs und nicht für ihn ohne diesen Einfluss überhaupt nicht vorstellbar. Die nachfolgende Aussage von ihm fasst sein Denken bezüglich der Verbindung von säkularem Judentum, göttlichen Plan und Zionismus anschaulich zusammen:

"The national spirit that is awakened now, many of whose proponents say they have no need of the divine spirit – if they could truly found such a national spirit in Israel, they could present the nation on a basis of impurity and destruction. But what they really want, they themselves don't know. So connected is the spirit of Israel to the spirit of God that even if one should say he has no need of the spirit of the Lord, as soon he states a desire for the spirit of Israel, the spirit of God rests in the innermost point of his aspiration, though against his will. The individual can sever himself from the source of life; not so the entire Jewish nation. Therefore all the national

529 Ravitzky. Messianism. 1993. S. 112.

530 Darin Unterscheidet sich das Denken des älteren Kooks auch von dem seines Sohnes, das nachfolgend besprochen wird. Während der Ältere in dem heiligen Funken lediglich ein zu verwirklichendes Potential sieht, betrachtet der jüngere Kook den Funken als inhärente Qualität.

531 Kook. Orot. 1993. S. 196f.

532 Kook, Abraham Isaak. Hazon ha Geula. Jerusalem, 1967. S. 199.
Zitiert nach: Ravitzky. Messianism. 1993. S. 112.

assets, which are beloved to the nation on account of its national spirit, are all invested with the spirit of God: her land, language, history and customs."[533]

Doch trotz dieser Vereinnahmung des säkularen Judentums hatte seine Toleranz demgegenüber auch gewisse Grenzen.

Erstens akzeptierte und tolerierte Kook Säkularität nur, sofern dies mit dem Zionismus im weitesten Sinn zu tun hatte (was allerdings soweit ging, dass er auch die Nichteinhaltung des Schabbats unter gewissen Umständen tolerierte). Zweitens sprach er ihnen jegliche Autonomie oder Souveränität ab[534]. Wie Aran hervorhebt, „did [Kook] not negate the profane but [...] its pretension to sovereignty, its view of itself as having an independent raison d'être, and its claim to explain and regulate religion."[535] Drittens ging er natürlich davon aus, dass am Ende – wenn der Staat errichtet war, und die Juden nach Eretz Israel zurückgekehrt waren – alle wieder religiös würden: "Before the Light of Messiah (may it be revealed speedily in our days), the power of the holiness will be aroused, which initially will arouse the secular."[536]

"Footsteps of Messiah" und "Messiah ben Joseph"

Wenn die Erlösung als Prozess gedacht ist, bleibt die Frage, wie man erkennt, dass der Advent des Messias kurz bevor steht. Es gibt im Judentum das Konzept der „footsteps of messiah". Eine Zeit die ankündigt, dass der Messias erscheinen wird. Die Beschreibung dieser Zeit besitzt die düsteren Obertöne der kommenden Apokalypse: „The picture is a harsh one: it is to be a time of growing brazenness, of mendacity and apostasy, of moral decline and fall, of retribution and physical destruction."[537] Dieses Bild verbindet Kook mit der messianischen Idee, dass die Generation des Messias entweder aus Gerechten oder aus vom Glauben abfallenden Menschen besteht. Kook interpretiert diese klassische Lehre aber wieder um und erläutert in seinem Werk die Idee einer Generation, die sowohl „Licht und Dunkelheit" vereint. „Ours is an amazing, astonishing generation, practically without parallel in our history. It is a combination of opposites, a mixture of light and darkness, both degraded and exalted; utterly guilty and utterly innocent."[538]

Mit dieser Generation verband Kook eine weitere Lehre des messianischen Judentums: Die Unterscheidung zwischen Messias ben Joseph und Messias ben David. Wie im entsprechen-

---

[533] Kook. Orot. 1993. S. 166.

[534] Dies steht somit im Gegensatz zu den philosophischen Grundlagen, wie sie im Kapitel zu den Nationalismustheorien erörtert wurden. Daraus wird sich in der Interpretation seiner Lehre durch seinen Sohn ein theologisches Paradox entwickeln, wie nachfolgend zu sehen sein wird.

[535] Aran. The Father, the Son, and the Holy Land. 1997.S. 300.

[536] Kook. Orot. 1993. S. 196f.

[537] Ravitzky. Messianism. 1993. S. 107.

[538] Kook, Abraham Isaak. Eder ha-yakar ve ikvei ha-tzon. Jerusalem, 1967.
Zitiert nach: Ravitzky. Messianism. 1993. S. 107.

den Kapitel erläutert, war der Messias ben Joseph ein weltlicher Vorläufer des eschatologischen Erlösers Messias ben David.[539] In der kabbalistischen Vorstellung Kooks ist der Messias Ben Joseph keine einzelne Figur mehr, sondern die Generation des Judentums, die den Zionismus hervorbringt. Israel Shahaks Behauptung „Kook identified his group of followers as the collective 'son of Joseph'"[540] ist allerdings falsch. Wie Ravitzky in dem Unterkapitel "Messiah ben Jospeh" anschaulich herausarbeitet sieht der Rabbi vielmehr die ganze zionistische Bewegung als eben jenen an.[541] Der Autor führt hier Zitate aus der Grabrede des Rabbiners für Theodor Herzl an, in der den Gründer des Zionismus als Vorboten des weltlichen Erlösers betrachtet, der den Weg für die Generation des Messias geebnet hat. Weiterhin identifiziert Kook die nationalen Ziele der Zionisten mit den Aufgaben des Sohnes Josephs, während er sich selbst als Vorbereiter für den Sohn Davids sieht: „The quest for physical strength and the general appurtenances of national life are the preparations of Messiah ben Joseph, while the forces making for spirituality are those that prepare the way for Messiah ben David."[542]

In letzteren Zitat wird auch deutlich, was Kook als die Aufgabe der Rabbis betrachtet: Den Weg der Säkularen zum Glauben bereiten, denn der Messias ben David, um damit die Erlösung, wird erst eintreffen wenn alle Bedingungen der Erlösung (Staat, Ende des Exils, Glauben, Tempel) erfüllt sind. Deswegen definiert er die Aufgabe der Gerechten (d.i. der Orthodoxen) folgendermaßen:

> "Now if at a certain time there should be found an arousal, whereby people speak only of the spirit of the nation and attempt to negate the spirit of God from all these assets and from their revealed source that is the national spirit – what should the righteous of the generation do? [...] [T]he righteous must work hard to reveal the light of holiness in the national spirit, the light of God in all these, until all those who cling to those thoughts of the national spirit and to all its assets will find themselves automatically standing, sunk, rooted and living in divine life, resplendent with the holiness and strength on high."[543]

Zusammengefasst waren die wesentlichen Elemente der Erlösungslehre Kooks die Folgenden: Erstens ist das Land Israel von zentraler Bedeutung, da es eine organische Einheit mit dem Volk bildet. Nur im Land Israel ist die Erlösung des jüdischen Volkes durch die Errichtung eines Staates (Königreichs), die „Heimholung" der Diasporajuden und die Wiedererrichtung des Tempels statt finden. Weiterhin betrachtet er zweitens nach kabbalistischer Tradition die

---

[539] „The [...] Warrior Messiah of the House of Joseph (or Ephraim), [...] precede[s] the triumphant Messiah of the House of David but would fall in the battle against Gog and Magog. It should be noted that this Messiah of the House of Joseph is not a suffering messiah, he is a warrior-martyr."
Werblowsky. Messianism in Jewish History. 1971. S. 36

[540] Shahak, Israel; Mezvinsky Norton. Jewish Fundamentalism in Israel. London, 1999. S. 46.
Fortan: Shahak. Jewish Fundamentalism. 1999.

[541] Ravitzky. Messianism. 1993. S. 97 - 101

[542] Abraham Isaak Kook. „Eulogy in Jerusalem" S. 96 – 99.
Zitiert nach: Ravitzky. Messianism. 1993. S. S. 98.

[543] Kook. Orot. 1993. S. 166f.

Erlösung als Prozess, deren letzte Phase durch den Zionismus offenkundig wird. Drittens betrachtet er den Zionismus als Manifestation von Gottes Plan. Dabei betont er, dass die säkularen Juden diesen Plan auch in Unkenntnis davon ausführen können, da sie den „heiligen Funken“ (wie alle Juden) besitzen, der es ihnen potentiell ermöglicht die Erlösung herbeizuführen. Dass sie diesen Plan in Unabhängigkeit von Gott entwickelt haben könnten, bestreitet Kook. Schließlich sieht er schon in der Existenz der zionistischen Stufen die ersten Schritte der Erlösung („footsteps of messiah“), die sich in apokalyptischen Ereignissen, wie dem ersten Weltkrieg zeigten. Die zionistische Bewegung als ganzes sieht er dabei als Kollektivmessias ben Joseph, der im kabbalistischen Denken dem eschatologischen Messias ben David vorhergeht.

2. Zvi Yehuda Kook

Zvi Yehuda Kook verbrachte die längste Zeit seines Lebens als Unbekannter. „The secular had never heard of him, rabbinic authorities disdained him; ultra-Orthodox and most of the neo-Orthodox saw him as a curiosity.“[544] Im Gegensatz zu seinem Vater war er auch nicht als herausragender religiöser Denker bekannt. Dennoch wurde Kook eine bedeutende und einflussreiche Figur in Israel, da er der spirituelle Mentor der Siedlerbewegung Gush Emunim wurde. Als solcher interpretierte er die Lehre seines Vaters, aber veränderte und radikalisierte sie auch im Zuge dessen. Dabei machte er sich weitgehend immun gegen Kritiker, welche die Lehre seines Vaters anders lesen wollten, und ging im Gegenteil harsch gegen jene vor, die eine andere Deutung behaupteten.[545] Obwohl er nach Aran nicht die geistige Schöpferkraft des Vaters besaß, wird er gemeinhin als charismatische Figur mit herausragenden rhetorischen Fähigkeiten gesehen und konnte sich als legitimer Nachfolger seines Vaters etablieren.[546] „For a while, the two occupied the same throne side by side, with a certain division of labor between them: the spirit of the father was translated and popularized through the focused and decisive presence of the son.“[547] Der jüngere Kook konzentrierte sich allerdings auf

[544] Aran. The Father, the Son, and the Holy Land. 1997. S. 304.
[545] So entließ er beispielsweise in seiner Zeit als Leiter des Marcaz HaRav einen Rabbi, der seinen Vater anders interpretierte als er. Ravitzky. Messianism. 1993. S. 134.
[546] Diese Position beziehen die meisten Autoren zu Kook, wenn auch nicht unbedingt so explizit wie Aran.
Vgl. auch: Ravitzky. Messianism. S. 118 – 144. Don Yehiya, Eliezer. Jewish Messianism, Religious Zionism, and Israeli Politics: The Impact and Origins of Gush Emunim. S. 226. In: Middle Eastern Studies. Volume 23, Number 2. April, 1987. S. 215 – 234. Fortan: Don Yehiya: Jewish Messianism. 1987.
Eine andere Meinung wird in der Doktorarbeit von Lawrence Richard Hoch vertreten, der Kook d.J. wesentlich wohlwollender betrachtet. Hoch, Richard Lawrence. The politics of redemption: Rabbi Tzvi Yehuda ha-Kohen Kook and the origins of Gush Emunim. Santa Barbara, 1994. Fortan: Hoch. Zvi Yehuda Kook. 1994.
[547] Aran. The Father, the Son, and the Holy Land. 1997. S. 304.

jene Aspekte seines Vaters, die direkt mit Erlösung und Nationalismus zu tun hatten, andere ließ er weitgehend unberücksichtigt. Durch das Prisma des jüngeren Kooks erfuhren die Lehren seines Vaters eine dramatische Radikalisierung, welche die Gründung von Gush Emunim erst möglich machte.

Zum einen kehrte er den Universalismus des Vaters um. Der ältere Kook geht davon aus, dass säkulare Zionisten von einer religiösen Kraft, dem „heiligen Funken“ geleitet wurden und so Teil Gottes Plans waren, ohne dass sie dies wussten. Dabei sieht er diesen Funken als Potential an, das erst vollkommen realisiert werden wird, wenn das jüdische Volk nach den Gesetzen der Thora handelt. Ähnliche Aussagen traf Abraham Isaak Kook über einen künftigen Staat. Wenn er von einem heiligen Staat sprach, dann meinte er einen idealen, religiösen Staat „whose only wish is that God shall be one and his name one.“[548] Kook der Jüngere hatte jedoch ein anderes Verständnis von Heiligkeit. Nicht nur auf die säkularen, sondern auf alle Juden bezogen, sieht er im „heiligen Funken“ kein Potential, „but a given fact.“[549] Er nahm das Judentum nicht durch die Aufgabe war, die Erlösung herbeizuführen, sondern ausschließlich durch die Qualität, dies zu können. So wurde alles in seinem Denken den jüdischen Belangen untergeordnet. Weiterhin ging er nicht wie sein Vater, der die Gründung des Staates Israel nicht erlebte, von einem idealen Staat aus, sondern sprach den Staat und seine Institutionen, die keineswegs auf den Prinzipien der Thora errichtet waren, heilig, denn sie seien der sichtbare Beweis für den Beginn der Erlösung.

„The first stage in the graduated order of redemption is the establishing of sovereignty in Israel. What's the meaning of sovereignty? Rule! The absolute first essential is our rule of the Land of Israel, as it is today. Until our generations, it wasn't clear how this process would transpire. Now, thank God, the thing has become clear by itself and there is no need for interpretations."[550]

Ebenso anschaulich äußert sich Kook an anderer Stelle:

The principal, overall thing is the state. It is inherently holy and without blemish. It is a supernal, heavenly realization of [the prayer] 'He restores His presence to Zion'. [...] The intrinsic value of the state does not depend on whether it has a greater or a smaller number of religious people. Naturally we look forward to the time when the whole nation will 'belong' to the Torah and its commandments, but the state is holy in any case."[551]

---

[548] Don Yehiya. Jewish Messianism. 1987. S. 226.
[549] Don Yehiya. Jewish Messianism. 1987. S. 226.
[550] Kook, Zvi Yehuda. Chapters on the Messiah. Jerusalem. (ohne Datum.) S. 1.
Zitiert nach: Hoch. Zvi Yehuda Kook. 1994. S. 184.
[551] Kook, Zvi Yehuda. Sichot ha-RZY. Herausgegeben von Shlomo Aviner. Pinchas,1976. S. 3.
Zitiert nach: Ravitzky. Messianism. 1993. S. 136.

Schließlich eliminierte er auch weitgehend den Rest des mystischen Denkens, das der Vater besessen hatte. Für den älteren Kook war der Erlösungsprozess gleichzeitig auch eine Rückkehr zu Gott. „Redemption was identified as the return of things to their true nature, to total harmony, to God.“[552] Bei Zvi Yehuda Kook verliert sich diese mystische Komponente. Seiner Meinung nach ist der messianische Prozess fast ausschließlich innerweltlich und nicht mehr verborgen. „From the moment the key to unraveling our precise location in the continuum of messianic progress is no longer symbolic and secret, [...] the messianic interest gravitates toward politics and is firmly focused on various aspects of the state.“[553] Daher kann man bei Zvi Yehuda Kook eine Fixierung auf alle Angelegenheiten des Staates feststellen und besonders auf die Besiedlung des Westjordanlandes.

Gemeinsam hatte der jüngere Kook mit seinem Vater die Überzeugung, dass die Geschichte der Welt vorherbestimmt sei und dass an deren Ende die Erlösung stehen würde, wie es in der Thora geschrieben stand. Der Unterschied zwischen beiden bestand darin, dass Zvi Yehuda die Gründung und Existenz des Staates Israel miterlebte. Das überzeugte ihn sogar noch mehr als seinen Vater von der Vorherbestimmtheit der Geschichte, da der Staat scheinbar ein Manifest dessen war. Er war für Kook ein sichtbares Zeichen dafür, dass die Erlösung begonnen habe: „The State of Israel [is] the fulfillment of biblical redemption.“[554] Ravitzky hebt hervor, dass der Staat Israel für Kook (und seine Anhänger) nicht bloß ein Indiz war – es war in ihren Augen ein unwiderlegbarer Beweis. Kook war überzeugt davon, dass die Geschichte determiniert war und zwar genau so wie es in der Bibel vorgesehen war. Als schlagkräftiges Indiz für diese Überzeugung kann Kooks eigenwillige Interpretation des Holocausts gesehen werden. Er sieht ihn traditionell als apokalyptisches Geschehen, dass vor der Erlösung statt findet, aber mehr noch als „a deeply hidden, internal divine act of purification to rid us of the impurity of exile... a cruel divine surgery aimed at bringing the Jews to the Land of Israel against their will."[555] Zvi Yehuda Kook sieht den Holocaust als kosmologische Korrektur, der die Juden auf den Weg der Erlösung zurückbringen sollte.

Durch die Sichtweise, dass der Staat ein sichtbares Zeichen der Erlösung sei, konnte Kook zivile Symbole des Staates in seiner Lehre nicht nur als genuin religiöse betrachten, sondern er hob sie sogar als solche hervor: „The symbols of Zionist nationalism and sovereignty, such as the flag and the anthem, took on supreme religious value, became media for worship of

---

[552] Aran. The Father, the Son, and the Holy Land. 1997. S. 307.
[553] Aran. The Father, the Son, and the Holy Land. 1997. S. 307
[554] Kook, Zvi Yehuda. Le-netivot Yisrael. Jerusalem. 1967. 1:56. Zitiert nach: Ravitzky. Messianism. 1993. S. 80.
[555] Zvi Yehuda Kook. Rede zum Yom ha'Shoah 1967. Zitiert nach: Ravitzky. Messianism. 1993. S. 127.

God.“[556] Auch andere nationale Feier- bzw. Trauertage, wie der Yom ha'Atzmaut (Unabhängigkeitstag) oder der Yom ha'Shoa (Holocaust-Gedenktag), bekamen religiösen Wert. Generell hatten für Kook mit Israel verbundene Dinge einen höheren Stellenwert als alles andere: „[T]he holy things particular to Israel are the holy of holies.“[557]

So erachtete er weiterhin auch das Militär als heilig, da es die jüdische Souveränität sichert. Auf die Frage seiner Schüler, ob es erlaubt sei, der Militärparade am Unabhängigkeitstag beizuwohnen, antwortete Kook, dass dies sogar eine religiöse Pflicht sei.[558] Kook geht sogar soweit, dass er die einzelnen Kriegsgeräte als heilig betrachtet: "[E]very tank and every implement of war, even though imported from non-Jews is holy."[559]

Obwohl er anfangs anderer Meinung war, kam er vor allem nach dem 6-Tage-Krieg zu der Meinung, dass es auch wichtig sei, sich in die politische Diskussion einzubringen und selbst aktiv zu werden, um die Erlösung voranzutreiben. Dabei war vor allem die Annektierung der besetzten Gebiete für ihn wichtig. „In his later years, Kook identified redemptive Israeli politics with a particular political line: vehement opposition to withdrawal from any territories of the greater Land of Israel. Settlement and annexation of the territories he equated with truth, justice, and religious fulfilment."[560]

Die besetzen Gebiete waren für Kook wichtiger Bestandteil der Erlösung und wurden sukzessive zum zentralen Thema Kooks, was sich schließlich in der Gründung der Siedlerbewegung durch seine Schüler manifestierte. „Part of this redemption is the conquest and settlement of the land. This is dictated by divine politics, and no earthly politics can supersede it."[561] An anderer Stelle wird er noch expliziter: "Not only can/must there be no retreat from [a single] kilometre of the Land of Israel, God forbid, but on the contrary, we shall conquer more and more, as much in the spiritual [as in the physical] sense. [...] We are stronger than America, stronger than Russia. [...] In our divine world-encompassing undertaking, there is no room for retreat."[562] Dementsprechend radikal äußerte sich Kook auch, als in den Jahren 74/75 die ersten Diskussionen um eine Rückgabe der besetzten Gebiete und eine Räumung der bis dato wenigen Siedlungen aufkamen: „Be killed rather than transgress.“[563]

---

[556] Aran. The Father, the Son, and the Holy Land. 1997. S. 309.
[557] Kook, Zvi Yehuda. Sichot ha-RZY. Herausgegeben von Shlomo Aviner. Pinchas, 1976. Anhang. Ravitzky. Messianism. 1993. S. 144.
[558] Aran. The Father, the Son, and the Holy Land. 1997. S. 311.
[559] Kook, Zvi Yehuda. The 19th Psalm for the State of Israel. Jerusalem, 1967. S. 6. Zitiert nach: Hoch. Zvi Yehuda Kook. 1994. S. 193.
[560] Aran. The Father, the Son, and the Holy Land. 1997. S. 312.
[561] Kook, Zvi Yehuda. Chapters on the Messiah. Jerusalem. (ohne Datum.) S. 5. Zitiert nach: Hoch. Zvi Yehuda Kook. 1994. S. 200.
[562] Kook, Zvi Yehuda. Ba-ma'arkhah ha-tziburrit. (ohne Ort und Datum). S. 244 – 246. Zitiert nach: Ravitzky. Messianism. 1993. S. 132.
[563] Aran. The Father, the Son, and the Holy Land. 1997. S. 313.

Ein theologisches Paradox

Wie Aran in seiner Analyse der Siedlungsbewegung feststellt, roht deren auf Kook den Jüngeren zurückgehende Lehre auf einem Paradox. Dieses Paradox gründet sich in der Vorherbestimmtheit der Geschichte einerseits und in der Abhängigkeit von den Säkularen andererseits: „[The theology of Gush Emunim] is a gospel of paradox: adopted and developed under a reality fraught with paradox, it attempted to cope with the paradox by rationalizing and legitimizing it, and in the process turning it into a key principle and value in its own right."[564] In anderen Worten, Aran spielt dabei auf die Problematik an, dass die Gush Emunim zwar den säkularen Nationalismus in ihrer Theologie vereinnahmt haben, aber gleichermaßen darauf angewiesen sind, dass die Säkularen die Erlösung weiter vorantrieben. „Gush Emunim finds itself first idealizing the secular and then going to nourish and be nourished by it."[565] Die grundsätzliche, tiefgehende Spannung, um welche die ganze Lehre des jüngeren Kooks und Gush Emunim zentriert ist, findet sich im für sie offenkundigen, sichtbar gemachten Beginn der letzten Phase der Erlösung durch den Staat Israel auf der einen Seite. Auf der anderen Seite ist dieser Staat jedoch noch nicht der perfekte Staat den sie erwarten, und er wird überwiegend von Menschen regiert, die ihre Überzeugungen nicht teilen, ja sogar oft konträr zu diesen handeln.

Dieses Paradox versuchen sie mit der Unterscheidung der essentiellen Heiligkeit des Staates (der bestimmt ist den Erlösungsprozess zu beenden), und dessen vorübergehender Existenzform zu überwinden. Ravitzky führt aus: „The „true" state is to be evaluated according to its inner, a priori, unconditional religious meaning – "its holiness" – not according to its temporary laws or the everyday behaviour of the citizens."[566]

Die einzige Vorstellung – und das kann man nicht genug betonen – die das Paradox am Leben erhalten kann, ist das Bewusstsein der Determiniertheit der Welt und die für sie offenkundige letzte Phase der Erlösung, kombiniert mit der Verheißung eines idealen Staates Israel. Dies führt jedoch auch zu einer gewissen Erwartungshaltung: „We are past the point where we can build up the people and the land by halfway measures. [...] The Jewish people's task is to

---

[564] Aran. Redemption as a Catastrophe. 1990. S. 164.

[565] Aran. Redemption as a Catastrophe. 1990. S. 164.
Diese Mischung zwischen Religion und zionistischen/israelischen Aspekten schlägt sich auch in der Kleidung nieder. Jeans, Springerstiefel und Bomberjacke kombinieren sie mit ihren gehäkelten Kippot (Kippa ist die religiöse Kopfbedeckung), langen Bärten, schwarzen Sakkos und einer Unterkleidung, deren Zizit (die religiösen Quasten) über der Hose getragen werden. Weiterhin zeigt sich diese Mischung auch in ihrer Einstellung, wie Aran mit folgenden, von den religiösen Zionisten geprägten Ausspruch belegen kann: „A AK-47 assault rifle and hammer make a perfekt match with a book of Talmud und tefillin." [Tefillin sind die ledernen Armbänder, die zum Gebet getragen werden]
Aran. Redemption as a Catastrophe. 1990. S. 172.

[566] Ravitzky. Messianism. 1993. S. 136.

establish order in the world. [...] We now aspire an all-encompassing perfection and greatness."[567]

Diese Sichtweise wird natürlich zunehmend problematisch, wenn sich der Staat nicht so entwickelt, wie in ihrer determinierten Sichtweise vorgesehen. Umso problematischer wird das Verhältnis zum Staat bzw. dessen Regierung. „The wider the gap between the ideal and the real, between the anticipated perfection and the actual implementation, the more questionable is the existing state."[568] Auch Aran verweist auf diese zentrale Problematik der Bewegung: „The gap deepened between their inner truth, to a large degree already redeemed, and their environment, in which the early signs of Redemption were swallowed up by a dominant reality that indicated its opposite. Moreover, as the national-political aspect of the signs of Redemption have grown stronger and clearer, so the prospects for its traditional-religious aspects have declined."[569] *Dieses Spannungsverhältnis ist der Ausgangs- und Angelpunkt jeglicher Auseinandersetzungen mit dem israelischen Staat und seiner Gesellschaft* und tritt natürlich vor allem bei der Diskussion um die Rückgabe der besetzten Territorien zu Tage. Darauf wird im späteren Verlauf dieser Arbeit noch eingegangen.

3. Die Wurzeln von Gush Emunim

Nachfolgend werden die Anfänge jener Bewegung besprochen, die Kooks Lehre von der Erlösung versuchte in die Tat umzusetzen – Gush Emunim, der Block der Getreuen. Dazu wird erst auf eine Gruppe von Jugendlichen eingegangen, die sich zu einer informellen Vereinigung namens ‚Gachelet' (Glut) zusammenschloss und die man als Vorreiter von Gush Emunim sehen kann. Danach werden Ereignisse zwischen 1967 und 1973 besprochen, die zur Formierung der Siedlerbewegung führten. Abschließend wird auf weitere „Gründungsmythen" eingegangen, also Ereignisse, die prägend auf den Gush wirkten.

---

[567] Waldman, Eliezer. Al da'at ha-zeman veha-makom. (ohne weitere Angabe)
Zitiert nach: Ravitzky. Messianism. 1993. S. 138.
[568] Ravitzky. Messianism. 1993. S. 139.
[569] Aran. Redemption as a Catastrophe. 1990. S. 166.

Gachelet[570]

Gachelet existierte als Zusammenschluss von Jugendlichen seit Mitte der 50er Jahre. In ihren Reihen fanden sich nicht nur viele Personen, die später bei Gush Emunim eine zentrale Rolle spielen sollten. Bereits zur Gründungszeit von Gachelet war das Motiv präsent, Politik und Religion stärker in Verbindung zu bringen. Sie waren Kern der jungen nationalreligiösen Israelis, die im Lager der religiösen Zionisten eine Radikalisierung einleiteten.[571] Hintergrund für deren Bestrebungen war, dass sich der religiöse Zionismus in einer Situation befand, in der die Lehre Rabbi Kooks d.Ä. und anderer religiös-zionistischer Rabbis keine Antwort gab. Der Staat Israel existierte nun zwar, aber nicht in der von ihnen erwarteten religiösen Ausprägung. „[T]he one dominant focal point of [...Gachelet] was the fact of Jewish sovereignty itself: the reality of the national experience – modern and, essentially secular. [...] Political sovereignty, concretized in a network of governing institutions resting on a modern, secular basis, spelled the end of any illusion that Jewish secularism could be dismissed as a passing phenomenon."[572]

Auch wenn ihnen erst Zvi Yehuda Kook die Gewissheit vermittelte, dass die Erlösung begonnen habe, so waren die Zeichen aus ihrer Sicht dennoch schon klar erkennbar – war die Etablierung eines jüdischen Staates doch genau das, was das Volk seit fast 2000 Jahren der Diaspora unter der Erlösung verstanden hatte. „The ingathering of exiles, the return of the people

[570] Bezüglich der Gachelet-Gruppe ist Aran die einzige Quelle, da er die Existenz dieser Bewegung erst ins akademische Licht der Öffentlichkeit brachte. Andere Autoren, die über die Wurzeln von Gush Emunim schreiben, haben Arans Ergebnisse aufgegriffen und verweisen darauf. (z.B. Lustick „ground-breaking study". Lustick. For the Land and the Lord. 1988. S. 204.) Deshalb siehe dazu:
Aran, Gideon. From Religious Zionism to Zionist Religion. The Roots of Gush Emunim. In: Studies of contemporary Jewry 2, 1986. S. 116 – 143.
Fortan: Aran. From Religious Zionism to Zionist Religion. 1986.

[571] Die meisten religiösen Zionisten, vor allem ihre Führer, gaben die Vorstellung nach und nach auf, dass es möglich sein könnte, einen Thorastaat in Israel zu etablieren. Dies hatte verschiedene Gründe, die hier nicht ausführlicher erläutert zu werden brauchen. Die wichtigsten waren, dass es aus einer pragmatischen Sicht heraus schwer möglich schien, diesen Staat streng nach der Halacha zu regieren, sowie, dass die überwiegende Mehrheit der Bevölkerung (nur ca. 15% waren religiöse Zionisten) einen Thorastaat ablehnte. Dies konnten (und mussten) sie akzeptieren, da sich eine Lösung in einer Deutung der Halacha fand, nach der „religious authority resides in the public as well as in halakhic authorities." Dass diese Lösung nicht auf Dauer befriedigend sein konnte, ist offensichtlich. Die religiösen Zionisten waren gefangen in dem Dilemma zwischen Modernität und Tradition, Demokratie und Halacha. Man sprach sich weiterhin für einen Thorastaat aus und für die Demokratie, aber es gab keine weiteren Versuche mehr, dies zu vereinen (sofern dies überhaupt möglich ist). In dieser Situation der Unzufriedenheit formierte sich eben die Gachelet-Gruppe mit der Ambition, den religiösen Zionismus offensiv (mit einer Bereitschaft zur Radikalität) zu verbreiten.
Dazu: Liebman, Charles S.; Cohen, Asher. Religion, Democracy and Israeli Society. Amsterdam, 1997. Kapitel 2: The Struggle Among Religious Zionists over the Issue of a Religious State. S. 37 – 56. Obiges Zitat findet sich auf S. 52.

[572] Aran. From Religious Zionism to Zionist Religion. 1986 S. 118.

to its land and the setting up of a sovereign government were all, traditionally, indicators of the approach of the messianic era."[573]

Die Wurzeln von Gachelet liegen in den religiös-zionistischen Schulen wie auch in der dazugehörigen Jugendbewegung Bnei Akiva. Gegründet wurde die Bewegung von 13- bis 15-jährigen Jugendlichen, die von Beginn an sowohl eine radikal zionistische, als auch entschieden orthodoxe Einstellung hatten. Die vielleicht bekanntesten unter ihnen, die später auch Gush Emunim Mitglieder sein sollten, waren Chaim Druckman, Yaakov Filber, Ariel Fuchs, Zalman Melamed, Moshe Levinger, Eliezer Waldman und Shabbatai Zelikovitch.

In einem frühen Pamphlet erklärten sie ihre Ziele „to kindle the flame of future generations, to look forward to the day on which every man in Israel will sit under his vine and fig tree in full observance of the torah.“[574]

Das Aufeinandertreffen mit Zvi Yehuda Kook schien vorgezeichnet. Sowohl der Rabbi als auch die Gruppe profitierten davon. Der ideologische Kern von Gachelet war nach der Schule auf der Suche nach einer Yeshiva, die ihnen die Möglichkeit bot, ihre Ansichten theologisch auszubauen. Umgekehrt war Zvi Yehuda auf der Suche nach Studenten, da seine Yeshiva kaum besucht, ja sogar fast in Vergessenheit geraten war.[575] „It had very few students, of rather poor quality, and a staff of mediocre teachers.“[576] Deswegen war die Entscheidung der Jugendlichen auch nicht "[in favour] of the yeshiva, but [of] the rabbi.“[577] Sie finden in ihm genau die Person, die gesucht hatten: Jemanden, der das Dilemma zwischen Orthodoxie und Zionismus *im Staat Israel* aufzulösen vermochte. Damit wurde er fortan die zentrale Person ihrer Glaubensfragen, aber auch Focus ihrer Verehrung. „He became their secret discovery: a hidden genius, previously unappreciated, now revealed in all his glory as an exceptional personality. They surrounded him with a myth of their own creation: he became a towering figure of irresistible magnetism."[578] Aber auch umgekehrt nahm der kinderlose Kook die Jugendlichen mit offenen Armen auf, in Substitution eigener Kinder, so Aran.

Nachdem sie aus dem Merkas HaRav graduierten, blieben Kooks Schüler, die Vorreiter von Gush Emunim, dennoch in ständigem Kontakt mit Zvi Yehuda. Sie besaßen nun den theologischen Hintergrund, der sie später veranlassen sollte, die Siedlungsbewegung zu gründen. Dazu bedurfte es aber noch des 6-Tage-Krieges, der erst die jüdische Hoheit über die biblischen Gebiete Jehuda und Samaria, sprich des Westjordanlanges etablierte.

[573] Aran. From Religious Zionism to Zionist Religion. 1986. S. 119.
[574] Aran. From Religious Zionism to Zionist Religion. 1986. S. 130. Aran ist nach Eigenaussage im Besitz eines dieser Pamphlete.
[575] Aran. From Religious Zionism to Zionist Religion. 1986. S. 134.
[576] Aran. From Religious Zionism to Zionist Religion. 1986. S. 135.
[577] Aran. From Religious Zionism to Zionist Religion. 1986. S. 135.
[578] Aran. From Religious Zionism to Zionist Religion. 1986. S. 135.

Der 6-Tage Krieg und der Yom Kippur Krieg

Man kann die Gründung von Gush Emunim nicht verstehen, wenn man nicht die beiden Kriege 1967 und 1973 und vor allem die Situation in Israel vor dem Krieg betrachtet.

Vor dem Krieg 1967 unterlief Israel einer wirtschaftlichen und gesellschaftlichen Depression.[579] Das Land war einer Rezession unterworfen, neue Einwanderer konnten nur schlecht integriert werden, die arabische Bevölkerung stand immer noch unter Kriegsrecht, und die Auswanderung war zum ersten Mal wieder größer als die Einwanderung. Kurz vor dem Krieg existierten zum Teil geschürte, zum Teil tatsächliche Existenzängste, u.a. aufgrund von bis dahin auch öffentlich stark verdrängten Holocausterinnerungen, welche nunmehr in den gesellschaftlichen Fokus gelangten. „Nasser ist Hitler" war ein zwar nicht unumstrittener, aber dennoch verwendeter Slogan. Darüber hinaus genoss der damalige Ministerpräsident Eschkol wenig Vertrauen. Seine Führungsschwäche wurde öffentlich diskutiert und diese Kritik mit der Forderung nach der Rückkehr von Ben Gurion verbunden. Nachdem das ägyptische und syrische Militär mehrere Male Truppen an den Grenzen zu Israel mobilisiert hatte und Ägypten die Straßen von Tiran sperrte und damit Israel Anschluss an den indischen Ozean verschloss, drängten führende Militärs wie Yitzchak Rabin, Yigal Allon oder Ariel Scharon mehr und mehr auf einen Krieg.[580] Ministerpräsident Eschkol sträubte sich lange dagegen, befand sich schlussendlich jedoch in einer dermaßen schwachen Position, dass er dem Drängen nachgab.

Nach dem überlegenen, in seinen Ausmaßen vollkommen unerwarteten Sieg (nur der US Geheimdienst erwartete wohl bereits vor dem Krieg einen entsprechenden Ausgang), verkehrte sich die Stimmungslage in Israel ins Gegenteil. „The Six-Day War and its results had a startling impact on Israeli society. Its significance lay not only in the fantastic, unexpected dimensions of the victory itself, but also in the shock of moving, in the space of a view days, from the brink of national destruction to unprecedented heights of strategic achievement.[581]

Für die späteren Gush Emunim Mitglieder, von Aran auch passend Kookisten genannt, war der 6-Tage-Krieg nur ein weiterer Beweis für die Determiniertheit der Geschichte, wie sie vom jüngeren Kook gepredigt wurde. Einige waren so tief bewegt von den Ereignissen, dass sie glaubten, eine religiöse Offenbarung erhalten zu haben. „Documents from that period

[579] Siehe zu den Entwicklungen in Israel vor und nach dem 6-Tage-Krieg ausführlich:
Segev, Tom. 1967. Israels zweite Geburt. München, 2007.
Zur allgemeinen Situation Israels und der Stimmung in der Bevölkerung. S. 60 – 173.

[580] Es soll in dieser Arbeit nicht auf Motive des Krieges eingegangen werden – die Segev detailreich zwischen ‚Stärke zeigen' und tatsächlicher Angst ums überleben beschreibt –, sondern nur auf die Verunsicherung in der israelischen Bevölkerung hingewiesen werden.

[581] Aran. Jewish Zionist Fundamentalism. 1991. S. 271.

reveal that some of the Kookists believed that they had undergone a profound mystical experience."[582] In den Beratungen, die nach dem 6-Tage-Krieg folgten, kristallisierte sich schnell das heraus, was der neue Fokus der Kookschüler werden sollte: „From this point on, the Jewish radicals had a cause – the Territories – in which to invest their religious energies and simultaneously develop their potential political powers."[583]

Unterstützend für die Kookisten änderte sich auch die politische Stimmung in Israel, wie im vorangehenden Kapitel gezeigt wurde. Auch Aran bemerkt, dass „Israeli society experienced a wave of what could be called „Judaization" after nearly a century of Zionism. [...] Nationalism and statehood, permeated by the values of modernization and secularity, were suddenly placed in a new proximity and sympathy with the values of religion and tradition. This in turn led to a renewed identification between the two valued systems but also a heightened consciousness of their differences."[584] Amnon Rubinstein kann diese Wandlung gesellschaftlicher Attitüden mit einem Satz beschreiben: "The transmutation of pop stars from hashish and sex to yeshiva and synagogue became a regular feature of the popular press."[585]

Im Zuge dieser ‚Traditionalisierung' wurden in Israel Stimmen laut, die die Annexion der Territorien forderten. Am deutlichsten äußerte sich dies zuerst in der (überwiegend säkularen) Großisraelbewegung[586], einer Vereinigung aus rechtsnationalen Professoren, Journalisten, Dichtern oder ehemaligen Militärs, die ihre Ziele durch Lobbyarbeit erreichen wollten. Die jungen Kookisten und die Großisraelbewegung bildeten am Anfang eine Symbiose. Die Lobbyisten hatten den Einfluss und das Gehör, um ihre Ziele auf die politische Agenda zu setzen (obwohl in Israel ohnehin bereits ausführlich über den Umgang mit den besetzten Gebieten diskutiert wurde), und die Kookisten hatten den Willen, das Land zu besiedeln.

In diese Zeit fällt auch der Aufschwung der religiös-zionistisch geprägten Segmente der Gesellschaft. Die Zahl der weiterführenden Erziehungsanstalten, der Yeshivots, wuchs auf 30 in Israel an. Zusätzlich wurden die so genannten Hesder Yeshivot geschaffen, die eine Verbindung von Militärdienst und Thoraschule darstellten. Schließlich unterlag die Mafdal[587] einem richtungsweisenden ideologischen Wandel. War sie vorher stets in Koalition mit der

[582] Aran. Jewish Zionist Fundamentalism. 1991. S. 271.
[583] Aran. Jewish Zionist Fundamentalism. 1991. S. 272.
[584] Aran. Jewish Zionist Fundamentalism. 1991. S. 273.
[585] Rubinstein, Amnon. The Zionist Dream. From Herzl to Gush Emunim and Back. New York, 1984. S. 78.
[586] Zur Großisraelbewegung (התנועה למאן ארץ ישראל השלמה - wörtl: Die Bewegung für das ganze Land Israel), siehe:
Aran. Jewish Zionist Fundamentalism. 1991. S. 272ff.
Sprinzak. Israels's Radical Right. 1991. S. 38 – 42.
[587] Mafdal ist eines der in unzähligen in Israel gebrauchten Akronyme. Es steht für ha-Miflaga ha-dati ha-leumi (המפלגה הדתי הלאומי); deutsch: nationalreligiöse Partei. Im Folgenden als Mafdal oder NRP bezeichnet.

Arbeiterpartei und eher pazifistisch orientiert[588], übernahm jene junge Garde, die mit den Kookisten (in teilweiser Personalunion) affiliiert war, die Führung innerhalb der Partei, was in einem drastischen Rechtsruck resultierte.
Entscheidender Katalysator für das Wachstum der Siedlerbewegung war aber der Krieg 1973. Nachdem Israel in diesem Krieg beinahe eine Niederlage erlitt und dadurch, aus der Sicht der Kookisten Gefahr lief, die Gebiete wieder zu verlieren, gewannen sie die Überzeugung, dass sie mehr Eigeninitiative zeigen mussten, um die Erlösung voran zu treiben. Der Yom Kippur Krieg wurde als Warnung betrachtet: „[I]t is a signal from above that we have not done our part below within the framework of the overall scheme, in which, determinism notwithstanding there is an active role of mankind.“[589] Ferner wurde der Yom Kippur als eine der "Geburtswehen des Messias" identifiziert. Rabbi Yehuda Amital, der sich später zu einem der moderatesten Siedlerrabbis wandeln sollte, beschrieb den Yom Kippur Krieg so:

> "The Gentiles are fighting for their mere survival as Gentiles, as the ritually unclean. Iniquity is fighting its battle for survival. It knows that in the wars of God there will not be a place for Satan, for the spirit of defilement, or for the remains of Western culture, the proponents of which are, as it were, secular Jews."[590]

Kurz darauf wurde Gush Emunim 1974 in der Siedlung Gush Etzion im Haus von Yoel Ben Nun als inoffizielle Gemeinschaft – die sie auch immer bleiben sollte – gegründet. Die bekanntesten Gründungsmitglieder waren unter anderen: Yoel Ben Nun, Moshe Levinger, Eliezer Waldman, Shlomo Aviner, Menachem Felix, Menacham Fruman, Chanan Porat, Eli Sadan.[591]

Gründungsmythen von Gush Emunim

Gush Emunim hat zwei elementare Ziele. Zum einen die Herrschaft über das biblische Land Israel in seiner maximalen Ausdehnung (vom Euphrat bis Ägypten)[592] und zum anderen den Wiederaufbau des Tempels als Zentrum des nationalen und religiösen Lebens. Wie erwähnt

---

[588] So waren die Vertreter der Mafdal die entschiedensten Kritiker eines präventiven Militärschlags innerhalb der Regierung im Vorfeld des 6-Tage-Kriegs.
[589] Aran. Jewish Zionist Fundamentalism. 1991. S. 277.
[590] Amital, Yehuda. Zitat ohne weitere Angabe.
Zitiert nach: Shahak, Israel; Mezvinsky, Norton. Jewish Fundamentalism in Israel. London, 1999. S. 66.
[591] Sprinzak. Israel's Radical Right. 1991. S. 138.
Segal, Haggai. Dear Brothers. The West Bank Jewish Underground. Jerusalem, 1988. Kapitel 3: The Birth of Gush Emunim. S: 22 – 35.
Fortan: Haggai. Dear Brothers. 1988.
[592] Wobei die territoriale Ausdehnung momentan pragmatischen Gesichtspunkten unterworfen ist; d.h. vom Euphrat bis Ägypten ist lediglich ein Fernziel; momentan ist liegt der Fokus einzig auf dem Westjordanland (trotz Disengangement teilweise noch auf dem Gazastreifen).

war der wohl ausschlaggebende Faktor der Yom Kippur Krieg und damit auch einer der Gründungsmythen. Man zog daraus die Lehre, dass die eigene Aktivität unabdingbar sei.
Jedoch gab es zwischen 67 und 73 noch weitere Ereignisse, welche zu den prägenden Vorkommnissen der 1974 gegründeten Bewegung gehörten und die auf Grund dessen von Aran zu den Gründungsmythen gezählt werden.
Eines dieser Vorkommnisse war ein Sermon des Rabbis Zvi Yehuda Kook zum Yom ha-Atzmaut (Unabhängigkeitstag) im Mai 1967, kurz vor dem Ausbruch des 6-Tage-Kriegs, bei dem auch seine unterdessen bereits ehemaligen Schüler (die späteren Gründer des Gush) zu gegen waren. Zvi Yehuda hielt eine lange Grundsatzrede[593] über die Eckpfeiler seiner Theologie mit auf der begonnenen letzten Stufe der Erlösung, die sichtbar sei in der Existenz des Staates Israel. An einem Punkt erlebte der stotternde Rabbi fast einen Zusammenbruch und rief – „weeping [and...] crying“[594] – laut aus:

„And where is our Hebron – have we forgotten it? And where is our Shechem – have we forgotten it? And where is our Jericho – have we forgotten it? And where is our Ever ha Yarden? Where is each clod of dirt, small piece of the Lord's land? Can we sacrifice a single millimetre of it? God forbid!"[595]

Seine ehemaligen Schüler waren nach Aran überrascht von diesem Ausbruch, da es vorher keine Anzeichen dafür gegeben hatte. Als kurz darauf im 6-Tage-Krieg die meisten dieser Orte (bis auf den ostjordanischen Teil Transjordaniens, dem heutigen Jordanien) erobert wurden, maßen seine Schüler diesen Sermon und dem Rabbi einen quasi-prophetischen Status zu. Direkt nach der Einnahme Altjerusalems wurde er von einigen seiner Schüler, die bei der Militäraktion beteiligt waren, abgeholt und zur Klagemauer gebracht. Dort unterstrich er nochmals die Bedeutung des Westjordanlands in seiner Lehre und formulierte die bis heute als zentral für die religiösen Siedler gelten kann:

„We hereby inform the people of Israel and the entire world that under heavenly command we have just returned home in the elevations of holiness and our holy city. *We shall never move out of here.*"[596]

---

[593] Die ganze Rede ist abgedruckt bei: Hoch. Zvi Yehuda Kook. 1994. S. 296 – 334.
[594] Aran. Jewish Zionist Fundamentalism. 1991. S. 268.
[595] Hoch. Zvi Yehuda Kook. 1994. S. 137. Shechem ist der biblische Name für Nablus und Ever ha-Arden ist hebräisch für Transjordanien.
[596] Zvi Yehuda Kook nach einem Artikel der Hatzofe. Iyar 23, 1978. (Iyar ist ein Monat der religiösen Kalenderrechnung. Im gregorianischen Kalender beginnt er Mitte April). Zitiert nach: Sprinzak, Ehud. The Ascendance of Israel's Radical Right. Oxford, 1991. S. 44. Hervorhebung des Verfassers.

Bezogen auf die Besiedlung des Westjordanlandes und dessen arabischer Einwohner bemerkte Kook folgendes:

„This land is ours; here are no Arab territories or Arab lands, but only Israeli territories – the eternal land of our forefathers, which belongs in its Biblical boundaries to the government of Israel."[597]

Ein weiterer Gründungsmythos für Gush Emunim war die Methodik der Gründung von illegalen Siedlungen, um Fakten vor Ort zu schaffen. Zwei Beispiele die dies anschaulich hervorheben, sind die Besetzung des Park Hotels 1968 in Hebron und die Gründung der Siedlung Elon Moreh. Der Rabbi und Merkas HaRav Abgänger Moshe Levinger buchte das Park Hotel für sich und 79 andere Gäste (unter dem Vorwand Schweizer Touristen zu sein), um darin Pessach feiern zu können. Tatsächlich besetzten sie das Hotel und forderten von der Regierung, dass sie in Hebron siedeln durften, was durch Verteidigungsminister Moshe Dayan abgelehnt wurde. Der Erziehungsminister (und spätere Außenminister) Yigal Allon war dem mehr geneigt. Die Aktivisten nutzten diese Meinungsverschiedenheit zwischen den beiden Ministern aus, indem sie erklärten, sie würden das Hotel nicht mehr verlassen, bis es ihnen erlaubt wäre in Hebron zu siedeln. Schließlich konnten sie Allon (in Abwesenheit von Peres) die Erlaubnis abringen, nahe Hebron eine Siedlung gründen zu können; das heutige Kiryat Arba. Der Erfolg dieser Aktion prägte die weitere Vorgehensweise der Siedler nachhaltig. „Thus the young followers of the new theology of Eretz Yisrael found out about national politics. They learned firsthand about diplomatic pressure, political manipulation, politicians' personal ambitions and internal rivalries."[598]

Beispielhaft für dieses Vorgehen ist auch die Gründung von Elon Moreh. Unter der Führung der Rabbis Benny Katzover und Menachem Felix bemühten sich mehrere hundert Aktivisten, eine Siedlung in der Nähe von Nablus zu errichten, was ihnen von der Regierung unter Yitzchak Rabin verweigert wurde. Nach mehreren Versuchen, die immer wieder von der israelischen Armee verhindert worden waren, schafften sie es beim achten Anlauf, sich auf einem alten Bahnhof in Sebastia festzusetzen. Einem der Gush Führer, Moshe Levinger, gelang es, die Profilierungsversuche des Regierungsvertreters Shimon Peres gegenüber Rabin – der sich damit brüsten wollte die Situation geklärt zu haben – auszunutzen. Der Rabbi handelte mit

[597] Rubinstein, Danny. On the Lord's side. Tel Aviv, 1982.
Zitiert nach: Sprinzak. Israel's Radical Right. 1991. S. 46.
[598] Sprinzak. Israel's Radical Right. 1991. S. 47.

ihm über den Rücken von Rabin hinweg aus, dass sie an einem nahe gelegenen Ort die Siedlung gründen durften.[599]

Sprinzak erläutert, dass die seit dieser Gründungsphase für Gush Emunim prägende ‚Methodik der vollendeten Tatsachen' („faits accompli"), auf vier Schritten basierte[600]:

(a) "a surprise establishment of a temporary presence [...];

(b) a rigid highly publicized refusal to religious ground, with a generous interest in a "constructive" solution for the alleviation of "unnecessary tensions" with the army;

(c) an agreement to compromise and leave provided the a small yeshiva is established in the controversial site, or that the rest of the intruders be allowed to stay in a nearby military site;

(d) the establishment, a few years later, of a permanent Jewish settlement at the site of the original initiative."

4. Die historische Entwicklung Gush Emunims bis 1974 - 1982

Wie bereits erwähnt war Gush Emunim eine Gruppierung ohne offizielle Mitgliedschaft, d.h. die Aufnahme erfolgte nur informell. Generell lässt sich sagen, dass Gush Emunim sich besser als System (siehe das Kapitel „das unsichtbare Reich") und Glaubensvorstellung (siehe „die Ideologie des Gush") darstellen lässt, als eine fest gefügte Gemeinschaft. Allerdings spielten die Gründungsmitglieder und Abgänger des Merkas HaRav immer eine zentrale Rolle, wenn auch von Anfang mit unterschiedlichen Aufgaben, wie Ehud Sprinzak erläutert:

„The people who shaped Gush Eminim's unique style were the settler leader themselves, Rabbi Zvi Yehuda's students, who were less spiritual and more political. What characterizes the public behaviour of prominent settlers as Moshe Levinger, Eliezer Waldman, Hanan Porat, Benny Katzover, Menachem Felix, Uri Elitzur, Uri Ariel, Daniela Weiss, and others is their natural understanding of the rules of Israeli politics – and of ways to break those rules without getting hurt. The young Rabbis of Gush Emunim – Shlomo Aviner, Yehuda Shaviv, the Ariel brothers, Yoel Ben-Nun, Yitzhak Shilat, Menachem Fruman, Eli Sadan, and others – are highly regarded and are consulted on issues involving Halakhah ruling, but they are not the movement's dynamic actors or public spokespersons."[601]

---

[599] Sprinzak bezüglich der Etablierung von Elon Morah über Rabins Memoiren: "Rabin makes it very clear that his minister of defense, Shimon Peres, betrayed him."
Sprinzak. Israel's Radical Right. 1991. S. 144.
Allgemein dazu: Schnall, David J.: Religion and Dissent in Israel. The Case of Gush Emunim. In: Antoun, Richard T.; Hegeland, Mary Elaine. Religious Resurgence. Contemporary Cases in Islam, Christianity, and Judaism. New York, 1987. S. 169 – 193.

[600] Sprinzak. Israel's Radical Right. 1991. S. 140.

[601] Sprinzak. The Ascendance of Israel's Radical Right. 1991. S. 138.

1974 war unter der Führung Yitzchak Rabins immer noch die Arbeiterpartei an der Regierung. Diese war weniger geneigt, die Siedlungspläne des Gushs zu unterstützen. Allerdings entwarf sie einen eigenen, sicherheitspolitischen Plan (Allon-Plan) zur Besiedlung der Grenzgebiete und der 1967 besetzten Gebiete. Demnach wollte man einen 20km breiten Streifen entlang des Jordans errichten, um eine Pufferzone nach Jordanien zu erschaffen. Analog dazu sollten Siedlungen im Norden (Golan) und im Südwesten (Gazastreifen) errichtet werden. Im Zuge dieses Plans wurden von der Regierung zwischen 1968 und 1972 folgende Siedlungen gegründet: Argaman, Kalya, Mehola, Pit'ha Rafia, Gilgal, Massua, Maale Efrayim, Yitav, Hamra, Mizpe Shalem, Bekaot, sowie Gittit und Mechore.[602]

Der Gush selbst war in den ersten Jahren nach der Gründung vorrangig damit beschäftigt, sich inhaltlich zu finden. Es gab viele „Detailfragen" zu klären, die Aran in ihrer gesamten Bandbreite darstellt:

> „Shall we encourage members to refrain from striking policemen? Is it permissible to insult IDF [Anm.: Israeli Defense Force; P.L.] generals? Shall we condemn our comrades who toyed with the notion of assassinating Secretary of State Kissinger? Shall we go as far as suicide in applying the precept of "devoting one's life" to the land and the people? Do we welcome delegations of well-wishers and supporters [...] even if they travel to us on the Shabbath? [...] Shall we temporarily suspend our sharp differences of opinion with the prime minister and express solidarity with him as he faces the president of the United States? [...] Is the "Book of Egypt", which the Bible delineates as the southern boundary of Israel, Wadi El-Arish, in the center of the Sinai Peninsula, or is it the Nile?"[603]

Obwohl viele dieser Fragen beantwortet werden konnten, blieb doch die Frage, wie mit der Regierung und den aktuellen Vertretern des Staates umzugehen sei, wenn diese Maßnahmen unternahm, die konträr zum Fortschreiten der Erlösung sein konnten, umstritten. Diese Frage wurde auch nie wirklich gelöst, im Gegenteil: sie führt später zu einer ideologischen Spaltung der Bewegung (siehe Kapitel C.7.).

Neben diesem Unterfangen, eine inhaltliche Linie zu finden, hatte die Bewegung vor allem drei Ziele in den Anfangsjahren: „It organized protests and demonstrations against the interim agreements with Egypt and Syria and against the political and diplomatic activity related to these agreements; it promoted attention-focusing activities in Judea and Samaria to under-

---

[602] Gießdorf, Jens. Fundamentalismus als soziale Bewegung. Eine analytische Reflexion am Beispiel des national-religiösen jüdischen Siedlerfundamentalismus in Israel/Palästina. Berlin, 2002. S. 157.
Fortan: Gießdorf. Fundamentalismus als soziale Bewegung. 2002.

[603] Aran. Jewish Zionist Fundamentalism. 1991. S. 278.

score the Jewish attachment to those parts of Eretz Israel; it carried out settlement operations in the occupied territories."[604]

Die Protestaktionen richteten sich dabei anfangs auf die Besuche des Vermittlers Henry Kissinger.[605] Die Größenordnungen dieser Demonstrationen reichten von wenigen Leuten, die Straßenblöcke errichteten, bis zu mehreren Tausenden auf dem Zion Platz in Jerusalem, wo sie sich Auseinandersetzungen mit der Polizei lieferten. Demonstrationen in ähnlicher Größenordnung fanden auch nach dem Abschluss des Interimabkommens mit Ägypten statt; sowohl mit dem Ziel, Unmut über das Abkommen auszudrücken, als auch um die Annexion des Westjordanlandes einzufordern.

Ab Oktober 1974 (die Vermittlung von Kissinger war abgeschlossen) verlagerten sich die Demonstrationen verstärkt auf Orte jenseits der Grünen Linie. Pessach 1976 war schließlich der Höhepunkt erreicht als Gush Emunim Ikone Moshe Levinger einen Demonstrationszug von geschätzten 20.-30.000 Menschen zu einer Massenwanderung durch Samaria führte. Die Bedeutung der Demonstrationen war aber nicht nur durch ihre Masse erkennbar. Auch bekannte Persönlichkeiten Israels, wie der spätere Ministerpräsident Menachem Begin, oder die Knessetabgeordneten Yigal Hurwitz und Geula Cohen nahmen an solchen Veranstaltungen teil.

Weiterhin trieb der Bush seine Bestrebungen, „das ganze Land" zu besiedeln, weiter voran. Dies beinhaltete auch Teile des Westjordanlandes, die nicht im Allon Plan der Arbeiterpartei vorgesehen waren. In den Jahren bis 1977 gelang es ihnen (bzw. teilweise auch ihnen nahe stehenden Gruppierungen) durch Kombination geschickter Lobbyarbeit und jener „faits accompli" Methode, die folgenden Siedlungen zu gründen: Kfar Etzion, Elon Moreh, Rosh Zurim, Allon Shvut und Har Gillo.[606] Eine neue Phase für Gush Emunim brach mit der Übernahme der Macht durch die Likudregierung unter Menachem Begin an.

---

[604] Sprinzak, Ehud. The Tip of the Iceberg. S. 29f. In: The Jerusalem Quarterly. Nr. 21, Fall 1981. S. 28 – 54.
Fortan. Sprinzak. The Tip of the Iceberg. 1981.
Siehe dazu im Folgenden auch:
Sprinzak, Ehud. Gush Emunim. The Politics of Zionist Fundamentalism in Israel. The American Jewish Committee Institute of Human Relations. 1986.
Fortan: Sprinzak. The Politics of Zionist Fundamentalism. 1986.
Lustick. For the Land and the Lord. S. 45ff.

[605] Kissinger pendelte nach dem Ende des Yom Kippur Krieges ständig zwischen Kairo und Jerusalem hin und her, um die Modalitäten für einen Waffenstillstand („Sinai I" und „Sinai II") auszuhandeln, was mehrere Monate dauerte. Siehe dazu:
Morris, Benny. Righteous Victims. A History of the Zionist – Arab Conflict, 1881 – 2001. New York, 2001. S. 437 – 441.
Fortan: Morris. Righteous Vicitms. 2001.

[606] Gießdorf. Fundamentalismus als soziale Bewegung. 2002. S. 159.

Gush Emunim feierte den Sieg der Likuds bei den Parlamentswahlen, deren ideologischen Wurzeln in Jabotinskys Großisrael-„Revisionismus“ zu suchen sind, enthusiastisch, da sie davon ausging, dass ihre Siedlungsbemühungen nachdrücklich unterstützt würden. Menachem Begin erklärte bei Regierungsantritt gegenüber den Siedlern, „we will have many more Elon Morehs.“[607] In der Tat legalisierte die neue Regierung in kurzer Zeit einige Gush Siedlungen und darüber hinaus legte der damalige Landwirtschaftsminister Ariel Scharon[608] einen Plan vor, mehr als eine Million Juden innerhalb von 20 Jahren im Westjordanland anzusiedeln. „Between 1977 and mid-1981 the Likud government spent $400 million dollar in the West Bank and Gaza, built twenty settlements in areas off-limits by previous governments, and increased the numbers of settlers living in the West Bank, minus the Jordan valley and East Jerusalem, from approximately 3.500 to 18.500. [...] By the end of Likud's second term, in August 1984, some 113 settlements were spread over the entire West Bank, including a half-dozen sizable towns. Some 46.000 Jewish settlers lived in the area (excluding east Jerusalem), and housing and services were under construction to absorb 15.000 additional settlers each year."[609] Weiterhin beseitigte die Likud Regierung Beschränkungen der zur Besiedlung frei gegebenen Areale, wie es noch der Allon-Plan vorsah. „Die bis zur konservativen Wende in Israel noch mögliche Trennung von Siedlungen der Arbeiterpartei auf Grundlage der sicherheitsstrategischen Allonkonzeption und Gush Emunim Siedlungen auf der Basis der Eretz Israel Ideologie wurde immer undeutlicher und tendierte immer mehr in Richtung der national-religiösen jüdischen Siedlerbewegung, da das gesamte besetzte Territorium von der Regierung zum Siedeln freigegeben wurde [...] und innerhalb der einzelnen Siedlungen eine Vermischung beider Siedlungen langsam vollzogen wurde.“[610]

Nichtsdestotrotz traten nach kurzer Zeit die ersten Spannungen zwischen dem Likud und der Siedlerbewegung auf, als in Camp David der 1979 unterzeichnete Friedensvertrag zwischen Israel und Ägypten, sowie die im Vertragswerk integrierte Rückgabe des Sinai beschlossen wurde. „The Camp David accords leading to a peace treaty with Egypt, the autonomy plan, and the government's commitment to give up the Rafiah salient in the Sinai struck Gush Emunim like bolts from the blue."[611] Der vorher gefeierte Begin wurde nun als Verräter

[607] Sprinzak. The Tip of the Iceberg. 1981. S. 30.
[608] Scharon war auch zuständig für Infrastrukturmaßnahmen.
[609] Lustick. For the Land and the Lord. 1988. S. 47.
[610] Gießdorf. Fundamentalismus als soziale Bewegung. 2002. S. 170.
[611] Sprinzak. The Politics of Zionist Fundamentalism. 1986. S. 7.

betrachtet, der vor den USA einknickte. Sprinzak beschreibt die Siedler als schockiert und paralysiert ob der Tatsache, dass ausgerechnet Begin, der die Gush Emunim Mitglieder als seine „dear children"[612] bezeichnet hatte, Teile des „heiligen Landes" zurückgab und einem Autonomieplan für die Palästinensergebiete zustimmte. Dies verdeutlichte der Bewegung, dass sie sich nur auf sich selbst verlassen konnte und war die Geburtsstunde einer neuen Radikalität und eines neuen Aktionismus, der schließlich im Machteret (Untergrund) gipfelte; einer Bewegung die u.a. plante, den Tempelberg in die Luft zu sprengen, um den Neubau des Tempels zu ermöglichen (siehe Kapitel C.7.). Gleichzeitig offenbarte sich bei der Demonstration gegen die Yamiträumung[613] hinsichtlich der Frage, wie radikal man gegen die Regierung vorgehen konnte, ein Riss in der Bewegung. Hierin zeigte sich wieder das grundlegende Paradox der Bewegung: Wie soll man reagieren, wenn der Staat gegen die Erlösung handelt? Auf die Implikationen des Rückzugs auf den Sinai, als auch auf diesen selbst wird weiter unten nochmals eingegangen, wenn der Spaltungsprozess der Bewegung betrachtet wird.

Abschließend kann man dazu sagen, dass die israelische radikale Rechte mit der Unterzeichnung des Camp David Abkommens geboren wurde, da diese Rechte im wesentlich eine Reaktion auf die Gebietsrückgaben waren.[614] Auf Gush Emunim bezogen bedeutete dies, dass ihre Lehre vom ganzen Land Israels zum ersten Mal eindeutig mit den Beschlüssen des Staates unvereinbar war. Dies mündete in einer Radikalisierung der Bewegung, die sich in Protesten während des Rückzugs aus dem Sinai verdeutlichte. Diese Proteste fanden einen vorläufigen Höhepunkt im Machteret. Eine weitere Radikalisierung folgte durch die Oslo Verträge und schließlich durch das Disengagement des Gaza, wie weiter unten noch gezeigt wird.

Bezüglich der Palästinensergebiete umfasste ein „Framework for Peace" innerhalb der Camp David Accords drei Punkte, die alle ein vagen Begriffen gehalten wurden. Im Kern waren es diese: 1.) Autonomie für die Palästinenser; Autoritätstransfer in einem Übergangszeitraum von fünf Jahren; Rückzug aus den Gebieten.
2.) Ägypten, Israel und Jordanien (und nur eventuell (!) Palästinenser) sollten die Modalitäten für eine Autonomieregierung klären. 3.) Zu Anfang der fünfjährigen Übergangsphase sollte ein palästinensischer Administrativrat gebildet werden.
Nach kurzer Zeit war klar – Begin weitete die Siedlungsgebiete aus und legte kurze Zeit später einen Plan für neue Siedlungen vor –, dass dieser Teil der Accords hinfällig war.
Morris. Righteous Victims. 2001. S. 473 – 484.

[612] Sprinzak. The Ascendance of Israel's Radical Right. 1991. S. 72.

[613] Yamit war eine Siedlung im Sinai.

[614] Sprinzak. The Ascendance of Israel's Radical Right. 1991. S. 71.

5. Das unsichtbare Reich des Gush

Vorab: Einige statistische Bemerkungen

Bevor weitere Anmerkungen zum institutionalisierten und kulturellen Komplex, den Gush Emunim aufgebaut hat, gemacht werden, sollen einige statistische Daten die Entwicklung der Siedler und der Siedlungen im Allgemeinen veranschaulichen.[615] Seit Beginn der israelischen Besiedlung des Westjordanlandes stieg die Zahl der Siedlungen auf 121 im Jahre 2006 an.[616] Weiterhin stieg die Zahl der Siedler, wie in der nachfolgenden Statistik dargestellt, seit Beginn der Besiedlung auf rund 230.000[617] (2003) an.

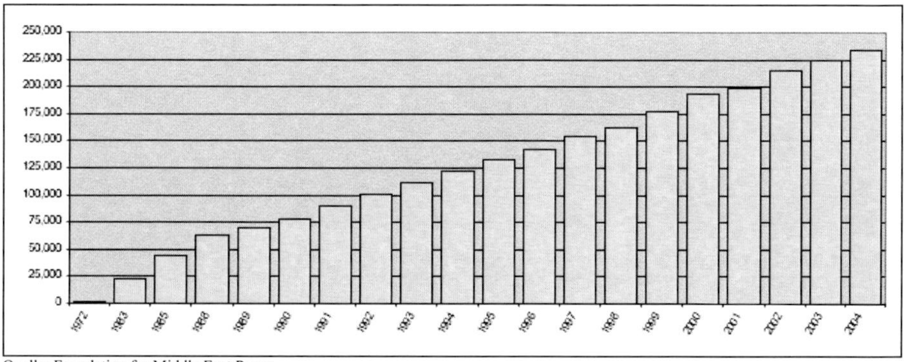

Quelle: Foundation for Middle East Peace
http://www.fmep.org/settlement_info/stats_data/settler_populations/israeli_settler_population_west_bank_1972-2004.html

Dabei ist zu beachten, dass die Mehrheit der Siedler heute aus Gründen der Lebensqualität im Westjordanland siedeln (Steuervorteile, Subventionen, günstiges Bauland). Die religiösen Siedler von Gush Emunim bilden heute folglich nicht die Mehrheit der Siedler. Die genaue Zahl der Gush Emunim Mitglieder zu erfassen ist allerdings schwierig, da sie keine formelle Mitgliedschaft besitzen und daher auch keine Erhebungen darüber existieren. Dennoch geben einige Statistiken zumindest einen Rahmen vor, wie groß der Emunim-Block heute ungefähr

[615] Eine Karte mit den Siedlungen des Westjordanlandes befindet sich im Anhang.
Alle Zahlen im Folgenden beziehen sich ausschließlich auf das Westjordanland ohne Gaza oder Ostjerusalem.
[616] http://www.peacenow.org.il/site/en/peace.asp?pi=57
Vgl. Im Folgenden die Zahlen zu Siedlungen und Siedlern mit:
Yair Sheleg. The Political and Social Ramifications of Evacuating Settlements in Judea, Samaria and the Gaza Strip. Jerusalem, 2004. S. 85 – 88.
Fortan: Sheleg. The Ramifications of Evacuating. 2004.
Sheleg führt alle Siedlungen einzeln auf und nennt für jede Siedlung die Einwohnerzahl unter Berufung auf eine Erhebung des Innenministeriums.
[617] Sheleg. The Ramifications of Evacuating. 2004. S. 88.

ist.[618] Yair Sheleg teilt die Siedlungen in mehrere Kategorien ein. Erstens die vier großen Siedlungsstädte: die beiden säkularen Städte Maaleh Adumim (28120 Einwohner) und Ariel (17464), sowie die beiden ultraorthodoxen Städte Kiryat Sefer (22927) und Betar Illit (21554). Die restlichen Siedlungen teilt er in „Quality of Life" Siedlungen, moderat-ideologische Siedlungen und extremistisch-ideologische Siedlungen ein.
Auch wenn vereinzelt Siedler des Gush in ersteren Gebieten leben, so kann man doch im Wesentlichen die säkularen Städte, mit Sicherheit die ultraorthodoxen Städte und auch die Lebensqualität-Siedlungen als ihren Wohnort ausschließen. Zu den moderat - ideologischen Siedlungen bemerkt Sheleg: „Most of these are religious settlements, though there are a few mixed-religious secular communites. [...] While in later stages quite a few settlers came for quality-of-life reasons such as housing benefits, these people also identified with the ideological basis of the settlement."[619] Die Einwohner der extremistischen Siedlungen schließlich gehören fast exklusiv zum Gush. Ohne näher auf die Unterscheidung zwischen moderat-ideologisch und extremistisch (dazu später) eingehen zu wollen, kann man die Zahlen Shelegs als ersten Rahmen nehmen, der die anderen Siedlungen ausschließt. Danach würden in den moderateren Siedlungen zusammen ca. 60.000 Menschen leben und in den extremistischen 9.000.
Die Zahl von 69.000 Gush Mitgliedern ist aber sicherlich zu hoch gegriffen. Dies kann man durch eine Peace Now Erhebung ergänzen, nach der sich 20% der Siedler als national-religiös bezeichnen; d.h. bei einer Bevölkerungszahl von 230.000 würde dies 46.000 Siedler bedeuten, die der Gush Ideologie zugehörig sind. Dies deckt sich grob mit Ehud Sprinzaks Ausführungen, der 2001 den Gush in drei verschiedene Lager (moderat, pragmatisch, extremistisch) einteilt. Davon beziffert er das größte Lager auf ca. 30.000, zu den anderen beiden macht er jedoch keine Angabe.[620] Obwohl dies relativ vage Vorgaben sind, kann man sich dennoch ein Bild machen, welche Anhängerzahl der Gush heute besitzt. Im Zuge der oben angegeben Zahlen würde sich eine grobe Schätzung wohl zwischen 35.000 und 46.000 Siedlern bewegen. Dies ist aber, wie gesagt, nur eine Orientierungsgröße.

[618] Im Folgenden wird sich auf die Kategoriserung von Sheleg berufen, sowie auf eine Peace Now Erhebung, die dem Verfasser in Auszügen vorliegt. Sheleg. The Ramifications of Evacuating. 2004. S. 37 – 43
Hopp, Michael. Attitudes of Settlers in The West Bank and Gaza About the Possibility of Leaving. 2003.
[619] Sheleg. The Ramifications of Evacuating. 2004. S. 39.
[620] Sprinzak, Ehud. The Israeli Right and the Peace Process. S. 69 – 72. In: Sofer, Sasson. Peacemaking in a Divided Society. Israel After Rabin. London, 2001. S. 67 – 95. Fortan. Sprinzak. The Israeli Right and the Peace Process. 2001.

Die Institutionalisierung von Gush Emunim

Ehud Sprinzak nennt die Institutionalisierungen der West Bank das „unsichtbare Reich" („invisible Realm") von Gush Emunim, da sie zwar auf den Block zurück gehen und dessen Mitglieder auch die administrativen Aufgaben der Gebiete übernehmen, jedoch nicht offiziell mit Gush Emunim verbunden sind. Die Unterstützer von Gush Emunim sind vor allem im Merkas HaRav, den Bnei Akiva und der Großisraelbewegung zu finden.

Seit 1974 begannen die Siedler sich zu institutionalisieren. Sie gründeten ein eigenes Sekretariat das Siedlungsgründungen konzertieren, diese mit Logistik versorgen und Propagandamaßnahmen für den Siedlungsbau, sowie den Zuzug in diese Siedlungen verstärken sollte. Dabei begann das Sekretariat früh professionelles Personal anzuwerben, das es vor allem bezüglich der Gründung von illegalen Siedlungen brauchte. „Its task was to prepare and carry out Gush Emunim illicit operations, which mostly involved unlicensed squatting. Since these operations meant outmanoeuvring the army and the police [... it] recruited men of great skill and ingenuity – reserve officers, practiced hikers familiar with the West Bank topography, veteran illegal settlers from the Mandate period, and logistic organizers."[621] Eine weitere Aufgabe des Sekretariats war es, einen Entwicklungsplan für die Besiedlung des Westjordanlandes zu entwerfen, für den ebenfalls Experten „in geography, demography, agriculture and settlement"[622] konsultiert wurden. Das Ergebnis war ein Programm, das vorsah Hunderttausende dazu zu bewegen, in die besetzten Gebiete zu ziehen, um einen potentiellen Rückzug aus den Gebieten unmöglich zu machen. Andere Ziele waren „to occupy strategic strongholds in the mountains, to secure complete control of the main roads [and] [t]he resettlement of ancient biblical locations."[623]

Die Institutionalisierung setzte sich 1977 durch die Gründung von Amana (Bündnis), als offizielle Vertretung der Siedlungsbewegung weiter fort. Amana, das eng mit Gush Emunim verbunden war, löste den Block aber auch in gewisser Hinsicht ab, da viele Aufgaben die von ihm koordiniert wurden nun von Amana übernommen wurde. Dies war auch der Zeitpunkt in dem die bisherigen Aktivisten von Gush Emunim – Levinger, Waldman, usw. – in die zweite Reihe zurücktraten und sich mehr ihren Aufgaben als Rabbis in den jeweiligen Siedlungen widmeten, bzw. im Fall von Druckman und Porat mehr Zeit für ihr Knessetmandat wahrnahmen. Sie wurden ersetzt von mehr technokratisch veranlagten, jüngeren Mitglieder wie Uri Elitzur oder Israel Harel. Amana wurde von der Begin Regierung als offizielle Siedlungsver-

[621] Sprinzak. Israel's Radical Right. 1991. S. 126.
[622] Sprinzak. Israel's Radical Right. 1991. S. 127.
[623] Sprinzak. Israel's Radical Right. 1991. S. 127.

tretung anerkannt, was weit reichende Konsequenzen hatte. Erstens wurden die Aktionen von Amana offiziell und damit Teil des „state-supported Zionism.“[624] Noch bedeutender aber war zweitens die Tatsache, dass Amana durch die offizielle Anerkennung als Siedlungsorganisation (vergleichbar mit anderen Vertretungen; z.B. der Kibbutzim) staatliche Gelder und Mittel aus der WZO zustanden, sowie, dass sie offizielle Posten in den dafür zuständigen Regierungsgremien erhielten.

Der vorläufige Höhepunkt der Institutionalisierung war 1979 erreicht, als das Westjordanland in fünf offizielle Verwaltungseinheiten (vergleichbar mit der Strukturierung des offiziellen Staatsgebiets) eingeteilt wurde. Das bedeutete, dass die „West Bank municipalities, like their Israeli counterparts, [could] levy taxes, supply municipal services, nominate officers, and employ workers."[625] Dass die Vertreter der Verwaltungseinheiten gewählt werden mussten, stellte für den Gush kein Problem dar, obwohl sie spätestens seit Ende der 70iger nicht mehr die Mehrheit hatten. "Even though the Gush has never supplied more than 20 percent of the West Bank settlers, its leaders, by virtue of their experience, public image and competence, were appointed to key executive positions in most of the new municipalities and regions."[626]

Kulturelle Infrastruktur[627]

Ein zentraler Part fällt der Bildungspolitik von Gush Emunim zu, die vor allem durch die Gründung von Schulen erbracht wurde. Dabei wurde in diesen Schulen hauptsächlich Thoraunterricht gegeben, während säkulare Fächer (z.B. kein Englischunterricht[628]) zurückstanden.

Das Merkas HaRav selbst expandierte enorm. Es gründete eine Vorgraduierten-Schule, sowie eine Kollel (Schule für verheiratete Männer), zwei Forschungseinrichtungen und weitere Institutionen wie Kindergärten oder Jugendbetreuungen. „A whole Merkas enclave was created in the Jerusalem neighborhood of Kiryat Moshe, a milieu of total commitment in which hundreds of teachers and students live with thousands of their family members.“[629]

Weiterhin gründeten die Abgänger von Merkas HaRav im ganzen Land neue, am Merkas orientierte Yeshivot, oder übernahmen Posten in bereits etablierten Religionsschulen, und

---

[624] Sprinzak. Israel's Radical Right. 1991. S. 128.

[625] Sprinzak. Israel's Radical Right. 1991. S. 129.

[626] Sprinzak. Israel's Radical Right. 1991. S. 129f. Die erwähnten 20 Prozent der Westbank Bevölkerung beziehen sich auf Zahlen von 1988.

[627] Siehe dazu: Don Yehiya, Elizer. The Book and the Sword. The Nationalist Yeshivot and Politcal Radicalism in Israel. S. 291ff. In: Marty, Martin E.; Appleby, R. Scott. Accounting for Fundamentalisms. Chicago, 1994. S. 264 – 302.
Fortan. Don Yehiya. The Book and the Sword. 1994.
Sprinzak. Israel's Radical Right. 1991. S. 132 – 135.

[628] Don Yehiya. The Book and the Sword. 1994. S. 292.

[629] Sprinzak. Israel's Radical Right. 1991. S. 133.

formten diese danach um. Der Einfluss war besonders auf die Jugend der religiösen Zionisten enorm. "Almost every talented graduated Bnei Akiva graduate wanted to study in Merkas, or at least to be taught be its graduates."[630] Nicht zuletzt waren es aber die Siedlungen in den besetzten Gebieten selbst, in denen man kulturelle Dominanz durch religiöse Schulen auszuüben versuchte. „The first order of business of most of Gush Emunim settlements has been to establish a yeshiva."[631]

Darüber hinaus wurden in Israel und den besetzten Gebieten Grundschulen (Noam Schulen) gegründet, die nach Eigenaussage folgende Ziele verfolgen „Love of Torah, observance of commandments, love of the people of Israel, identification with the renewed Kingdom of Israel, [...] to encourage a pure Torah atmosphere [...and] a total Jewish lifestyle and ethical quality."[632] Weiterhin wurden auch Zentren für Erwachsenenbildung (Machon Meir) errichtet und schließlich wurde auch noch das Midrashat Kedumim College gegründet, eine Institution die dazu gedacht ist, mit Israels säkularen, „linken" Universitäten zu konkurrieren. Dort unterrichten bis heute Professoren aus den etablierten Universitäten Israels, die der Bewegung sympathisch gegenüberstehen.

Bürgerwehr (Vigilantism)

Während der Anfangszeit der Siedlungen gab es wenig gewaltsame Auseinandersetzungen. Anders als der, einer Gewaltphilosophie anhängende Rabbi Meir Kahane[633] waren die Gush Emunim Siedler in den Anfangsjahren auch nicht daran interessiert. Sie waren bereit den Palästinensern den Status eines „ger toshav" (ansässiger Fremder) zu zugestehen. Obwohl umstritten ist, welche Rechte dieser Status beinhaltet[634], bedeutete es im Minimalkonsens zumindest, dass „non-Jewish residents were to be treated [...] like the people of Canaan, whom the Torah commanded to respect and treat humanly."[635] Außerdem gingen sie davon aus, dass sie die einheimische Bevölkerung akzeptieren würde. „Most of the Gush leaders truly believed that a fruitful coexistence on the West Bank was possible and that the local population would enjoy and benefit from their presence. There was, they argued, plenty of room on the West Bank for Jews and Arabs alike, and since the Arabs had always lived under

---

[630] Sprinzak. Israel's Radical Right. 1991. S. 132.
[631] Sprinzak. Israel's Radical Right. 1991. S. 132.
[632] Don Yehiya. The Book and the Sword. 1994. S. 291.
[633] Die wohl charakteristischte Lehre von Kahane ließ sich in einem, von ihm so benutzten Satz ausdrücken: „A Jewish fist in the face of a gentile is kiddush ha-shem (Lobpreis Gottes)".
[634] Der moderate Siedler Rabbi und Gründungsmitglied des Gush, Yoel Ben Nun, sieht darin z.B. auch das Wahlrecht inbegriffen. Persönliches Interview am 09. 06. 2006. in Jerusalem.
[635] Sprinzak. Israel's Radical Right. 1991. S. 88.

brutal and inhumane foreign domination, they would appreciate the humanity of the Jews, the real owners of the land."[636]

Diese Sichtweise änderte sich mit der Ausweitung der Siedlungen unter der Likud Regierung ab 1977, die automatisch zu Auseinandersetzungen mit den Palästinensern führen musste.[637] „The main ideological message of the [settlement plan of the Likud] was that all of Eretz Yisrael was open for Jewish Settlement."[638] Zu diesen Ausweitungen der Siedlungsbewegungen kam 1978 der Beschluss vom israelischen Stabschef Rafael Eitan, der die Siedlungen zu einem gewissen Teil selbst für ihre Verteidigung verantwortlich machte. Im Zuge dessen wurden hunderte Siedler, die beim Militär waren, in ihre eigenen Siedlungen verlegt um dort ihren Dienst zu tun. Wie Sprinzak ausführt, war der Schritt zur Selbstjustiz und Bürgerwehrmentalität kurz. David Weisburd führte 1983 eine Befragung durch, die genau diese Mentalität untersuchte.[639] Er fand heraus, dass 28% der männlichen und 5% der weiblichen Siedler schon mal an Bürgerwehraktionen teilgenommen hatten. Weiterhin waren 65% der Meinung „it is necesarry for the settlers to respond quickly and independently to Arab harassment of settlers and of settlements."[640] Lediglich 13% der Siedler lehnte solche Aktionen ab. Aus dieser Mentalität resultiert eine blutige Realität: Zwischen 1987 und 2001 wurden 124 Palästinenser durch Selbstjustiz der Siedler getötet[641]; allein während der ersten Intifada wurden 1130 Körperverletzungen von Siedlern an Palästinenser gezählt.[642] Dazu kommen tausende, wenn nicht zehntausende Sachbeschädigungen.[643]

---

[636] Sprinzak. Israel's Radical Right. 1991. S. 88.

[637] Ein radikaler Vorreiter war Moshe Levinger. Nachdem er die Siedlung Kiryat Arba in der Nähe von Hebron durchgesetzt hatte, war der nächste Schritt eine jüdische Ansiedlung in Hebron selbst voran zu bringen. Die Vorgehensweise lief wieder nach demselben Schema ab, die Siedler besetzten ein Haus (eine verlassene jüdische Yeshiva aus vorstaatlicher Zeit) und weigerten sich diese zu verlassen. Der einzige Unterschied war, dass die Besetzer diesmal ausschließlich Frauen unter der Leitung von Miriam Levinger, Moshes Frau, waren. Aus Sprinzaks Sicht war der Grund warum diese Aktionen von Frauen durchgeführt wurde der, dass Begin dann eher geneigt sein würde, eine jüdische Präsenz in Hebron zu akzeptieren. „Aware of Begin's commitment to the settlement of all of Eretz Yisreal, and equally aware of his gentlemanly manners, the settlers decided to have the women to establish the presence in Hebron." Begin erlaubte diese Niederlassung dann tatsächlich. Von Beginn an und bis heute ist Hebron der Ort der gewalttätigsten Auseinandersetzungen zwischen Palästinensern und Siedlern.
Zitat: Sprinzak. Israel's Radical Right. 1991. S. 90.

[638] Sprinzak. Israel's Radical Right. 1991. S. 90

[639] Im Folgenden:
Weisburd, David; Vinitzky, Vered. Vigilantism as Rational Social Control: The Case of the Gush Emunim Settlers. In. Aronoff, Myron. Cross Currents in Israeli Culture and Politics. Political Anthropology, Vol. 4. New Brunswick, 1984. S. 69 – 87.
Fortan: Weisburd. Vigilantism as Rational Social Control. 1984.

[640] Weisburd. Vigilantism as Rational Social Control. 1984. S. 82.

[641] http://www.btselem.org/Download/200110_Free_Rein_Eng.pdf (20.09. 2007)

[642] Perliger, Arie; Weinberg, Leonard. The Causes of Vigilant Political Violence: The Case of Jewish Settlers. http://terrorismexperts.org/terrorism_research_causes1.htm (20.09.2007)
Die Veröffentlichung ist Teil eines Projekts des National Security Studies Center der Universität Haifa.

[643] Btselem Bericht: TACIT CONSENT: Israeli Policy on Law Enforcement toward Settlers in the Occupied Territories. Jerusalem, March 2001. Weitere Berichte zu diesem Thema:

Lobbyarbeit und politischer Einfluss

Die Lobbyarbeit bei Gush Emunim verlief auf zwei Ebenen.[644] Erstens waren sie auf einer sekundären, administrativen Ebene tätig, d.h. bei Beamten in Ministerien. Dabei fanden sich parteiübergreifend in fast allen Parteien Unterstützer. Nicht nur in jenen, die ähnliche politische oder religiöse Ansichten hatten wie der Gush, etwa der Likud oder die NRP, sondern auch in der Arbeiterpartei (der so genannte Ein Vered Kreis) fanden sich Unterstützer. "Support for the Gush and the belief in a Greater Land of Israel is to be found in all the parties of the Right, both secular and religious."[645] Zweitens betrieb der Gush Lobbyarbeit auch auf der höchsten, ministerialen Ebene. Wie bereits am Beispiel von Elon Moreh geschildert, war eine Methode – vor allem während der Regierungszeit der als feindliche eingestuften Arbeiterpartei – Siedlungen zu gründen, sich zu weigern diese zu verlassen, und dann ranghohe Regierungsbeamte gegeneinander auszuspielen. „And no one knew [that] better than the leaders of emerging Gush Emunim. Their understanding of the *realpolitik* of the Jewish state has produced, over the years, one of Israel's most effective lobbying systems."[646] Ab 1977, mit Übernahme der rechtsnationalen Likudregierung änderte sich die Lobbyarbeit ein wenig, da die „Likud adminstration agreed that Judea and Samaria were open for Jewish Settlement."[647] Der Schwerpunkt auf der Lobbyarbeit für Gush Emunim bestand nun darin, Begin trotz außenpolitischen Drucks weiter „auf Kurs zu halten". Dies gelang – bezüglich des Westjordanlandes – auch weiterhin sehr gut, obwohl Begin eigentlich im Camp David Abkommen gegenteiliges zugesagt hatte. In einem Gespräch mit dem Gush Führer Chanan Porat äußerte Begin folgendes:

> „You should go ahead, settle on your own and get organized in the field. And then, after the fact it would be easy for me to say "nitzchuni banai..." (I was overcome by my children), for nobody could think in his right mind that I, Begin, would remove Jews from Eretz Israel territory."[648]

Bis zu der für sie bitteren Niederlage bei der Räumung des Sinai 1982 waren es für Gush Emunim die erfolgreichsten politischen Jahre – vor allem mit Begin und Sharon hatten sie zwei entscheidende Sympathisanten an der Regierung. Weiterhin war die NRP aber auch an der Regierung beteiligt, was ihnen in kulturell-religiöser Hinsicht finanzielle Vorteile zur

---

http://www.btselem.org/english/publications/Index.asp?TF=01 (20.09.2007)

[644] Sprinzak. Israel's Radical Right. 1991. S. 141 – 148.

[645] Newman, David. Gush Emunim between Pragmatism and Fundamentalism. S. 37. In: Jerusalem Quarterly. Spring, 1986. Number 39. S. 33 – 43.
Fortan. Newman. Between Pragmatism and Fundamentalism. 1986.

[646] Sprinzak. Israel's Radical Right. 1991. S. 145.

[647] Sprinzak. Israel's Radical Right. 1991. S. 145.

[648] Sprinzak. Israel's Radical Right. 1991. S. 146.

Etablierung ihrer Schulen brachte. Jedoch gab es mit letzterer einige politische Differenzen, vor allem als diese den Camp David Abkommen zustimmten. Schließlich waren mit Chanan Porat und Chaim Druckman zwei führende Gush Emunim Mitglieder Knessetmitglieder. In Anbetracht dieser Konstellation kann Sprinzak konstatieren: „The years 1982 – 1984 were the political apex of Gush Emunim. Gush People were everywhere and knew everything. Some of the most confidential state secrets were discussed and debated in Yesha's internal councils, and most of the ministerial doors were open to the settlers."[649]

Nichtsdestotrotz blieb der Einfluss des Gush weiterhin groß. Sein Einfluss unterlag zwar den Regierungswechseln zwischen Likud und Arbeiterpartei, jedoch wurden oftmals mit säkularen Großisraelanhängern gemeinsame Parteien gegründet[650], oder zumindest unterstützt (Tehiya, Moledet, Zomet) oder eigene Parteien etabliert (Morasha). In der letzten Legislaturperiode (2002 – 2006) waren zehn der 120 Knessetmitglieder aus dem Westjordanland (wobei nicht alle dem Gush Milieu zuzurechnen sind).[651]

Gegenkultur und Enklave[652]

Die Bewegung um den Gush bildet eine Gegenkultur sowohl zum Rest der Orthodoxie als auch zur restlichen Gesellschaft in Israel. Sie haben in den verschiedensten Bereichen eigene kulturelle Ausprägungen aus einer Mischung von jüdisch-orthodoxen und zionistischen Elementen hervorgebracht. Dazu zählt auch ein ihnen eigener Jargon: „a rare mixture of talmudic based Yiddish expressions uttered with an Ashkenazic-Diaspora accent, along with a native vernacular borrowed from the IDF's lexicon, filled with expressions of heroism, advanced technology and simple congeniality."[653] Weiterhin haben sie auch spezifische Eigenheiten in Dresscodes (Bomberjacke&Kipa, Thora&Maschinengewehr, usw.), Literatur, Musik, Kindernamen und anderen Dingen. Unterstützend kommt ihre segregierte Lage in den Siedlungen des Westjordanlandes hinzu, wo sie in verschiedener Hinsicht ein unabhängiges Leben aufgebaut haben: „They represent an exclusive, almost autonomous, framework with ist own institutions of leadership and administration, maintenance and economy, entertain-

---

[649] Sprinzak. Israel's Radical Right. 1991. S. 146.

[650] Zu den Parteien, die Gush Emunim nahe stehen, siehe:
Maul, Stephan. Israel auf Friedenskurs? Politischer und religiöser Fundamentalismus in Israel – Wirkungen auf den Nahen Osten. Münster, 2000. S. 61 – 103.
Maul bespricht in seinem Buch – trotz des eventuell irreführenden Titels – ausschließlich die Parteienlandschaft der (potentiell) fundamentalistischen oder diesen nahe stehenden Gruppen.

[651] Newman, David. From Hitnachalut to Hitnakut. The Impact of Gush Emunim and the Settlement Movement on Israeli Politics and Society. S. 206. In: Israel Studies. Volume 10. Number 3. 2005. S. 192 – 224.

[652] Sieh dazu: Aran. Jewish Zionist Fundamentalism. 1991. S. 302ff.

[653] Aran. Jewish Zionist Fundamentalism. 1991. S. 303.

ment. Communication etc.“[654] Schließlich kommt noch ihre eigene Form der Sozialisation hinzu. Die Familien, bei denen ein halbes dutzend Kinder oder mehr keine Seltenheit sind, erziehen eine eigene Generation von “Kindern des Westjordanlandes”, die ausschließlich mit den Werten und der Erziehung der Siedlergemeinschaft aufwachsen und das Westjordanland primär als ihre Heimat betrachten.[655] Deshalb ist es auch berechtigt, im Sinne von Almond et al., von einem Enklaventum der Siedler zu sprechen. „The Jewish fundamentalist enclaves, especially the settlements, are ghetto-like, with all the advantages this allows for leading a religious life in a secular world.“[656]

6. Die Ideologie des Gush

Zvi Yehuda Kook schuf zwar den theologischen Rahmen für die die Aktivitäten von Gush Emunim, aber das eigentliche ideologische Programm entwickelte sich erst, als der Gush auch politisch aktiv wurde. Es wurde von den Veteranen wie Chanan Porat, Moshe Levinger, Eliezer Waldman, Yoel Ben Nun, Shlomo Aviner, Yaacov Ariel, Israel Ariel, Chaim Druckman und anderen geprägt.[657] Im Folgenden sollen die wichtigsten Eckpunkte dieses Programms wiedergegeben werden.

Erlösung

Das vielleicht wichtigste Merkmal der Ideologie von Gush Emunim ist der Glaube an den Beginn der Erlösung. Dies, so die Überzeugung, sei an den „Geburtswehen“ oder den „Fußspuren“ des Messias erkennbar. Die diesbezügliche Kooksche Lehre wurde nahtlos in die Ideologie des Gush integriert. Grundlegend ist dabei der Glaube, dass die jüdische Erlösung durch das Ende des Exils, die erneute Gründung eines Königreichs und den Wiederaufbau des Tempels gekennzeichnet ist. Darüber hinaus existiert im Denken des Gush erstens der absolute Glaube an die Determiniertheit der Geschichte; zweitens, dass der Staat Israel ein sichtbares Zeichen der Erlösung ist; weiterhin existiert drittens die Unterscheidung zwischen dem

[654] Aran. Jewish Zionist Fundamentalism. 1991. S. 304.
[655] Einige der heutigen Jugendlichen – bekannt als „Hilltop Youth“ – sind zwar im Erziehungssytem von Gush Emunim aufgewachsen, haben aber viele der kookschen Ideale abgelegt. In ihren Vorstellungen sind die zentralen Werte Land und Torah individuelle Werte, die wenig mit dem Volk zu tun haben.
Siehe dazu: Kaniel, Shlomo. Hiftim Psicholgiim schel Mitjaswai ha-Gwaot be-Judea ve-Shomron. (hebr.) Ramat Gan, 2003. (Die psychologischen Aspekte der „Hügel-Siedler“ in Judea und Samaria).
[656] Aran. Jewish Zionist Fundamentalism. 1991. S. 304.
[657] Lustick. For the Land and the Lord. 1988. S. 73.

Messias ben Yosef – der zionistischen Bewegung –, als auch dem Messias ben David, jenem eschatologischen Erlöser. Rabbi Chaim Druckman drückt diese Weltsicht in wenigen Sätzen aus:

> „I could come up with [...] plenty of quotations from authoritative sources, according to which we are living in an era of redemption, but I prefer to observe reality. After two thousand years Jews return to their homeland; the desolate land is being continuously built; there is a unique process of the ingathering of Exiles; we have won independence and sovereignty which we did not have even during the era of the Second Temple. What would you call this reality if not redemption?"[658]

Ergänzend dazu kann man Moshe Levinger anführen. „The land aspect of Zionism, which in religious terminology can be called the stream of Messiah-the-son-of-Joseph, [is] the process of earthbound messianism."[659]
Diese Determiniertheitsvorstellung hat ihre Wurzeln in der Annahme, dass der Block der Getreuen die absolute Wahrheit besitzt. „A key element [... of Gush Emunim] is its adherents' belief that they posses special and direct access to transcendental truth, to the future course of events, and to an understanding of what future requires."[660] Diese Überzeugung – der Glaube an die Determiniertheit der Weltgeschichte kombiniert mit dem Bewusstsein diesen Verlauf zu kennen – liegt ihrem Handeln zu Grunde.

Die Heiligkeit von „Eretz Israel ha-Schlema"[661]

Wie bereits bei der Besprechung von Zvi Yehuda Kook gesehen, nimmt die Heiligkeit des Landes einen zentralen Stellenwert ein. Dabei ist das Land untrennbar mit dem Volk, als auch mit der Tora verbunden, da diese drei Elemente eine Einheit bilden. „The Covenant rests on a triad of relationships: God, land and people. The land is holy because God chooses to dwell in it and chooses that we should dwell in it with him. Take away the theological dimension and Zionism itself turns to ashes."[662]
Daraus entwickelte sich Gush Emunims "holy trinity"[663]: *Eretz Israel le Am Israel al pi Torat Israel* (Das Land Israel für das Volk Israel nach der Thora Israels). Dabei stellt die hervorgehobene Bedeutung des Landes eine Neuerung in der jüdischen Theologie dar, die Rabbi Zvi Yehuda Kook einführte. Unbestritten spielte die Vorstellung einer Rückkehr ins Land Israel

---

[658] Sprinzak. The Ascendance of Israel's Radical Right. 1991. S. 111.
[659] Interview mit Moshe Levinger in: New Outlook. October 1988. S. 15.
[660] Lustick. The Land and the Lord. 1988. S. 85.
[661] „Ganz Eretz Israel"
[662] Fisch, Harold. The Zionist Revolution. New York, 1978. S. 179.
Zitiert nach: Lustick. For the Land and the Lord. 1988. S. 83.
[663] Sprinzak. The Ascendance if Israel's Radical Right. 1991. S. 112.

immer eine große Rolle im jüdischen Denken, aber der Stellenwert den es durch Kook den Jüngeren bekam, ist einzigartig in der jüdischen Theologie. Er reiht das Verbot Teile das Landes aufzugeben in die drei klassischen Verbote ein, die zu begehen eher den Tod Wert wäre[664]: Götzenanbetung, Inzest und Blutvergießen. Von Gush Emunim wird diese Lehre politisch umgesetzt, wobei sich in den letzten 20 Jahren unterschiedlichen Positionen zwischen den verschiedenen Lagern bezüglich der Gewichtung von Land, Volk und Thora herausbildeten. Ein moderaterer Teil sieht die Bedeutung des Volkes im Vordergrund, während die Radikalen das Land als wichtigsten Punkt erachten.

Nicht genau geklärt ist es, welche Territorien „Eretz Israel ha-Schlema" genau umfasst. Das versprochene Land der Bibel umfasst nicht nur den Staat Isreal mit den besetzten (bzw. vormals besetzten) Gebieten, sondern auch weite Teile von Jordanien, Syrien und dem Irak.

Nach Rabbi Yehuda Elitzur kann man drei Stadien des heiligen Landes unterscheiden. Das eigentliche versprochene Land geht vom Euphrat zur südlichen Türkei einschließlich ‚Transjordaniens' (also das Westjordanland und das Ostjordanland, das heutige Jordanien) bis zum Nildelta. Nach dem Auszug aus Ägypten umfasste das Land Israel den nordöstlichen Teil des Sinai, den Libanon und Westsyrien, die Golanhöhen und das meiste vom früheren Transjordanien. Und nach dem babylonischen Exil versteht man unter Eretz Israel den Libanon, das südwestliche Syrien, halb Transjordanien, den nördlichen Teil des Negevs bis zum nordöstlichen Teil des Sinais.[665] Das Gebiet des versprochenen Landes wird als Fernziel betrachtet, aber die meisten Rabbis sehen die Gebietsfrage pragmatischer. „The ideologues of Gush Emunim are convinced that, when the time is right God will see that the nation extends to its promised borders."[666] Kriege werden dabei zwar als solche Möglichkeit interpretiert, jedoch fordert kein Gush Rabbi einen Angriffskrieg zur territorialen Expansion. Jedoch wird die Möglichkeit der Besetzung während der Kriegshandlungen durchaus in Betracht gezogen. So wurden während des Libanon Krieges 1982 Stimmen laut, die dort den wichtigsten Teil des heiligen Landes sahen.[667] Allerdings liegt das Hauptaugenmerk der meisten Rabbis darauf, die bisher besetzten Gebiete zu besiedeln.[668] Moderatere Töne schlägt wieder Yoel Ben Nun an: „We shall not forget „our Transjordan", but we know well that the people of Israel, in its current circumstances [...] is hardly able to integrate the western Land of Israel, that we have

[664] Wie später bei der Besprechung des Rabin Mordes noch zu sehen sein wird, wird diese Regelung von Teilen der Siedler radikalisiert. Man sollte nicht nur eher sterben, als Teile des Landes zurück zu geben, sondern derjenige, der dies tut, verdient auch den Tod.

[665] Elitzur, Yehuda. The Borders of Eretz Israel in Jewish Tradition. S. 42ff. In: Tomaschoff, Avner. Whose Homeland. Jerusalem, 1978.
Zitiert nach: Lustick. For the Land and the Lord. 1988. S. 105f.

[666] Sprinzak. The Ascendance if Israel's Radical Right. 1991. S. 113.

[667] Sprinzak. The Ascendance if Israel's Radical Right. 1991. S. 114.

[668] Lustick. For the Land and the Lord. 1988. S. 106ff.

in our hands. […] That is hard to understand and to swallow, but 'this also is the word of God'."[669] Kernland bleibt für die Siedler jedoch das Westjordanland, das durch die beiden heiligsten Stätten – Jerusalem und Hebron – in religiöser Hinsicht wichtiger ist, als Israel innerhalb der grünen Linie.[670]

Die Auserwähltheit des jüdischen Volkes

In Umkehrung zum Versuch des Zionismus, die Juden als „normales Volk" unter den Völkern zu etablieren, sieht Gush Emunim die Juden als herausgehobenes, „abnormales" Volk, da sie den göttlichen Funken in sich Tragen und alleine befähigt sind, die universale Erlösung herbeizuführen. Die Sichtweise, der säkularen Juden, ein normales Volk unter den Völkern zu werden, „is the original delusions of secular Zionism."[671]

Der Gush sieht, beeinflusst durch Zvi Yehuda Kook, die Juden als Volk an, für die Normen und Gesetze anderer Nationen keine Gültigkeit besitzen, da die Gebote der Halacha „transcend human notions of national rights."[672] Während die nationalen Gesetzgebungen für andere Völker richtig sind, müssen die Juden sich als ausgewähltes Volk an besondere Gesetze halten: „Ours is not an autonomous scale of values, the product of human reason, but rather a heteronomous or, more correctly, theonomous scale rooted in the will of the Divine architect of the universe and its moral order. From the point of view of mankind's humanistic morality we were in the wrong in (taking the land) from the Canaanites. There is only one catch. The command of God ordered us to be the people of the Land of Israel."[673]

Radikalere Meinungen innerhalb des Gushs erklären auch, dass das jüdische Leben mehr Wert ist, als jenes von Nichtjuden. Bekannt geworden ist der Ausspruch von Yitzhak Ginsburg, der eigentlich – im Gegensatz zu Shahaks Behauptung – kein Gush Mitglied ist, aber in engen Austausch mit ihnen steht:[674]

---

[669] Ben Nun, Yoel. The State of Israel vs. the Land of Israel. In: Nekuda. Number 72. April, 1984. S. 31. Zitiert nach: Lustick. For the Land and the Lord. 1988. S. 108.

[670] Interview mit Yoel Ben Nun. 09.06.2006.

[671] Fisch, Harold. The Zionist Revolution. New York, 1978. S. 134. Zitiert nach: Lustick. For the Land and the Lord. 1988. S. 75.

[672] Aviner, Shlomo. Messianic Realism. S. 115. In: Tomaschoff, Avner. Whose Homeland. Jerusalem, 1978. Zitiert nach: Lustick. For the Land and the Lord. 1988. S. 76.

[673] Aviner, Shlomo. Messianic Realism. S. 115. Zitiert nach: Lustick. For the Land and the Lord. 1988. S. 76.

[674] Zu Ginsburg ist zu sagen, dass er zwar mit Gush Emunim affiliiert ist, da er ein kabbalistischer, chasidischer Siedler ist, jedoch kein Mitglied des Gush ist selbst ist und auch nicht auf die kookschen Lehren zurückgreift, auch wenn es Parallelen gibt. Ginsburg ist eine Ausnahmeerscheinung im Chasidismus, da er politische Themen (v.a. das Land) in diese Lehre mit aufnimmt.

"If every simple cell in a Jewish body entails divinity, is a part of God, then every strand of DNA is part of God. Therefore, something is special about Jewish DNA. [...] If a Jew needs a liver, can you take the liver of an innocent non-Jew passing by to save him? The Torah would probably permit that. Jewish life has an infinite value. There is something infinitely more holy and unique about Jewish life than non- Jewish life."[675]

Obwohl, wie gesagt, Ginsburg kein Gush Mitglied ist, kann man die Nähe zu der Bewegung durch eine Aussage von Rabbi Shapiro – dem ehemaligen aschkenasischen Oberrabiner und einer der geistigen Führungsfiguren des Gush –, in der er sich auf Ginsburg bezieht, belegen. „Anyone who claims that we should differentiate between the punishment of a non-Jewish murderer and a Jewish one is correct, although we need not state everything publicly before the world."[676] Eine vergleichbare Meinung vertritt auch der Gush Rabbi Yisrael Ariel: „A Jew who killed a non Jew was exempt from human judgement, and has not violated the prohibition on murder."[677] Mit dieser Interpretation Maimonides verteidigte Rabbi Israel Ariel wiederholt Juden, die Araber getötet haben und forderte, dass sie nicht bestraft werden. Umgekehrt können nach Rabbi Aviner arabische Kinder, die jüdischen Leben bedrohen („for example, by throwing a stone at a passing car") getötet werden, um jüdisches Leben zu schützen.[678] Weiter führt Aviner aus, dass ein rabbinischer Gerichtshof jeden zum Tod verurteilen kann, wenn die Welt dadurch „besser" wird.[679]

Die zuletzt genannten Meinungen sind aber nicht repräsentativ für alle Personen innerhalb des Gush. Moderatere Rabbis[680] wie Yoel Ben-Nun, Yehuda Amital oder Aaron Lichtenstein lehnen solche Positionen ab[681], auch wenn sie damit klar in der Minderheit sind.

Auch der Rabbi Chaim Tabasky – Rabbi der Beit El Siedlung, Dozent für höhere Thorastudien an der Bar Ilan und Teil des Gush – erläuterte, dass Ginsburg nicht zum Gush zu zählen ist: „He is a Chasid. He is different." Persönliches Interview des Verfassers mit Tabasky am 30.06.2006 an der Bar Ilan Universität.
Siehe dazu auch: Sprinzak. The Ascendance of Israel's Radical Right. S. 164f.

[675] Yitzchak Ginsburg zur „Jewish Week".
Zitiert nach: Shahak, Israel. Mezvinsky, Norton. Jewish Fundamentalism in Israel. London 1999. S. 62. (ohne weitere Angabe).
Fortan: Shahak. Jewish Fundamentalism. 1999.

[676] Oberrabiner Avraham Shapiro über Yitzchak Ginsburg.
Aran. Jewish Zionist Fundamentalism. 1991. S. 287.

[677] Ariel, Israel. Things as They are. In: Zeffiya. (ohne näheren Angaben)
Zitiert nach: Harkabi. Yehoshafat. Israel's Fateful Hour. New York, 1988. S. 154.
Fortan: Harkabi. Israel's Fateful Hour. 1988.

[678] Aviner, Shlomo. Book of Responsa. S. 19ff. (ohne genauere Angaben)
Zitiert nach: Shahak. Jewish Fundamentalism. 1999. S. 74.

[679] Aviner, Shlomo. Book of Responsa. S. 19ff. (ohne genauere Angaben)
Zitiert nach: Shahak. Jewish Fundamentalism. 1999. S. 74.

[680] Auf den Unterschied zwischen den Positionen, die schließlich auch zur Spaltung führten, wird weiter unten ausführlicher eingegangen.

[681] Eine kurze Darstellungen der unterschiedlichen Positionen (besonders des Streits zwischen Ben Nun, Amital und den radikalen Mitgliedern wie Levinger, Waldman und Melamed) siehe: Sprinzak. The Ascendance of Israel's Radical Right. 1991. S. 153 – 166.

Israel's internationale Isolation als Zeichen der Auserwähltheit

Der Gush sieht Israel, nach einer Passage aus dem vierten Buch Mose, als isoliert von dem Rest der Welt an: „Dort ist ein Volk, es wohnt für sich, es zählt nicht zu den Völkern."[682] Wie bereits gesehen will sich der Gush also nicht wie die säkularen Juden als ein Volk unter anderen begreifen, sondern als ausgewähltes Volk. Darin impliziert findet sich die Negierung der westlichen Gesellschaft und derer Werte und Normen. Dies hängt zusammen mit dem, was im Kapitel zu den Fundamentalismustheorien als antimodernistisch bzw. antisäkularistisch beschrieben wurde. „Fear of the influence of modern values is associated with reservations and even hostility toward non-Jewish society out of which these values emerged."[683] Dies ist verbunden mit der These, dass die Juden das auserwählte Volk sind, für die andere Gesetze gelten, als für andere Völker.[684] Folglich besitzt auch die internationale Meinung über den Staat Israel und dessen Verhalten keinerlei Bedeutung. Don Yehiya beschreibt schon Zvi Yehuda Kooks Position als „one ought not accord any trust to foreign states or consider their attitudes in any matter effecting Israeli policy."[685] In diesem Sinne äußert sich auch Shlomo Aviner:

> „All the world knows that the Land of Israel is connected to the people of Israel as it is written in the Bible, so why do they make so much trouble for us? [...] We experienced the opposition of the goyim to the state of Israel even before it was established. The enmity which the peoples of the word show toward the Jewish people has been present throughout history. [...] It simply must be recognized that there is an inner enmity on part of the nations of the world toward the Jewish people. [...] We have no intention of harming them, but we do negate their way of life, and this in fact causes them to be our enemies."[686]

Die zwar differenziert gesehene, aber nicht immer zu leugnende Unterstützung Israels durch die USA „is a miracle from heaven."[687]

---

682 Die Bibel. Einheitsübersetzung. Stuttgart, 1980. Numeri 23, 9.
683 Don Yehiya. The Book and the Sword. 1994. S. 270.
684 Siehe die bereits zitierte Aussage von Shlomo Aviner:
„Ours is not an autonomous scale of values, the product of human reason, but rather a heteronomous or, more correctly, theonomous scale rooted in the will of the Divine architect of the universe and its moral order."
Aviner, Shlomo. Messianic Realism. S. 115. In: Tomaschoff, Avner. Whose Homeland. Jerusalem, 1978.
Zitiert nach: Lustick. For the Land and the Lord. 1988. S. 76.
685 Don Yehiya. The Book and the Sword. 1994. S. 271.
686 Aviner, Shlomo. Our Attachment to the Land of Israel. Artzi. Volume 1. Spring, 1982. S. 16f.
Zitiert nach: Lustick. The Land and the Lord. 1988. S. 80.
687 Kasher, Menachem M.. The Yom Kippur War. Jerusalem, 1974. S. 7.
Zitiert nach: Lustick. The Land and the Lord. 1988. S. 81.

Der arabisch-israelische Konflikt, die Palästinenserfrage und die Rechte der israelischen Araber

Der Konflikt mit den Arabern wird von Gush Emunim als letzte Episode des Kampfes „Gut gegen Böse" betrachtet. Der Gush sieht in den Arabern die Manifestation des kabbalistischen Bildes der „bösen Kräfte", die versuchen die Erlösung aufzuhalten. Deswegen weigern sich die Palästinenser auch das Land Israel zu verlassen. „Arab hostility springs [...] from the world's recalcitrance in the face of Israel's mission to save it."[688]
Eine andere gängige Sichtweise ist auch die Identifikation mit den Kanaanitern, die in der Bibel aus dem Land Israel vertrieben worden sind. Zvi Yehuda Kook erläuterte bereits, dass die Araber drei Möglichkeiten hätten: „to flee, to accept Jewish rule, or to fight."[689] Wie Lustick hervorhebt, besitzen die Araber folglich kein Recht auf das „Land Israel". „The Jews are authorized by the living God and Creator of the universe as a legitimate, eternal people with unalienable rights to the entire Land of Israel. The Palestinians have absolutely no legitimate claim to nationhood or to any part of the country."[690] Rabbi Israel Ariel begründet dies mit dem biblischen Gebot „vertreibt vor euch alle Einwohner des Landes" (Num.33,52)[691] und Rabbi Kook führt explizit aus „[t]here are no conquests here and we are not occupying foreign lands; we are returning to our home, to the inheritance of our ancestors. There is no Arab land here, only the inheritance of our God."[692] Deswegen wird der arabischen Bevölkerung im biblischen Gebiet des Volkes Israel auch kollektiver Diebstahl unterstellt.[693]
Nichtsdestotrotz besitzen die Araber prinzipiell ein Recht auf humane Behandlung, wie auch schon weiter oben bemerkt wurde. Allerdings gilt das nur für jene „Arabs, ready to accept the sovereignty of the people of Israel."[694] Welche Rechte arabische Einwohner im Land Israel besitzen sollten, ist jedoch innerhalb des Gushs umstritten.[695] In der Anfangszeit des Gush

---

688 Waldmann, Eliezer.. Struggle on the Road of peace. In: Artzi. Volume 2, 1983. S. 20.
Zitiert nach Lustick. For the land and the Lord. 1988. S. 77.
689 Kook, Zvi Yehuda. Between the People and its Land..In: Artzi. Volume 2, Spring 1982. S. 19.
Zitiert nach: Lustick. For the Land and the Lord. 1988. S. 78.
690 Lustick. For the Land and the Lord. 1988. S. 77.
691 Harkabi. Israel's Fateful Hour. 1988. S. 151.
692 Zvi Yehuda Kook. Year by Year. (ohne genauere Angaben)
nach: Harkabi. Israel's Fateful Hour. 1988. S. 148.
693 Harkabi. Israel's Fateful Hour. 1988. S. 149.
694 Porat, Chanan. Policies towards the Arabs of the Land of Israel. In: Artzi. Volume 4, Spring 1986. S. 10.
Zitiert nach: Lustick. For the Land and the Lord. 1988. S. 87.
695 Sprinzak, Ehud. The Politics, Institutions, and Culture of Gush Emunim. S. 125. In: Silberstein, Laurence J. [Hg.] Jewish fundamentalism in comparative perspective: religion, ideology, and the crisis of modernity. New York, 1993. S. 117 – 147.
Fortan: Sprinzak. The Politics of Gush Emunim. 1993.

nannte die Bewegung drei Alternativen, die für israelische Araber in Frage kommen. Erstens, dass sie die Legitimität des Zionismus (in der Vorstellung von Gush Emunim) anerkannte, worauf sie alle privaten und politischen Rechte erhalten würden. Die zweite Alternative war alle Gesetze anzuerkennen, ohne offiziell den Zionismus zu akzeptieren. Daraufhin würden ihnen Privatrechte, aber keine politischen Rechte zuerkannt. Die dritte Möglichkeit war schließlich, dass sie emigrierten.[696]

Diese Position ließ sich aber nur in den Anfangsjahren halten. Wie erläutert radikalisierte sich die Position mit der Erweiterung des Siedlungsbaus. Daher erfuhren auch die Konzepte zum Umgang mit den Palästinensern eine Radikalisierung. Dabei darf man die folgenden drei Positionen nicht als Alternativen auffassen, sondern als die Meinung von „different parties *within* Gush Emunim."[697] Zum Einen existiert die Regelung des Ger Toshav Status weiterhin, allerdings mit Einschränkung der politischen Rechte; zweitens gibt es die Überzeugung, dass überhaupt keine Rechte garantiert werden sollten; und drittens, als extremsten Fall, wird der Genozid in Betracht gezogen.[698]

Der erste Fall geht davon aus, dass keine Araber oder allgemein Goyim in Israel wohnen dürfen, wenn sie sich nicht an gewisse Bedingungen halten. Eine Voraussetzung für den Aufenthalt von Arabern in Israel ist nach Kook, dass sie sich nicht als Gruppe verstehen, die einen politischen Anspruch hat, sondern als geduldetes Individuum und Privatperson.[699] Diese moderateste Forderung bezüglich des Aufenthalts von Nichtjuden beinhaltet im Wesentlichen eine Einschränkung der Rechte. Sie basiert auf den Prinzipien der Halacha für einen ansässigen Ausländer (Ger Toshav).[700] Die Befolgung der sieben noachidischen Gebote[701], die Anerkennung der jüdischen Souveränität und das Zahlen von Steuern qualifizieren einen Ausländer für diesen Status, dafür erhielt dieser dann Schutz der Person und des Eigentums.[702] Rabbi Shlomo Aviner erläutert diese Rechte folgender maßen:

„We are obliged to grant the Ger Toshav civic rights, and also a decent social respect and an option to buy houses and land in the country. This implies, of course, that he accepts the authority of the state of Israel and

---

[696] Sprinzak. The Ascendance of Israel's Radical Right. 1991. S. 122.

[697] Sprinzak. The Ascendance of Israel's Radical Right. 1991. S. 122. Hervorhebung im Original.

[698] Tal, Uriel. Foundations of a Political Messianic Trend in Israel. S. 39ff. Jerusalem Quarterly Nr. 45, Spring 1985. S. 36 – 45.
Fortan: Tal. Foundations of a Political Messianic Trend. 1985.
Sprinzak. The Ascendance of Israel's Radical Right. 1991. S. 122 – 124.

[699] Lustick. For the Land and the Lord. 1988. S. 136f.

[700] Tal. Foundations of a Political Messianic Trend. 1985. S. 40.

[701] Verpflichtung zur Rechtspflege (Befolgung des Rechtssystems), Verbot von Götzendienst, Verbot von Gotteslästerung, Verbot von Unzucht (Inzest, Ehebruch), Verbot von Blutvergießen, Verbot von Raub und Verbot des Verzehrs eines Gliedes vom lebenden Tier. Beim Schlachten muss das Tier vollständig Tod sein, bevor ein Glied abgetrennt werden darf.

[702] Lustick. For the Land and the Lord. S. 136f.

agrees to be a loyal and devoted citizen, which includes the seven commandments of Noah's sons – which are the fundamental laws of human morality. It is however clear that we cannot allow the transfer of Eretz Yisrael lands to the Gentiles of other states, who certainly do not qualify as Gerim Toshavim."[703]

Sprinzak bemerkt zur Radikalisierung, dass "even the liberal spokespersons of Gush Emunim no longer talk about granting full political rights to loyal Arabs."[704] Dieser Sichtweise muss jedoch widersprochen werden, da v.a. Yoel Ben-Nun, aber auch Yehida Amital, Aaron Lichtenstein und Menachem Fruman dies anders sehen, auch wenn diese Rabbis sich in klarer Minderheit befinden.[705]

Die zweite Sichtweise zu den Arabern in Israel ist eine Verweigerung aller Rechte. Das Prinzip von Ger Toshav wird zwar nicht verneint, da aber diese die Anerkennung der jüdischen Souveränität oder zumindest der Gesetzgebung erfordert, wird dies von den meisten als irrelevant betrachtet. Auf Grund der Tatsache, dass sich die Palästinenser dem nicht beugen wollen, ist die logische Konsequenz dieser Sichtweise die Vertreibung. Sprinzak zitiert einen Vertreter dieser Sichtweise, der einer Umfrage[706] nach 64% der Gush Rabbis zugehören:

„The Arab hostility towards the Zionist venture has been proven beyond doubt in many decades of bloodshed, and there is no sign of any change in this hostility or for a reduction in its intensity. [...] The idea that maintains that it is possible to settle within areas of dense Arab population, to expropriate its land, to hurt its national feelings and also to obtain its sympathy by quoting old Arab tales, cannot but make on laugh. Once and for all we have got to clarify to ourselves and to explain to the nation that in Eretz Yisrael either the Arabs or the Jews can live, and not the two of them together."[707]

Die dritte Sichtweis – der Genozid an den Arabern – ist mehr eine theoretische Diskussion, als eine praktische Forderung, die aber dennoch geführt wird.[708] Der ehemalige Campusrabbi an der Bar-Ilan Universität, Rabbi Yisrael Hess, begründete die Diskussion mit dem Artikel „The Commandment of the Genocide in the Torah."[709] Die Begründung für einen potentiellen Genozid liegt im Bezug auf den biblischen Stamm der Amalekiter, den das Volk Israel im Auftrag Gottes auslöschen musste. Es existiert heute die Deutung, dass die Araber mit den

---

703 Aviner, Shlomo. On the Completion of Eretz Israel. In. Artzi. Volume 1. 1982. S. 28f.
Zitiert nach: Sprinzak. The Ascendance of Israel's Radical Right. 1991. S. 122.

704 Sprinzak. The Ascendance of Israel's Radical Right. 1991. S. 122.

705 Gegen Sprinzaks Sichtweise spricht, ist dass Yoel Ben Nun dem Verfasser dieser Studie in einem Interview klar zu verstehen gab, dass israelische Araber, sofern sie sich Loyal (d.h. den jüdischen Charakter und eine jüdische Mehrheit anerkennen würden – siehe Ger Toshav Prinzip oben) zum Staat verhalten, alle Rechte („sie würden genau wie die Juden behandelt werden") haben sollten. Dies ist zwar zum Teil ein Widerspruch in sich, da eine jüdische Mehrheit (d.h. ein Mehrheitsvotum in der Knesset, das auf arabischen Stimmen basiert wäre ungültig) kontradiktorisch zur rechtlichen Gleichbehandlung mit jüdischen Israelis steht, aber dennoch ein Unterschied zu den anderen Positionen.
Zur Aussage Ben Nuns: Persönliches Interview mit dem Verfasser. 09.06.2006

706 Rosen, Israel. Yesha Rabbis: To Encourage Arab Emigration. S. 37. In: Nekuda. Number 115. November, 1987. Zitiert nach: Sprinzak. The Ascendance of Israel's Radical Right. 1991. S. 123.

707 Segal Yedida. Neiter Arabic nor Arabs. S. 12. In: Nekuda. Number 9. May, 1980.
Zitiert nach: Sprinzak. The Ascendance of Israel's Radical Right. 1991. S. 123.

708 Lustick. For the Land and the Lord. 1988. S.131f.

709 Harkabi. Israel's Fateful Hour. 1988. S. 153.

Amalekitern identifiziert werden und deswegen vernichtet werden müssen. Beweise, die die Pläne für ein Umsetzen der Diskussion belegen würden, existieren allerdings nicht.[710]

Der Staat Israel und dessen Gesetzgebung

Der Staat Israel und dessen Institutionen sind Gush Emunim nach der kookschen Theologie heilig. „Being constituted by God, the state deserves the Halakhik status of a "Kingdom", and consequently ought to receive the allegiance of all its citizens and the respect of all the present religious authorities."[711] Nach Spinzak ist dies der Grund warum es trotz vieler Auseinader-setzungen mit der Regierung nur zu wenigen ernsthaften Zwischenfällen kam. Selbst einer der radikalsten Gush Mitglieder, Moshe Levinger, erkennt dies nach der Verurteilung des Jewish Undergrounds, mit denen er sympathisiert hatte, an: „Following the conclusion and the verdict of the underground trial, it is our duty to remember that the State of Israel and all its institutions, just like her sky, land, and fruits are holy."[712] Nichtsdestotrotz bleibt das Paradox, dass der Staat Maßnahmen ergreifen kann, die dem Erlösungsprozess entgegenwirken – wie zum Beispiel die Aufgabe von Territorien. Wie schon weiter oben erläutert, ist dies ein ideologisches Dilemma für Gush Emunim, da sowohl Staat als auch Land heilig sind. Allerdings wird dem Land ein höherer Wert beigemessen, als dem Staat selbst, wie Yaakov Ariel ausführt:

„The land and the state are two values whose location in the right place in our scale of values of great importance and of many practical consequences. Which of them comes first, which is preferable to the other, which is the means and which is the end? [...] The land is not a means for the state but the state is a means for the land. The land is the goal and the state is nothing but the means to achieve this goal. [...] Eretz Yisrael is an absolute entity whose essence does not depend on any political factor and the virtue of the state of Israel in Eretz Yisrael is its ability to fulfil the obligation of settling Eretz Yisrael with no constraints or limitation."[713]

Dabei ist Ariel einer der extremen Vertreter innerhalb des Gush. Moderatere teilen zwar Ariels Meinung, dass der Staat nicht so heilig ist, wie das Land. Jedoch hat die kooksche Lehre neben dem Land auch das Volk und die Thora als heilige Elemente. Bei den moderateren Lagern der Siedler hat das Volk, wie noch zu sehen sein wird, die höchste Bedeutung der drei Elemente und da Volksentscheidungen durch den Staat ausgeführt werden, ist dies nicht

[710] Lustick. For the Land and the Lord. 1988. S. 131f.
[711] Sprinzak. The Ascendance if Israel's Radical Right. 1991. S. 119.
[712] Levinger, Moshe. They are all holy. In: Nekuda. Number 89. July, 1985. S. 7.
Zitiert nach: Sprinzak. The Ascendance if Israel's Radical Right. 1991. S. 118.
[713] Ariel, Yaakov. The Land and the State. In: Nekuda. Number 28. May, 1981. S. 3.
Zitiert nach: Sprinzak. The Ascendance if Israel's Radical Right. 1991. S. 119.

ganz klar zu trennen. Für Radikale wie Ariel gilt dazu im Gegensatz „the Land was chosen even before the people“.[714]

Eine andere Frage ist die nach der Gültigkeit von Gesetzen. Sprinzak attestiert dem Mitgliedern des Gush „a disrespect for the rule of civil law“[715]. Vor allem was die Besiedlung des Westjordanlandes betrifft, sehen sie sich keiner Zivilgesetzlichkeit unterworfen. Dies äußert sich in dem bereits beschriebenen Vorgehen des „faits accompli“, bei dem erst gegen das Gesetz verstoßen wird und danach durch politischen Druck versucht wird Siedlungen zu legitimieren. Folgerichtig haben sie auch kaum Respekt für den obersten Gerichtshof in Israel, der immer wieder Entscheidungen trifft „Outposts“[716] und teilweise auch kleinere Siedlungen zu entfernen.[717]

Dabei ist der Grad des außergesetzlichen Vorgehens jedoch keinesfalls unumstritten. Frühestens bei der Evakuierung von Siedlungen im Sinai brach die Debatte aus, mit welchen Mitteln man sich gegen das staatliche Vorgehen wehren durfte. Die Meinungen reichten hier von lediglich Verhandeln bis hin zur Erlaubnis der gewalttätigen Auseinandersetzung. Generell wird in Gushkreisen das religiöse Gesetz, die Halacha, als bindender eingestuft als die staatlichen Gesetze. Auf die sich an diesen Fragen – v.a. natürlich der Frage wie man sich gegenüber dem Staat zu verhalten habe, wenn dieser gegen die Halacha verstößt – entwickelnden Dispute innerhalb des Gush, die im nächsten Kapitel zu betrachten sind.

---

[714]Kook, Zvi Yehuda.Between the People. S. 16.
Zitiert nach Lustick. For the Land and the Lord. 1988. S. 83.

[715] Sprinzak. The Ascendance of Israel’s Radical Right. 1991. S. 119.

[716] Als „Outposts“ werden meist einige Wohnwagen bezeichnet, die in der Regel auf palästinensischem Gebiet als erster Schritt zu einer Siedlung abgestellt werden und in denen anfangs nur einige Familien leben.

[717] Siehe exemplarisch für eine Auseinandersetzung zwischen dem Gush und dem obersten israelischen Gerichtshof: Lustick. For the Land and the Lord. S. 48 – 53.

7. Krisen und Konflikte

Im Folgenden soll anhand von verschiedenen Konflikten mit dem Staat gezeigt werden, wie sich drei verschiedene Lager innerhalb der religiösen Zionisten herausbildeten. Der Ansatzpunkt hier ist gleichzeitig Anschluss und Fortführung an die in Punkt C.4 besprochene historische Entwicklung bis 1982, wobei der Fokus aber auf den Ereignissen liegt, die zu der Lagerbildung im Gush führten.

Dabei wird zu sehen sein, dass sich das Lager der „Moderaten" wesentlich von der oben beschriebenen Ideologie entfernte. Deswegen sind deren Positionen im nachfolgenden – trotz der Tatsache, dass sie nur eine Minderheit unter den religiösen Siedlern darstellen – etwas überrepräsentiert, da dies Konsequenzen für die theoretische Einordnung mit sich bringt.

Auf der anderen Seite sollen die Auseinandersetzungen mit dem Staat Israel jenes Paradox verdeutlichen, das in der kookschen Theologie inhärent ist. Der Staat wird als der Beginn der Erlösung betrachtet, die Staatsführung handelt aber dem oft entgegengesetzt. Im Zuge dieser verschiedenen Konflikte wird sich zeigen, dass sich auch jenseits der Moderaten zwei unterschiedliche Lager bildeten, welche aber erst in den letzten zehn Jahren begannen, sich deutlich zu unterscheiden. Eines dieser Lager, die „Extremisten", zweifelt heutzutage stark daran, dass der Staat tatsächlich heilig ist.

Yamit und die Entstehung des Machteret

Wie erwähnt war der Rückzug aus dem Sinai ein schwerer Rückschlag für Gush Emunim, da in ihren Augen die Erlösung aufgehalten wurde. Dieser Rückzug brachte für sie zwei entscheidende Lehren mit sich: Erstens, dass auch das Westjordanland, das von wesentlich höherer religiöser Bedeutung war als der Sinai, von einer Räumung bedroht sein könnte. Zweitens verinnerlichten sie, dass man niemandem außerhalb ihrer eigenen Kreise schlussendlich vertrauen konnte, da es Menachem Begin war, der den Gush als seine „Lieblingskinder" bezeichnete, aber auch den Rückzug beschloss und durchführte.

Im Versuch, den Rückzug zu vereiteln, organisierte der Gush (als Teil einer größeren „Bewegung zum Halt des Rückzugs aus dem Sinai") vorab Massenproteste mit zehntausenden Demonstranten um die Regierung und die Öffentlichkeit zu überzeugen, dass die Räumung ein Fehler sei. [718] Sie verkündeten in der Öffentlichkeit mit fester Überzeugung: „lo tihiye

[718] Lustick. For the Land and the Lord. 1988. S. 60.

nesiga“[719] Die Schüler Kooks zeigten sich durch den Glauben an die Determiniertheit der Geschichte überzeugt, dass die besetzten Gebiete nie zurückgegeben würden. So erklärte Shlomo Aviner: „All attempts of the Gentiles to arrest the process of our redemption are futile and will come to nought. All their plans, their idle talk of cutting away the inheritance of our forefathers, of chopping up our holy land, and of harming of the Lord's people are in vain. None of this will ever happen.”[720] Hanan Porat, ein anderer Gush Emunim Führer erläuterte: „We must educate ourselves to the fact that there is no such thing as withdrawal, any more than there are such things as ghosts.“[721]

Bekanntlich fand die Räumung der jüdischen Siedlungen im Sinai jedoch Ende März 1982 statt. Dabei kam es während der Räumung der größten jüdischen Siedlung im Sinai, Yamit, erstmalig zu Auseinandersetzungen zwischen der israelischen Armee und den jüdischen Siedlern (was eine beachtliche Debatte in der israelischen Öffentlichkeit hervorrief).[722] Die Mehrheit der mehrere tausend Demonstranten protestierten weitgehend friedlich und reagierten auf die Soldaten mit einer Mischung aus Versuchen sie von ihren Handeln mit freundlichen Gesprächen abzubringen und wüsten Beschimpfungen. Aber einige hundert Aktivisten kletterten auch auf die Dächer der Häuser und bewarfen die Soldaten mit Flaschen und Steinen und lieferten heftigen Widerstand als sie evakuiert wurden.[723] „A severe clash occurred between MSW [Anm.:Movement to Stop the Withdrawal from Sinai; P.L.] members and the army in Yamit, at times approaching brutality.”[724]

Die Krise, die die Evakuierung nach Yamit auslöste war enorm. Das weiter oben beschriebene Paradox kam hier zum tragen. Wie verhält man sich zum Staat wenn dieser nicht nach dem „Erlösungsplan“ vorgeht? Die Frage löste heftige Diskussionen innerhalb der Bewegung aus

---

[719] „Es wird keinen Rückzug geben.“ Sprinzak. The Ascendance of Israel's Radical Right. 1991. S. 152.

[720] Aviner, Shlomo. Am ke-lavi. (ohne weitere Angaben). 2:190. Zitiert nach: Ravitzky. Messianism. 1993. S. 133.

[721] Aran. Religious Zionism. 1986. S. 133.

Historische Ironie ist, dass sie diese Überzeugungen (there is no withdrawal) in ihren Bildungsinstitutionen lehrten und die Schüler und Absolventen 1982 bei dem Rückzug aus dem Sinai tatsächlich nicht glaubten, dass dies passieren würde – worauf sie ihm nachhinein in eine Glaubenskrise gerieten. Folglich erklärte danach Rabbi Yisrael Ariel: „We proclaimed daily that there would be no withdrawal. [...] This slogan was a mistake from the point of view of both faith and education. [...] All is foreseen, but freedom of choice is granted.”[721]

Man kann es deswegen als historische Ironie bezeichnen, da genau dieselben Behauptungen vor dem Rückzug aus dem Gazastreifen wieder getroffen wurden.

Ravitzky. Messianism. 1993. S. 133.

[722] Zu Räumung von Yamit siehe allgemein:

The Journal of Applied Behavioral Science. Volume 23. Number 1. 1987. Special Issue: The Price of Peace: The Removal of the Israeli Settlements in Sinai. In dieser Schwerpunktausgabe siehe bezüglich der Rolle des Gush besonders: Aran, Gideon. Feige, Michael. The Movement to Stop the Withdrawal from Sinai: A Sociological Perspective. S. 73 – 89. Fortan: Aran. The Movement to Stop the Withdrawal. 1987. Wolfsfeld, Gadi. Protest and the Removal of Yamit: Ostentatious Political Action. S. 103 – 116. Fortan. Wolfsfeld. Protest and Removal. 1987.

[723] Wolfsfeld. Protest and Removal. 1987. S. 112ff.

[724] Aran. The Movement to Stop the Withdrawal. 1987. S. 77.

und eine Führungskrise unter den ansonsten weitgehend harmonisch agierenden Rabbis bahnte sich an. Verstärkt wurde dies dadurch, dass ihr Mentor Zvi Yehuda Kook zwei Monate vor der Evakuierung gestorben war. In Yamit wurde die Bewegung zum ersten Mal mit ihrem eigenen Paradox konfrontiert und die Frage kam auf: „[Was it allowed] to violate laws of the state or exercise force in resisting their implementation if they contravene the principle of a Greater Land of Israel or the unlimited right of Jews to settle anywhere in the land?“[725] Bereits hier zeigten sich die unterschiedlichen Ansätze, wie die Bewegung diese Frage in Zukunft beantworten sollte. Don Yehiya formuliert als erster diese drei Richtungen:[726]

„Three different approaches emerged among them: *extremists* were prepared to risk their lives and to utilize all means short of bloodshed to prevent the evacuation; *moderates* argued that in addition to prayer, efforts should focus on propaganda and persuasion in order to recruit public support and sway the government, but if these were insufficient, peaceful evacuation was demanded; and *those-in-between* argued that opposition should persist but tactics were to be purely passive, with all displays of violence or instigation against the government or the army avoided."[727]

Die lautstärksten Vertreter der Extremisten waren Yisrael Ariel und Moshe Levinger. Ariel forderte als erster und bis zu den Oslo Verträgen als einziger zionistischer Rabbi Soldaten dazu auf, Befehle zu verweigerten. Moshe Levinger hingegen drohte Selbstmord zu begehen, wovon er angeblich erst abließ, als die beiden Oberrabbiner Israels ihn davon überzeugten, dass dies gegen die Gesetze der Halacha verstieße.[728] Gegen dieses Verhalten sprachen sich die beiden anderen Lager vehement aus und erläuterten, dass das die Bewegung nicht gegen den Willen des Volkes handeln dürfe. Yoel Ben Nun führt aus, „it is impossible to succeed without support of the decisive majority of the people. We must go with the people and not against it – nor against large parts of it."[729] Auch Zvi Tau, als spirituelles Oberhaupt jener, die eine Mittelposition einnahmen, äußerte: "There is no mandate for five thousand people [in Yamit] to coerce the Jewish people, to revolt against the spirit of the nation, and to erase that which was done publicly – this is a revolt against the kingship of God."[730]

Die Kontroversen um das Verhalten bei Yamit waren aber nur der Anfang eines Prozesses, der wenige Jahre später im Streit um die Beurteilung des Machteret kulminieren sollte.

---

[725] Don Yehiya. The Book and the Sword. 1994. S. 275.

[726] Es ist bemerkenswert, dass Don Yehiya der einzige ist, der diese unterschiedlichen Ansätze in schriftlicher Form formuliert, obwohl sie zweifellos auch anderen Autoren (v.a. Sprinzak oder Aran)bekannt gewesen sein müssten, da diese über die Differenzen innerhalb der Bewegung sprechen. Es ist deswegen bemerkenswert, da genau analog zu diesen Ansätzen sukzessive Brüche in die Bewegung kamen.

[727] Don Yehiya. The Book and the Sword. 1994. S. 276. Hervorherbungen im Original.

[728] Sprinzak. The Ascendance of Israel's Radical Right. S. 104.

[729] Ben Nun, Yoel. For security and Faith; Against Screams of Crisis. In: Nekuda. Number 53. January, 1983. S. 11.

[730] Don Yehiya. The Book and the Sword. 1994. S. 277.

Der jüdische Untergrund (Machteret)

Im April 1984 wurde die Verschwörung einer Gruppierung aufgedeckt und 27 Mitglieder festgenommen, die planten, die drittheiligste Stätte des Islams, den Felsendom, in die Luft zu sprengen. Für diese Gruppe, die als Machteret (Untergrund) [731] bezeichnet wurde, stellte der Felsendom eine „Abscheulichkeit"[732] dar, da er den Wiederaufbau des jüdischen Tempels verhinderte und somit der Erlösung im Weg stand. Dabei nahmen sie eine darauffolgende militante Auseinandersetzung zwischen Israel und den arabischen Staaten nicht nur in Kauf, sondern kalkulierten diese bewusst mit ein. „The mosque's destruction, they argued, would jolt the Muslim world into a homicidal frenzy, igniting an apocalyptic war between Israel and the Arabs that would end with the liquidation of Israel's enemies, the expulsion of the Arabs from Judea and Samaria, and the rebuilding of the Third Temple – ushering in the messianic kingdom of Israel."[733]

Der Untergrund existierte bereits seit den frühen 80igern. Die Gründung des Machteret ist als direkte Reaktion auf das Camp David Abkommen zu sehen, da dort die Gewissheit unter einigen Radikalen gewachsen war, da nur sie selbst die Erlösung ernsthaft herbeiführen wollten .[734] Der Untergrund verübte mehrere Terroranschläge, insbesondere Racheakte auf Palästinenser. Der bekannteste davon war wohl das Bombenattentat auf drei palästinensische Bürgermeister, in Reaktion auf die Ermordung von sechs Yeshivastudenten durch palästinensische Scharfschützen zuvor. Dabei war es ihr Ziel diese nicht zu töten, sondern nur zu ‚Krüppeln' zu machen, was ihnen auch gelang. Unter weiten Teilen der israelischen Siedler wurde dies gefeiert, ohne dass man wusste von wem der Anschlag ausging. Ein weiterer bekannter Terroranschlag fand 1983 auf das islamische College in Hebron statt, bei dem drei Studenten verletzt und über dreißig verwundet wurden.

Obwohl diese Gruppe aus dem Gush hervorging, so veränderte sie doch einige Elemente der kookschen Theologie. Kam bei Kook die Erlösung „kima kima" (Sinngemäß: Schritt für

---

[731] Zum Machteret siehe: Segal, Haggai. Dear Brothers. The West Bank Jewish Underground. Jerusalem, 1988. Segal war eines der Mitglieder des Machteret; er beschreibt ausführlich die Entstehung, die Attentate und die Beteiligten. Fortan: Segal. Dear Brothers. 1988.
Friedman, Robert I. Inside the Jewish Terrorist Underground. In: Journal of Palestine Studies. Volume 15, Number 2. Winter, 1986. S. 190 – 201. Fortan: Friedman. Inside the Jewish Terrorist Underground. 1986.
Sprinzak. Brother against Brother. 1999. Kapitel 5: From Pioneering to Terrorism: Gush Emunim and the Underground. S. 145 – 179.

[732] Sprinzak. Brother against Brother. 1999. S. 156. (abomination)

[733] Friedman. Inside the Jewish Terrorist Underground. 1986. S. 194.

[734] Friedman, Robert I. Inside the Jewish Terrorist Underground. S. 194. In: Journal of Palestine Studies. Volume 15, Number 2. Winter, 1986. S. 190 – 201. Fortan: Friedman. Inside the Jewish Terrorist Underground. 1986.
Don Yehiya. The Book and the Sword. 1994. S. 278. Sprinzak, Ehud. Brother against Brother. Violence and Extremism in Israeli Politics from Altalena to the Rabin Assassination. New York, 1999. S. 155. Fortan: Sprinzak. Brother against Brother. 1999.

Schritt), war für das Bewusststein des Machteret zentral, dass die Erlösung greifbar war und durch das eigene Handeln sofort herbeigeführt werden konnte.[735] Aber obwohl es keine originäre kooksche Ideologie war, wurde keine Aktion des Machteret ohne die Absegnung von Rabbis des Gush Emunim unternommen. Sprinzak führt aus, dass aus den Verhörprotokollen der festgenommen Terroristen hervorging, dass vier Rabbis konsultiert wurden, von denen aber nur Levinger und Waldman namentlich bekannt sind.[736] Im Zuge dieses Verhörs wurden die Festgenommenen auch zu früheren Terrorakten befragt. Dabei wurde bekannt, dass Rabbi Waldman seinen Segen für das Attentat auf die Bürgermeister gegeben hatte. Levinger hingegen war dagegen, „but the reason for his objection was that Levinger preferred an even more extreme action and recommended indiscriminate mass violence."[737]
Für die Sprengung des Tempelbergs, dessen Planung schon vollkommen fertig gestellt war, fand sich jedoch keine rabbinische Autorität, die dem zugestimmt hätte. Nichtsdestotrotz wurde bekannt, dass Gush Autoritäten in den Plan zumindest eingeweiht waren, was auch innerhalb des Gush zu einem großen Aufschrei führte, da man die Tatsache nicht mehr von der Hand weisen konnte, dass man eine Terrorbewegung hervorgebracht hatte. „Rabbinical refusal to support Operation Temple Mount is of crucial importance because it tells us that the radicalization process that finally produced terrorism within Gush Emunim was not marginal but central."[738] Die meisten Mitglieder des Gush hatten jedoch keine Ahnung von der Existenz des Machteret. „They simply refused to believe that anyone in the Gush could be involved in cold-blooded terrorism. Thus they argued that the revelations were part of a leftist conspiracy to smear the settler community."[739] Nach kurzer Zeit war jedoch klar, dass dem nicht so war und der Großteil der Siedler-Rabbis verurteilte diese als Verbrechen. Der vehementeste Kritiker war, „the leading Gush moderate,"[740] Yoel Ben Nun: „[It is a] rebellion against the kingdom [and therefore] a rebellion against the kingdom of heaven."[741] Weiterhin sprach sich Ben Nun nach Sprinzak nachhaltig für die Heiligkeit und Unverletzlichkeit des Staates aus. „He forcefully argued that the consensus that had led to the establishment of

[735] Der spirituelle Kopf des Machteret, Yehuda Etzion, der wie alle anderen Mitglieder kein Rabbi (unter Umständen mit der Ausnahme von Rabbi Eliezer Waldman (damals Knessetmitglied), der wohl an einigen Anschlägen beteiligt gewesen sein könnte) war, war beeinflusst vom Schreiben des ansonsten völlig unbekannten Denkers Shabatai Ben Dov, der eine Theologie der aktiven Erlösung besaß, in der auch drastische Schritte gefordert wurden.
Siehe dazu: Sprinzak. Brother against Brother. 1999. 161 – 165.
[736] Sprinzak. Brother against Brother. 1999. S. 171.
[737] Sprinzak. Brother against Brother. 1999. S. 171.
[738] Sprinzak. Brother against Brother. 1999. S. 171.
[739] Sprinzak. The Ascendance of Israel's Radical Right. 1991. S. 155.
[740] Sprinzak. The Ascendance of Israel's Radical Right. 1991. S. 155.
[741] Ben Nun, Yoel. Yes, a Self Appraisal. In: Nekuda. Number 73. May, 1984. S. 8.
Zitiert nach: Don Yehiya. The Book and the Sword. 1994. S. 279.

Israel and upon which the state continued to rely was very delicate. Its existence could not be taken for granted, and no one, not even people with pure motivations, were free of the obligation to respect it."[742] Ferner beschuldigte Ben Nun Yehuda Etzion, den spirituellen Kopf des Machteret, Anhänger eines falschen Messianismus und Vertreter eines Sabbatianismus (bezogen auf Sabbatai Zwi) zu sein.[743]

Aber auch andere Rabbis sprachen sich stark gegen den Machteret und vor allem gegen die heimliche Duldung durch einige Gush Rabbis aus. Zvi Tau schlug ähnliche Töne an wie Ben Nun: "From our House of study, the same place from which ought to emanate an attitude of respect and sacred administration for the state, comes [...] utter contempt and an effort to uproot the very institution of the state."[744] Shlomo Aviner, einer der Rabbis, die eine Position zwischen moderaten und extremen Gush Rabbis bezieht, verwies auf den Unterschied zwischen Tempel und Landbesiedlung. There is a sharp division between the issue of the Land of Israel and the issue of the Temple Mount. We yearn for the restoration of the Temple and we educate toward it; with regard to settling the land we are obliged to make every effort, to initiate and carry out whatever is in our power."[745]

Andere Rabbis, wenn auch eine Minderheit, verteidigten den Untergrund. So unterschrieben 16 Rabbis, unter ihnen auch die Rabbis Kiryat Arba, Dov Lior und Eliezer Waldman, eine Petition, „protesting [against] the criticism of the Underground that had been voiced in Merkas HaRav circles."[746] Rabbi Eliezer Waldman, bei dem eine Beteiligung an manchen Terrorakten nicht unwahrscheinlich ist, verteidigte die Bewegung öffentlich. „They [the members of the underground] are devoted citizens who must be released from prison so that they can continue to build the country. [...] They have expressed sorrow and have promised it won't happen again. It will weaken the government if they are held in jail."[747] Auch Israel Ariel äußerte sich positiv bezüglich des Machteret. Nach Don Yehiya unterschied Israel Ariel bei

---

[742] Sprinzak. The Ascendance of Israel's Radical Right. 1991. S. 155.
[743] Don Yehiya. The Book and the Sword. 1994. S. 282.
[744] Zvi Tau nach: Segal, Hagai. Achim Yakarim: Korot Hamachteret Ha Yehudit. Jerusalem, 1987. S. 217. Zitiert nach: Don Yehiya. The Book and the Sword. 1994. S. 279.
[745] Aviner, Shlomo. Shalhevtya. Bet El, 1989. S. 13. Zitiert nach: Don Yehiya. The Book and the Sword. 1994. S. 283. Aviner sprach sich weiter nachdrücklich für die Besiedlung des Westjordanlandes aus: "If that is possible by peaceful means, wonderful, and if not, we are commanded to make war to accomplish it." Friedman, Robert I. Making Way for the Messiah. In: New York Review of Books 11. Oktober 1990. Keine Seitenzahlen. In diesem Aufsatz zeigt Friedman auch die Arbeit von Aviners Yeshiva Ateret Cohanim („eine priesterliche Krone") auf, die neben der Lehrtätigkeit auch, als eines der zentralen Organe, in der Akquisition von Gebäuden in der Altstadt Jerusalems im christlichen und muslimischen Teil liegen.
[746] Heilman, Samuel C. Guides of the Faithful. Contemporary Religious Zionist Rabbis. S. 343. In: Appleby, R. Scott. Spokesmen for the Despised. Fundamentalist Leaders of the Middle East. Chicago, 1997. S. 328 – 362. Fortan: Heilman. Guides of the Faithful. 1997.
[747] Friedman. Inside the Jewish Terrorist Underground. 1986. S. 199. Anmerkung in eckigen Klammern von Friedman; ohne Quellenangabe.

einer Verteidigung des Untergrunds zwischen Staat und Regierung. Der Staat sei heilig, aber die Regierung nicht: „For a government to be recognized as a „kingdom of Israel", against which rebellion would be a severe sin, it must be appointed with the consent of the Torah giants and conduct itself in accordance with halakha."[748]

Noch problematischer für den Gush war aber die potentielle Verwicklung von Moshe Levinger, dem einflussreichsten Mitglied des Blocks der Getreuen[749]. „There were two problems with Moshe Levinger: his refusal to publicly denounce the underground and the thick hints that he was personally involved in its organization."[750] Für die Annahme, dass Levinger auch vom Plan der Sprengung des Tempelbergs wusste, sprachen eindeutige Indizien. Ein Mitglied des jüdischen Untergrunds erklärte sogar, dass sich Levinger nicht prinzipiell gegen eine Sprengung des Tempelberges ausgesprochen hatte, sondern nur den Zeitpunkt abgelehnt. „Levinger said he would not try to prevent the group from carrying out such an operation, although he personally believed that the nation had to be prepared in advance for such a thing."[751] Später wurde es auch für den Rest des Gushs immer wahrscheinlicher, dass Levinger in irgendeiner Art und Weise verwickelt war. „By the summer of 1984 [...] it was clear to the movement's heads that insofar as the underground had rabbinical authority, Levinger was the man."[752] Unterstützend für diese These kam hinzu, dass Levinger den Untergrund verteidigte: "[The members of the Machteret] are people who are deeply religious, people who would never sin, people who haven't got the slightest inclination for violence."[753]

Im Zuge dessen kam es zu heftigen Auseinandersetzungen der moderateren Siedler (und jener deren Positionen dazwischen lagen) mit den Extremisten. Zvi Tau verweigerte jeden weiteren Kontakt mit Levinger und andere wie Ben Nun oder Porat kritisierten ihn scharf. Für kurze Zeit blieb die Einheit des Gushs noch bestehen, jedoch brachen die moderaten Gush Führer, wie die Gründungsmitglieder Yoel Ben Nun und Menachem Fruman (und damit ihre Yeshivot) vom Gush ab, als es zu gewalttätigen Auseinandersetzungen zwischen Siedlern und Palästinensern im Zuge der Intifada kam. Wie erwähnt gab es während der ersten Intifada

---

[748] Don Yehiya. The Book and the Sword. 1994. S. 280.

[749] „Levinger is still the single most influential leader of Gush Emunim and the movement's most respected person."Sprinzak. The Ascendance of Israel's Radical Right. 1991. S. 140.
Nur um einen kurzen Einblick zu gewähren, wie bekannt Levinger auch außerhalb der Siedler in Israel ist, sei erwähnt, dass er in den 70igern von der Presse (n einer Wahl in der es darum ging wer die öffentlichkeitswirkasmste Person war zur Person des Jahrzehnts und zuvor einige Mal zur Person des Jahres gewählt wurde. Heilman. Guides of the Faithful. 1997. S. 333ff.

[750] Sprinzak. The Ascendance of Israel's Radical Right. 1991. S. 156.

[751] Friedman, Robert I. The Messiah complex. S. 136. In Vanity Fair. July, 1991. S. 136.
Zitiert nach: Heilman. Guides of the Faithful. 1997. S. 342.

[752] Sprinzak. The Ascendance of Israel's Radical Right. 1991. S. 156.

[753] Friedman, Robert I. The Messiah complex. S. 136. In Vanity Fair. July, 1991 S. 135f.
Zitiert nach:Heilman. Guides of the Faithful. 1997. S. 342.

mehr als 1000 gewalttätige Angriffe von Siedlern auf die Palästinenser. Der ausschlaggebende Punkt war erreicht, als binnen kürzester Zeit mehrere Palästinenser von Siedlern getötet wurden waren, und schließlich Moshe Levinger des Totschlags angeklagt wurde. Vor Gericht sagte Levinger aus: "There must be some order and justice here. [...] I did not kill an Arab, but I wish I did."[754] Daraufhin verließ Ben Nun offiziell den Gush. "He stated that he could no longer live under the same ideological roof with Rabbi Levinger [...] and many other halakhik authorities who were either supportive of their positions or remained silent."[755] Obwohl er den Gush verließ, blieb er in steten Kontakt mit den Siedlern mit der Organisation und war weiterhin Führungsmitglied offizieller Komitees der Siedlungen, die nicht direkt mit dem Gush verlinkt waren.[756]

Oslo Accords und Rabin Ermordung

Die Siedler hatten Anfang der 1990er trotz des Rabin Siegs überraschenderweise eine Phase der Deradikalisierung. Dies hatte mehrere Gründe. Einer war, dass Moshe Levinger sich selbst diskreditierte, da er zur Knessetwahl die Lager spaltete indem er als ein-Mann-Partei antrat, aber nicht gewählt wurde. Sein Scheitern kostete das Lager der Siedler nicht nur Stimmen, sondern ihn persönlich auch Sympathien. Ein weiterer Grund war, dass ein gewisser Wohlstand in die Siedlergemeinschaft einkehrte, der das ideologische Bestreben zurückdrängte. Weiterhin gelangte eine neue Generation technokratischer und weniger ideologischer Führer an die Schaltstellen, des Gush Emunim Apparats. Und schließlich war die Führungskraft der Rabbiner, ob ihrer fehlenden Einheit, im Sinken begriffen.

In dieser Phase der relativen Moderation wurde die Siedlerbewegung vollkommen überrascht von den Oslo Abkommen.[757] Sie versuchte die israelische Bevölkerung, die zum ersten Mal mehrheitlich für einen Abzug aus den besetzten Gebieten war, gegen das Abkommen zu mobilisieren. Einer einmaligen Demonstration mit 200.000 Teilnehmern folgte jedoch nichts Vergleichbares. Den Bemühungen der Siedler kam jedoch der Start einer Welle von Selbstmordattentaten durch die Hamas und den Islamischen Dschihad entgegen. Die beiden islamistischen Organisationen, die sich ebenfalls gegen Oslo aussprachen, führten die von der

---

[754] Halfon, Eyal. His Honor the Judge, the Honorable Rabbi Has Just Arrived. Hadashot. May 5, 1989. Zitiert nach: Sprinzak. The Ascendance of Israel's Radical Right. 1991. S. 165.

[755] Sprinzak. The Ascendance of Israel's Radical Right. 1991. S. 165.

[756] Shaw-Smith, Peter. The Israeli Settler Movement Post-Oslo. S. 104. In: Journal of Palestine Studies. Volume 23, Number 3. Spring, 1994. S. 99 – 109. Fortan: Shaw – Smith. The Israeli Movement Post-Oslo. 1994.

[757] Siehe dazu: Sprinzak. Brother against Brother. 1999. 217 – 244.

PLO weitgehend beendete Intifada mit radikaleren Mitteln weiter. Seit diesem Zeitpunkt kann man sagen, dass sich die Hamas und Dschihad auf der einen, und die extremen Siedler auf der anderen Seite, in einer Art den status quo zementierenden Nullsummenspiel befinden, da beide Seiten von gegenseitigen Anschlägen dahingehend profitieren, dass sie jeden Friedensprozess behindern.

In Reaktion auf diese Ereignisse versuchten die Gush Rabbis wieder mit einer einzigen autoritären Stimme zu sprechen und gründeten die *Ichud Rabbanim Lemaan Am Israel ve Eretz Israel*[758]. Mit Avraham Shapira, Moshe Zvi Neria, Shaul Yisraeli und Shlomo Goren bestand das Präsidium aus vier der, nicht nur im Gush, sondern in der gesamten religiös zionistischen Gemeinde geachteten, Rabbis – allesamt über achtzig Jahre alt.[759] Darüber hinaus waren prominente Gush Rabbis, meist Teil des extremen Lagers im Gush, wie Levinger, Waldman oder Lior, aber auch einige mehr pragmatische Rabbis wie Aviner Teil der Union. Im Zusammenhang mit den Oslo Abkommen erließ die Union eine Reihe von Weisungen, welche das Verhältnis von Siedlern und Staat erheblich verändern sollte und mit denen die meisten Beobachter eine direkte Verbindung zum Rabin Mord herstellen. Dabei dramatisierte sich die Lage mit der Reihe ihrer Veröffentlichungen.

Zuerst erklärten die Rabbiner die Oslo Verträge als illegal und stellten damit die Halacha über das israelische Gesetz: „Any directive to cancel out Jewish settlement in the land of Israel is both a sin and bad counsel, and this is the Rabbinic opinion, of Rabbis in the Land of Israel and in the United States, against the Oslo accord."[760] Später erläuterten sie nochmals explizit: "According to the Torah, it is forbidden to relinquish the political rights of sovereignty and national ownership over any part of historic Eretz Yisrael to another authority or people. All of Eretz Yisrael which is now in our possession belongs to the entire Jewish people past, present and future. [...] Any agreement to do so is null and void, obligates no one, has no legal or moral force whatsoever. [...] In addition, we encourage educating and informing the masses in order that they may realize the falseness of that "peace".[761]

---

[758] Union der Rabbis für das Volk und das Land Israel (איחוד הרבנים למען עם ישראל וארץ ישראל)

[759] Goren und Shapira waren ehemalige aschkenasische Oberrabiner in Israel, Schapira war bis zu seinem Tod (gest. 27.09. 2007) Leiter des Merkas HaRav. Neria war der Gründer der religiös-zionistischen Jugendbewegung Bnei Akiva, und Yisraeli hatte ebenfalls (gest. 1995) eine leitende Funktion im Mercaz HaRav inne.
Heilman. Guides of the Faithful. 1997. S. 346ff.
Sprinzak. Brother against Brother. 1999. S. 252f.

[760] Heilman beruft sich auf die Homepage des Ichud, die aber heute nicht mehr existiert. (www.jer1.co.il/orgs/ichud/irindex.htm).
Deswegen wird nachfolgend nur auf Heilman verwiesen.
Heilman. Guides of the Faithful. 1997. S. 347.

[761] Heilman. Guides of the Faithful. 1997. S. 350f.

Im Zusammenhang wurde weiterhin erläutert, dass der Autonomieplan das Leben von Juden gefährden würde: "Jewish citizens would be attacked and stabbed, and security would be jeopardized throughout the country."[762] Damit wurde eine weitere Regelung vorbereitet, welche die Autonomiepläne als tödliche Bedrohung (pikuach nefesh) erschienen lassen. *Pikuach nefesh*[763] ist ein religiöses Prinzip, dass eine tödliche Bedrohung des Lebens ausdrückt. „According to halakha, in the face of pikuach nefesh nearly all laws may be broken, all actions taken."[764] Nach Shapira war dies durch das Oslo Abkommen der Fall, da die Besiedlung des Landes eine religiöse Aufgabe von höchster religiöser Bedeutung ist, für die man sein Leben im Zweifelsfall opfern muss. Ferner erläuterte er, dass der Abzug aus den besetzten Gebieten auch Israel innerhalb der grünen Linie gefährden würde: „Any withdrawal of our security forces from parts of Eretz Israel and giving away autonomy to our Arab enemies [...] increases the danger. [...] All their declerations and signatures or utterly worthless."[765] Den Höhepunkt erreichten Auseinandersetzungen mit der Regierung als der Ichud Weisungen erließ, die der Armee vorschrieben, dass sie keine Basen im Westjordanland räumen durften. Darüber hinaus wiesen sie Soldaten an Befehle zu verweigern und stellten sie offen vor die Wahl zwischen staatlichen Gesetz und Halacha:

"We hereby assert that there is a Torah prohibition against the evacuation of IDF bases and their transfer to the gentiles. [...] It is [...] clear that no Jew is allowed to take part in any act that assists the evacuation of the settlement, camp or military compound. [...] We call upon the government and the army to refrain from putting soldiers into a situation where they must choose between army orders and loyalty to their convictions."[766]

War die Situation zwischen den Siedlern und der Regierung sowieso schon gespannt, erzeugte diese Regelung einen öffentlichen Aufschrei. Premierminister Rabin und Präsident Weizmann wandten sich strikt gegen diesen Aufruf; eine Untersuchung wegen Volksverhetzung wurde eingeleitet und Minister diskutierten, ob man die Hesder Yeshivot nicht auflösen sollte. Auch die beiden aktuellen Oberrabbiner verurteilten dieses Vorgehen.

Der Ichud war sich der Bedeutung seiner Worte vorab durchaus bewusst. Avraham Shapira sagte vor dieser Entscheidung: „Das ist das einzige, was Rabin aus der Fassung bringen

---

762 Heilman. Guides of the Faithful. 1997. S. 347.
763 Wörtlich: Bewachen der Seele (פיקוח נפש)
764 Heilman. Guides of the Faithful. 1997. S. 348.
765 Heilman. Guides of the Faithful. 1997. S. 349.
766 Yediot Achronot. 13. Juli. 1995
Zitiert nach: Sprinzak, Ehud. Israel's Radical Right and the Countdown to the Rabin Assassination. S. 116. In: Peri, Yoram (ed.). The Assassination of Yitzhak Rabin. Stanford, 2000. S. 96 – 129.
Fortan: Sprinzak. Countdown to the Rabin Assassination. 2000.

kann.“[767] Ein anderer Rabbi beschreibt die Stimmung unter den Mitgliedern im Ichud im Moment als diese Entscheidung getroffen wurde: „The atmosphere in the room reflected the historic nature of the gathering, which was conducted with majestic dignity.“[768]
Dies war nach Sprinzak die Meinung der Mehrheit unter den Siedlern: „Altough the rabbinical ruling failed to get endorsements from nonreligious Jews, it was approved by the majority of Israel's Orthodox rabbis.“[769] Auch Rabbi Benny Elon schließt sich dem an: "Not only does the government lack halakhic legitimacy, but so do its orders to the army commands."[770]
Lediglich einige aus dem moderaten Lager sprachen sich gegen diese Entscheidung aus. Amital, der Leiter der größten Hesder Yeshiva, beschuldigte die Rabbis „of having expressed a political rather than a Halakhik opinion. This addict, he added put the Jewish people in a far greater jeopardy than most the territorial withdrawals the army had planned.“[771] Auch Ben Nun und andere Rabbis aus dem moderaten Lager übten Kritik an den Entscheidungen.[772] Daraufhin verhöhnte sie der 81-jährige Schapira als „Rebbelach [Rabbinerlein], die vor der Regierung herumscharwenzeln.“ Er fügte noch hinzu: „Eine Entscheidung des säkularen Regimes kann einen Juden nicht binden, wenn sie dem religiösen Gesetz zuwiderläuft.“[773]
Mit diesen Entscheidungen, die zwar von den Extremen im Gush geäußert wurden, aber von den ‚Pragmatikern' stillschweigend mitgetragen wurden, änderte sich das Verhältnis zwischen der großen Mehrheit der religiösen Siedler und dem Staat dramatisch. Waren Armee und Staat (auch wenn der Status der Regierung schon immer diskutiert wurde) als heilig gesehen worden, stellte man nun ganz klar die Halacha gegen die säkulare Konzeption des Staates. "Shapira and the other rabbis of his union had now taken an enormous step away from Abraham Kook's conception that the secular leaders of Zionism could be acting on behalf of God.“[774]

[767] Karpin, Michael; Friedman, Ina. Der Tod des Jitzhak Rabin. Reinbek bei Hamburg, 1998. S. 165. Zitat ohne Angaben. Fortan: Karpin. Der Tod des Jitzhak Rabin. 1998.
[768] Rabbi Sholom Gold nach:
Heilman. Guides of the Faithful. 1997. S. 353.
[769] Sprinzak, Ehud. Israel's Radical Right and the Countdown to the Rabin Assassination. S. 106. In: Peri, Yoram (ed.). The Assassination of Yitzhak Rabin. Stanford, 2000. S. 96 – 129.
[770] Klein Halevi, Yossi. Torn between God&Country. In: The Jerusalem Report. 10. August 1995.
[771] Heilman. Guides of the Faithful. 1997. S. 353.
[772] Karpin. Der Tod des Jitzhak Rabin. 1998. S. 166.
[773] Karpin. Der Tod des Jitzhak Rabin. 1998. S. 166.
[774] Heilman. Guides of the Faithful. 1997. S. 349.

Din Rodef und Din Moser

Den Höhepunkte, der bereits intensiven Konfrontation mit der Regierung wurde im Februar 1995 erreicht, als drei Rabbiner des Ichud eine Frage aufwarfen, die schon länger hinter verschlossenen Türen diskutiert wurde – nämlich, ob die Regierung nach den halachischen Gesetzen von Din Rodef und Din Moser zu beurteilen sind. Din Rodef und Din Moser sind zwei Gesetze (von vier existierenden) in der jüdischen Gesetzgebung, auf welche die Todesstrafe verhängt werden kann. Ein „Rodef" ist jemand, der gerade im Begriff ist einen Mord zu begehen. Ein „Moser" ist jemand, der Informationen über Nichtjuden weitergibt und/oder Nichtjuden illegal jüdisches Eigentum übergibt. „Since the Halakha refers to Eretz Israel as a sacred property of the Jewish people, Jews are obliged to kill the *moser*."[775]

So kündigte sich der Mord an Rabin, dessen Mörder sich später eben auf jene halachischen Weisungen berufen sollte, bereits an, als die Konzepte Din Rodef und Din Moser in einem halb offiziellem Brief diskutiert wurden. Die drei Rabbis Dov Lior, Eliezer Melamed und Daniel Shilo verfassten einen in Frageform formulierten Brief und sandten ihn an ausgewählte Rabbis weltweit, um zu diskutieren ob diese Gesetze auf die Regierung anzuwenden sein.

„Ist es möglich, dass die Regierung als Komplizen der terroristischen Mordaktionen zu betrachten; und sollten sie gemäß der Halacha vor Gericht gestellt werden? Ist es Aufgabe der Rabbiner, in dieser schwierigen Stunde den Ministerpräsidenten und sein Kabinett angesichts der bitteren Erfahrung mit dem Osloer Abkommen zu warnen, dass es ... sollten sie es in Judäa und Samaria weiterhin implementieren, notwendig sein wird... sie gemäß dem halachischen Gesetz als Mosrim [Anm.: Plural von Moser; P.L.] zu behandeln, die Juden und ihr Eigentum an Nichtjuden ausliefern?"[776]

Das weitere Geschehen zum Rabin Mord kann in aller Kürze ausgeführt werden, da es an dieser Stelle nicht von Belang ist.[777] Die Antworten, welche die Rabbis auf diesen Brief erhielten, hielten sie geheim. Dennoch wurden die Diskussionen im Lager der Siedler hinter verschlossenen Türen weitergeführt.[778] In Yigal Amir fand sich schließlich jemand, der glaub-

---

[775] Sprinzak. Brother against Brother.
[776] Karpin. Der Tod des Jitzhak Rabin. 1998. S. 170.
[777] Siehe dazu als Auswahl unter der recht umfangreichen Literatur zum Rabin Mord:
Ausführlich: Karpin. Der Tod des Jitzhak Rabin. 1998.
Bezüglich des Zusammenhangs mit Weisungen der Siedlerrabbis: S. 151 – 195.
Zu Rabins Mörder Yigal Amir und seiner Überzeugung, Gottes Auftrag auszuführen, aber auch Statements, dass er die Tat nicht ohne rabbinischen Rat begangen hätte (Amir schwieg zu individuellen Rabbis; bis heute kann man nur mutmaßen welche Rabbis – auch wenn es einige Indizien gibt – Amir konsultiert hatte): S. 241 – 286.
Sowie: Sprinzak. Brother against Brother. 1999. Kapitel 8: To kill a Prime Minister. S. 244 – 287.
Sprinzak, Ehud. Israel's Radical Right and the Countdown to the Rabin Assassination. In: Peri, Yoram. The Assassination of Yitzhak Rabin. Stanford, 2000.
[778] Amital über die Aussagen Yigal Amirs und die Diskussionen in den Reihen der Siedler:
"I heard the assassin speak in court and there was nothing new in his words. Every word he uttered had been said more than once in this past year in the circles of religious Zionism." Ravitzky. Let us Search our Path. 2000. S. 150.

te, von Gott den Befehl und von einigen Rabbinern das Einverständnis erhalten zu haben, um den Mord an Rabin nach den Gesetzen Din Rodef und Din Moser verüben zu können.
Nach dem Mord an Rabin wurde in weiten Teilen Israels nicht nur das ganze Siedlerlager, sondern die religiösen Zionisten insgesamt als Erzieher von potentiellen Mördern gesehen. „An entire culture, not just a specific ideology, faced criticism and found itself in jeopardy.“[779] Für die Siedler ergaben sich daraus zwei Konsequenzen. Erstens spaltete sich das moderate Lager um Ben Nun und Amital vom restlichen Gush nun vollends – auch in wichtigen theologischen Punkten – ab. Amital übte scharfe Kritik am restlichen Siedlerlager:

„Have we become like Sodom, do we resemble Gomorrah? The Jewish people, who taught the world absolute morality, beginning with the prohibition on murder; the Jewish state, the only democracy in the Middle East, a nation founded on the vision of redemption - now resembles some Third World banana republic. [...]Those who spoke of the "reign of iniquity" ("memshelet zadon"), who called the government a "Judenrat," who questioned the legitimacy of the government, who publicly issued the ruling concerning disobeying orders in the army – [...] can they truly say "Our hands have not spilled this blood"?"[780]

Am klarsten wurde der Bruch des moderaten Lagers der religiösen Siedler jedoch in der Worten Ben Nuns zum Friedensprozess, kurz nach dem Rabin Mord, in denen er erläutert, dass er den Friedensprozess für den Weg zu Erlösung hält:

„We chose the Likud and they retreated from Sinai; we went to war against Lebanon and gravely harmed the fighting spirit of the people; we built settlements and thereby created an Intifida on one side and a Palestinian willingness for peace on the other; the assassin sought to murder peace, but he catalyzed for the first time a solid Jewish majority in favor of the peace accords. [...] That is to say: The peace process is the coming stage in the redemption of Israel. The fact that the 'leftists and secular' correctly identified Divine Will and the plan of redemption is infuriating and painful, but it cannot stop a believing Jew from recognizing that this is indeed the Divine will."[781]

Damit bricht er natürlich mit der Sichtweise der anderen Siedler in eklatanter Weise. Allerdings darf man diese Worte auch nicht missverstehen. Die Sorge der moderaten Rabbis im Gush ist das Volk Israel und nicht die Palästinenser. Ben Nun ist zwar bereit zu einem Teilabzug, aber nur um weiteres Blutvergießen zu vermeiden. Darüber hinaus bleibt sein bestreben einen jüdischen Staat zu sichern: "There is no moral difference between the eviction of Jews from their homes and the eviction of Arabs from theirs. If they evacuate 1,000 of us, let them evacuate 1,000 of them, or let them define Jewish islands in Palestinian territory as in Israel

[779] Ravitzky. Let us Search our Path. 2000. S. 153. Der ganze Artikel von Ravitzky behandelt die Verfassung der religiösen Zionisten nach dem Rabin Mord.
[780] Yehuda Amital. On the Assassination of Prime Minister Rabin. `http://mail-jewish.org/Rabin/Amital.txt`
[781] Ben Nun, Yoel. The Broken Heart of Religious Zionism. In: Yediot Achronot. 15. Dezember 1995. Zitiert nach: Ravitzky. Let us Search our Path. 2000. S. 145.

they identify Palestinian islands."[782] Auch für Yehuda Amital "[is] the real battle [...]over the Jewishness of the State. That is where we must concentrate."[783]

Den Gush Slogan "Das Land Israel für das Volk Israel nach der Thora Israels" besitzt für sie daher weiter Gültigkeit, aber mit einer eindeutigen Gewichtung: „The three basic values in Judaism, on order of their importance, are (1) the Jewish people, (2) the Torah, and (3) the Land of Israel."[784]

Ausblick: Die weitere Entwicklung verschiedener Lager innerhalb der religiösen Siedler

Im Folgenden soll abschließend ein Ausblick über die gegenwärtigen Lager der religiösen Siedler geboten werden. Dabei wird angeknüpft an das vorher gesagte: Die Moderaten betrachten sich nicht mehr als Teil von Gush Emunim und umgekehrt werden sie aber auch nicht mehr als zugehörig betrachtet. Darüber hinaus soll kurz noch erläutert werden, dass sich innerhalb des Gushs (ohne die Moderaten) zwei weitere Positionen herauskristallisierten, die sich vor allem in ihrer Attitüde gegenüber dem Staat unterscheiden. Die Unterscheidung bezieht sich vor allem auf Sprinzaks Artikel „*The Israeli Right and the Peace Process*"[785], in dem er die religiösen Siedler unterteilt. Rabbi Chaim Tabasky hat in einem Interview mit dem Verfasser diese Positionen bestätigt.[786] Ferner wird dies durch einige Zeitungsartikel ergänzt. Dabei soll dies aber tatsächlich nur ein kurzer Ausblick bleiben, da dieses Thema in der Fachliteratur noch nicht aufgegriffen wurde.

Moderates Lager

Wie bereits erwähnt, gibt es innerhalb der Siedler ein relativ moderates Lager, dass aus Rabbis wie Yoel Ben Nun, Yehuda Amital, oder Menachem Fruman besteht. Obwohl sie noch der kookschen Lehre der Heiligkeit des Landes anhängen, haben sie diese im Gegensatz zu den

---

[782] Ben Nun, Yoel. Zitiert nach: Shragai, Nadav. A refugee in my own Country. Haaretz. 22. Juli 2004. http://www.haaretz.com/hasen/spages/452577.html

[783] Yehuda Amital. On the Assassination of Prime Minister Rabin. http://mail-jewish.org/Rabin/Amital.txt

[784] Morrison, David. The Gush. Center of Modern Religious Zionism. Jerusalem, 2004. S. 129.
Der Titel bezieht sich nicht auf Gush Emunim, sondern dem Siedlungsblock Gush Etzion, dem Siedlungsblock in dem die moderaten Rabbis Yehuda Amital, Aaron Lichtenstein, Yoel Ben Nun und Menachem Fruman ihre jeweiligen Yeshivot haben. Das Zitat aus dem Buch bezieht sich auf eine Aussage Yehuda Amitals.
Eine identische Aussage traf Ben Nun während des Interviews mit dem Verfasser.

[785] Sprinzak, Ehud. The Israeli Right and the Peace Process. S. 70. In: Sofer, Sasson. Peacemaking in a Divided Society. Israel After Rabin. London, 2001. S. 67 – 95.
Fortan: Sprinzak. The Israeli Right and the Peace Process. 2001.

[786] Interview mit Chaim Tabasky. 30.06.2006.

anderen beiden Lagern modifiziert. „The moderates have not comprised their Eretz Israel ideology, but have subjected it to moral and ethical restrictions."[787] Sie sind bereit bezüglich des Landes Kompromisse einzugehen, auch wenn sie an der grundsätzlichen Richtigkeit der Besiedlung des Landes überzeugt sind.

Am eindruckvollsten zeigte sich die Abspaltung dieses Flügels durch die Gründung der Partei Meiamd durch Yehuda Amital. Meimad ist eine Abkürzung für „Medina Jehudit, Medina Demokratit"[788]. Gegründet um eine Gegenposition zu den Siedlern und zur restlichen Orthodoxie im Allgemeinen darzustellen, setzt sich Meimad für einen demokratischen Staat mit jüdischem Charakter ein.[789] Die radikale Abkehr vom Denken Zvi Yehuda Kooks zeigt sich in folgender Passage des Parteiprogramms:

> "We reject the occasional undermining of the legitimacy of the Israeli legal system, and we believe that differences of opinion must be decided by the agreed-upon, democratic "rules of the game". We reject Halachic rulings on political issues and believe that political differences should not be resolved using arguments in the name of Halacha."[790]

Damit werden alle Versuche aufgegeben einen theokratischen Staat zu errichten. Auch findet eine Annäherung an die arabische Bevölkerung statt. Der Vorsitzende der Partei, Rabbi Michael Melchior, gründete 2004 die soziale Bewegung Tnufa (Impuls), die sich unter anderem zum Ziel setzt, den arabisch-israelischen Dialog zu fördern, arabische Mitglieder besitzt und „fund-raising" für arabische Israelis in Not betreibt.[791]

Nichtsdestotrotz ist Meimad eine Partei der „Mitte" (im komplexen und selten eindeutigen israelischen links-rechts Schema) und kommt nicht aus dem „linken Lager" (auch wenn sie unterdessen mit auf der Wahlliste der Arbeiterpartei stehen), wie ihre Einstellung gegenüber den Territorien zeigt:

> "We support the continuation of the political peace process, even with the painful concessions this may entail. In a final agreement on Judea and Samaria, concentrated areas of Jewish settlement are to be transferred to Israeli sovereignty. No foreign army is to cross the Jordan River, and Jerusalem is to be under Israeli sovereignty."[792]

---

[787] Sprinzak. The Israeli Right and the Peace Process. 2001. S. 72.

[788] „jüdischer Staat, demokratischer Staat" (מדינה יהודית, מדינה דמוקרטית); verspottet vom Siedlerlager als „mi jodea ma datam" (מי ידיעה מה דעתם); deutsch: „Wer weiß, was die glauben"
Interview mit Chaim Tabasky, 30.06.2006.
Ein interessantes Detail ist, dass Aviezer Ravitzky, ein Autor der in dieser Arbeit mehrfach zitiert wurde, zu den Führungspersonen der Partei gehört.

[789] Siehe Parteiprogramm: http://english.meimad.org.il/ArticlePage.asp?ArticleId=67 (29.09.2007)

[790] http://english.meimad.org.il/ArticlePage.asp?ArticleId=67 (29.09.2007)

[791] Sheleg, Yair. A new movement in the shadows. Haaretz. 30.11.2004.
http://www.haaretz.com/hasen/objects/pages/PrintArticleEn.jhtml?itemNo=507761 (29.09.2007)

[792] http://english.meimad.org.il/ArticlePage.asp?ArticleId=67 (29.09.2007)

Ein noch außergewöhnlicheres Beispiel ist Menachem Fruman, ein Gründungsmitglied von Gush Emunim, der selbst unter den Moderaten hervorsticht. Nachdem er sich gemeinsam mit Ben Nun in den späten 80igern von Gush Emunim distanzierte, hat er den radikalsten Wandel unter den Gush Emunim Rabbis genommen. Dabei hat er die Idee der Heiligkeit des Landes nicht aufgegeben, aber den Anspruch auf Souveränität. Fruman ist bestrebt trotz etwaigen Rückzugs im Westjordanlang zu verbleiben. Im Zuge dessen sucht er Kontakt zu Palästinensern und war im Dialog mit Yassir Arafat und Scheich Yassin, um friedliche Möglichkeiten eines Verbleibs von Israelis in einem zukünftigen Staat zu erwirken.[793] Ferner ist er Mitglied der palästinensisch-israelischen Organisation „Jerusalem Peacemakers“[794]

Die Größe der Moderaten ist schwer einzuschätzen. Sprinzaks Hinweis, dass dies die kleinste der Siedlergruppen sei, ist sicher richtig.[795] Ein Hinweis ist, dass die moderaten Rabbis – v.a. Yoel Ben Nun, Yehuda Amital, Aaron Lichtenstein und Menachem Fruman – alle Vorsteher von Yeshivot bzw. Gemeinderabbiner von Siedlungen im Gush Etzion Block[796] und somit auf ein sehr kleines Segment des Westjordanlandes beschränkt sind. Obwohl Meimad seit ihrer Gründung ein oder zwei Knessetmandate hatte (wobei dies nicht die Zahl der Mitglieder, sondern der Unterstützer widerspiegelt),[797] erklärt Sprinzak doch, „the moderates failed to constitute a significant political force.“[798]

Eine sehr grobe Schätzung (bezogen auf die vorher erläuterte Gesamtzahl aller religiösen Siedler zwischen 35.000 und 45.000 und auf die nachfolgend erläuterten Zahlen) würde man wohl bei einigen wenigen Tausend einordnen müssen – aber dies muss ohne Gewähr bleiben.

Pragmatiker - Mamlachtim

Das zweite von Sprinzak beschriebene Lager, von ihm als Pragmatiker bezeichnet, ist Teil von Gush Emunim und besitzt gewaltige Unterschiede zu den Moderaten. Auf sie sind die im Abschnitt zur Ideologie getroffenen Aussagen weiterhin gültig. Sprinzak charakterisiert sie als „strong opponents of the peace process. They never had compunctions about prolonging the Israeli occupation of the West Bank and Gaza, and have repeatedly expressed ‚understanding' about anti-Arab vigilante acts.“[799] Im Unterschied zu den Extremisten haben sie jedoch vor

[793] Eldar, Akiva. The general, the rabbi and the Holy Spirit. Haaretz. 01.10. 2004.
Veröffentlich auf: http://www.jerusalempeacemakers.org/froman/art-general-rabbi.html (29.09.2007)
[794] http://www.jerusalempeacemakers.org/ (29.09.2007)
[795] Sprinzak. The Israeli Right and the Peace Process. 2001. S. 72.
[796] Vgl. Karte im Anhang. Planquadrat E 11.
[797] http://www.knesset.gov.il/main/eng/home.asp (29.09.2007)
[798] Sprinzak. The Israeli Right and the Peace Process. 2001. S. 72.
[799] Sprinzak. The Israeli Right and the Peace Process. 2001. S. 70.

allem aus dem Rückzug aus dem Sinai die Lehre gezogen, dass man die Siedlungen nicht aufrecht erhalten kann, ohne die Mehrheit oder zumindest einen signifikanten Teil der Bevölkerung hinter sich zu haben. Folglich sind sie diejenigen, die die meiste Öffentlichkeitsarbeit verrichten, was Pressearbeit genauso umfasst wie Mandate in der Knesset. Sprinzak erläutert: „Although extremist in their ultimate convictions, the pragmatists have been identified as flexible and moderate, which makes them dangerous adversaries of all Labor administrations."[800]

Ihr Lager unterscheidet sich aber auch noch in einer weiteren Hinsicht von den Extremisten. Während letztere beginnen an der Heiligkeit des Staates zu zweifeln, bleiben diese dem Staat verbunden. Daher ist der Term „Mamlachtim“[801] (frei: die Staatstreuen) auch eine Bezeichnung für dieses Lager.[802] Auch Sprinzak charakterisiert sie dementsprechend: "Pragmatists rabbis seriously believe in the sanctity of secular Israel, and their sons are eager to serve in the nation's best military units."[803] Die führenden Rabbis sind Zvi Tau, Shlomo Aviner, Eli Sadan, Chaim Porat, Chaim Druckmann und einige weitere.[804] Auch institutionell unterscheiden sie sich mittlerweile von den Extremisten, da Rabbi Zvi Tau 1996 im Streit mit dem Führer von Merkas HaRav, Abraham Shapira, eine damit konkurrierende Yeshiva (Har Hamor) gründete, die nun als führende Institution der Mamlachtim gilt.[805]

Auch wenn ihre Einstellung gegenüber dem Staat im Gegensatz zu den Extremisten gleichgeblieben ist, lehnen sie dennoch jede Möglichkeit eines palästinensischen Staates ab, wie folgende Aussage von Shlomo Aviner exemplarisch verdeutlichen soll: „For some reason that is unclear the „Palestinians“ want their own private country in the middle of Eretz Yisrael. They already have such a country! It is the Hashemite Kingdom of Jordan, which as is known, was torn away from Eretz Yisrael.“[806]

Die Größe des Lagers anzugeben, scheint etwas leichter, da Sprinzak einzig bei Ihnen eine Zahl, nämlich 30.000, nennt. Im Zuge des Disengagements[807] aus Gaza fand jedoch eine

---

800 Sprinzak. The Israeli Right and the Peace Process. 2001. S. 70.
801 Von Mamlachti (ממלכתי), dt. staatlich
802 Interview mit Chaim Tabasky. 30.06.2006.
803 Sprinzak. The Israeli Right and the Peace Process. 2001. S. 70.
804 Interview mit Chaim Tabasky. 30.06.2006.
805 Wagner, Matthew. Shapira dies at 94. Jerusalem Post. 28.09.2007.
http://www.jpost.com/servlet/Satellite?cid=1189411500705&pagename=JPost%2FJPArticle%2FPrinter (29.09.2007)
Interview mit Chaim Tabasky. 30.06.2006.
806 Aviner, Shlomo. 2 Nations for 2 People. Anführungszeichen bei "Palestinians" im Original.
http://www.ateret.org.il/new/yeshiva.php?id=345 (29.09.2007.)
www.ateret.org.il ist die Homepage der Yeshiva von Aviner.
807 „Disengagement“ (wörtl: Loslösung, Abkoppelung) hat sich zu einem Begriff entwickelt, der auch im Deutschen benutzt wird, um Israels Rückzug mit der dazugehörigen Aufgabe der Siedlungen zu bezeichnen.
Vgl. das führende Online Wörterbuch LEO http://dict.leo.org; oder Artikel in der deutschen Presse:

Radikalisierung der Lager statt.[808] Chaim Tabasky schätzt, dass die Lager mittlerweile gleich groß sind, will aber keine Gewähr darauf geben.[809]

Extremisten – Mordim

Wie die Mamlachtim auch lassen sich die Extremisten mit den weiter oben erläuterten ideologischen Charakteristika beschreiben. Allerdings unterscheiden sie sich von ihnen, da sie keinen Hehl aus ihren Überzeugungen machen und sich nicht um die israelische Öffentlichkeit kümmern. „Led by Gush Emunim legends such as Rabbi Moshe Levinger and Rabbi Dov Lior, both of whom live in the high-friction area of Hebron and Kiryat Arba, the extremists do not believe in political expediency and are rarely concerned about making a negative impression on the Israeli public.“[810] Darin liegt auch der maßgebliche Unterschied zischen den Extremisten und den Pragmatisten. Während letztere den Staat selbst und die Öffentlichkeit als relevant betrachten, scheinen sich die Extremisten immer mehr davon zu verabschieden. „In addition to rejecting the peace process, they have little trouble in justifying the killing of innocent Arabs, in advocating military confrontation with the Palestinians, and in challenging the government's legitimacy."[811] Darüber hinaus zweifelten sie nach dem Disengagement aber nicht nur die Legitimität der Regierung an, sondern stellten die Frage nach der Heiligkeit des Staates, weswegen sie auch Mordim (Rebellen) innerhalb des Siedlerlagers genannt werden.[812] So haben beispielsweise verschiedene Rabbis das Gebet Yom ha'Atzmaut von „der Staat Israel ist der Anfang der blühenden Erlösung“ in „der Staat Israel wird der Anfang der blühenden Erlösung sein“ geändert.[813] Andere gehen noch weiter und bestreiten die Heiligkeit des Staates selbst. „The state is an instrument of holiness, not holiness itself, an instrument of a precept, not a precept."[814] Für Rabbi Shmuel Tal ist Israel mittlerweile ein "kingdom that has transformed into apostasy."[815] Seit dem Disengagement wurden aber vor

---

http://www.welt.de/print-welt/article689172/Warum_zieht_sich_Israel_aus_Gaza_zurueck.html (27.09.2007)
http://www.spiegel.de/politik/ausland/0,1518,487494,00.html (27.09.2007)

[808] Ben Meir, Yehuda. The Post-Disengagement Anguish. In: Strategic Assessment. Volume 8. Number 3. November, 2005. (ohne Seiten Angabe) Strategic Assessment ist eine Onlinepublikationsreihe des Jaffa Centers for Strategic Studies der Universität Tel Aviv.
http://www.tau.ac.il/jcss/sa/v8n3p6BenMeir.html (29.09.2007)

[809] Interview mit Chaim Tabasky. 30.06.2006.

[810] Sprinzak. The Israeli Right and the Peace Process. 2001. S. 71.

[811] Sprinzak. The Israeli Right and the Peace Process. 2001. S. 71.

[812] Interview mit Chaim Tabasky. 30.06.2006.

[813] Interview mit Chaim Tabasky. 30.06.2006.

[814] Interview mit Rabbi Shaar Yashuv Cohen. Veröffentlicht auf der Homepage der Jewish Agency.
http://www.jafi.org.il/education/actual/conflict/disengagement/mizrahi.html (29.09.2007)

[815] Nashoni, Kobi. Disengagement from a secular state. Yediot Achronot. 10.05.2007.
http://www.ynetnews.com/articles/0,7340,L-3395180,00.html (29.09.2007)

allem die Jugendlichen in ihrem Lager radikalisiert und zeigen offen Gewaltbereitschaft. Dies zeigte sich bei der Räumung verschiedener "Outposts", wo es zu gewalttätigen Auseinandersetzungen zwischen jugendlichen Siedlern und der IDF kam. Den Höhepunkt erreichte der Konflikt bislang bei der Räumung des Outposts „Amona", bei dem sich einige hundert Jugendliche (unter mehreren tausend Demonstranten) blutige Kämpfe mit der der Polizei lieferten.[816] Die führenden Rabbis der Extremisten – der verstorbene Abraham Shapira, Moshe Levinger, Dov Lior, Eliezer Waldman oder Elaykim Levanon[817] – fordern die Jugendlichen zwar nicht auf gewalttätig zu werden, aber erlassen auch keine ernsthaften Weisungen dagegen. Im Zuge der Ausschreitungen erfreute sich Moshe Levinger, dass „today's youth maintains a stronger belief in the justice of their ways."[818] Auch andere Rabbis wie Levanon[819] oder Lior[820] verteidigten das Verhalten der Jugendlichen. Yehuda Ben Meir veranschaulicht, dass sich das Verhältnis der Extremisten zum Staat gerade auf einen Scheideweg befindet: "This debate has included all voices and virtually the full spectrum of opinions. It has heard calls to disengage from the state, to refuse service in the IDF, to move closer to the ultra-Orthodox sector, to engage in civil disobedience to the point of open rebellion, and to organize forces in order to gain political control of the government."[821]

Die Größe des Lagers der Extremisten, ist wiederum nur schwer einzuschätzen. Nach Sprinzak waren sie das zweitgrößte Lager nach den Mamlachtim, während Tabasky beide Lager seit dem Disengagement gleich groß sieht.

---

816 Harel, Amos. Analysis: Who had an interest in excessive violence in Amona? Haaretz. 02.02.2006. www.haaretz.com/hasen/objects/pages/PrintArticleEn.jhtml?itemNo=677683 (29.09.2007)

817 Interview mit Chaim Tabasky. 30.06.2006.

818 Marciano, Ilan. Settler youth strong committed. Yediot Achronot. 05.02.2006. www.ynetnews./ext/comp/articlelayout/cdaarticleprintperview/1,2506,L-3087306,00.html (29.09.2007)

819 Katz, Yaakov. Faithful flock to Amona. Jerusalem Post. 03.02.2006. www.jpost.com [Ausdruck ohne genauere Angaben]

820 Ynet reporters. Rooftop showdown over. Yediot Achronot. 08.02.2006. www.ynetnews.com/ext/comp/articlelayout/cdaarticleprintperview/1,2560,L3131669,00.html (29.09.2007)

821 Ben Meir, Yehuda. The Post-Disengagement Anguish. In: Strategic Assessment. Volume 8. Number 3. November, 2005.

E. Zusammenfassung, Einordnung und Schlussbetrachtung

Nachfolgend wird die nochmals ein Rückblick auf die Arbeit geworfen und ein Resümee gezogen. Der erste Teil der Arbeit bestand aus drei verschiedenen theoretischen Erörterungen: Fundamentalismus-, Messianismus- und Nationalismustheorien. Nachdem im Fundamentalismuskapitel ein Überblick zu verschiedenen Definitionen zum Begriff des Fundamentalismus dargelegt worden ist, konnte begründet werden, warum das weitere Vorgehen in der Besprechung von fünf verschiedenen Theorien bestand. Dabei wurden diese Theorien in zwei Kategorien unterteilt. Erstens jene die sich mit strukturellen Eigenschaften fundamentalistischer Bewegungen beschäftigten, und zweitens jene, die sich mit der spezifischen Weltsicht entsprechender Bewegungen und ihre Auseinandersetzung mit der Moderne beschäftigen. Bezüglich der strukturellen Eigenschaften wurden zwei verschiedene Theorien behandelt, wobei die erstere von Almond et al. ein detailliertere Analyse darstellte, während Martin Riesebrodt ein verknapptes Konzept präsentierte. Im zweiten Schritt wurden Fundamentalismustheorien betrachtet, welche ihre Beziehung zur und ihr Agieren in der Moderne analysierten. Besprochen wurden dabei die Autoren Shmuel Eisenstadt, Bruce Lawrence und Thomas Meyer.

Die Fundamentalismustheorien zusammengefasst kommt man zu folgenden Ergebnissen: Almond et al. bieten wertvolle Kategorisierungen für die deskriptiven Merkmale fundamentalistischer Bewegungen. Insbesondere durch den Umfang der von ihnen besprochenen und systematisierten Bewegungen ist das Buch wertvoll. Riesebrodt hingegen bietet ein verknapptes, aber sehr anschauliches Modell von Fundamentalismen.

In dieser Arbeit waren jedoch die in „*Strong Religion*" präsentierten Ergebnisse von größerem Nutzen, da durch ihre weitreichende Analyse ein wesentlich differenzierteres Bild von fundamentalistischen Bewegungen möglich ist. Bezüglich der weiterhin besprochenen Theorien von Eisenstadt, Lawrence und Meyer muss man Eisenstadts Theorie als die überzeugendste bezeichnen. Da Lawrence Theorie der Eisenstadts ähnlich, wenn auch in den entscheidenden Punkten nicht so ausführlich ist, kann man Lawrence unterstützend für den Fokus auf Eisenstadt anführen. Meyers Theorie hingegen muss, wie erläutert, abgelehnt werden.

Somit kann auf die erste der drei in dieser Studie zu beantwortenden Frage eine Antwort geben. *Wie kann man eine fundamentalistische Bewegung charakterisieren?* An dieser Arbeit wird die Ansicht vertreten – unter Verweis auf die oben getroffenen Ausführungen –, dass fundamentalistische Bewegungen versuchen eine vormoderne, utopische Ordnung durch jakobinsche Mittel der Politik zu erreichen, da sie darin ihre Erlösungshoffnung verwirklicht sehen. Dabei muss ergänzt werden, dass sich der Rahmen, den diese Ordnung umfasst unterschiedlich ist, sowie die Möglichkeiten der Verwirklichung in verschiedenen Staaten (bedingt durch unterschiedliche Systeme) variieren. Weiterhin sollten die verschiedenen, von Almond et al. besprochenen Eigenschaften, kombiniert mit der Enklavenkultur, weitgehend übereinstimmen.

In den Messianismustheorien wurde ausgeführt, dass diese in mehrere Bereiche, als auch in verschiedene Ebenen unterteilt werden können. Dabei wurde erläutert, dass die Idee des Messias der Erlösungsvorstellung nachgeordnet ist, und somit keineswegs eine zwingende Komponente einer messianischen Bewegung sein muss. Weiterhin wurden bezüglich des jüdischen messianischen Denkens ein apokalyptischer, ein restaurativer und ein utopischer Einfluss als maßgeblich herausgearbeitet. In der lurianischen Kabbala erfuhr der jüdische Messianismus schließlich eine Umdeutung, die den Menschen zum verantwortlichen Akteur der Erlösung macht (wenn auch noch nicht diesseitig verankert), die zudem als Prozess und nicht mehr als Ereignis verstanden wird. Anschließend wurde erläutert in welchem Zusammenhang die Idee der prozesshaften Erlösung mit dem Zeitverständnis steht. In einem Vergleich mit dem christlichen Denken wird erläutert, dass durch die Vorstellung der Erlösung als Prozess, kombiniert mit der Notwenigkeit menschlichen Handelns die Ebene der Erlösung sukzessive das transzendentale Moment verlor. Dies drückt sich in einer Re-Divinisation der weltlichen Sphäre aus, womit der Versuch verbunden ist, die Erlösung auf Erden zu verwirklichen. Ferner wird erläutert, dass dies im Zuge der Naturalsierung des Menschen die Sichtwiese vertreten wird, dass das Unglück des Menschen nicht in diesem genuin ist, sondern in seiner mangelhaften Gesellschaftsorganisation. In diesem Geiste entstand die erste Ideologie, die, verstanden als Systemspekulation, versuchte eine säkulare Utopie im Diesseits zu verwirklichen. Dabei eignet sie sich in der Form des politischen Messianismus einen religiösen Absolutheitsanspruch an, der implizit dadurch gerechtfertigt wird, da er die Erlösung verspricht.

Als drittes Teilgebiet wurden Theorien zum Nationalismus betrachtet. Zuerst wurde auf Gellners Thesen eingegangen, bei denen der Industrialisierungsprozess im Mittelpunkt steht. Daraus leitet Gellner zwei Konsequenzen ab, die nach ihm entscheidend für die Entstehung des Nationalismus sind. Erstens sind industrielle Wirtschaftssysteme durch Wandel und Wachstum geprägt. Dies erfordert flexible Erwerbstätige, die im Umkehrschluss eine hohe

Allgemeinbildung brauchen, um unterschiedliche Tätigkeitsfelder ausführen zu können. Weiterhin bedarf es in Industriestaaten einer homogenen Kultur, um gesellschaftliche Interaktion und Kommunikation zu ermöglichen; weiterhin bedurfte es einer Einheitssprache. Dadurch entwickelte sich eine egalitäre Gesellschaft, die nach Gellner die Voraussetzung für das Entstehen von Nationalismen ist.

Anschließend wurde Benedict Andersons These der vorgestellten Gemeinschaft besprochen. Nach ihm mussten für die Entwicklung nationalistischer Bewegungen Sakralsprache, dynastische Herrschaft und nicht-lineare Zeitvorstellung überwunden werden. Erst danach konnte sich durch den maßgeblichen Einfluss von Buchdruck und Kapitalismus eine überregionale Einheitssprache herausbilden, die er für die Grundlage nationalistischer Bestrebungen hält, da diese eine Abgrenzung von anderen Gemeinschaften ermöglichte. Neben mehreren anderen Einflüssen sah er schließlich die französische Revolution als Modell an, dass die Entstehung des modernen Nationalismus als Unabhängigkeitsbewegung des Volkes prägte.

Abschließend wurde in drei Teilabschnitten untersucht inwiefern Nationalismus und fundamentalistische Religion gegensätzlich sind. Im ersten Abschnitt wurden die Loyalitätsproblematik, die Frage nach der Möglichkeit mehrere Religionen in einem Staat zu subsumieren und der Widerspruch zwischen Universalität der Religion und Partikularismus der Nation erläutert. Wie gesehen stellen diese Aspekte, zumindest für den vorliegenden Fall einer jüdischen Bewegung, keinen unbedingten Widerspruch zwischen Nationalismus und Fundamentalismus her. Im zweiten Abschnitt hingegen, den Wurzeln des modernen politischen Programms, musste ein Widerspruch festgestellt werden. Der Widerspruch war darin zu finden, dass das politische Programm des Nationalstaats durch den Menschen legitimiert wird und durch die gesellschaftliche Partizipation erst ihren eigentlichen Charakter gewinnt. Eine fundamentalistische Gesellschaftsordnung hingegen erhält ihre Legitimation aus der jeweiligen heiligen Schrift. Darin wird jedoch eine andere Gesellschaftsordnung vorgesehen, die der nationalistischen kontradiktorisch gegenüber steht. Daran konnte man die Ausführungen der gesellschaftlichen Differenzierung koppeln, da diese gruppendynamischen Partikularinteressen vorgeordnet sind. Das lineare Geschichtsbild schließlich, war kein Ausschlusskriterium, da bereits vorher gezeigt wurde, dass Religionen dies durchaus besitzen können.

Im Zuge dieser Betrachtungen kann die zweite Frage, die in dieser Arbeit gestellt wurde beantwortet werden: *Wie verhalten sich Messianismus- bzw. Nationalismustheorien zu Fundamentalismustheorien?* Zum Verhältnis zwischen Messianismus- und Fundamentalismustheorien ist zu sagen, dass diese sich geradezu bedingen, da Fundamentalismus der Versuch ist die ideale Ordnung zu schaffen, um die Erlösung herbeiführen zu können. Dabei ist ein passiver Messianismus kein Widerspruch dazu, da unter idealer Ordnung auch eine Enklave absolute Frömmigkeit verstanden werden kann, die keines menschlichen Handelns außer der Erfüllung der religiösen Vorschriften bedarf. Dieses Mindestmaß an menschlichem Handelns liegt jedoch jeder religiösen Erlösungshoffnung zu Grunde. Hingegen kann man zum Verhältnis von Nationalismus- und Fundamentalismustheorien sagen, dass diese letztendlich im Widerspruch zueinander stehen, da sie unterschiedliche Legitimationskonzepte bezüglich der Gestaltung der gesellschaftlichen Ordnung besitzen – dies sollte sich auch am Beispiel der religiösen Siedler zeigen, die im nächsten Schritt analysiert wurden.

Da die dritte Fragestellung der Studie nur noch darauf abzielt, inwiefern obige Theorien auf die Siedlerbewegung anzuwenden sind, kann hier auf eine Zusammenfassung verzichtet werden. Zuerst soll auf die Frage eingegangen werden, inwiefern die Siedlerbewegung fundamentalistisch ist.

Wenn man die ideologischen Eigenschaften fundamentalistischer Bewegungen Almond et al. betrachtet (Reaktion gegen die Marginalisierung der Religion, Selektivität, moralischer Manichäismus, absolute und unfehlbare Quellen) kann man die Siedler eindeutig einordnen. Sie wenden sich nachdrücklich gegen die Marginalisierung ihrer Religion, indem sie versuchen ihre religiösen Überzeugungen durch Siedlungen im Westjordanland gegen alle Widerstände durchzusetzen. Selektiv sind sie in Bezug auf ihre Quellen ebenfalls, da sie nur jene Texte berücksichtigen, die – entgegen ultraorthodoxer Vorstellungen im Judentum – eine aktive Teilhabe am Erlösungsprozess erlauben. Der moralische Manichäismus äußert sich deutlich in der Überzeugung, dass die Araber das Böse der Welt darstellen und den Erlösungsprozess aufhalten wollen. Auch unbestritten, dass die Thora für sie die alleinige, absolute und unfehlbare Quelle ihres Weltbildes darstellt. Auch die organisatorischen Charakteristika (die Mitglieder als Auserwählte Gottes, Abgrenzung nach außen, autoritäre Organisation, Verhaltenscode) treffen auf sie zu. Der Gush sieht die Juden im Allgemeinen als auserwähltes Volk Gottes und sich selbst als jene, die als einzige innerhalb des Judentums die Wege zur Erlösung erkannt haben. Die Abgrenzung nach außen ist durch die Siedlungen ebenfalls gegeben. Besonders autoritär ist die Bewegung hingegen nicht, da es nach Zvi Yehuda Kook keine singuläre Führungsperson mehr gab. Allerdings zeigt sich zumindest die Bedeutung der rabbinischen Weisungen, dass sogar Mitglieder der Terrorgruppe des Machteret rabbinischen Rat einholten, bevor sie Attentate verübten. Der Verhaltenscode des Gush zeigt sich, wie erläutert in einer Mischung religiösen und spezifisch israelischen Werten. Die Besiedlung des Landes selbst ist das beste Beispiel dafür. Weiterhin sind die Siedlungen ein offenkundiges Beispiel für ein Enklaventum, wie schon in der Arbeit selbst erläutert wurde.

Schließlich kann man die Siedler auch in Eisenstadts Sinn als fundamentalistische Bewegung verstehen. Sie versuchen gemäß ihrer religiösen (vormodernen) Utopie die Erlösung herbeizuführen, wobei für sie die primäre Aufgabe in der Besiedlung des Landes liegt. Die Siedler besitzen hier eine jakobinisch-absolute Vorgehensweise des Typus Welteroberer. Bezüglich der Zielsetzung Israel in eine Theokratie zu verwandeln, gilt dies jedoch nur in sehr bedingten Rahmen. Erstens, weil sie dies im Gegensatz zur Besiedlung des Westjordanlandes (noch) als weniger wichtig im Erlösungsprozess einstufen. Zweitens sind die Möglichkeiten jakobinischer Politik durch das demokratische System in Israel stark eingeschränkt. Einschränkend muss zusätzlich erwähnt werden, dass jener moderate Teil der Siedler kaum als fundamentalistisch bezeichnet werden kann. Diese sind zwar politisch aktiv, jedoch verpflichten sie sich zu demokratischen Grundsätzen, was dem Element des Totalitarismus offenkundig widerspricht.

Die Frage, ob die Siedler ob Messainismustheorien auf die Siedler zutreffend sind kann unumschränkt mit ja beantwortet werden. Ihre ganze Ideologie baut auf messianischen Prinzipien auf.

Schließlich muss aber verneint werden, dass die Siedler nationalistisch im eigentlichen Sinn sind, obwohl sie natürlich starke nationalistische Elemente in ihre Theologie aufgenommen haben. Erstens wurde diesbezüglich bereits ein Widerspruch auf theoretischer Ebene zwischen Fundamentalismus- und Nationalismustheorien gezeigt. Zweitens wurde aber auch in der Besprechung der Bewegung geschildert, dass sich ihre messianische Überzeugung und der Zionismus paradox zueinander verhalten. Dieses Paradoxon wurde an verschiedenen Konflikten zwischen Regierung und Siedler gezeigt. Dies führte schließlich dazu, dass das extreme Lager der Siedler beginnt, sich vom Staat zurückzuziehen.

Folglich kann man die dritte Fragestellung „*Welche der Theorien zu Fundamentalismus, Messianismus und Nationalismus ist auf die religiösen Siedler anwendbar?*" bezüglich der Fundamentalismus- und Messianismustheorien mit einem ja beantworten; in Hinsicht auf die Nationalismustheorien muss man dies jedoch verneinen.

F. Literaturverzeichnis

Almond, Gabriel A.; **Appleby**, R. Scott; **Sivan**, Emmanuel. Strong Religion. The Rise of Fundamentalisms around the World. Chicago, 2003.

Ammerman, Nancy. North American Protestant Fundamentalism. In: Marty, Martin E. und Appleby, R. Scott Fundamentalisms Observed. Chicago, 1994. S 1 - 66.

Anderson, Benedict. Die Erfindung der Nation. Zur Karriere eines erfolgreichen Konzepts. Frankfurt a.M., 1988.

Aran, Gideon. The Father, the Son, and the Holy Land. In: Appleby, R. Scott. Spokesmen for the Despised. Fundamentalist Leaders for the Middle East. Chicago, 1997. S. 294 – 327.
Aran, Gideon. Redemption as a Catastrophe: The Gospel of Gush Emunim. In: Sivan, Emmanuel; Friedman, Menachem. Religious Radicalism and Politics in the Middle East. Albany, 1990. S. 157 – 176.
Aran, Gideon. From Religious Zionism to Zionist Religion. The Roots of Gush Emunim. In: Studies of contemporary Jewry 2, 1986. S. 116 – 143.
Aran, Gideon. Jewish Zionist Fundamentalism: The Bloc of the Faithful in Israel (Gush Emunim). In: Marty, Martin. E.; Appleby, R. Scott (Hg.) Fundamentalisms Observed. Chicago, 1991 S. 265 – 344.
Aran, Gideon. **Feige**, Michael. The Movement to Stop the Withdrawal from Sinai: A Sociological Perspective. In: The Journal of Applied Behavioral Science. Volume 23. Number 1. 1987. Special Issue: The Price of Peace: The Removal of the Israeli Settlements in Sinai. S. 73 – 89.

Arendt, Hannah. Elemente und Ursprünge totaler Herrschaft. Antisemitismus, Imperialismus, totale Herrschaft. München, 2005. (erstmalig auf deutsch 1955).

Armstrong, Karen. The Battle for God. Fundamentalism in Judaism, Christianity and Islam. London, 2000.

Asad, Talal. Formations of the Secular. Christianity, Islam, Modernity. Stanford, 2003.

Assmann, Jan. Politische Theologie zwischen Ägypten und Israel. Dritte, erweiterte Auflage. München, 2006.
Assmann, Jan. Monotheismus und die Sprache der Gewalt. Wien, 2007.

Aune, David; **Fitschen**, Klaus; **Boyer**, Paul. Stichwortartikel „Chiliasmus“. In: Religion in Geschichte und Gegenwart. Band 2 C-E. Tübingen, 1999. S. 136 – 144.

Avineri, Shlomo. The Making of Modern Zionism. London, 1981.

Barkun, Michael. Crucible of the Millennium. The burned-over district of New York in the 1840s. Syrakuse, 1986.

Behrens, Mathias. ‚Politische Religion' – eine Religion? Bemerkungen zum Religionsbegriff. In: Maier, Hans; Schäfer, Michael. Totalitarismus und Politische Religionen. Konzepte des Diktaturvergleichs, Band II. München, 1997. S. 249 – 270

Böcher, Otto. Stichwortartikel "Chiliasmus". In: Theologische Realenzyklopädie. Band 7. Berlin, 1981.

Borutta, Manuel. Religion und Zivilgesellschaft. Zur Theorie und Geschichte ihrer Beziehung. Aus der Veröffentlichungsreihe der Forschungsgruppe „Zivilgesellschaft, Citizenship und politische Mobilisierung in Europa".
Veröffentlicht auf der Homepage des Wissenschaftszentrums Berlin für Sozialforschung. http://bibliothek.wz-berlin.de/pdf/2006/iv05-404.pdf 20. 08. 2007.

Burridge, Kenelm. Stichwortartikel „Messias/Messianische Bewegungen". Unterpunkt IV „Neuzeit". In: Theologische Realenzyklopädie. Band 22. Berlin, 1992.
Burridge, Kenelm. New Heaven, New Earth. A Study of Millenarian Activities. Oxford. 1971.

Caplan, Lionel. Introduction. In: Caplan, Lionel (Hg.). Studies in Religious Fundamentalism. New York, 1987. S. 1 – 24.

Casanova, José. Public Religions in the Modern World. Chicago, 1994

Cohn, Norman. Die Sehnsucht nach dem Millennium. Freiburg, 1998.

Dawkins, Richard. The God Delusion. London, 2006.

Desroche, Henri. Stichwortartikel „Messianismus". In: Digitale Bibliothek Band 12: Religion in Geschichte und Gegenwart. Berlin, 2000.

Don Yehiya, Eliezer. Jewish Messianism, Religious Zionism, and Israeli Politics: The Impact and Origins of Gush Emunim. In: Middle Eastern Studies. Volume 23, Number 2. April, 1987. S. 215 – 234.
Don Yehiya, Elizer. The Book and the Sword. The Nationalist Yeshivot and Politcal Radicalism in Israel. In: Marty, Martin E.; Appleby, R. Scott. Accounting for Fundamentalisms. Chicago, 1994. S. 264 – 302.

Eisenstadt, Shmuel N. Tradition, Wandel und Modernität. Frankfurt a.M. 1979.
Eisenstadt, Shmuel N. Allgemeine Einleitung: Die Bedingungen für die Entstehung und Institutionalisierung der Kulturen der Achsenzeit. In: Eisenstadt, Shmuel N. (Hg.) Kulturen der Achsenzeit. Ihre Ursprünge und ihre Vielfalt. Teil 1: Griechenland, Israel, Mesopotamien. Frankfurt a.M. 1987. S. 10 – 42.
Eisenstadt, Shmuel N. Die Antinomien der Moderne. Die jakobinischen Grundzüge der Moderne und des Fundamentalismus. Heterodoxien, Utopismus und Jakobinismus in der Konstitution fundamentalistischer Bewegungen. Frankfurt a.M. 1998.
Eisenstadt, Shmuel N. Die Vielfalt der Moderne. Weilerswirst. 2000
Eisenstadt, Shmuel N. Paradoxien der Demokratie. Die politische Theorie auf der Suche nach dem Politischen. Frankfurt a.M. 2005.
Eisenstadt, Shmuel. Die großen Revolutionen und die Kulturen der Moderne. Wiesbaden, 2006.
Eisenstadt, Shmuel N. Die Konstruktion kollektiver Identität im modernen Nationalstaat. In: Eisenstadt, Shmuel N. Theorie und Moderne. Soziologische Essays. Wiesbaden, 2006. S. 193 – 206.

Eisenstadt, Shmuel N. Cultural Programs, The Construction of Collective Identities and the Continual Reconstruction of Primordiality. In: Proto Sociology. Volume 24, 2007. S. 203 – 258.

Elger, Ralf. Stichwortartikel „Mahdi“. In: Elger Ralf (Hg.) Kleines Islam Lexikon. Geschichte – Alltag – Kultur. Bonn, 2003.

Emerson, Michael; **Hartmann**, David. The Rise of Religious Fundamentalism. In: Annual Review of Sociology. Volume 32, 2006. S. 127 – 144.

Feige, Michael. Do not weep Rachel. Fundamentalism, commemoration and gender in a west bank settlement. In: The Journal of Israeli History. Volume 21, Numbers 1-2 / March-October 2002. S. 119 – 138.

Finkelstein, Israel und **Silberman**, Neil Asher. Keine Posaunen vor Jericho. München, 2002.

Fischer, Shlomo. Fundamentalist or Romantic Nationalist?: Israeli Modern Orthodoxy. Druck einer Rede der “Conference on Dynamic Jewish Belonging“ , gehalten am van Leer Institut in Jerusalem am 17.06. 2004. S. 1 – 19.
http://www.vanleer.org.il/Data/UploadedFiles/Files/fundamentalis.doc (27.09.2007)

Friedmann, Yohanan. Stichwortartikel „Messias“. Unterpunkt IV: Islam. In Religion in Geschichte und Gegenwart. Band 5. Tübingen, 2002.

Friedman, Robert I. Inside the Jewish Terrorist Underground. In: Journal of Palestine Studies. Volume 15, Number 2. Winter, 1986. S. 190 – 201.

Gebhardt, Jürgen. Wie vor-politisch ist Religion? Anmerkungen zu Eric Voegelins Studie „Die politischen Religionen“. In: Münkler, Herfried. (Hg.) Bürgerreligion und Bürgertugend. Debatten über die vorpolitischen Grundlagen politischer Ordnung. Baden-Baden, 1996. S. 81 – 102.

Gebhardt, Jürgen. Messianische Politik und ideologische Massenbewegung. In: Knoll, Joachim H. und Schoeps, Julius H. (Hg.) Von kommenden Zeiten. Geschichtspropheten im 19. und 20. Jahrhundert. Stuttgart, 1994. S. 40 – 59.

Gebhardt, Jürgen. Ideology and Reality: The Ideologue’s persuasion in modern politics. In: Interpretation. Journal for political philosophy. S. 401 Volume 9, Numbers 2&3. September 1981. S. 397 – 414.

Gellner, Ernest. Nationalismus und Moderne. Berlin, 1991.

Gießdorf, Jens. Fundamentalismus als soziale Bewegung. Eine analytische Reflexion am Beispiel des national-religiösen jüdischen Siedlerfundamentalismus in Israel/Palästina. Berlin, 2002.

Graf, Friedrich Wilhelm. Die Wiederkehr der Götter. Religion in der modernen Kultur. Bonn, 2004. (Lizenzausgabe für die Bundeszentrale für politische Bildung.)

Greenfeld, Liah. Nationalism. Five Roads to Modernity. Cambridge, 1992.

Harkabi. Yehoshafat. Israel’s Fateful Hour. New York, 1988.

Hahne, Peter. Schluss mit lustig. Lahr, 2004.

Heine, Peter. Stichwortartikel „Mahdi“. In: Lexikon des Islam. Digitale Bibliothek, Band 47. Freiburg, 1991.

Heilman, Samuel C. Guides of the Faithful. Contemporary Religious Zionist Rabbis. In: Appleby, R. Scott. Spokesmen for the Despised. Fundamentalist Leaders of the Middle East. Chicago, 1997. S. 328 – 362.

Hobsbawm, Eric J. Nationen und Nationalismus. Bonn, 2005. (Lizenzausgabe für die Bundeszentrale für politische Bildung. Original englisch: 1990).

Hoch, Richard Lawrence. The politics of redemption: Rabbi Tzvi Yehuda ha-Kohen Kook and the origins of Gush Emunim. Santa Barbara, 1994.

Hodgson, Marshall G.S. The Venture of Islam. Volume III: The Gunpowder Empires and Modern Times. Chicago 1974

Hornung, Klaus. Das totalitäre Zeitalter. Bilanz des 20. Jahrhunderts. Berlin, 1997.

Hopp, Michael. Attitudes of Settlers in the West Bank and Gaza About the Possibility of Leaving. 2003.

Idel, Moshe. Saturn und Sabbatai Tzevi: A new approach to Sabbateanism. In: Schäfer, Peter und Cohen, Mark. (Hg.) Toward the Millennium. Messianic Expectations from the Bible to Waco. Köln, 1998. S. 173 – 202.

Jäggi, Christian; Krieger, David J. Fundamentalismus. Ein Phänomen der Gegenwart. Zürich 1991.

Juergensmeyer, Mark. Why Religious Nationalists are not Fundamentalists. In: Religion, Vol. 23. 1993 S. 85 – 92.
Juergensmeyer, Mark. The new cold war? Religious Nationalism confronts the secular state. University of California Press. Berkeley and Los Angeles. 1993.
Juergensmeyer, Mark. Antifundamentalism. In: Marty, E. Martin, Appleby, R. Scott. Fundamentalisms Comprehended. Chicago 1995. S. 353 – 366.

Kaniel, Shlomo. Hiftim Psicholgiim schel Mitjaswai ha-Gwaot be-Judea ve-Shomron. Ramat Gan, 2003.(Die psychologischen Aspekte der „Hügel-Siedler“ in Judea und Samaria).
קניאל, שלומו. היבטים פסיכולוגיים של מתיישבי הגבעות ביהודה ושומרון. רמת גן, 2003.

Kienzler, Klaus. Der religiöse Fundamentalismus. Christentum, Judentum, Islam. München, 1996. 4. Auflage 2002.

Kimmerling, Baruch. The Invention and Decline of Israeliness. State, Society. London, 2001.
Kimmerling, Baruch. Between the Primordial and the Civil Definitions of Collective Identity. Eretz Israel or the State of Israel? In: Cohen, Erik; Lissak, Moshe; Almagor, Uri. Comperative Social Dynamics. Colorado, 1985. S. 262 – 283.

Kippenberg, Hans G. Revolt against Modernism. A Note on Some Recent Comparative Studies in Fundamentalism. Numen 38, 1991. S. 128 – 133.

Kippenberg, Hans. Stichwortartikel “Apokalyptik/Messianismus/Chiliasmus”. In: Cancik, Hubert; Gladigow, Burkhard; Laubscher, Matthias. Handbuch religionswissenschaftlicher Begriffe. Band II. Berlin, 1990.

Karpin, Michael**; Friedman,** Ina**.** Die Ermordnung des Yitzchak Rabin. Reinbek bei Hamburg, 1998.

Klausner, Joseph. The Messianic Idea in Israel. London, 1956.

Klein Halevi, Yossi. Torn between God&Country. In: The Jerusalem Report. 10. August 1995.

Kook, Abraham Isaak. Orot. Translated and with an Introduction by Bezalel Naor. New Jersey, 1993.

Küng, Hans. Das Judentum. Wesen und Geschichte. München, 2007.

Lanternari, Vittorio. Religiöse Freiheits- und Heilsbewegungen unterdrückter Völker. Berlin, 1966.

Lawrence, Bruce. Defenders of God. The Fundamentalist Revolt against the Modern Age. London 1990.

Lazarus Yafeh, Hava. Contemporary Fundamentalism: Judaism, Christianity, Islam. In: Silberstein, Laurence J. Jewish Fundamentalism in Comperative Perspective. Religion, Ideology and the Crisis of Modernity. New York, 1993. S. 42 – 55.

Levinger, Moshe. Interview in: New Outlook. October 1988

Liebman, Charles S.; **Cohen**, Asher. Religion, Democracy and Israeli Society. Amsterdam, 1997.

Linz, Juan J. Der religiöse Gebrauch von Politik und/oder der politische Gebrauch von Religion. Ersatz-Ideologie gegen Ersatz-Religion. In: Maier, Hans. Totalitarismus und Politische Religionen. Band I: Konzepte des Diktaturvergleichs. München, 1996. S. 129 – 154.
Linz, Juan J. Faschismus und nicht-demokratische Regime. In: Maier, Hans. (Hg.) Totalitarismus und Politische Religionen. Band III: Deutungsgeschichte und Theorie. München, 2003. S. 247 – 326.

Lustick Ian. For the Land and the Lord: Jewish Fundamentalism in Israel. Council of Foreign Relations. New York. 1988.

Marty, E. Martin; **Appleby**, R. Scott. Introduction: the fundamentalism project: a user´s guide. In: Marty. E. Marty, R. Scott Appleby (Hg.) fundamentalisms observed. Chicago 1991.

Maul, Stephan. Israel auf Friedenskurs? Politischer und religiöser Fundamentalismus in Israel. Wirkungen auf den Friedensprozess im Nahen Osten. Münster, 2000.

McKnight, Stephan. Gnosticism and Modernity: Voegelin’s Reconsiderations Twenty Years After The New Science of Politics. In: Political Science Reviewer. Nr. 34. 2005. S. 122 – 141.

Meyer, Thomas. Fundamentalismus. Aufstand gegen die Moderne. Reinbek bei Hamburg, 1989.
Meyer, Thomas. Fundamentalismus. Die andere Dialektik der Aufklärung. 1989. In: Meyer, Thomas. (Hg.) Fundamentalismus in der modernen Welt. Die internationale der Unvernunft. Frankfurt a. M. 1989. S. 13 -22.

Mittleman, Alan L. Fundamentalism and Political Development: The Case of Agudat Israel. In: Silberstein, Laurence I. (Hg.) Jewish Fundamentalism in Comperative Perspective. Religion, Ideology and the Crisis of Modernity. New York, 1993.

Morris, Benny. Righteous Victims. A History of the Zionist – Arab Conflict, 1881 – 2001. New York, 2001.

Newman, David. Gush Emunim between Pragmatism and Fundamentalism. In: Jerusalem Quarterly. Spring, 1986. Number 39. S. 33 – 43.
Newman, David. From Hitnachalut to Hitnakut. The Impact of Gush Emunim and the Settlement Movement on Israeli Politcs and Society. In: Israel Studies. Volume 10. Number 3. 2005. S. 192 – 224.

Ortag, Peter. Jüdische Kultur und Geschichte. 2004.

Pedahzur, Ami. The Israeli response to Jewish extremism and violence. New York, 2002.

Pelikan, Jaroslav. Jesus through the centuries. His place in history and culture. New Haven, 1985.

Perliger, Arie; **Weinberg**, Leonard. The Causes of Vigilant Political Violence: The Case of Jewish Settlers.
http://terrorismexperts.org/terrorism_research_causes1.htm (20.09.2007)

Pezzoli-Olgiatim Daria. Stichwortartikel „Chiliasmus". Unterpunkt I „Religionswissenschaftlich". In: Religion in Geschichte und Gegenwart. Band 2. Tübingen, 1999.

Rapoport, D.C. Why does religious messianism produce terror? In: Wilkinson, Paul und Stewart, Alasdair. Contemporary Research on Terrorism. Aberdeen, 1989. S. 72 – 88
Rapoport, David C. Review of Strong Religion. In: Perspectives on Politics. Volume 2. Issue 2, June 2004. S. 390 – 391.

Ravitzky, Aviezer. Messianism, Zionism and Jewish Religious Radicalism. Chicago, 1996.
Ravitzky, Aviezer. The Contemporary Lubavitch Hasidic Movement: Between Conservatism and Messianism. In: Marty, Martin E. und Appleby, R. Scott. Accounting for Fundamentalisms. Chicago, 1992. S. 303-327.
Ravitzky, Aviezer. „Let us Search our Path": Religous Zionism After the Assassination. In: Peri, Yoram (ed.). The Assassination of Yitzhak Rabin. Stanford, 2000. S. 141 – 162.

Riesebrodt, Martin. Fundamentalismus als patriarchalische Protestbewegung. Tübingen, 1990.
Riesebrodt, Martin. Fundamentalismus, Säkularisierung und die Risiken der Moderne. In: Bielefeldt, Heiner und Heitmeyer, Wilhelm. Politisierte Religion. Ursachen und Erscheinungsformen des modernen Fundamentalismus. Frankfurt a. M. 1998. S. 67 – 90.

Riesebrodt, Martin. Die Rückkehr der Religionen. Fundamentalismus und der Kampf der Kulturen. München 2000.
Riesebrodt, Martin. Die fundamentalistische Erneuerung der Religionen. In: WeltTrends 30, Frühling 2001. S. 9-27.
Riesebrodt, Martin. Was ist religiöser Fundamentalismus? In: Six, Clemens; Riesebrodt, Martin; Haas Siedfried. Religiöser Fundamentalismus. Innsbruck 2004. veröffentlicht auf: http://vgs.univie.ac.at/VGS_alt/qs16lp.html (21.09.2007)

Ringgren, Helmer. Stichwortartikel "Messianism". In: The Encyclopedia of Religion. Volume 9. New York, 1987.

Rorty, Richard. Ironie, Kontingenz und Solidarität. Frankfurt am Main, 1989.

Rubinstein, Amnon. The Zionist Dream. From Herzl to Gush Emunim and Back. New York, 1984.

Schäfer, Peter. Diversity and Interaction: Messiahs in early Judaism. In: Schäfer, Peter; Cohen, Mark. Toward the Millennium. Messianic Expectations from the Bible to Waco. Köln, 1998. S. 15 – 35.
Schäfer, Peter. Jüdische Mystik im 20. Jahrhundert. In: Stimm, Hans Joachim (Hg.). Die Religionen der Welt. Ein Almanach zur Eröffnung des Verlags der Weltreligionen. Frankfurt a.M., 2007. S. 278 – 299.

Schmidt, M. Stichwortartikel „Chiliasmus". In: Religion in Geschichte und Gegenwart. Handwörterbuch für Theologie und Religionswissenschaften. Digitale Bibliothek, Band 12. Berlin, 2000.

Schnall, David J.: Religion and Dissent in Israel. The Case of Gush Emunim. In: Antoun, Richard T.; Hegeland, Mary Elaine. Religious Resurgence. Contemporary Cases in Islam, Christianity, and Judaism. New York, 1987. S. 169 – 193.

Scholem, Gerschom. Die Krise der Tradition im jüdischen Messianismus. In: Portmann, Adolf und Ritsema, Rudolf. (Hg.) Tradition und Gegenwart. Eranos Jahrbuch 1968. Zürich, 1970. S. 9 – 44.
Scholem, Gerschom. The messianic idea in Judaism and other essays on Jewish Spirituality. New York. 1974.
Scholem, Gershom. Sabbatai Zwi. Der mystische Messias. Frankfurt a.M. 1992.

Schwartz, Hillel. Stichwortartikel „Millenarianism". In: The Encyclopedia of Religion. Volume 9. New York, 1987.

Segal, Haggai. Dear Brothers. The West Bank Jewish Underground. Jerusalem, 1988.

Segev, Tom. 1967. Israels zweite Geburt. München, 2007.

Seitschek, Hans Otto. Politischer Messianismus. Totalitarismuskritik und philosophische Geschichtsschreibung im Anschluss an Jacob Leib Talmon. München, 2005.

Shahak, Israel; **Mezvinsky,** Norton. Jewish Fundamentalism in Israel. London, 1999.

Shaw-Smith, Peter. The Israeli Settler Movement Post-Oslo. In: Journdal of Palestine Studies. Volume 23, Number 3. Spring, 1994. S. 99 – 109.

Sheleg, Yair. The Political and Social Ramifications of Evacuating Settlements in Judea, Samaria and the Gaza Strip. Jerusalem, 2004

Sicker, Martin. Judaism, Nationalism and the Land of Israel. Oxford, 1992.

Smith, Anthony D. Nationalism and Modernism. New York, 1998.

Strauß, Hans. Stichwortartikel „Messianismus." Unterpunkt I „Altes Testament". In: Theologische Realenzyklopädie. Band 22. Berlin, 1992.

Spiegel Spezial. Weltmacht Religion. 9/2006.

Sprinzak, Ehud. The Ascendance of Israel's Radical Right. New York, 1991.
Sprinzak, Ehud. The Tip of the Iceberg. In: The Jerusalem Quarterly. Nr. 21, Fall 1981. S. 28 – 54.
Sprinzak, Ehud. Gush Emunim. The Politics of Zionist Fundamentalism in Israel. The American Jewish Committee Institute of Human Relations. 1986.
Sprinzak, Ehud. The Israeli Right and the Peace Process. In: Sofer, Sasson. Peacemaking in a Divided Society. Israel After Rabin. London, 2001. S. 67 – 95.
Sprinzak, Ehud. The Politics, Institutions, and Culture of Gush Emunim. In: Silberstein, Laurence J. [Hg.] Jewish fundamentalism in comparative perspective: religion, ideology, and the crisis of modernity. New York, 1993. S. 117 – 147.
Sprinzak, Ehud. Brother against Brother. Violence and Extremism in Israeli Politics from Altalena to the Rabin Assassination. New York, 1999.
Sprinzak, Ehud. Israel's Radical Right and the Countdown to the Rabin Assassination. In: Peri, Yoram (ed.). The Assassination of Yitzhak Rabin. Stanford, 2000. S. 96 – 129.
Sprinzak, Ehud. The Israeli Right and the Peace Process. In: Sofer, Sasson. Peacemaking in a Divided Society. Israel After Rabin. London, 2001. S. 67 – 95.

Stratton Hawley, John (Hg). Fundamentalism&Gender. New York 1994.

Tal, Uriel. Foundations of a Political Messianic Trend in Israel. Jerusalem Quarterly Nr. 45, Spring 1985. S. 36 – 45.

Taylor, Charles. Drei Formen des Säkularismus. In: Kallscheuer, Otto (Hg.) Das Europa der Religionen. Frankfurt a.M., 1996. 217 – 246.
Taylor, Charles. Nationalismus und Moderne. In: Taylor, Charles. Wieviel Gemeinschaft braucht die Demokratie? Frankfurt a. M., 2002. S. 140 – 165.

Tibi, Bassam. Der religiöse Fundamentalismus in Übergang zum 21. Jahrhundert. Mannheim, 1995.

Tworuschka, Udo. Die Welt der Religionen. Geschichte, Glaubenssätze, Gegenwart. München, 2006.

Viorst, Milton. What shall I do with this people? Jews and the Fractions of Politics of Judaism. New York, 2002.

Voegelin, Eric. Die neue Wissenschaft der Politik. Eine Einführung. 4. unveränderte Auflage. München, 1991.(Orginal englisch, 1951, erstmalig auf deutsch 1959)
Voegelin, Eric. Die politischen Religionen. Wien, 1938.

Voigts, Manfred. Jüdischer und universalistischer Messianismus. In: Faber, Richard. (Hg.) Politische Religion, religiöse Politik. Würzburg, 1997. S. 75 – 91.
Voigts, Manfred. Jüdischer Messianismus und Geschichte. Berlin, 1994.

Wallace, Anthony F.C. Revitalization Movements. In: American Anthropologist, Vol. 58, No. 2 (Apr., 1956), S. 264-82.

Waschke, Ernst Joachim. Stichwortartikel „Messianismus". Unterpunkt II „Altes Testamten". In: Religion in Geschichte und Gegenwart. Band 5 .Tübingen, 2002.

Webb, Eugene. Voegelins "Gnosticism" Reconsidered. In: Political Science Reviewer. Nr. 34. 2005. S. 48-76.

Wehler, Hans-Ulrich. Nationalismus. Geschichte, Formen, Folgen. München, 2004.

Weinfeld, Moshe. Der Protest gegen den Imperialismus in der altisraelitischen Prophetie. In: Eisenstadt. Kulturen der Achsenzeit. 1987. S. 240 – 255.

Weisburd, David; **Vinitzky**, Vered. Vigilantism as Rational Social Control: The Case of the Gush Emunim Settlers. In. Aronoff, Myron. Cross Currents in Israeli Culture and Politics. Political Anthropology, Vol. 4. New Brunswick, 1984. S. 69 – 87.

Werblowsky. Zwi, R.J. Messianismus, Mystik und Politik. S. 237. In: Werblowsky, Zwi, R.J. Magie, Mystik, Messianismus. Vergleichende Studien zur Religionsgeschichte des Judentums und des Christentums. Hildesheim, 1997. S. 237 – 248.
Werblowsky. Zwi, R.J. Messianismus und Mystik. In: Dan, Joseph und Schäfer, Peter. (Hg.) Gershom Scholem's Major Trend in Jewish Mysticism 50 Years after. Tübingen, 1993.
Werblowsky. Zwi, R.J. Novum Pascha Novae Legis Phase Vetus Terminat. In Dan, Joseph und Schäfer, Peter. (Hg.) Gershom Scholem's Major trends in Jewish mysticism 50 years after. Tübingen, 1993. S. 277 – 282.
Werblowsky. Zwi, R.J. Stichwortartikel „Messianism. Unterpunkt: „Jewish Messianism." In: The Encyklopedia of Religioin. Volume 9. New York, 1987.
Werblowsky. Zwi, R.J. Messianism in Jewish History. In: Ben-Sasson, H.H.; Ettinger, S. (Hg.) Jewish Society through the Ages. New York, 1971. S. 30 – 45.

Wolfsfeld, Gadi. Protest and the Removal of Yamit: Ostentatious Political Action. In: The Journal of Applied Behavioral Science. Volume 23. Number 1. 1987. Special Issue: The Price of Peace: The Removal of the Israeli Settlements in Sinai S. 103 – 116.

Wolfssohn, Michael; **Bokovy**, Douglas. Israel. Geschichte, Politik, Gesellschaft, Wirtschaft. München, 2003. 6. erweiterte Auflage.

Wolfson, Elliot R. The Engenderment of Messianic Politics: Symbolic Significance of Sabbatai Sevi's Coronation. In: Schäfer, Peter und Cohen, Mark. (Hg.) Toward the Millennium. Messianic Expectations from the Bible to Waco. Köln, 1998. S. 203 – 258.

Worsley, Peter. Die Posaune wird erschallen. Cargo Kulte in Melanesien. Frankfurt, 1973.

Zertal, Idith. Nation und Tod. Göttingen, 2003.

Interviews des Verfassers:

Mit Rabbi Chaim Tabasky am 30.06.2006 an der Bar Ilan Universität.
Tabasky ist Rabbi in der Siedlung Elon Moreh, Dozent für höhere Torahstudien an der Bar Ilan und Mitglied des Gush.

Mit Rabbi Yoel Ben Nun am 09.06.2006 in Jerusalem.
Ben Nun ist Gründungsmitglied des Gush und Leiter der Yeshiva Alon Schwut im Gush Etzion Block.

Internet:

http://www.berlinonline.de/berliner-zeitung/archiv/.bin/dump.fcgi/2006/1030/medien/0033/index.html (08.07.2007)
http://www.peacenow.org.il/site/en/peace.asp?pi=57 (08.07.2007)
http://www.btselem.org/Download/200110_Free_Rein_Eng.pdf
http://www.btselem.org/english/publications/Index.asp?TF=01 (20.09.2007)
http://www.haaretz.com/hasen/spages/452577.html (20.09.2007)
http://mail-jewish.org/Rabin/Amital.txt (20.09.2007)
http://english.meimad.org.il/ArticlePage.asp?ArticleId=67 (20.09.2007)
http://www.haaretz.com/hasen/objects/pages/PrintArticleEn.jhtml?itemNo=507761 (20.09.2007)
http://www.jerusalempeacemakers.org/froman/art-general-rabbi.htm (20.09.2007)
http://www.knesset.gov.il/main/eng/home.asp(20.09.2007)
http://www.jpost.com/servlet/Satellite?cid=1189411500705&pagename=JPost%2FJPArticle%2FPrinter (20.09.2007)
http://www.ateret.org.il/new/yeshiva.php?id=345 (29.09.2007)
http://www.welt.de/printwelt/article689172/Warum_zieht_sich_Israel_aus_Gaza_zurueck.html (29.09.2007)
http://www.tau.ac.il/jcss/sa/v8n3p6BenMeir.html (29.09.2007)
http://www.spiegel.de/politik/ausland/0,1518,487494,00.html (29.09.2007)
http://www.jafi.org.il/education/actual/conflict/disengagement/mizrahi.html (29.09.2007)
http://www.ynetnews.com/articles/0,7340,L-3395180,00.html (29.09.2007)
www.ynetnews./ext/comp/articlelayout/cdaarticleprintperview/1,2506,L-3087306,00.html (29.09.2007)